브로커, 업자, 변호사 그리고 스파이

BROKER
TRADER
LAWYER
S P Y

세계경제를 지배하고 조종하는 은밀한 촉수,
산업 스파이 그리고 스파이 산업의 실체

| 이먼 제이버스 지음 / 이유경 옮김 |

BROKER

TRADER

LAWYER

SPY

브로커
업자
변호사
그리고
스파이

더숲
THE SOUP

차례

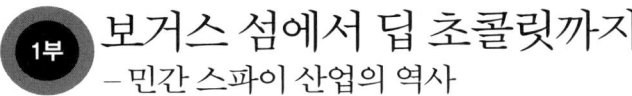

1부 보거스 섬에서 딥 초콜릿까지
– 민간 스파이 산업의 역사

LAWYER
SPY

BROKER TRADER

 2부 급속도로 발전하는
스파이 기법과 기술, 그리고 인재

프롤로그

내가 스파이를 처음 만난 것은 2007년 1월이었다.

당시 나는 워싱턴 DC에서 12년 넘게 기자 생활을 해오던 참이었다. 나는 미국의 상하원의원과 대사, 그리고 대통령을 만나왔다. 적십자와 경찰계, 그리고 종교계에서 일하는 좋은 사람들에 대해 글을 써왔고, 연방 교도소에 갇힌 횡령범을 인터뷰하고 악명 높은 로비스트 잭 에이브러모프(Jack Abramoff)를 그가 운영하는 펜실베이니아 가(街)에 있는 레스토랑에서 만나 이야기를 나누는 등 나쁜 사람들에 대해서도 써보았다. 나는 미국의 수도가 기자에게 제공할 수 있는 사실상 모든 것을 다 보았다고 생각했다. 하지만 스파이는 한 번도 만난 적이 없었다.

그래서 그 쌀쌀한 오후, 코네티컷 가를 지나 듀퐁 서클로 향할 때 나는 다소 들떠 있었다. 나는 걸음에 속도를 붙여 널찍한 거리에 면한 버버리, 브룩스 브라더스 등의 명품 숍 앞을 지났다. 그리고 내가 만나게 될 닉 데이(Nick Day)가 일하는 사무소가 자리한 네모나고 별 특징 없는 사무실 건물로 들어갔다.

데이는 30대 후반으로 나이가 나보다 몇 살 더 많아 보였지만, 벌써 영국의 방첩 및 안보 기관인 MI5의 베테랑이었다. 그는 딜리전스(Diligence, LLC)사의 CEO였고, 전 세계적으로 활동하는 이 회사는 민간 부문의 고객들을 위해 첩보 서비스를 제공하고 있었다. 그와 함께 그 회사를 설립한 공동 설립자는 14년 경력의 CIA 베테랑이었다. 그들은 영국과 미국의 재계와 첩보계의 최고 윗선들과 연결되어 있었으며 세계 최고의 부자들을 위해 일했다.

당시 나는 5개월여 동안 딜리전스에 대한 정보를 모으고 있었고, 내가 발견한 사실에 놀라움을 감출 수 없었다. 데이와 그의 직원들은 벌써 수개월째 세계적인 거대 회계 법인인 KPMG에 침투하기 위한 비밀작전을 벌이고 있었던 것이다. 그들은 워싱턴의 한 로비 회사를 위해 그 일을 하고 있었고, 그 로비 회사는 다시 러시아의 가장 막강한 과두 세력 중 하나가 좌지우지하는 회사를 위해 일하고 있었다. 그러다 그들의 작전은 들통이 났다.

나는 데이의 사무실이 어떤 모습일지 짐작이 가지 않았다. CIA가 있는 랭글리(Langley)에 한 번도 가본 적이 없었던 나는 스파이의 본거지란 제임스 본드 영화의 'Q'박사 연구실과 태트맨의 동굴을 결합한 모습이 아닐까 하고 상상했다. 하지만 데이의 사무실이 있는 층에 다다라 내가 들어선 곳은 할리우드 세트라기보다 1990년대 닷컴 기업들의 사무실과 비슷한 리셉션 공간이었다. 안내원은 커피를 타 주었고, 곧 닉 데이가 뒤쪽 사무실에서 성큼성큼 걸어나왔다. 그는 보통 체구에 검은 머리를 하고 있었고, 셔츠 소매를 걷어 올려 털이 수북이 난 팔이 드러나 보였다. 그는 매력적이고 친절해 보였으며, 자신의 회사가 처한 곤란으로 인해 전혀 당황한 듯 보이지 않았다. 그는 이전에 더 나쁜 상황을 겪어본 적이 있을 터였다. 그는 컴퓨터 화면 앞에 웅크리고 앉아 있는 일련의 분석가들을 지나 갈색 박스들이 흩어져 있는 사무실로 나를 안내했다. 사무실 안은 좀 전까지 파일들을 정리하고 있었던 듯 보였다.

데이는 간단하게 공식적인 인터뷰를 하면서 자신의 회사가 세계 경제에서 하는 역할을 설명했다. 스파이는 때로 기업의 문제를 해결할 수 있는 유일한 사람이라고 덧붙였다. 그 말에 잠시 흥미가 동했지만 나는 딜리전스만이 기업 스파이 산업에 종사하는 것은 아니라는 사실을 곧 알게 되었다. 그와 같은 업체는 세계적으로 아마 수백 개는 있을 것이다. 기업이나 금융기관, 부유층들은 영국, 미국, 유럽, 아시아, 중동에서 첩보 업체를 고용할 수 있다.

워싱턴만 해도 잠재 고객들은 방대한 메뉴에서 고를 수 있다는 사실을 알 것이다. 그들은 전직 FBI 요원들로 구성된 업체, 전직 CIA 요원들로 구성된 업체, 혹은 그 밖의 전직 정보기관 출신들로 구성된 업체를 고용할 수 있다. 딜리전스의 데이처럼 전직 MI5 요원들도 고용할 수 있다. 심지어 전직 소련 KGB와 군사 첩보 요원들로 구성된 스파이 회사도 있다. 딜리전스는 버지니아 주 교외, CIA 본부에서 그리 멀지 않은 곳에 위치해 있다. 나와 데이는 스타벅스로 자리를 옮겨 커피도 함께 마셨다.

나는 우연찮게 비밀스러운 스파이 산업 세계를 만났고, 곧 매료되었다.

나에게 그 산업은 뭔가 새로운 것에 대한 기사를 쓸 수 있는 기회였다. 의회 청문회, 로비 싸움 혹은 부패 스캔들보다 훨씬 더 흥미로웠다. 나는 스파이들에게 전화를 걸기 시작했고 나와 인터뷰할 수 있는지를 물어보았다. 놀랍게도 그들 대부분은 기꺼이 자신들의 사업에 대해 개방적으로 이야기했다. 물론 비공개로 할 때도 있었지만 말이다. 나는 워싱턴, 뉴욕, 런던, 베를린의 기업 첩보 요원들을 만나보았다. 그들 중 다수는 세계 최고의 군대 및 첩보기관에 오랫동안 몸담았던 베테랑들이었다. 나는 기업 스파이 산업의 역사를 공부했고, 민간 부문의 스파이 행위는 오래전부터 정부의 첩보 작전과 밀접한 관련을 맺어왔다는 사실 또한 알게 되었다.

그러한 연구조사의 결과물이 이 책이다. 하지만 책을 쓰면서 나는 기업 스파이 행위에서 가장 중요한 질문에 답하기 위해 고민했다. 바로 기업 스파이 행위가 옳은 것이냐 그른 것이냐 하는 문제 말이다. 밝혀두자면 물론 기업 스파이 행위가 반드시 불법 혹은 비윤리적인 것은 아니다. 스파이라고 불리는 사람들은 단지 첩보 기술을 사용했다거나 정부 정보기관의 베테랑이라는 의미일 뿐이다.

옳으냐 그르냐의 문제는 이 산업의 여명기인 1850년대 이래로 계속 따라다니고 있다. 사실 민간 첩보 산업의 창시자라고 인정되는 앨런 핑커턴(Allan Pinkerton)은 19세기 중반 스파이 산업의 첫 행동강령을 만들어 자신이 확신한 '높고 명예로운' 천직을 '높고 명예롭게' 지키고자 했다. 핑커턴은 자신의 요원들을 위한 기본적인 규칙들을 요약했다. 즉 형사 사건의 피고를 위해 일하지 않을 것이며, 배심원·공무원·노동조합원을 조사하지 않을 것이며, 정당 간 싸움을 위해 일하지 않을 것이며, '악한 운동가들(vice crusaders)'을 위해 일하지 않을 것이다. 또 성과물의 일정 퍼센트가 아닌 정해진 금액을 수수료로 받을 것이었고, '여성의 도덕'에 관해서는 절대 조사하지 않을 것이며, 이혼 또는 '스캔들의 성격을 가진' 여타의 사건에도 관여하지 않을 것이었다.

1860년대 초반에는 그것이 민간 첩보 산업의 명백한 윤리 지침이었다. 하지만 지침은 오래가지 않았다. 오늘날의 많은 요원은 그의 신사적인 규칙들을 위반하기 일쑤다. 윤리 지침은 너무나 빨리 사라져버려 사실 핑커턴 자신의 회사마저도 미국의 최고 기업들이 이용하는 가장 좋은 노조 분쇄 도구의 하나로 알려지게 되었다. 그즈음에는 핑커턴의 아들들이 회사를 경영하고 있었다. 아들이 아버지의 죄악을 가지지는 않지만, 그렇다고 반드시 아버지의 덕목을 지니고 있는 것도 아니라고 역사는 가르친다.

세계 경제가 서로 얽히고 서로 다른 가치 체계들이 충돌하면서 윤리 지침은 다시 한 번 변화하고 있다. 런던의 기업 스파이들은 동유럽의 경쟁에 대해 불평한다. (중역들을 미행하고 대화를 엿듣고 목표 대상 기업에 피해를 입힐 정보를 입수하는) 영국의 스파이들은 동유럽 사람들이 너무 지나치다고 말한다. 한 영국의 요원이 목표 대상 인물이 자녀와 함께 있을 때는 절대 스파이 활동을 하지 않는다고 말해준 적이 있었다. 예를 들어 그녀는, 아들의 축구 경기를 보러 가는 중역의 뒤를 미행하는 것은 적절치 않다고 생각하여 그 일을 꺼려했다. 그러나 그녀는 그렇게 할 사람들이 있다는 점 역시 인정했다.

민간 스파이 산업이 진행되어가는 형국에 대해 일부 첩보 전문가들은 우려를 표명한다. 한 노련한 스파이는 말했다. "우리는 하나만 더 잘못하면 정부의 단속을 피하기 어려울 지경입니다." 그의 말은 너무나 많은 불미스러운 행동이 자행되고 있기 때문에 스파이 산업이 공중의 눈에 드러나버릴 것이라는 의미다. 베테랑 CIA 요원이자 백악관의 국가안보 부(副)보좌관인 존 브레넌(John Brennan) 역시 걱정스러운 눈으로 지켜보고 있다. "문제는 조국을 위한다는 명목으로 민간 부문에서 하기에 부적절한 일들을 한다는 겁니다." 브레넌은 버락 오바마 정부에서 현재의 백악관 직책에 임명되기 몇 달 전에 내게 말했다. "나는 그들이 윤리를 지켰으면 좋겠습니다." 당시 브레넌은 앞선 정부에서의 일을 끝내고 버지니아 주 교외의 어낼리시스 코포레이션(The Analysis Corporation)이라는 회사에서 일하고 있었다. 이 회사 역시 민간 첩보 회사로 민간이 아닌 정부를 상대로 서비스를 제공하고 있다.

민간 스파이 산업은 대체적으로 표면에 드러나지 않은 산업으로 남아 있지만 오늘날의 기업에게는 점점 더 중요한 사업 방식이 되고 있다. 지난 몇 년간 세계 경제에는 정보에 빠른 비즈니스맨들이 생각했던 것보다 훨씬 더 깊숙이 숨겨져 있고 훨씬 더 위험한 비밀들이 있다는 사실을 극명하게 보여주었다. 불안한 금융업자와 경영자들에게 첩보 기술의 발달은 그들을 둘러싼 혼란스럽고 때로는 치명적인 상황에 대한 이해할 만한 반응이다. 글로벌 경제는 망상이 판치는 곳이다.

그러한 기업들의 편집증으로 이루어진 세계는 어떤 모습일까? 그것을 알아보기 위해서 우리는 먼저 민간 스파이들을 만나보아야 한다.

우리의 이야기는 버뮤다 섬의 화창한 오후에서 시작한다.

암호명 유카

해밀턴의 팀은 미국 CIA 베테랑, 영국의
국내 정보국인 MI5에서 일했던 전직
간부, 모험심 가득한 젊은 미국의 대학
졸업생들로 구성되어 있었다. 말하자면
그들은 기업 스파이들이었다.
그로부터 수개월에 걸쳐 그 스파이들은
암호명이 '유카 프로젝트(Project Yucca)'인
놀라운 계획을 실행에 옮겼다. 그러나
매우 정교하게 계획된 그 비밀 작전은
러시아와 관련한 두 거대기업이 펼치고
있던 전 세계적 전쟁의 일부에
불과했다.

KPMG의 회계사 가이 엔라이트(Guy Enright)는 자신이 어떤 일에 발을 들여놓고 있는지조차 몰랐다.

　2005년 어느 화창한 봄날, 그 불쌍한 사내가 버뮤다의 해밀턴 도심에 위치한 이탈리아 레스토랑 리틀 베니스에 들어섰을 때 그가 안 사실이라고는 자신을 닉 해밀턴(Nick Hamilton)이라고 소개한 남자와 점심을 함께하기 위해 그곳에 왔다는 것뿐이었다.

　며칠 전 엔라이트가 런던에서 이해 상충 규칙(conflict-of-interest rule)에 대한 KPMG의 회의에 참석하고 있을 때 해밀턴이 엔라이트의 휴대전화로 전화를 걸어 약속을 잡았던 것이다. "정말 이상하게 들리실지 모르겠지만, 제가 민감한 사안에 대해 말씀드릴 게 있습니다. 그 레스토랑으로 혼자 오실 수 있겠습니까?" 해밀턴은 엔라이트에게 중요한 문제를 의논하고 싶다고 말했다. 그는 엔라이트에게 자신이 영국의 첩보부 중 하나에 소속되어 있다는 인상을 내비쳤다.

엔라이트는 해밀턴이 자신의 직업이라고 암시한 것과는 전혀 상관없는 사람이라는 사실을 알 턱이 없었다. 엔라이트는 여러 명의 비밀 요원들이 그를 KPMG FAS(KPMG Financial Advisory Services) 사무실에서부터 그 레스토랑까지 이상한 낌새를 눈치채지 못하도록 2인조씩 팀을 짜 뒤쫓고 있다는 사실도 알지 못했다. 그리고 물론 리틀 베니스에 모인 잘 차려입은 국제 비즈니스맨과 여행객들 사이에서 한 여성이 자신이 자리에 앉는 모습을 지켜보고 있다는 사실도 몰랐다. 그녀 역시 해밀턴을 위해 일하고 있었고, 엔라이트가 혹시 다른 사람을 데리고 오지나 않았는지 확인하기 위해 거기 있었던 것이다.

엔라이트는 혼자였다. 그는 무슨 일이 일어나고 있는지 전혀 눈치채지 못했다.

이 영국 태생의 중역은 그저 세계 어디서나 볼 수 있는 수백만의 중간급 사무직 노동자와 별반 다를 게 없었다. 그가 스파이 행위에 대해 무엇을 알았겠는가? 하지만 기업 회생에 관여하는 중역 자리에 있는 그는 부유한 고객이 수백만 달러를 지불하면서까지 얻고 싶어 하는 문서에 접근할 권한은 가지고 있었다. 그 문서는 거짓말을 하거나 필요에 따라서는 훔쳐서라도 손에 넣을 수 있었고 그는 그런 위치에 있었던 것이다. 바로 그러한 고객이 닉 해밀턴이라는 남자를 고용했던 것이다. 해밀턴의 팀은 미국 CIA 베테랑, 영국의 국내 정보국인 MI5에서 일했던 전직 간부, 모험심 가득한 젊은 미국의 대학 졸업생들로 구성되어 있었다. 말하자면 그들은 기업 스파이들이었다.

브로커, 업자, 변호사 그리고 스파이

그로부터 수개월에 걸쳐 그 스파이들은 암호명이 '유카 프로젝트(Project Yucca)'인 놀라운 계획을 실행에 옮겼다. 그러나 매우 정교하게 계획된 그 비밀 작전은 러시아와 관련한 두 거대기업이 펼치고 있던 전 세계적 전쟁의 일부에 불과했다. 스파이들은 알파 그룹 컨소시엄(Alfa Group Consortium)을 위해 일하고 있었는데, 이 기업은 석유와 가스에서부터 상업은행, 투자은행, 보험, 통신에 이르기까지 방대한 영역에 손을 뻗치고 있는 러시아 최대의 민간 부문 금융 복합기업 중 하나다.

가이 엔라이트가 점심 약속을 위해 버뮤다에 나타났을 시각에 알파 그룹은 IPOC 인터내셔널 그로스 펀드(IPOC International Growth Fund)라고 하는 수상쩍은 버뮤다 소재의 기업과 격렬한 분쟁을 벌이고 있었다. 그 싸움은 메가폰(MegaFon)이라는 러시아 통신 회사의 2억 5000만 달러에 달하는 주식을 차지할 정당한 소유자가 둘 중 과연 누구냐에 초점이 맞춰져 있었다.

하지만 그 싸움은 기업 간의 법적 분쟁 이상의 의미를 담고 있었다. 그것은 러시아에서 가장 막강한 권력을 가진 두 사람 간의 개인적인 힘겨루기인 동시에 러시아 정부와 민간 부둔 사이의 관계에도 깊은 영향을 끼칠 수 있는 문제였다. 그 복잡한 싸움은 러시아 내의 권력 다툼이 어떻게 세계 경제에 영향을 끼치면서 법정과 이사회 회의실로 번져나갈 수 있는지를 보여주었다. 양쪽 중 한쪽에는 러시아에서 막강한 힘을 가진 가장 젊은 과두 세력인 미하일 프리드먼(Mikhail Fridman)이 있었다. 200억 달러가 넘는 재산가로 알려진 그는 알파 그룹을 지배하면서, 푸틴 정부 밑에서 통신부 장관을 맡고 있던 전직 소련군 장교 레오니드 레이먼(Leonid Reiman)과 대립하고 있었다. 프리드먼과 알파 그룹은 레이먼이 IPOC의 진짜 소유주이며 메가폰의 주식을 차지하려는 그 회사의 시도와 통신부 장관이라는 레이먼의 직책이 이해 상충된다고 믿었다. 한편 IPOC는 덴마크의 변호사 제프리 갈몬드(Jeffrey Galmond)가 IPOC를 소유하고 있다고 주장했다. 그런데 공교롭게도 갈몬드는 레이먼의 변호사였다. 막강한 힘을 가진 두 사람이 으르렁거리고 있으니 무슨 일이든 일어날 것처럼 보였다. 그 일에 관여한 전직 미국 고위 공무원은 그 사건에 대해 한 기자에게 이렇게 말했다. "이번 건은 조심해야 합니다. 러시아에서는 이런 일에서 사람이 죽기도 하니까요."*

*———— 사실 알파 그룹과 IPOC 간의 싸움과 관련하여 적어도 한 건의 살인 사건이 일어났을 수도 있다. 2008년 초반, 러시아계 미국인 사업가 레오니드 로체스킨(Leonid Rozhetskin)이 영문을 알 수 없게 사라진 것이다. 애초에 두 회사의 싸움은 로체스킨이 자신의 메가폰 주식을 매도하려 하면서 비롯되었는데, 실종 당시 그는 라트비아의 해변 별장에 머물고 있었다. 그 후 그는 한 번도 목격된 바가 없다. 그 후 수사 당국은 별장 바닥에서 피를 발견했고, 버려진 로체스킨의 자동차도 찾았다. 로체스킨이 살해되었는지 아니면 러시아 권력자들의 충돌을 피해 사망으로 위장한 것인지는 확실하지 않았다. 그로부터 6개월 후 그의 아내인 모델 나탈리아 벨로바(Natalya Belova)와 그의 세 살된 아들 맥시밀리언(Maximillian)도 그들이 살던 런던 집에서 사라졌다. 로체스킨은 전설적인 전 월트 디즈니사 CEO 마이클 아이즈너(Michael Eisner)의 아들이자 자신의 비즈니스 파트너인 할리우드 프로듀서 에릭 아이즈너(Eric Eisner)에게도 아무 말도 하지 않고 사라졌다.

유카 프로젝트 작전의 목적은 알파 그룹이 IPOC의 국제적이고 복잡한 법적 구조를 명백하게 풀어낼 수 있도록 돕는 것이었다.주1 당시 회계 법인 KPMG는 버뮤다 정부의 요청으로 바로 그 문제를 조사하고 있었다. 알파

브로커, 업자, 변호사 그리고 스파이 🎩

그룹의 스파이들은 그 조사 자료를 절실히 원했다. KPMG가 알파 그룹의 경쟁자에 대해 무엇을 알아냈는지를 알고 싶었던 것이다. 그래서 스파이들은 가이 엔라이트를 목표물로 삼았다. 그들은 엔라이트가 기밀 문서인 그 조사의 핵심 자료를 넘겨주기를 원했다.

스파이들(서방의 첩보부에서 일했지만 이제는 러시아 과두 세력을 위해 민간 부문에서 일하는 베테랑들)은 이기적인 계획을 세웠다. 그들은 영국 국민으로서 엔라이트의 애국심에 호소할 작정이었다. 그들은 자신들이 영국 왕실을 위해 일하고 있다고 엔라이트에게 확신을 심어주었다. 그들은 러시아 마피아의 좋지 않은 거래에 대해 언급했다. 머지않아 엔라이트는 비밀스러운 스파이들의 세계에 발을 들여놓고 해밀턴과 그의 팀이 가져가도록 기밀 자료를 버뮤다 들판의 바위 밑에 놓게 될 터였다. 잡힐까 두려워하면서, 한편으로는 조국인 영국을 돕는다고 생각하면서.

엔라이트는 이것이 모두 거짓말이었음을 훨씬 뒤에야 알게 될 것이다.

버뮤다의 리틀 베니스에서의 점심 약속에는 많은 사람들이 동원되었다. 닉 해밀턴으로 가장한 사람은 워싱턴 DC에 소재한 민간 첩보 회사인 딜리전스의 공동 창업자로서 서른여덟 살의 검은 머리칼을 가진, 매력적인 닉 데이였다. 수년 전 데이는 미 해군 특수부대인 네이비 실(Navy SEALs)에 해당하는 영국군의 SBS(Special Eoat Service)에서 경력을 쌓기 시작했다. 수년 동안 SBS의 모토는 '힘이 아닌 속임수로(Not by strength, by guile)'였다.

그의 회사 딜리전스 역시 속임수를 이용한다. 그리고 세계 첩보, 비즈니스, 정치계의 거물들을 포함하는 자문위원회의 힘도 이용한다. 전 영국 보수당 당수 마이클 하워드(Michael Howard), 미국의 거대 사모펀드 회사 칼라일 그룹(Carlyle Group)의 상무이사 에드 마티아스(Ed Mathias), 가장 눈길을 끄는 전직 CIA 및 FBI 국장 윌리엄 웹스터(William Webster) 등을 포함하여 미국과 유럽에 걸친 자문위원들을 내세운다.

딜리전스가 버뮤다에서 펼친 작전은 휴렛팩커드(HP)의 스파이 스캔들이라는 훨씬 더 부각된 기업 스파이 사건이 터지기 몇 달 전에 일어났다. HP 경영자들은 요원들을 고용하여 이사회 이사들의 전화 통화 기록을 불법 입수했고 자사를 취재한 기자들의 집에서 나온 쓰레기들을 조사했다. 그렇게 드러난 지저분한 술수들은 세계 여러 신문들의 헤드라인을 장식했고, 대립적인 의회 청문회가 소집되었으며, 당시 HP 회장이던 퍼트리샤 던(Patricia Dunn)에 대한 중죄 혐의(나중에 기각)가 야기되었다. 하지만 HP 스파이 스캔들에 대한 언론의 한바탕 소동에서 다루어지지 않은 것은 전화 통화 기록을 빼내고 쓰레기통을 뒤지는 행위는 기업 스파이 전술에서 가장 무해한 축에 든다는 사실이었다. 스파이 행위는 그보다 훨씬 더 비열하고 더러울 수 있었다.

닉 데이가 버뮤다에서 가이 엔라이트를 속인 것은 그와 CIA에서 14년을 일한 30대의 베테랑 첩보원 마이크 베이커(Mike Baker)가 2000년에 딜리전스를 창립한 이래로 그 회사가 수행해온 100여 건의 작전 중 하나였다. 버뮤다 건에서 딜리전스는 직접적으로 알파 그룹을 위해 일하지 않았다. 워싱턴에서 가장 유명하고 인맥이 넓은 로비 회사 바버 그리피스 앤드 로저스(Barbour Griffith and Rogers)를 위해 일했다. 이 로비 회사는 딜리전스에게 매달 2만 5000달러와 별도의 경비, 그리고 적어도 한 번은 핵심 문서를 손

브로커, 업자, 변호사 그리고 스파이 🎩

에 넣었다는 이유로 보너스를 주었다. 이 회사의 로비스트들은 다시 러시아의 최대 민간 소유 은행이자 알파 그룹 컨소시엄의 자회사인 알파 은행을 위해 일하고 있었다.

러시아의 두 거물 사이의 대륙에 걸친 투쟁은 기업 스파이들에게는 노다지였다. 그들은 IPOC 또는 알파 그룹을 위해 일하면서 수십만 달러를 거두어들였던 것이다. 하지만 딜리전스에게는 조심스럽게 움직여야 함을 의미했다. 너무나 많은 스파이들이 관여하고 있는 가운데 정보원을 찾기 힘들었고, 개개인들의 진짜 동기를 판단하기는 더더욱 어려웠던 것이다. 먼저 딜리전스 소속의 워싱턴 첩보원 팀이 KPMG 사무실들을 정찰하며 회사 내에서 누가 핵심 문서에 접근할 권한을 가지고 있는지 알아보았다.

딜리전스의 대다수 직원들은 그들이 이 싸움에서 옳은 편을 위해 일하고 있다고 믿었다. 그들은 IPOC가 옳지 않다고 생각했다. IPOC는 레오니드 레이먼이 메가폰의 지배권을 쥘 수 있게 해주는 일련의 유령 회사에 불과하다고 생각했다. 그들은 레이먼이 부정행위를 하고 있다고 여겼고 이를 빨리 폭로하고 싶어 했다.*

> *——— IPOC 건은 전 세계적으로 복잡하게 얽힌 회사와 소송들을 포함했다. 하지만 2007년이 되자 BVI(British Virgin Islands, 영국령 버진 제도) 정부는 미국 법무부에 보내는 서한에서 "레이먼은 IPOC와 그 그룹에 개인적인 이해관계가 있다"고 결론 내렸다. 다시 말해 BVI 조사는 딜리전스가 옳았다고 결론지었다. 버뮤다의 한 법원은 2007년 IPOC의 청산을 명령했다.

임무는 어려울 것이었지만 닉 데이는 언제나처럼 자신감이 넘쳤다. 데이는 딜리전스 사내 메모에 이렇게 썼다. "이 프로젝트를 성공시킬 가능성은 높다. 우리는 부인할 여지가 있는 방식으로 일할 것이기 때문에 사실상 틀릴 염려가 없다." 이와 비슷한 다른 작전도 성공한 적이 있다고 데이는 언급했다.

딜리전스의 직원들은 버뮤다에서 곧 열리게 될 회계에 관한 회사 차원의 회의를 조직하는 사람들인 것처럼 꾸미고 전화를 걸기 시작했다. 그럴듯하게 꾸미기 위하여 그들은 버뮤다 현지 호텔에 전화를 걸어 객실료와 회의장 대여료를 물어보았다. 확실한 세부사항들을 모아 이후의 대화에서 이용하려는 것이었다. 그들은 버뮤다로 날아가 현지 바에서 KPMG의 비서들에게 술을 접대하면서 KPMG의 핵심 경영진에 관한 정보를 캤다.

여전히 행사 관계자로 위장한 채 그들은 버뮤다의 고위급 KPMG 회계사들에게 전화를 걸기 시작했다. 그들은 다음과 같이 회계사들을 추켜세우며 자신들은 중요한 회의를 준비하고 있는 중인데 회의에서 연설할 사람을 찾고 있다고 했다. "당신은 정말 전문가이시군요! 참석자들에게 어떤 내용의 연설을 하실 작정이십니까? 당신의 직책은 정말 놀랍습니다! 좀 더 이야기해주시겠습니까?" 그들은 IPOC 조사와 관련한 문서에 접근할 수 있는 권한을 가진 사람들을 찾고 있었다. 하지만 그 문서에 접근 권한이 있다고 해서 누구나 정보원이 될 수 있는 것은 아니다. 딜리전스의 노련한 직원들은 특정한 유형의 사람들만이 그들이 작정하고 있는 계획에 동참할 것이라는 사실을 알고 있었다.

첩보 회사 딜리전스는 유카 프로젝트 계획서에 따라 두 가지 인물 유형에 적합한 사람을 찾고 있었다. 한 가지 유형은 "20대 중반의 남성으로 회사 생활에 무료함을 느끼고 있으며 파티를 좋아하고 현금이 필요하며 리스크를 즐기고 스포츠를 좋아하그 여자를 좋아하고 경영자에 대해 불손한 태도를 가지고 있으며 경비를 유용하기도 하지만 애국심을 가진 사람"이었다. 다른 하나의 유형은 "젊은 여성으로 심리가 불안정하고 과체중이며 남의 흉을 보고 정직하지 못하며 외모, 옷, 전자 기기에 돈을 낭비하고 남자친구가 없고 주위에는 친하지 않은 친구들뿐이며 어머니와 유대가 깊은 사람"이었다.

영국 출신의 회계사 엔라이트는 두 가지 심리 프로파일 중 어느 것에도 딱 들어맞지는 않았지만 가장 가까운 인물로 낙찰되었다.

엔라이트는 이 모든 준비 상황을 모르고 있었다. 그는 레스토랑까지 그를 따라온 요원들에게도, 레스토랑 안에 있던 스파이에게도 눈치채지 못했다. 그리고 그는 닉 해밀턴이라고만 알고 있는 그 남자에게 들은 내용에만 호기심이 발동했다. 데이는 자신이 정확히 누구를 위해 일하는지 말한 적이 없었지만 IPOC가 러시아 마피아와 연관이 있는지 없는지를 알아내기 위해 KPMG를 조사하고 있다고 엔라이트가 생각하기를 바랐다. MI5의 베테랑인 닉 데이는 진짜 첩보원이 어떻게 잠재적 정보원에게 접근하는지를 정확히 알고 있었다.

데이는 엔라이트에게 그가 임무에 적합한지 확인하기 위해서 영국 정부가 마련한 신원 조회를 해야 한다고 말했다. 데이는 맨 위에 영국 정부의 직인이 찍힌 공식적으로 보이지만 가짜인 질문지를 꺼내고 엔라이트의 부모, 경력, 전과 기록, 정치 활동에 대해 물었다. 엔라이트는 성실하게 답변했다.

이것은 스파이들이 '허위' 모집이라고 부르는 과정이었다. 어떤 사람으로 하여금 비밀 정보를 넘겨주게 하기 위해서 스파이는 그 사람에게 동기를 부여하는 것이 무엇인지를 알아내야 한다. 돈? 섹스? 애국심? 거기서부터 스파이들은 그 사람의 동기를 이용할 수 있는 상황을 만들어낸다. 여기서 스파이에게 무엇보다 좋은 것은 실제적인 보상이 없어도 된다는 점이다. 섹스를 이용한다고 해서 상대와 잠자리를 함께해야 할 필요는 없다. 돈을 가질 꿈에 부풀게 하는데 실제 뇌물을 줄 필요도 없다. 그리고 당신의 이름을 정직하게 대지 않아도 된다. 그래서 닉 데이는 자신의 메모에 '애국심 있는' 사람을 찾는다고 적었던 것이다. 가이 엔라이트는 유용한 정보원이었다. 그는 자신의 조국을 사랑했던 것이다. 닉 데이는 그 심리를 이용하여 엔라이트를 속였다.

2주 후 바에서 맥주를 마시면서 데이는(여전히 해밀턴으로 위장한 채) 특수부대 SBS에서 일할 당시의 전쟁담을 엔라이트에게 들려주며 유혹을 시작했다. 술잔이 몇 순배 오간 후 그는 좀 더 구체적인 질문으로 들어갔다. "사무실 분위기는 어떻습니까? IPOC 조사에 대해 알고 계시는 점이 있습니까?" 그는 그 조사에서 나온 문서는 러시아의 위험한 부류에 대한 영국 첩보부의 정보 수집에 결정적인 역할을 할지도 모른다는 암시를 주었다. 엔라이트는 더는 그저 무명의 회계사가 아니었다. 그는 민감하고 중요한 위치에 있었다. 닉 데이가 질문을 끝냈을 즈음 엔라이트는 분명 자신이 제임스 본드가 된 듯한 착각에 빠졌을지도 모른다.

그후 얼마 지나지 않아 엔라이트는 기밀문서인 회계감사 자료를 딜리전스가 지정한 전달 장소에 놓인 플라스틱 용기에 넣었다. 그는 KPMG가

브로커, 업자, 변호사 그리고 스파이

IPOC를 조사하면서 수행한 인터뷰 기록과 그 일에 대해 KPMG가 준비하고 있던 내부 보고서의 초안을 넘겨주었다. 데이는 엔라이트가 매일 20분 걸려 출퇴근하는 경치가 아름다운 길가의 바위를 지정해 그 밑에 플라스틱 용기를 놓아두고는 스파이들이 말하는 이른바 '전달 장소'를 정해두었다. 정해진 시간에 엔라이트는 새로운 자료를 용기에 넣었고, 그 후에 데이가 회수해갔다. 그렇게 함으로써 두 사람은 서로 만나지 않았고, 다른 쪽을 위해 일하는 스파이들에 의해 사진을 찍히는 일도 피할 수 있었다.

한번은 엔라이트가 자신의 집에 세워놓은 모터 달린 자전거 보관함에 문서를 넣은 적이 있었다. 엔라이트는 데이에게 자전거 열쇠를 어디에 숨겨놓았는지 가르쳐주었고, 엔라이트가 외출했을 때 딜리전스의 직원들이 문서를 꺼내왔다.

딜리전스는 IPOC 조사와 관련한 회계 법인 KPMG의 가장 비밀스러운 자료들을 입수했다. 딜리전스는 버뮤다의 재무부 장관에게 보내는 2005년 3월 24일자 보고서 초안을 입수했다. 이제 딜리전스는 KPMG의 조사자들이 수상쩍은 러시아 회사 IPOC에 대해 어떻게 생각하는지, 그리고 최종 보고서에서 아마 어떤 결론을 내릴지를 알고 있었다. 두 거대기업 사이의 비밀스러운 국제적 전쟁에서 이루어낸 대단한 성취였다. 딜리전스는 IPOC의 핵심 인물들과 나눈 비밀 인터뷰 기록도 손에 넣었다.

딜리전스에게는 방대한 정보였고, 딜리전스는 이를 이용하여 IPOC에 문제들을 일으켰다. 딜리전스는 자료의 많은 부분을 고객사인 로비 회사 바버 그리피스 앤드 로저스와 공유했다. 딜리전스는 전직 소련 군사 첩보원에게 자료를 보내 러시아 쪽에서 보는 관점을 이해하기도 했다. 그리고 보고서 초안의 사본을 전직 FBI 요원인 톰 로크(Tom Locke)에게 보내 혹시 FBI가 IPOC에 관심을 가지지는 않을까 타진해보기도 했다. 9·11테러 후 처음 몇 주 동안 FBI의 대대적인 수사를 맡아 지휘한 전설적인 인물인 로크는 다시 이 보고서를 FBI의 범죄조사국 부국장보 칩 버러스(Chip Burrus)에게 전달했다.

데이와 딜리전스는 엔라이트가 간첩이나 기업 스파이가 아닌지 철저하게 조사했다. 기업 스파이 산업에서는 아무리 의심해도 지나치지 않은 법이다. 상대편 스파이가 어떤 작전을 꾸미고 있는지 누가 알겠는가? 데이와 엔라이트가 만난 후에는 언제나 딜리전스의 요원들이 엔라이트를 쫓아 그의 다음 행선지까지 추격했다. 그리고 엔라이트와의 만남 후 데이는 스파이들이 말하는 '드라이클리닝(dry cleaning)' 과정을 거쳐 자신을 따라오는 사람이 없는지 확인했다. 그는 미리 정한 루트를 따라 걸으며 몇 번의 중요 지점을 통과했다. 그렇게 함으로써 감시 장소에 미리 잠복한 딜리전스의 직원들이 닉 데이를 미행하는 사람이 있는지, 있으면 누구인지 알아낼 수 있게 했다.

데이는 알파 그룹과 IPOC 사이의 전쟁에 많은 스파이들이 관여하고 있다는 사실을 알고 있었다. 그의 회사는 복잡한 그 싸움을 여러 측면에서 다루도록 고용된 민간 스파이 회사들 중 하나였다. 그리고 데이는 IPOC 편에서 일하고 있으며 언제든 그의 작전을 목표로 삼을 수도 있는 스파이 회사들의 긴 목록을 자세하게 기록했다.

그러나 스파이 작전을 위험에 빠뜨리는 가장 큰 위협은 밖에서부터 오지 않는다. 바로 내부에서 온다. 2005년 10월 18일 아침, 뉴저지 주 몬트 베일의 KPMG 사무실 정문에 익명의 소포가 놓여 있었다. 소포 안에는 이메일과 다른 문서들을 포함하여 딜리전스에서 기록한 자세한 사내 사업 기록들이 들어 있었다. 그것은 KPMG 경영진에게 자사에서 끔찍한 누출이 있었으며 (듣도 보도 못한) 딜리전스라는 회사가 KPMG의 가장 내밀한 비밀에 접근했음을 명백히 보여주었다. 오늘날까지 누가 그 소포를 보냈는지는 정확히 밝혀지지 않았다. 닉 데이는 KPMG에 가져다놓은 문서를 비롯하여 딜리전스의 작전 수십 건에 접근할 수 있었던 최근 해고된 직원일 것이라고 추측할 뿐이다.

마이크 베이커는 맨해튼 포 시즌 호텔 바 옆 호화로운 안락의자에 앉아 있다. 생애 대부분의 시간을 전 세계의 화려한 호텔에서 열리는 회의에 참석하면서 보낸 남자의 날렵함이 엿보인다. 뾰족하게 세운 머리와 이제 막 나이 들어 보이기 시작하는 소년 같은 잘생긴 얼굴을 한 마흔여덟 살의 이 베테랑 CIA 요원은 영화배우 케빈 베이컨이라고 해도 믿을 것 같다. 이런 할리우드적인 이미지를 더욱 돋보이게 하듯 베이커는 블랙 슈트와 흰 셔츠 차림에 셔츠 단추는 가슴털이 보일락 말락 하게 풀어놓았다.

마이크 베이커는 닉 데이와 함께 딜리전스를 세운 공동 창립자다. 그는 딜리전스의 설립 동기를 설명하기 위해 여기에 왔다. 그는 지루한 인터뷰가 되리라 확신한 듯 미소를 지어 보인다.

베이커는 영국에서 미국인 부모 곁에서 태어났다. 아버지가 직업군인이었기 때문에 그는 어린 나이에 세계 곳곳을 다녔다. 1982년 CIA에 들어가 비밀 요원이 되었다. 그 후 그가 공적을 세운 분야는 CIA의 최우선순위와 같다. 즉, 내란 기도, 마약, 테러리즘을 막기 위한 작전에 참여했다. 그는 CIA가 좋았다. 사람들, 여행, 작전. 그러나 그때의 생활을 자세하게 이야기 하려고는 하지 않는다. "나는 그저 침묵은 금이라고 믿는 사람 중 하나입 니다." 베이커가 미안하다는 듯 말한다.

그래도 그는 거의 20년간의 스파이 생활이 자신에게 세상이 어떻게 돌 아가는지를 가르쳐주었다고 말한다. "커튼 뒤를 들춰보면 하나의 세계 정 부란 없고, CIA가 평범한 미국인들을 쫓는 것은 아니라는 사실을 알게 될 겁니다." 대개의 사람들이 CIA 음모론을 하나쯤은 가지고 있어서 걱정되 긴 하지만 CIA는 여타의 정부기관과 마찬가지로 워싱턴의 민간인 주인들 을 기쁘게 해주기 위해 언제나 방침을 변화시키며 노력하고 있는 곳이라 고 베이커는 묘사한다. "우리는 세상에서 가장 개방적이고 투명한 정보 서 비스를 제공하고 있습니다. 그런데 사람들은 그걸 믿지 않지요."

베이커는 이렇게 설명한다. 1980년대 초반 CIA는 '구식'이었다. 평생직 장으로 삼으려고 들어온 사람들이 모인 곳이었다. 하지만 미국과 세계의 다른 비즈니스 영역에서 그랬던 것처럼 평생직장이라는 개념은 일련의 직 장으로 바뀌었고, 사람들은 한 직장에서 얻은 기술을 다음의 더 수익성 좋 은 직장에서 써먹는다. 베이커는 이렇게 달라진 태도를 가진 새로운 세대 의 직원들이 CIA에 들어오는 것을 보았다. 그들에게 CIA는 또 다른 경력 으로 가는 도중에 잠시 머무르는 곳일 것이다. 그러한 경향은 서방의 다른 정보기관에서도 일어나고 있었고, 1990년대 초 소련이 붕괴한 후에는 KGB 베테랑들도 세계의 취업 시장으로 뛰어들었다.

베이커는 CIA를 나간 사람들이 모두 돈 때문에 그만둔 것은 아니라고 말한다. 1990년대 후반 그만둔 사람들 대부분은 CIA가 너무나 위험 회피적이 되었다고 생각했기 때문에 그곳을 떠났다. 10년 전만 해도 아프가니스탄에서 소련과 방대한 비밀 전정을 벌이고 전 세계 곳곳에서 그보다 더 작은 반공 작전을 폈던 CIA와 너무나 달라졌기 때문이었다. 베를린 장벽이 무너지고 나자 랭글리에는 '이제 우리는 무엇을 위해 싸우고 있는가?'라는 권태감이 팽배했다.

1998년 베이커는 다른 일을 찾아나섰다. 당시 런던에 살던 그는 친구에게서 닉 데이를 소개받았다. 옥스퍼드대학교 수학 교수의 아들인 데이는 대학에 가지 않고 고등학교 졸업 후 곧바로 군대를 택했고, 그다음은 영국의 방첩 및 안보 기관인 MI5에 들어갔다. 두 사람은 공통점이 많았다. 데이 역시 첩보 세계를 막 떠나 민간 부문에서 일자리를 찾고 있던 중이었다. 긴 저녁식사를 하면서 두 젊은 스파이는 마치 오래된 친구처럼 사이좋게 어울렸다. 곧 베이커와 데이는 맥시마(Maxima)라는 민간 첩보 회사에서 함께 일하게 되었다.

각각 CIA와 MI5에서 수년을 보낸 베이커와 데이는 문제 해결의 기술, 수사의 재능, 길거리에 대한 지식을 가지고 있었고, 이것은 민간 회사라는 환경에서 수익을 올리는 데 결정적인 역할을 했다. 또 가장 중요한 점은 그들이 회사에서 경력을 쌓은 사람들보다 훨씬 더 공격성이 있었다는 것이었다. 그들(과 정부기관을 떠나 민간 부문으로 온 다른 스파이들)은 비즈니스 문제를 다른 방식으로 접근했다.

예컨대, 한 투자 회사가 제약 회사 '빅파머사(BigPharma, Inc)'가 신제품을 출시하는 데 어떤 문제가 있는지를 알고자 한다고 치자. 투자 회사는 제품이 언제 출시되는지, 제품을 탄생시킨 과정에 문제가 있는지, 경영진은 그 제품이 큰 성공작이 될 거라고 생각하는지 어떤지를 알고 싶을 것이다. 월 스트리트의 전통적인 투자 분석가들은 회사 기록을 조사하고, 업계 전문 가의 말을 경청하고, 경영진과 전화 회의를 하는 등의 표준적인 정보 수집 방법에 머무를 것이다.

스파이들은 다르게 생각한다. 빅파머에서 무슨 일이 진행되고 있는지 알기 위해 여러 가지 첩보 기법을 동원할지 모른다. 버뮤다의 KPMG 사무 실을 살필 때 사용했던 기법을 변형하여 그 제약 회사 본사에서 가까운 가 장 큰 호텔에 전화를 걸어 잠재 고객인 척하고 호텔의 연회장을 쓸 수 있는 날짜를 확인할 수도 있다. "어떤 날이 빕니까? 연회장이 특정일 저녁에 예 약되었습니까?" 그들은 매력적인 목소리로 물을 것이다. "누가 예약했습니 까? 근처의 제약 회사인가요? 그 제약 회사가 신제품 출시를 기념하기 위 해 파티를 준비하고 있을 수도 있겠네요? 그 날짜가 언제라고 그랬죠?"

그다음 그들은 그 제품에 어떤 잠재적인 문제들이 있는지 알아보고 싶 을 것이다. 몬스터닷컴(Monster.com) 같은 구직 사이트에 회원으로 등록하기 는 쉽다. 잠재 고용주로 위장한 스파이들은 빅파머를 떠나고 싶어 하는 사 람들의 이력서만 전부 모아서 볼 수 있다. 그들은 매일 얼마나 많은 수의 빅파머 직원들이 몬스터닷컴에 이력서를 올리는지 추적할 수 있다. 그리고 그 결과를 차트로 그릴 수도 있다. 그러면 회사를 떠나려는 사람들의 수가 치솟는 때를 알 수 있다. 회사를 떠나려는 직원들이 법률 담당 부서 소속인 가? 영업부 소속인가? 만약 그렇다면 그 분야에 문제가 있을지도 모른다.

그것을 알아보기 위한 다음 단계는 가짜 중역급 헤드헌팅 회사를 차리는 것이다. 웹사이트에 이력서를 올린 직원들에게 전화를 걸어 면접을 하자고 하는 것이다. 직원들은 취업 면접에서라면 자신의 회사에 대해 매우 정직해질 수 있다. 물론 그들은 속고 있고, 제공되는 일자리도 없다. 하지만 면접을 보는 동안 빅파머에 대한 정보는 스파이들에게로 넘어간다.

이 정보 이동은 중요한 비공개 정보를 근거로 한 유가증권의 거래를 금하는 내부자 거래법에 대한 위반일 수도 있다. 하지만 많은 수의 스파이들은 큰 문제가 되지 않는다고 말한다. 가짜 중역 헤드헌터들에게 이야기한 직원들은 때로는 자신들이 얼마나 많은 정보를 건네주고 있는지를 모른다. 그리고 아직 그 회사에 고용되어 있는 상태에서는 자신들의 배신행위를 시인할 가능성이 거의 없다. 게다가 그 면접은 그 정보를 바탕으로 유가증권을 사고파는 월스트리트의 거래자들과는 거리가 먼 곳에서 일어나는 것이다. 거래자 자신은 그 정보가 어디에서 왔는지 전혀 알 수 없을 것이다.

스파이가 가짜 회사를 이용할 수 있는 또 다른 방법은 가짜 다큐멘터리 영화 회사를 차리는 것이다. 그후 빅파머의 CEO에게 전화를 걸어 인터뷰를 요청한다. 다수의 다큐멘터리 영화들은 이름 없는 회사에서 만들어지며 촬영 후 수개월 혹은 수년이 지나도 개봉되지 않는다. 이 두 가지 요소 모두 스파이에게는 유리하다. 빅파머의 미디어 담당 직원들은 들어보지 못한 작은 회사가 인터뷰를 요청해와도 놀라지 않을 것이다. 그들은 아마 인터뷰에 응할 것이고, 그렇게 가짜 촬영팀이 회사를 찾아오면 스파이들은 카메라로 찍을 수 있는 모든 것, 예를 들어 연구실, 영업 부서, 문서 등등을 찍을 수 있다. 그리고 CEO는 인터뷰를 위해 자리에 앉아 밝은 조명 아래에서 메이크업을 받으며 찬사를 늘어놓는 인터뷰 진행자 앞에서 아마 경계심을 풀 것이다. 카메라가 돌아가고 있는 가운데 그는 신제품과 출시 일자에 대해서 자신이 계산했던 것보다 훨씬 많은 정보를 주게 될지도 모른다.

몇 개월이 지나면 빅파머의 미디어 담당 직원들은 다른 프로젝트를 진행시키고 있을 것이고, 그러면 왜 다큐멘터리 영화 이야기가 다시 거론되지 않는지에 대해서는 관심을 두지 않을 것이다.

정부의 정보기관에서 훈련받은 스파이들은 민간 기업 환경에서 써먹을 만한 온갖 기술을 습득한다. 감시, 비밀 작전, 외국의 거리에서 인파 속에 자연스럽게 섞이는 능력 등을 말이다. 스파이들은 투자 회사와 경쟁사를 감시하려는 기업, 거액이 걸린 소송을 진행하는 변호사, 적대적 인수를 하려는 기업 등에 자신들의 서비스를 판다.

런던에서 일을 시작한 베이커는 한 무리의 전직 런던 경시청 수사관, 전직 세관원, 데이와 같은 전직 첩보 요원 가운데 유일한 미국인이었다. 이들은 이제 모두 민간 부문에서 일하고 있었다. 맥시마의 CEO는 삼촌처럼 친절한 태도로 두 젊은이에게 회사 경영에 관해 가르쳐주었다. 하지만 몇 년이 지나자 베이커와 데이는 점점 초조해지기 시작했다. 두 사람은 (당시 자신들의 월급보다 훨씬 더 많은) 돈을 벌고 싶었고, 그렇게 할 수 있는 유일한 방법은 자신들의 회사를 소유하는 것이었다. 2000년 말 그들은 맥시마를 그만두고 새로운 첩보 회사 딜리전스를 시작했다.

처음에 베이커와 데이는 휴대전화를 사고 고객을 확보하느라 분주했다. 그들은 창업 자본이 없었지만, 베이커가 집안의 돈을 투자할 수 있는 전직 CIA 동료이자 라틴아메리카 전문가를 끌어들였다. 그들의 작은 회사는 성장했고, 곧 열심히 일하는 조사 연구가와 러시아인 수사관을 고용했다.

브로커, 업자, 변호사 그리고 스파이 🎩

회사를 시작한 지 몇 개월 후 데이와 베이커는 워싱턴 DC로 날아가 강력한 로비 회사와 금융 회사를 찾았다. 그들은 자신들의 국제적인 첩보 인맥들을 활용하여 전직 주독 미국 대사 리처드 버트(Richard Burt)와 만나는 자리를 마련했다. 당시 버트는 공화당 측의 영향력 있는 로비 회사인 바버 그리피스 앤드 로저스에 소속되어 있었다. 만남이 있던 날 아침 극심한 편두통을 견디며 베이커는 펜실베이니아 가에 있는 그 회사의 우아한 본사에 들어섰다. 당시 바버 그리피스 앤드 로저스는 델타 항공, 글락소스미스클라인, 록히드 마틴을 포함한 전 세계 수십여 산업의 최대 회사들을 대표하고 있었다. 거대 자동차 회사 다임러크라이슬러 한 개 회사만 해도 바버 그리피스 앤드 로저스에게 매년 20만 달러를 지불하며 워싱턴의 복잡한 정계에서 길을 찾아가고 있었다. 다이크로소프트는 그해 그 로비 회사에 50만 달러 이상을 지불했다.

그런데도 베이커와 데이는 그 만남을 짧게 끝냈다. 그들은 미국 정부에 영향력을 행사하는 것을 목적으로 하는 이 로비 사업이 기업 고객에게 비밀 정보를 주는 자신들의 회사와 잘 결합할 수 있다고 생각하지 않았던 것이다.

하지만 리처드 버트는 잘 맞는다고 생각했다. 몇 개월이 지난 후 버트는 딜리전스에 전화를 걸어 데이와 베이커에게 그 미국 로비 회사가 그들의 영국 스파이 회사의 지분을 사고 싶어 한다고 말했다. 버트는 자신의 경력을 통해서 정부에서의 경험이 어떻게 로비와 국제 금융에서 수익성 좋은 사업 기회를 창출해내는지 알고 있었던 것이다. 그는 1970년대에 〈뉴욕타임스〉의 국가 안보 담당 특파원을 지내다가 국무부의 직책을 맡았고, 거기서 다시 1985년에서 1989년까지 서독 대사로 임명되었다. 오랫동안 그를 알고 지낸 한 사람은 그가 낸시 레이건의 사교 담당 비서 게일 버트 (Gayle Burt)와 재혼한 것이 그의 경력에 큰 도움이 되었다고 귀띔한다. 버트는 1987년 6월 12일, 로널드 레이건 대통령이 베를린에서 "고르바초프 대통령, 이 벽을 허물어버리시오!"라는 유명한 연설을 할 때 대통령이 있던 곳에서 얼마 떨어지지 않은 자리에 앉아 있었다.

레이건 행정부 말기, 버트는 미국의 협상 대표로 구소련과 전략무기 감축협상(START)을 이끌었고, 그다음 민간 부문으로 나와 컨설팅 회사 맥킨지 앤드사(McKinsey and Company)의 공동 경영자가 되었다.

바버 그리피스 앤드 로저스는 딜리전스에 투자했다. 작은 회사 딜리전스는 갑자기 대륙을 포괄하는 회사가 되었다. 버트는 바버 그리피스 앤드 로저스에 자신의 사무실을 두긴 했지만 딜리전스의 회장이 되었다. 버트와의 관계 덕분에 딜리전스는 워싱턴 최고위 사회에 진입할 수 있었지만, 여기에는 대가가 따랐다. 감정을 거슬리는 버트의 스타일은 워싱턴에서 전설적이었고, 그의 말실수는 최대한의 호의를 이끌어내야 하는 성장세의 딜리전스에게 고통을 주곤 했다. 예를 들어 이따금 버트는 바버 그리피스 앤드 로저스에서 격노하곤 했다. 그와 친한 한 사람은 이렇게 말한다. "릭 (리처드의 애칭) 버트는 매우 불쾌한 사람이 될 수 있다."

그런데도 딜리전스는 버트의 인맥을 유리하게 이용하여 영국과 미국의 정계와 재계, 첩보계의 최상층까지 파고들었다. 마침내 딜리전스 자문위원회는 여러 거물을 끌어모을 수 있었다.

• 윌리엄 웹스터 판사: 전직 CIA 및 FBI 국장

- 마이클 하워드: 전직 영국의 보수당 당수
- 찰스 파웰(Charles Powell) 경: 전직 영국 마거릿 대처 총리의 외교 및 국방 보좌관
- 에드 마티아스: 군수 업체 매매를 전문으로 한 미국의 거대 사모펀드 회사 칼라일 그룹의 상무이사
- 토머스 '맥' 맥라티(Thomas 'Mack' McLarty): 전 빌 클린턴 대통령의 비서실장
- 에드 로저스(Ed Rogers): 바버 그리피스 앤드 로저스 회장, 공화당 정치 컨설턴트 리 애트워터(Lee Atwater)의 제자, 레이건 및 부시 행정부의 베테랑

이 자문위원들 사이의 관계도 복잡하게 얽힌 경우가 있다. 예를 들어, 딜리전스 회장 리처드 버트는 또한 칼라일 그룹의 선임 자문, 맥 맥라티의 회사인 키신저 맥라티 어소시에이츠(Kissinger McLarty Associates)의 선임 자문, 바버 그리피스 앤드 로저스의 모스크바 고객인 알파 은행의 고위 자문위원회 위원 역할도 했다.[주2]

이렇게 겹치는 관계 덕분에 일거리 소개가 끊이지 않았고, 한 나라의 업체만이 아니라 세계의 여러 나라 업체에 관여하는 일단의 경영자들은 또 상호 협력할 수 있었다. 바버 그리피스 앤드 로저스는 세계 경제에 존재하는 새로운 기회들을 노리고 있었다. 그 이후 바버 그리피스 앤드 로저스는 적도 기니, 에리트레아, 온두라스, 세르비아, 카타르 정부를 비롯한 전 세계에 걸친 고객들을 대표했다. 사업은 수익성이 좋았다. 예를 들어, 동아프

리카 수단과 국경을 맞대고 있는 극빈곤 국가인 에리트레아는 워싱턴에서의 '전략적 자문 및 전술적 계획'을 제공받기 위해 이 로비 회사에 매달 6만 5000달러를 지불하는 계약서에 서명했다.[주3]

딜리전스의 입장에서 세계적인 네트워크는 이익이 되었고, 사업에는 가속도가 붙기 시작했다. CIA에서 일한 적이 있는 사람을 통해 딜리전스 팀은 휴스턴에 본사를 둔 에너지 회사 엔론에게서 고수입의 업무를 따냈다. 엔론은 수년 동안 주의 주도와 워싱턴에서 에너지 규제 완화를 로비해오고 있었다. 규제가 완화되면 누구나 다른 상품들처럼 전력을 사고팔 수 있게 된다. 이 거대기업은 정치적으로 볼 때 새로 들어선 행정부와 원활하게 연결되어 있었고, 막대한 수익을 올리고 있었다. 한 예로 조지 W. 부시 대통령이 같은 텍사스 사람인 엔론의 CEO 케네스 레이(Kenneth Lay)를 '케니보이(Kenny Boy)'라고 별명으로 불린 일은 유명하다. 2001년 7월, 엔론은 그해 수익을 전해에 올린 액수의 3배가 넘는 501억 달러라고 발표했다. 하지만 오래지 않아 그 수치는 회사 경영의 다른 부분들과 마찬가지로 신기루에 지나지 않았음이 판명되었다.

당시 아무도 몰랐던 것은 엔론이 허위 회계뿐만 아니라 더 많은 비밀을 감추고 있었다는 사실이다. 엔론 내부 깊숙이에는 일단의 베테랑 첩보원들, 엔론이 인수하고 싶어 한 기업들을 조사하는 일에 딜리전스의 도움을 받으려고 했던 스파이들이 존재했다. 하지만 곧 엔론의 첩보팀은 그보다 훨씬 큰 아이디어를 생각해냈다. 그 회사 거래자들은 발전소가 유지 보수를 하기 위해 언제 작동을 중지하는지를 미리 알 수 있으면 더 많은 돈을

브로커, 업자, 변호사 그리고 스파이

벌 수 있었다.

　발전소들은 쉬지 않고 운용될 수 없다. 정기적으로 작동을 멈추고 조사와 보수 작업을 해야만 한다. 이 유지 보수 작업은 정기적으로 행해지지만 언제나 공표하는 것은 아니었다. 발전소가, 때로는 한 번에 수일 동안 작동을 멈추게 되면 수요공급의 법칙에 따라 전기를 공급받는 전 지역에서 전기료가 올라갈 수 있다. 시장에 존재하는 전기가 적으면 적을수록 남아 있는 전기는 비싸질 것이다. 에너지 거래자가 발전소의 운전 정지를 미리 안다는 사실은 돈을 벌 수 있는 강력한 방법이었다. 발전소 운영 스케줄을 가진다면 엔론 거래자들은 전기료가 언제 얼마나 오를지에 대한 거의 확실한 지식을 가지고 에너지 시장에서 베팅할 수 있었다. 불을 보듯 뻔한 이러한 베팅들은 수백만 달러의 가치가 되는 경우도 있었다.

　엔론은 제안서를 가지고 딜리전스에게 접근했다. 엔론은 발전소들이 언제 작동되고 언제 안 되는지를 알고 싶어 했다. 엔론의 첩보 요원들은 이미 작동 중지 전에 발전소가 하는 일들의 목록을 마련해놓았다. 한 가지 예를 들면 발전소들은 작동 중지 바로 전에는 발전소에 석탄 공급량을 적게 유지한다. 발전소가 곧 사용하지 않는 비싼 석탄에 투자할 이유가 없기 때문이다. 또한 일상적인 유지 보수 작업이라도 전문가가 발전소에 와야만 한다. 그들에게 편의를 제공하기 위해서 발전소 소유주들은 자주 발전소 부지에 휴대용 화장실을 설치했다. 그리고 이 모든 새로운 근로자들이 묵을 곳도 필요하다. 유럽에서는 농촌 지역에 발전소가 들어선 경우가 많은데, 유지 보수 프로젝트가 진행되는 동안에는 해당 지역의 호텔 한두 곳에는 예약이 꽉 차게 마련이었다.

스파이는 이 모든 준비를 쉽게 간파한다. 2000년 후반과 2001년, 딜리전스는 유럽 대륙에서 가장 큰, 무려 12개 발전소에 대한 정보 수집에 착수했다. 베이커는 정확히 그 발전소들이 어디의 것이었는지는 말하지 않으려 했지만, 그 작전을 잘 아는 다른 한 사람은 프랑스, 네덜란드, 독일에서의 임무를 떠올렸다.

베이커는 가장 많은 정보를 수집할 수 있는 최선의 방법은 공중을 통해서라고 결정했다. 그래서 그는 대개 지도 제작과 측량에 사용되는 소형 상업용 비행기들을 준비한 후 비디오카메라를 설치했다. 그러고 나서 그와 조종사는 발전소 부지 위를 날면서 주목해야 할 지점에 카메라 렌즈를 맞췄다. "석탄 더미는 얼마나 높은가? 그 높이는 지난주와 비교하여 어떤가? 직원 주차장에는 자동차가 얼마나 많은가? 평소보다 많은가?"

베이커는 4인승 비행기를 타고 각 발전소 위를 날아다니면서 한때 서로 경쟁하는 정부들을 위해 스파이들이 기록했던 종류의 비밀 자료들을 꼼꼼히 수집했다. 지금은 정부가 아닌 세계에서 가장 부유한 기업 중 하나를 위해 그 일을 하고 있었다.

베이커는 여러 곳을 날아다니며 다양한 임무를 처리했고, 다른 일에는 딜리전스의 하위급 직원들을 파견하기도 했다. 발각을 피하기 위해 각 나라들의 현지 비행기와 조종사들을 고용했다. 그렇게 하지 않으면 그가 사용하는 작은 공항의 다른 조종사들이 외국인들이 어슬렁거리는 사실을 알아챌 수 있었기 때문이다. 조종사들이 작전에 대해 묻는 것은 정말 원하지 않는 일이었다. 현지인들이 비행의 목적을 사업이라고 이해할 때는 자신들이 누구를 위해 무슨 일을 하는지에 대해 염려하지 않을 거라고 베이커는

브로커, 업자, 변호사 그리고 스파이

생각했다. 왜냐하면 작전은 완벽하게 합법적이었으니까. 부동산 개발업자나 측량기사, 그리고 다른 전문가들도 늘 비행기를 이용했으니까. 베이커와 그의 조종사들은 매일의 비행 계획을 정부 당국에 충실히 보고했다.

한편 런던에서는 딜리전스의 팀원들이 전화를 이용해 필요한 나머지 정보를 모으고 있었다. 잠재 고객인 것처럼 가장하고 그들은 해당 발전소에서 가장 가까운 호텔에 예약 전화를 걸었다. 그들은 몇 주씩이나 앞서 미리 객실 료와 방이 비는 정도를 물으면서 각 호텔이 언제 꽉 차는지를 포착할 수 있었다. '빈방 없음'의 날짜를 찾아 그들은 유지 보수 작업이 일어날 가능성이 가장 많은 날에 대한 자료를 더 모을 수 있었다.

이 모두를 종합하여 딜리전스는 가공되지 않은 데이터와 비디오를 엔론의 첩보 요원들에게 보냈고, 엔론의 첩보 요원들은 언제 발전소가 중지될지를 추측해 그 정보를 다시 에너지 시장에서 베팅하는 거래자들에게 넘겼다. 처음에 딜리전스는 매 비행이 끝날 때마다 세부 정보를 엔론에 보냈지만, 곧 일주일마다 한 번씩 보내는 방식을 택하게 되었다. 이로써 엔론은 시장에서 다른 거래자들보다 중요한 우위를 점하게 되었다. 그 일은 매월 비용을 받고 수행했는데, 딜리전스에게는 핵심적이고 정기적인 수입이었다. 베이커는 매월 엔론이 얼마를 지불했는지는 말하지 않으려 했고, 엔론이 그 비행 정보를 이용하여 얼마나 많은 돈을 벌어들였는지는 전혀 모른다고 했다.

이 유용한 작은 계획은 2001년 후반, 엔론이 파산하면서 중단되었다. 유럽의 스파이 비행기가 돈을 벌어주었어도 엔론의 최고 경영자들은 끔찍할 정도로 부실 경영을 하며 수입을 수많은 유령회사들로 흘러들어가게 했다. 엔론이 해체되기 시작하자 베이커는 갑작스레 걸려온 엔론 담당자의 전화를 받았다. "우리한테 못 받은 돈이 있으면, 오늘 저한테 청구서를 가져오세요. 제가 반드시 받게 해드리겠습니다."

고객인 엔론이 사라진 것은 젊은 회사 딜리전스에게는 교훈적인 경험이었다. 베이커는 그 교훈이 뚜렷했다고 한다. "입수할 수 있는 정보는 저 바깥에 널려 있습니다." 핵심은 정보의 가치를 아는 고객과 나가서 그 정보를 가져올 돈이 있는 첩보 회사를 연결시켜주는 것이라고 그는 결론지었다. 그리고 얻은 또 하나의 교훈. 딜리전스는 엔론에게 청구했던 금액보다 20배는 더 높은 금액을 청구할 수도 있었다. 베이커는 정보의 가치를 알게 되자 다시는 스스로 가격을 깎는 일은 하지 않겠다고 결심했다.

그후 몇 년간 베이커와 데이는 여기저기를 돌아다니며 세계에서 가장 부유하고 막강한 권력을 가진 사람들과 교제했다. 그리고 두 사람은 가까운 친구가 되었다. 베이커는 워싱턴 DC로 이사하여 바버 그리피스 앤드 로저스에서 가까운 곳에 살게 되었다. 이 로비 회사는 여전히 딜리전스에 대다수의 일거리를 제공하는 소스였다.

2005년경, 딜리전스는 더욱더 성장하기를 바랐고, 베이커는 회사 확장에 필요한 자금을 제공해줄 투자자를 찾고 있었다. 그리고 결국 버트는 아르헨티나의 사모펀드 회사인 엑셀 그룹(Exxel Group)을 소개시켜주었다. 이 회사는 부에노스아이레스에 사는 부유한 기업 인수 전문가 후안 나바로(Juan Navarro)가 경영하고 있었다. 이 우루과이 태생의 투자가는 화려한 생활을 하고 있었다. 펜트하우스에 살며 고급 취향을 소유한 데다 공격적인 성향으로 잘 알려져 있었다. 1991년, 그는 성공적으로 일하던 시티 은행의 아르헨티나 벤처캐피털 사업의 직책을 그만두고 자신의 회사 엑셀을 세웠다.

그는 GE 펜션 트러스트, 록펠러 앤드사, 리버티 뮤추얼, 컬럼비아대학교 등으로부터 투자를 확보했고, 대부분 라틴아메리카에 집중된 100여 개 회사에 수십억 달러를 투자하기 시작했다.

엑셀과 협상하는 과정에서 베이커는 딜리전스의 미래에 대해 불안을 느끼기 시작했다. 새로운 현금은 대대적인 확장, 그리고 그와 데이에게 새로운 경영 책임을 의미했다. 그는 이제 낭비 없이 회사를 확장시킬 수 있는 경험 있는 전문 CEO를 영입하는 것이 낫지 않을까 생각했던 것이다. 베이커는 그의 동료들과 엑셀 그룹 같은 투자자들에게 자신이 오랫동안 딜리전스에 머물지는 않을 것이라고 털어놓았다.

엑셀 그룹은 딜리전스에 투자했다. 보도에 의하면 딜리전스의 주식 1500만 달러어치를 소유했다. 베이커는 그 거래의 일환으로 자신의 남은 딜리전스 주식을 엑셀에 팔아 현금을 챙겼다. 그는 딜리전스의 15퍼센트를 소유하고 있었다. 바버 그리피스 앤드 로저스도 주식을 팔았다. 관련자 중 아무도 누가 얼마를 챙겼는지 정확한 수치를 밝히지는 않을 것이다. 하지만 그 거래에서 딜리전스의 가치가 비교적 낮게 평가되었다고 해도 베이커는 현금 100만 달러 이상을 챙겼을 가능성이 높다. 그가 딜리전스에서 5년 일한 액수치고는 상당한 금액이다.

이제 남은 돈을 가지고 딜리전스를 경영하며 새로운 투자자들이 기대하는 성장을 이루는 일이 데이의 몫으로 남았다. 곧 데이의 관심은 베이커가 회사를 떠나기 전에 유치하려고 애썼던 새로운 고객인 러시아 최대의 상업은행 알파 은행에게로 돌아갔다. 알파 은행은 이미 바버 그리피스 앤드 로저스의 고객이었다. 2005년 이 로비 회사는 알파 은행에게서 수수료로 68만 달러를 받았다.

더구나 바버 그리피스 앤드 로저스는 그해 알파 은행을 위해 아무런 로비 활동도 하지 않았다고 연방 당국에 보고했다. 68만 달러는 아무 로비도 하지 않은 로비 회사에게 지불하기에는 큰돈이다. 대부분의 경우 로비 회사들은 로비(기술적인 정의로, 고객을 위해 공무원들과 접촉하는 것)를 대가로 지불받지 않고 '컨설팅(단순히 워싱턴 정가를 어떻게 다룰 것인가에 대한 조언을 제공하는 것을 의미)'을 대가로 지불을 받는다.*

> *——— 그것은 비슷한 것 같아도 사실 뚜렷하게 다르다. '로비' 비용은 법으로 공개하도록 되어 있다. 반면 '컨설팅' 수수료는 공개하지 않아도 된다. 워싱턴 로비계의 사람들은 로비 활동의 자그마치 50퍼센트는 이 허점을 이용하여 공개되지 않고 있다고 주장한다. 그럴더라도 워싱턴의 로비 사업은 거의 60억 달러에 달하는 산업이다.

베이커는 자신이 딜리전스를 떠나기 전 알파 은행을 소개시켜달라고 바버 그리피스 앤드 로저스를 압박했다고 한다. 이 러시아의 거대 은행은 딜리전스에게 훌륭한 고객이 될 것이었다. 바버 그리피스 앤드 로저스는 이 둘을 연결시켜주었고, 그후 곧 닉 데이는 버뮤다의 바위 밑에서 KPMG의 문서를 꺼냈다.

2005년 10월 KPMG 앞으로 배달된 익명의 문서 때문에 작전은 중단되었다. 2005년 11월 10일, KPMG 파이낸셜 어드바이저리 서비스는 사기 혐의로 딜리전스에 소송을 걸었다.[주4] 하지만 KPMG가 접수한 고소장은 검열을 심하게 받아 삭제된 부분이 많았다. 공개된 고소장에는 이 페이지, 저 페이지에 빈칸만 남아 있었고, 굵은 글씨로 '편집'이라는 도장만 찍혀 있었다.

브로커, 업자, 변호사 그리고 스파이

아마 고소장의 많은 부분이 공개되지 않은 것은 KPMG가 그 사건의 민감한 세부 사항을 공개하기를 꺼려하기 때문일지도 모른다. 그러나 다른 한편으로는 어쩌면 그렇게 쉽게 자사 직원이 속임을 당하여 가장 비밀스러운 회사 문서를 내줄 수 있는지에 대해 당혹감을 감출 수 없었기 때문인지도 모른다. KPMG는 세계에서 가장 큰 회계 법인 중 하나이며 수시로 세계 최대 기업의 가장 깊은 비밀들을 다룬다. 그런데 그런 고객들이 그들에 관한 문서가 기업 스파이들에게 누출될 수 있다는 사실을 알면 어떻게 생각할 것인가?

실제로 애초에 고소장은 비공개로 접수되었고, 몇 달이 지나서야 문서의 일부분이나마 공개되기 시작했다. 바버 그리피스 앤드 로저스에서는 고소장을 공개하려는 움직임이 공황 상태를 야기했다. 이 명성 있는 회사는 자사가 스파이 게임에 관련되었다는 것을 대중이나 언론에 알리고 싶지 않았다.

2006년 1월 24일, 이 회사의 알파 은행 담당 수석 로비스트 키스 슈테 (Keith Schuette)는 그의 상사이자 전설적인 워싱턴의 해결사 에드 로저스에게 이메일을 보냈다. '법 관련'이라는 제목 아래 슈테는 이렇게 적었다. "에드, 판사가 KPMG의 딜리전스 소송을 공개했습니다. 지금까지 소송은 아무런 관심도 끌지 않고 있지만, 언제까지나 조용할 거라고는 생각하지 않습니다. 고소장에 우리나 고객사는 언급되어 있지 않습니다. 언론에서 떠들 경우 현재로서는 딜리전스로 하여금 시간을 끌게 하는 것이 전략입니다. 계속 소식 전하겠습니다."

20분 후 로저스가 답장을 보내 물었다. "고소장에는 뭐라고 씌어 있는가?"

슈테가 썼다. "기본적으로 딜리전스가 허위 구실을 대고 자료들을 훔쳐 가는 바람에 KPMG가 손해를 입었다.……딜리전스는 이 행위를 멈춰야만 한다는 것입니다. 현재 중대한 사안은 KPMG가 판사에게 신속한 사건 처리를 요구한 것이고, 판사가 소송을 받아들일지 판단을 내리는 것입니다. 만약 판사가 소송을 받아들이고 신속한 처리에 동의한다면 상황은 짧은 시간 내에 악화될 것입니다. 판사가 양측에 모두 동의하지 않는다면 사건은 조용하게 마무리될 것입니다."

판사는 소송을 받아들였고 신속한 처리를 원했다. 그것은 변호사들이 상대 측에게서 증거를 듣고 문서를 입수한다는 의미다. 변호사들은 기록을 위해 상대편에게서 문서, 기록, 이메일, 그 밖의 자료들을 내놓으라고 강제할 수 있다. 그래서 슈테의 이메일도 법정 기록의 일환으로 밝혀지게 된 것이다.

그리고 딜리전스 건은 조용하게 마무리되지 않았다.

유카 프로젝트가 결딴나고 난 후에 닉 데이는 워싱턴 코네티컷 가의 딜리전스 사무실 문을 닫고 훨씬 작은 집으로 옮겼다. 그는 자동차로 한 시간만 달리면 스위스에 닿는 프랑스 알프스의 경치 좋은 생제르베(Saint-Gervais)로 거처를 옮겼다. 상호 비난과 사직, 그리고 소송들이 일어났던 버뮤다 사건에서 교훈을 얻었다고 말하긴 했지만, 그는 아직도 딜리전스를 운영하고 있다. 그와 그의 회사는 그 이후 업무 방식을 바꿨다. 데이는 이렇게 말한다. "우리는 본질적으로 기업들이 힘든 시장에서 마주치는 리스크를 감당할 수 있도록 돕습니다. 그것은 정부기관들이라고 해서 반드시 해결할 재원이나 이해심이 있지는 않기 때문에 우리가 그런 역할을 하는 것이지요."

버뮤다 작전이 있기 훨씬 이전에 딜리전스를 떠난 마이크 베이커는 다른 첩보 회사들을 떠돌며 일했고, 헤지펀드 회사들을 고객으로 하는 자신의 민간 첩보 회사인 프레시언스(Prescience LLC)를 운영하기도 했다. 또한 할리우드에서 첩보 문제에 관해 컨설팅을 해주는 일도 했고, 폭스뉴스닷컴(FoxNews.com)에 논평도 실었다. 지금은 책을 쓰고 있다고 한다. 2009년 초 수년 만에 그와 데이가 다시 함께 사업을 시작했다. 데이의 회사 딜리전스가 베이커의 회사 프레시언스를 매입했고, 마이크 베이커는 타임스스퀘어 타워에 있는 딜리전스 뉴욕 사무소에서 일했다.

요즈음 가이 엔라이트는 런던의 딜로이트 앤드 투슈(Deloitte and Touche)에서 일하고 있다. 그는 닉 데이와의 만남에서 빈손으로 떠나지 않았다. 2005년 유카 프로젝트가 끝날 무렵 데이는 여전히 닉 해밀턴으로 위장한 채 엔라이트에게 수천 달러를 호가하는 롤렉스 시계를 선물했다. 엔라이트는 그것이 영국 정부가 보낸 감사의 표시라고 믿었다.

하지만 물론 아니다.

정확히 누가 딜리전스를 소유하고 있는지는 분명히 알려진 적이 없다. 특히 여러 투자자와 소유주들이 오고 갔기 때문에 더 그렇다. 데이는 오늘날 누가 그 스파이 회사를 소유하고 있는지 밝히려 들지 않는다. 하지만 자금을 대고 있는 한군데 가능한 곳이 있다면 그것은 세계에서 가장 오랫동안 은행업을 해온 가문 중 하나인 로스차일드가(家)다.

2007년 봄, 영국과 미국의 언론은 딜리전스가 닉 데이의 오랜 친구 너새니얼 로스차일드(Nathaniel Rothschild)가 이끄는 펀드로부터 알려지지 않은 액수의 금액을 받았다고 보도했다. 너새니얼 로스차일드는 제이컵 로스차일드(Jacob Rothschild) 경의 부유한 아들이자 세계에서 가장 유명하고 오래된 은행업 가문의 재산을 물려받을 상속자로 당시 서른여섯 살이었다. 〈뉴욕 타임스〉는 너새니얼을 "로스차일드 가문 사람 중에서 가장 부유해질 수 있는 사람"이라고 한 적이 있다.

2007년경 데이는 너새니얼 로스차일드의 가까운 동료가 되었다. 두 사람은 공통점이 많았다. 둘 다 거의 비슷한 나이였고, 둘 다 영국인이며, 둘 다 전 세계에 걸쳐 펼치는 음모에 능한 비즈니스맨이었다. 그 우정은 닉 데이가 직업적으로나 사교적으로 얼마나 높이 신분 상승했는지를 보여주는 표시였다. 로스차일드를 통해 데이는 오랫동안 유럽 은행업을 지배해왔고, (수백 년 전에) 이미 비즈니스와 첩보의 결합이 가지는 가치를 깨달은 가문에 접근할 수 있게 되었다.

너새니얼은 남작이 될 예정이고, 그래서 로스차일드 가문 사람 중에서 다섯 번째로 로스차일드 경이 될 사람이었다. 그 가문의 역사는 1744년, 독일 프랑크푸르트의 유대인 거주 지역에서 메이어 암셀 로스차일드(Mayer Amschel Rothschild)가 태어났을 때로 거슬러 올라간다. 로스차일드의 뿌리는 영국이지만, 뉴욕에 사무실과 대저택을 지어놓고 있다. 그는 개인 비행기로 전 세계를 돌아다닌다. 친구들에게 냇(Nat)으로 불리는 로스차일드는 1971년 7월 12일에 태어났다.

브로커, 업자, 변호사 그리고 스파이

냇의 선조 메이어 로스차일드는 처음에 금융 회사를 세웠고, 그 후에는 다섯 명의 아들을 유럽 다섯 나라의 수도로 보내 사무실을 열게 함으로써 로스차일드 가문의 시대를 열었다. 메이어의 아들 나탄은 스물한 살 때 영국으로 건너가 처음에는 맨체스터에 그다음에는 런던에 머물렀다. 그리고 1809년 런던의 세인트 스위틴즈 레인(St. Swithin's Lane)의 뉴 코트(New Court)에 사무실을 열었다. 이곳은 오늘날까지 로스차일드 이름을 건 은행의 본사 역할을 하고 있다. 1820년대가 되자 로스차일드는 영국의 중앙은행인 영국은행에 돈을 빌려주어 런던에서의 잠재적인 경제 폭락을 막을 만큼 번성해 있었다.

설립 초부터 로스차일드 가문은 금융과 정보의 결합이 가지는 중요성을 이해하고 있었다. 나탄은 거액의 금융 거래는 유럽 대륙의 프랑스, 이탈리아, 오스트리아, 독일에 있던 네 형제와 협의를 거쳤다. 배달원, 고객, 막역한 친구를 통해 그들은 유럽 전역에 걸치는 복잡한 정보 네트워크를 형성했다. 나탄 로스차일드는 웰링턴 공작이 나폴레옹과 싸울 때 웰링턴 군대에 자금을 지원했다. 1815년 로스차일드는 워털루에서 웰링턴이 나폴레옹을 무찌른 사실을 영국 정부보다 하루나 더 앞서 알고 있었다.

1875년 나탄의 아들 라이오넬(Lionel)은 충분한 자금을 모아 영국 정부가 수에즈 운하의 대부분을 소유할 수 있도록 했다. 1885년 나탄 메이어 로스차일드 2세(Nathan Mayer Rothsch.ld II)는 로스차일드 남작이 되었다. 그후 50년간 로스차일드 가문은 더욱 성장하고 번성하여 철도, 광산, 과학 분야로 진출했다. 프랑스에 사는 로스차일드 가문의 두 분파는 와인 산업에서 활발히 활동하여 최고 품질의 클라레(claret: 보르도산 적포도주) 중 하나를 생산하는 샤토 무통 로칠드(Château Mouton Rothschild)를, 고급 프리미에 크뤼 (premier cru) 와인을 생산하는 샤토 라피트 로칠드(Château Lafite Rothschild)를 건설했다.

냇은 네 명의 자녀 중 외아들이다. 그는 이튼과 옥스퍼드 워덤칼리지 (Wadham College)를 다녔다. 최고의 특권을 누리는 대학생이었던 그는 소란 스러운 남성 음주 동아리 불링던 클럽(Bullingdon Club)에 가입했다.

1995년 대학 졸업 후 그는 뉴욕의 글리처 앤드사(Gleacher and Company)에 서 직장 생활을 시작했다. 이 회사 창립자는 로스차일드 경의 친구였다. 같 은 해 냇은 사교계의 명사 애나벨 넬슨(Annabelle Neilson)과 결혼했지만 그들 의 순탄치 못한 결혼 생활은 3년 만에 이혼으로 끝났다. 뉴욕에 있는 동안 로스차일드는 티모시 바라켓(Timothy Barakett)을 만났다. 당시 바라켓은 스 물아홉 살로 냇보다 몇 살 위였다. 바라켓은 새로운 헤지펀드 아티쿠스 캐 피털(Atticus Capital)을 위해 자금을 모으던 중이었다. 바라켓은 결국 젊은 로 스차일드를 그 펀드의 공동 경영자로 만들고, 그가 로스차일드 가문의 이 름과 인맥을 이용하여 아티쿠스를 위해 돈을 모으도록 방임했다. 냇은 사 업에 집중했고, 펀드는 엄청난 성공을 누리다가 2008년의 폭락으로 수십 개의 다른 헤지펀드와 마찬가지로 심한 타격을 입었다.

그럼에도 불구하고 바라켓은 헤지펀드계에서 정상에 섰다. 업계 잡지 〈알 파(Alpha)〉가 매긴 2007년 최고 수입을 올린 펀드매니저 순위에서 7위를 차지했다. 그의 개인 수입은 7억 5000만 달러였다. 아티쿠스의 또 다른 공 동 경영자 데이비드 슬라거(David Slager)는 한 해 4억 5000만 달러의 수입으 로 13위를 차지했다. 로스차일드는 그해 2억 5000만 달러를 벌어들임으로써 공동 38위를 차지했다. 2007년 〈뉴욕 타임스〉 기자 랜든 토머스 주니어(Landon Thomas Jr)는 처음의 의심을 버리고 냇의 요청을 받아들여 아티쿠스에 투자한 배릭 골드(Barrick Gold)의 창립자이자 회장 피터 뭉크(Peter Munk)를 인용했다. 뭉크는 〈뉴욕 타임스〉에서 이렇게 말했다. "이 아이는 특별해요. 로스차일드 가문이 세상을 지배할 때로 되돌아간 것 같다니까."

예전의 로스차일드 가문은 전 세계에 손을 뻗치고 있었고, 정치 지도자들도 그들에게 돈을 빌리기 위해 찾아왔다. 오늘날 냇 로스차일드도 파리, 런던, 모스크바, 그리스에 저택을 소유하면서 그 전통을 이어가고 있다. 그는 세계 최대의 알루미늄 회사인 러시아의 루살(Rusal)을 경영하는 러시아의 과두 세력 올레그 데리파스카(Oleg Deripaska)에게 자문도 해주고 있다. 2008년 3월, 로스차일드와 그의 아버지는 다이애나 왕세자비의 조상들을 위해 지은 호화로운 저택인 런던 세인트 제임시즈 플레이스(Saint James's Place)에 있는 스펜서 하우스(Spence- House)에서 미국 공화당 대선 후보 존 매케인(John McCain)을 위한 기금 모금 행사를 주최했다. 미국 선거운동법에서는 외국인은 대선 후보에게 기부할 수 없으나 행사를 주최할 수는 있다. 로스차일드의 기금 모금 행사에 초대된 미국인 기부자들은 1000달러에서부터 법이 정한 최고액인 2300달러까지 내고 입장했다.

이와 같은 연관성을 가지고 닉 데이와 기업 첩보 산업의 역사는 민간 기업들이 자신들의 첩보망을 전 세계에 형성했던 지금보다 훨씬 이전 시대로 거슬러 올라간다. 그리고 오늘날의 기업 스파이들은 첨단의 기술과 기법을 이용하고 있지만, 그들의 역사는 자본주의 자체의 역사와 깊숙하게 얽혀 있다.

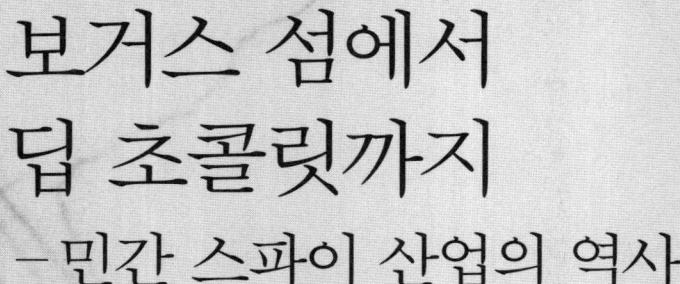

보거스 섬에서
딥 초콜릿까지

–민간 스파이 산업의 역사

BROKER
TRADER
LAWYER
S P Y

1

기업형 스파이의 선구자
앨런 핑커턴

민간 첩보의 역사는 스코틀랜드에서
미국으로 이민온 미국의 애국자이자
주먹과 두뇌와 강인한 성격을 토대로
제국을 건설한 끈질긴 기업가 앨런
핑커턴으로부터 시작한다.

민간 첩보의 역사는 스코틀랜드에서 미국으로 이민온 미국의 애국자이자 주먹과 두뇌와 강인한 성격을 토대로 제국을 건설한 끈질긴 기업가 앨런 핑커턴으로부터 시작한다. 19세기 중엽 스물일곱 살의 앨런 핑커턴은 그의 젊은 아내 조앤(Joan)과 함께 스코틀랜드 글래스고 빈민가의 극심한 빈곤과 불안한 정치를 피해 미국으로 건너간다. 이들 부부는 서쪽으로 개척지가 급속하게 확장되던 시절에 시카고와 위스콘신 주 밀워키 사이에 위치한 낙농업 소도시 일리노이 주 던디에 정착했다. 이 소도시는 일거리와 땅과 부를 찾아 미국으로 온 스코틀랜드 이민자들에 의해 형성되었다.

　앨런과 조앤은 위험한 대서양 횡단과 캐나다 핼리팩스 부근 세이블 섬(Sable Island)에서의 난파에서 살아남고, 인디언들이 조앤의 소중한 결혼반지를 빼앗아간 일을 참아냈으며, 보트와 말, 마차를 이용한 여행을 견뎌내고 마침내 던디에 도착했다. 1846년경 통 제조업자였던 앨런은 통 만드는 작업장을 차리고 여덟 명의 직원을 고용했다. 그 일은 정직하고 가치 있었으며, 어느 모로 보나 앨런은 성공한 사람이었다.

6월의 어느 아침, 그는 작은 보트를 타고 폭스 강에 있는 섬에 가서 하루 종일 자신의 사업에 쓸 나무들을 잘랐다. 사람들의 발길이 미치지 않을 숲 깊은 곳으로 들어간 핑커턴은 불을 피웠던 흔적과 마주쳤다. 그곳에 머물던 사람들이 어딘가로 숨은 듯 그는 뭔가 이상한 낌새를 느꼈다. 호기심이 발동한 핑커턴은 밤에 다시 찾아와 누가 거기에 있었으며 무슨 일을 하고 있는지 알아보기로 결심했다.

잡초 사이에 웅크린 핑커턴은 그곳을 감시했다. 오래지 않아 그는 남자 여러 명이 보트를 타고 와서 모닥불을 피우는 모습을 지켜볼 수 있었다. 뭔가가 좋지 않았다. 도시에서 이렇게 멀리 떨어진 곳에 사내들이 있다는 것은 분명 불법적이거나 위험한 일을 꾸미고 있음에 틀림없었다. 핑커턴은 도시로 돌아가 보안관 루더 디어본(Luther Dearborn)에게 알렸다. 그 수상쩍은 사내들은 화폐 위조단으로 밝혀졌다. 며칠 후 치안대를 대동한 핑커턴과 보안관은 밤에 그곳으로 가서 일당들을 체포했다. 그곳에서 그들은 여러 가지 도구와 위조 주화들이 든 자루를 회수했다. 그 이후 그 땅은 보거스 섬(Bogus Island)으로 알려지게 되었다.

핑커턴에게 이 일은 큰 전환점이었다. 화폐 위조범들의 검거는 그의 이웃들과 아마도 핑커턴 자신에게 그가 타고난 수사관으로서의 호기심과 인내심, 그리고 지능을 가지고 있음을 보여주었다. 핑커턴은 세계 최초의 사립 탐정이 되었으며, 자신의 이름을 내건 회사를 세우고 당대 최대의 기업들에게 첩보 서비스를 제공했다. 많은 면에서 볼 때 핑커턴은 사립 탐정

브로커, 업자, 변호사 그리고 스파이

의 역할을 창조해냈으며, 그는 오늘날 기업 첩보 요원의 선구자다.*

*—— 그의 이야기는 제임스 매케이(James Mackay)의 『앨런 핑커
턴: 최초의 사립 탐정(Allan Pinkerton: The First Private Eye)』(1996)
에 자세하게 나오·있다. 매케이의 책은 핑커턴의 많은 전기 중에서 가장
종합적인 것으로, 이 책을 쓰는 데 많이 참조했다.

보거스 섬에서의 검거 이후 핑커턴은 지역 명사가 되었다. 가십꾼들은
그가 어떻게 사기꾼들을 잡았는지에 대한 이야기를 들으려고 통 만드는
그의 작업장에 들르곤 했다. 오래지 않아 그의 이야기는 던디에서 잡화점
을 운영하는 헨리 헌트(Henry Hunt)의 귀에까지 들어가게 되었다. 헌트와 인
크리즈 보스워스(Increase Bosworth)라는 잡화점 직원은 그 지역에서 위조지
폐를 쓰고 다니며 지역 사업가들을 등쳐 먹는 또 다른 화폐 위조단에 대해
걱정하고 있었다. 두 사람은 핑커턴을 설득하여 그들이 생각하는 이른바
'탐정 사업'의 일을 맡기려 했다.

핑커턴은 그 일에 동의했고, 그의 새로운 두 파트너는 그에게 자신들이
아는 자세한 사항들을 알려주었다. 방금 가짜 10달러 지폐를 쓴 사내가 근
처의 마구(馬具) 가게에서 안장을 고치고 있었다. 통 만들 때 입는 작업복
차림의 핑커턴은 안장 가게로 한번 가보기로 했다. 가게 주인은 가짜 10달
러를 준 손님이 누구인지 귀띔해주었고, 핑커턴은 그 사내의 말을 구경하
는 척하며 위장하고 사내에게 다가갔다. 핑커턴은 이 이방인을 자세히 살
폈다. 회색 머리에 회색 눈, 예순다섯 살쯤 되어 보이는 얼굴, 왼손에는 금
반지를 끼고 있었다. 핑커턴은 자신이 부정한 일에 쓰기 좋은 사람이라는
인상을 주려고 애쓰면서 그에게 말을 걸었다. 이 이방인은 흥미가 동하여

핑커턴을 주변에 인적이 드문 도시 외곽으로 데려가 이야기를 나누었다. 사내는 자신을 버몬트에서 온 존 크레이그(John Craig)라고 소개했고, 핑커턴의 배경과 직업에 대해 물었다. 크레이그는 핑커턴이 위폐를 유통시키는 데 거치기 좋은 사람이라고 생각했는지 핑커턴에게 진짜 돈으로 125달러를 주면 10달러짜리 위조지폐 50장을 주겠다고 제안했다.

핑커턴은 얼른 잡화점 주인에게 현금을 받아와 크레이그에게 넘겨주었다. 크레이그는 나중에 핑커턴이 가져가도록 위조 지폐들을 바위 밑에 두었다. 이제 핑커턴은 화폐 위조단이 존재한다는 사실을 알았고, 가짜 돈이 얼마만 한 가격으로 팔리는지도 알았다. 하지만 크레이그를 체포하려면 그가 위조지폐를 소지하고 있을 때라야 했다. 핑커턴은 또 다른 거래를 맡았는데, 이번에는 시카고 사우가나시 호텔 로비에서 진짜 돈으로 4000달러어치의 위조지폐를 사려고 했다. 절묘한 순간에 핑커턴은 미리 약속해둔 신호를 보냈고, 현지 쿡 카운티(Cook County)의 보안관이 나타나 크레이그를 체포했다.

성공적인 비밀 작전과 체포에 대한 이야기가 퍼지고 그 일로 핑커턴은 케인 카운티(Kane County)의 보안관 대리가 되었다. 그는 통 만드는 사업을 계속하면서 파트타임으로 보안관 대리일을 했다. 하지만 오랫동안 통 제작자로 머물 수는 없었다. 1847년 쿡 카운티의 보안관 윌리엄 처치(William Church)가 시카고로 와 그곳의 보안관 대리가 될 수 있는 기회를 제공했기 때문이다. 핑커턴 부부는 북적이는 신도시로 이사했다.

핑커턴은 시카고에서 잘해냈다. 시카고는 유럽과 동부 해안에서부터 수천 명이 밀려들자 농촌이었던 지역이 도시로 바뀌면서 놀라운 속도로 점

브로커, 업자, 변호사 그리고 스파이

점 성장하고 있었다. 겨우 3년 만에 핑커턴은 시내에서 가장 전설적인 법 집행관 중 한 사람이 되었다. 1849년 레비 분(Levi Boon) 시장은 그를 시카고의 최초(이자 유일한) 탐정으로 임명했다. 그곳은 거친 세계였는데, 법 집행관들은 주먹과 발을 이용하여 조악하나마 거리의 질서를 유지하고 팽창하는 도시를 통제해야 했다.

그다음 핑커턴은 미 우정국(U. S. Post Office)의 직원이 되어 자잘한 범죄들을 해결했다. 우체국에서 그는 우편 분류 작업을 하는 것으로 위장하고는 남의 편지 속에서 현금 총 3738달러를 훔친 직원을 잡아내야 했다. 그 범인과 그의 형제는 다름 아닌 시카고 우체국장의 조카들로 드러났다. 이 뉴스가 신문에 실리자 핑커턴은 미국 최고의 탐정으로서 찬사를 받았다.

그런 언론 기사는 한 사람의 경력을 바꿀 수 있고, 핑커턴의 경우도 그러했다. 1850년 그는 정부를 위한 일을 그만두고 변호사를 파트너로 삼아 민간에서 사업을 시작했다. 두 사람은 사업체를 노스웨스턴탐정사무소(North-Western Detective Agency)라고 이름 짓고, 시카고 도심의 워싱턴 가와 디어본 가 교차점에 작은 사무소를 열었다. 사업의 진척은 더디게 이루어졌고, 문제도 있었다. 예를 들면 역사가들은 핑커턴이 회사를 시작한 지 1년도 안 되어 파트너인 에드워드 러커(Edward Rucker)를 쫓아냈다고 믿는다. 하지만 시간이 흐르면서 회사는 활기를 되찾아 성공했고, 마침내 거대 민간 첩보 회사가 되었다. 그때쯤 회사 이름은 핑커턴의 전국탐정사무소(Pinkerton's National Detective Agency)로 바뀌었다. 회사는 더는 자사를 시카고에 국한시키지 않았다. 회사 이름에는 전국으로 뻗어나가겠다는 그의 야망이 담겨 있었던 것이다.

1850년대 법은 카운티별로, 즉 지역적으로 집행되었다. FBI도 없었고, 연방정부는 주 경계선을 넘어 범인을 추적할 능력도 별로 없는 실정이었다.* 서쪽으로 개척지가 확장되면서 온갖 사기꾼과 악당들을 끌어모으고 있었고, 교통이 발달하면서 이들은 한 카운티에서 범죄를 저지르고 서쪽으로 이동하면서 다른 카운티에서 또 범죄를 저지르고 달아나고는 했다. 경찰이 절실히 필요했다. 그 필요에 부응한 것이 핑커턴의 사무소였다.

하지만 핑커턴의 회사는 평범한 납세자를 위해 일하지 않았다. 회사는 기업 고객과 부유한 개인들을 위해 일하는 첩보 회사였다. 회사는 당시의 최대 기업들, 즉 철도, 광산, 전신 회사들에게 큰 손해를 입히는 범죄자들을 쫓았다. 핑커턴은 사람에게 가해지는 범죄보다 재산에 가해지는 범죄에 관심을 가졌다. "우리는 절대 잠들지 않는다(We Never Sleep)."라는 슬로건 위에 눈을 그린 회사 로고는 오늘날에도 사용되는 '탐정(private eye)'이라는 단어를 탄생케 했다.

*——— FBI의 씨앗은 1908년, 시어도어 루스벨트 대통령이 법무 장관의 후원 아래 소규모 특수 요원의 양성을 승인했을 때 뿌려졌다. 새로운 기관의 이름은 수사국(Bureau of Investigation)이었다.
하지만 핑커턴의 회사는 평범한 납세자들을 위해 일하지 않았다. 그의

핑커턴은 곧 거대하고 유명한 기업들을 고객으로 유치하게 되었다. 그는 각종 귀중품을 담은 소포들을 특별히 제작한 철도 차량으로 실어나르기 시작한 아메리칸 익스프레스를 위해 일하게 되었다. 그는 전국에 걸치는 노선이 자신의 이름을 미국 전역으로 알리는 데 도움이 되었던 몇몇 철도 회사 중 하나인 펜실베이니아 철도를 위해 일했다. 그리고 미국의 동에

브로커, 업자, 변호사 그리고 스파이

서 서까지 전신국 네트워크를 확립한 웨스턴 유니온을 위해서도 일했다.

아메리칸 익스프레스를 위해 핑커턴 직원들은 소포를 훔친 사람과 그 소포를 추적해 찾아주었다. 철도 회사를 위해서는 서부 개척지의 강도들을 잡았다. 그리고 전신 회사를 위해서는 내부자 거래 음모를 위해 월스트리트에 허위 정보를 보내는 화이트칼라 범죄자들을 붙잡았다.

1871년 미국 법무부는 5만 달러의 계약을 맺고 그해 수사 업무의 많은 부분을 핑커턴의 회사에게 외주 용역을 주었다. 핑커턴의 회사는 단시간 내 성장하고 성공적이어서 그들의 임무, 전술, 조직은 결국 미국 비밀경호국(U.S. Secret Service)과 FBI의 탄생에 영감을 주었다.

핑커턴의 탐정들은 당시 새로운 기술과 중앙화된 정보 수집 기법들을 적극적으로 이용했다. 1840년 사진이 발명되었고, 핑커턴은 사진기술을 어떻게 범죄와의 싸움에 이용할 수 있는지를 파악했다. 그는 범인 식별용 얼굴 사진을 개발했고, 그의 요원들은 본인의 사진을 전국으로 퍼뜨렸다. 한번은 악명 높은 범죄자가 술집에서 너무 취한 나머지 핑커턴에게서 월급을 받던 그 술집의 바텐더가 사진을 찍으려 하자 바에 기댄 채 시익 웃음을 지은 적도 있었다. 그 사진은 곧 전국으로 퍼져 범인을 식별하는 데 사용되었다.

핑커턴의 탐정들은 암호화된 정보를 주 경계선 너머로 보낼 수 있는 전신이 그들에게 주는 이점을 잘 이해하고 있었다. 하지만 전신은 또한 기업 사기꾼들에게 새로운 도둑질 방법을 제시하기도 했다.* 한 사건은 기술적 혁신과 금융 부패에서의 새로운 표준을 세웠다. 1864년 캘리포니아의 한 주식 중개인은 뉴스가 시장에 닿기 전에 전신으로 전해지는 과정에서 가로채 내부자 정보로부터 이익을 취하려고 하다가 붙잡혔다. 1864년 8월

12일 금요일 아침, 〈새크라멘토 데일리 유니온(Sacramento Daily Union)〉은 "전신을 이용하여 주식 작전을 펴려고 하다"라는 헤드라인 아래 그 음모를 자세하게 보도했다. 그해 여름 초, 잘 알려진 주식 중개인 D. C. 윌리엄스(D. C. Williams)는 캘리포니아의 골드러시로 생긴 작은 도시 플레이서빌(Placerville)에 있는 한 호텔에 투숙했다. 주 전신 회사(State Telegraph Company) 역시 같은 호텔에 사무실이 있었고, 전신 기술에 관한 전문가였던 윌리엄스는 전신 기계에서 나는 길고 짧은 소리만 듣고도 그 내용을 해석하여 정보를 중간에서 가로챌 수 있었다. 그것으로 그는 지역에서 일어나는 일을 가장 먼저 알 수 있었다. 그는 그 정보를 이용하여 주식시장에 영향을 끼칠 기업 관련 사건에 대해 소중한 통찰을 할 수 있었다. 이렇게 그의 수중에 들어온 정보를 토대로 내부자 거래를 통하여 큰돈을 벌 가능성이 생겼다. 하지만 윌리엄스는 그보다 더 큰 계획을 염두에 두었다. 그것은 전신기사에게 뇌물을 주고 대신 네바다 지역에서의 중대한 광산 관련 소송의 결과에 대한 정보를 중간에서 가로채는 것이었다.

*───── 저널리스트들도 전신을 이용한 속임수의 유혹을 받았다. 샘 대시(Sam Dash)의 『엿듣는 사람들(The Eavesdroppers)』(1959)에 따르면, 1899년 〈샌프란시스코 콜(San Francisco Call)〉의 기자들은 라이벌인 〈샌프란시스코 이그재미너(San Francisco Examiner)〉가 특종을 훔치기 위해서 전화선을 도청했다고 한다.

윌리엄스는 그 뉴스가 전해질 때 전신을 장악하려고 계획했다. 소송 결과를 알게 되면 어느 회사의 주가가 치솟을지 알게 되고 그러면 주가가 오를 주식을 사고 내릴 주식은 판 다음 샌프란시스코로 소식을 전해 다른 사

브로커, 업자, 변호사 그리고 스파이

람들이 알게 하는 것이었다. 전신 기계를 손에 넣고 있는 한 그는 자신이 바라는 대로 가짜 메시지를 보낼 수도 있었다.

한편 전신기사는 그를 도와 동쪽으로 아무 말도 새나가지 않도록 하여 동쪽의 전신기사들이 그의 꿍꿍이를 눈치채지 못하게 할 수 있었다. 윌리엄스는 전신기사에게 그를 도와주는 대가로 많은 돈과 보너스까지 제의했다. 사기 계획이 실패할 경우 최소한 300달러, 성공할 경우에는 700에서 1000달러까지 제안했다. 오늘날의 가치로 환산하여 성공하면 2만 달러 이상을 받을 수 있었다.

하지만 유감스럽게도 전신기사는 정직한 사람이었다. 그는 자신의 상사에게 음모를 세세하게 보고했다. 사기 계획을 경고받은 경찰 수사관들은 윌리엄스가 샌프란시스코와 네바다 주의 버지니아 시티(Virginia City)에 있는 공모자들에게 보내는 편지들을 발견했다. 한 편지에서 윌리엄스는 공모자들에게 그 계획으로 8만 달러 이상을 벌 수 있다고 예상했다. 당시로서 대단한 금액이 아닐 수 없다.

"우리는 이번 한 건에서 충분히 많이 벌어 필요하다면 앞으로 수년 동안 일하지 않고 지낼 수 있어야 한다." 그는 이렇게 적었다. 그리고 공모자들은 원한다면 몇 번이고 같은 계획을 성공시킬 수 있었다. "이후 전국 어느 곳에서 중요한 결정이 내려질 때마다 우리는 이번과 똑같이 할 수 있다." 전국적으로 실시하려던 내부자 거래 계획은 결코 실현되지 못했다. 윌리엄스는 경범죄로 체포되었고, 2000달러의 보석금을 내지 못해 감옥에 갇히는 신세가 되었다.[주1]

윌리엄스의 전신 사기는 지역 경찰이 단독으로 해결한 드문 사건이었다.

하지만 핑커턴 사무소가 맡기에 적절한 새로운 종류의 전 대륙에 걸치는 범죄였다. 대부분의 경우, 지역 경찰들은 도둑들의 교묘한 계획을 감당하지 못했으며 자신들의 관할 구역이 아닌 곳에서의 범죄는 다룰 수 없었다.

이와 대조적으로 핑커턴 사무소는 철도 회사들과 관계를 맺고 있었기 때문에 전에 없이 자유로이 철도 여행을 할 수 있었다. 이 관계로 인해 핑커턴의 직원들은 이전보다 자유롭게 전국을 다닐 수 있었다. 핑커턴은 여성 탐정들도 고용했는데, 당시로서는 아주 진보적인 조치였으며, 남성 탐정들이 드나들기에 불편한 사교 모임이 벌어지는 살롱에 침투하기도 했다. 핑커턴의 직원들은 그들이 만나는 모든 범죄에 대해서 자세한 파일을 만들어 관련 인물의 신체적 특징이나 습관, 작업 방식을 포함한 자세한 사항들을 기록했다. 그들이 소장한 파일은 너무나 철저하고 특정 범죄에 관해서는 너무나 많은 이름들을 확보하고 있었기 때문에 그들은 증인의 묘사와 범죄 유형을 서로 맞추어보고 잡아들일 용의자 목록을 뽑아내기도 했다. 핑커턴 사무소가 가졌던 1853년부터 1999년까지의 파일들은 지금 워싱턴 DC의 의회 도서관에 소장되어 있다. 거기에는 6만 3000개 항목이 포함되어 있다.

핑커턴은 요원들을 위해 윤리 강령도 만들어 자신의 회사가 어떤 일을 맡고 어떤 고객을 받아들일지의 범위를 정했다. 핑커턴이 피하고자 했던 윤리적 딜레마의 일부는 오늘날의 민간 첩보 회사에서도 아직 일어나고 있다. 1850년대 '일반적인 원칙(General Principles)'에서 핑커턴은 탐정 역할을 '높고 명예로운 천직'이라고 정의하고 있다. 그는 자신의 일을 지키기 위해 몇 가지 규칙을 정했다.

브로커, 업자, 변호사 그리고 스파이

핑커턴 사무소는 검사가 알고 동의하는 경우를 제외하고는 형사 사건의 피고를 위해 일하지 않을 것이며, 배심원을 미행하거나 공무원이 그들의 의무를 수행하는 것이나 노동조합원이 적법한 노조 활동을 하는 것을 조사하지 않을 것이며, 정당 간 싸움을 위해 일하지 않을 것이며, 노조의 모임이 비공개일 때 그 모임을 고발하지 않을 것이며, '악한 운동가들'을 위해 일하지 않을 것이며, 성공 사례금, 팁, 보상금을 받지 않을 것이며, 다른 범죄와 관련한 것이 아니면 여성의 도덕에 관해서는 절대 조사하지 않을 것이며, 이혼 또는 스캔들의 성격이 있는 사건도 다루지 않을 것이다.

현재 핑커턴의 후예들은 이들 규칙의 모든 조항을 위반하고 있다. 핑커턴 자신의 회사도 때로는 이 규칙들을 따르기 힘들어했고, 노조와 관련한 규칙들에서 특히 그랬다. 핑커턴 사무소는 19세기 후반 노사 간의 긴 싸움에서 한몫하기도 했다. 친노조적 규칙에도 불구하고 핑커턴의 요원들은 미국 노동운동의 적들로 비쳐지게 되었다.

세월이 흐르면서 앨런 핑커턴은 그의 기업과 개인 고객을 괴롭히는 모든 종류의 범죄에 대해 전문가가 되었다. 그의 책『탐정생활 30년(Thirty Years a Detective)』(1884)*은 「사회의 도둑」, 「호텔 도둑」, 「증기선 운전자」, 「비밀과 협박」, 그리고 사기꾼이 목표 대상에게 익명의 편지를 보내 금융 사기에 끌어들이는, 이른바 '사기 게임(Boodle Game)'을 포함하여 그가 보아온 범죄자들의 종류에 따라 장이 나누어져 있다.** 사기게임은 오늘날의 나이지리아 이메일 사기의 선구자인 것으로 보인다. 사기에 말려들어 돈을 잃은 사람들은 그 일을 창피하게 생각하여 경찰에 신고하지 않는 경우가 많다.

*——— 핑커턴은 자신의 공적을 돌아보는 회고록과 통속적인 탐정 소설을 비롯하여 15권이 넘는 책을 썼다. 그는 이들 책을 쓰기 위해서 대필 작가들을 고용했다. 책들은 핑커턴의 이미지를 널리 알리는 역할도 했다. 그의 책에서 탐정은 전형적인 영웅이고, 악당은 범죄자, 고객은 순진한 희생자다. 이들 책은 『파업노동자, 공산주의자, 부랑자, 탐정(Strikers, Communists, Tramps, and Detectives)』(1878), 『반란의 스파이(The Spy of the Rebellion)』(1884), 『마침내 궁지에 몰리다: 탐정 이야기(Cornered at Last: A Detective Story)』(1892) 등이다.

**——— 저자 대실 해밋(Dashiell Hammett)은 1915년에서부터 1921년까지 핑커턴의 요원이었고, 당시의 경험을 토대로 쓴 소설 『몰타의 매(The Maltese Falcon)』에서 전설적인 탐정 샘 스페이드(Sam Spade)를 창조해냈다. 이 소설이 영화로 만들어지고 험프리 보거트가 샘 스페이드 역을 맡아 연기했을 때 스페이드는 최고의 영화 속 탐정이 되었지만, 이 캐릭터의 뿌리는 핑커턴의 공적에 있다. 해밋은 핑커턴 사무소에 오래 머물지 않았다. 그는 핑커턴 사무소가 반노조적이고 노조의 파업을 무산시키려 노력한다고 생각했고, 여기에 환멸을 느꼈기 때문이다.

핑커턴 사무소는 기업 도둑들과 싸웠고, 은행 도둑들을 추격했으며, 부치 캐시디(Butch Cassidy)와 선댄스 키드(Sundance Kid), 서부의 제시 제임스(Jesse James) 일당들을 쫓았다. 남북전쟁 당시에는 링컨 대통령의 암살 시도를 저지했으며, 남부에 스파이들을 보내 군사력과 정치 상황을 감시하도록 했다. 핑커턴의 요원인 티모시 웹스터(Timothy Webster)는 1862년 북군의 첩자라는 이유로 리치몬드에서 교수형을 당했다. 그는 미국인으로, 스파이 행위로서는 거의 100년 만에 처음으로 처형된 인물이었다.

1850년대 핑커턴은 그의 비밀 요원들이 철도 차량으로 물건을 수송하던 애덤스 익스프레스사(Adams Express Company)의 앨라배마 주 몽고메리

브로커, 업자, 변호사 그리고 스파이

사무소의 소장 나탄 마로니(Nathan Maroney)를 체포했을 때 이미 권력의 절정을 달리고 있었다. 1855년 핑커턴은 애덤스 익스프레스사의 중역인 에드워드 샌퍼드(Edward Sanford)에게 이상한 편지를 받았다. 샌퍼드는 회사가 운반하던 4만 달러가 든 주머니를 앨라배마 주 몽고메리와 조지아 주 오거스타 사이의 어디에선가 도둑맞았다고 했다. 샌퍼드의 편지에는 회사의 내부 조사 결과 중 핵심적인 세부 사항들도 씌어 있었는데, 현금이 사라질 때 돈이 들어 있던 가죽 주머니에는 자물쇠가 채워져 있었다는 내용도 포함되어 있었다. 핑커턴은 편지에 담긴 정보만을 근거로 하여 도둑은 애덤스 익스프레스의 주머니 열쇠에 접근할 수 있는 마로니라고 추측했다. 그는 자신의 직감을 적어 답장을 보냈다.

샌퍼드는 핑커턴을 앨라배마로 불러 이미 절도 혐의로 마로니를 체포했다고 말했다. 하지만 애덤스 익스프레스로서는 마로니에 대한 정황 증거밖에 가지고 있지 않은 터라 마로니를 지지하는 몽고메리 시민들에게 원성을 사고 있었다. 때는 남북전쟁이 발발하려던 시기였고, 애덤스 익스프레스는 북부의 회사였던 것이다. 마로니는 남부 앨라배마 사람이었던 까닭에 그 지역의 지지를 받고 있었다. 마로니는 보석으로 풀려났다. 상황은 애덤스 익스프레스에게 불리하게 돌아가고 있었다.

핑커턴은 케이트 원(Kate Warne)을 포함하여 다섯 명으로 이루어진 팀을 불러들였다. 케이트 원은 미국 최초의 여성 탐정으로 인정받고 있다.* 핑커턴의 팀은 마로니가 돈을 안전한 곳에 숨겨놓은 후 상황이 잠잠해질 때까지 기다린다고 생각했다. 그들은 돈이 어디 있는지를 알아내야 했고, 마로니가 돈을 훔쳤다는 사실을 증명해야 했다. 그들은 마로니의 아내가 필라델피아로 편지를 부치러 가는 것을 뒤쫓았다. 그로써 그녀가 필라델피아에 친척이 있다는 사실을 알아냈다. 마로니의 아내가 필라델피아 외곽으로 이사를 하자 핑커턴은 요원들을 필라델피아의 젠킨타운으로 보냈다. 한 요원은 그 마을에 시계 수리점을 낸 후 마로니 가족의 활동에 관한 정보를 모으기 시작했다.

*—— 매력적인 미망인 원과 핑커턴 사이에 로맨스가 있었다는 소문은 오래전부터 있어왔다. 원은 핑커턴이 채용한 최초의 여성 탐정이었고, 핑커턴의 아내와 자녀가 시카고의 집에 있는 동안 핑커턴이 원을 대동하고 수년 동안 미국 전역을 다녔다는 사실 외에 다른 증거는 찾을 수 없다. 핑커턴은 원을 최고의 탐정 중 하나라고 칭찬했다. 그는 이렇게 말했다. "원 부인은 한번도 나를 실망시킨 적이 없다." 그녀가 죽었을 때 핑커턴은 그녀를 자신의 가족 묘지에 묻었다. 그의 무덤도 가까이에 있다.

핑커턴은 케이트 원을 사교계 부인으로 위장시켜 그곳으로 보냈다. 화려한 옷을 제공받은 원은 최선을 다해 연기했고, 마로니 부인에게 소개되었다. 잡담을 나누는 중 원은 마로니 부인에게 비밀을 털어놓는 척하면서 자신의 남편은 화폐 위조로 부자가 되었다고 말했다.

한편 핑커턴은 당국으로 하여금 마로니를 다시 잡아들이도록 하고, 그의 요원 존 화이트(John White)를 위조범으로 위장시켜 마로니와 같은 감방에 처넣었다. 그리고 감방에 갇힌 불운한 마로니에게 정교한 심리전을 폈다. 핑커턴은 비밀 요원 한 명을 젠킨타운으로 보내 마로니 부인을 데리고 다니며 많은 사람들이 볼 수 있게 했다. 그리고 마로니에게 부인이 바람을 피운다는 내용의 익명의 편지들을 보내기 시작했다. 감옥으로 면회를 온 마로니 부인은 이방인과 함께 외출한 적이 있음을 시인했고, 이로써 마로니는 자신의 의심을 확신하게 되었다.

마로니와 같은 감방에 있던 핑커턴의 요원 존 화이트는 마로니가 아내의 부정을 확신하고 기대어 울 수 있는 어깨를 기꺼이 빌려주었다. 화이트는 마로니에게 당국에 뇌물을 써 감옥에서 나갈 수 있다는 방법을 귀띔해주었고, 화이트의 '변호사'(또 다른 핑커턴 측 사람)가 화이트를 풀어주기 위해왔을 때 마로니는 그 미끼를 물었다. 그는 화이트에게 돈이 얼마가 들던지 빨리 나갈 수 있게 도와달라고 애원했다. 하루 빨리 아내에게 가보아야 한다고 생각했기 때문이다. 화이트는 감옥에서 나가면 도와주겠다고 했고, 당국에 뇌물을 주려면 마로니가 훔친 돈이 필요하다고 아내에게 말하도록 부추겼다. 마로니는 숨긴 돈을 꺼내서 화이트에게 주도록 아내에게 메시지를 전했다. 그러면 화이트가 앨라배마로 돈을 가져와 자신을 풀어줄 거라고 생각했던 것이다.

마로니 부인은 그 메시지를 전해듣고 그 계획이 좋은 아이디어인지 어떤지 확신하지 못했다. 마로니는 지금 그 돈을 훔쳤다는 의심을 받고 있는데 그 돈을 가지고 붙잡힌다면 그의 죄는 분명해지기 때문이었다. 하지만 핑커턴은 마로니 부인이 주저할 것을 미리 예상하고 그를 부추길 계획을 마련했다. 걱정이 된 마로니 부인은 최근 새로 사귄 친한 친구 케이트 원에게 어떻게 해야 할지를 물었던 것이다. 케이트 원은 돈을 주는 것이 최선의 방법이라고 조언해주었다. 마로니 부부는 남은 돈을 가지고 앨라배마 당국을 피해 서쪽으로 갈 수 있었다.

마로니 부인이 화이트에게 돈을 건네주었을 때 훔친 4만 달러 중 400달러만 없었다.

1855년 말 화이트는 나타나지 않았고 마로니는 몽고메리 법정에 서게 되었다. 마로니는 화이트가 자신에게 반대하는 증언을 하기 위해 불려나오자 크게 충격을 받았다. 자신이 함정에 걸려들었고 주 당국이 유죄 선고를 내릴 모든 증거를 가지고 있다는 사실을 안 마로니는 유죄를 인정하고 10년형을 선고받았다. 애덤스 익스프레스는 핑커턴 사무소에 연 단위로 수수료를 주었고, 마로니 사건을 계기로 핑커턴은 많은 사건들을 맡게 되었다.

미국이 남북전쟁의 소용돌이에 휘말릴 당시 핑커턴 사무소는 전국 최고의 첩보 회사였다. 사무소는 전국에 요원들을 보유한 데다 견줄 데 없이 뛰어난 수사 기법들을 개발해놓은 상태였다. 도망 노예들을 캐나다로 탈출시킨 공공연한 노예제도 폐지론자였던 핑커턴은 강경 노예 반대 운동가 존 브라운(John Brown)이 법 집행관들로부터 달아나는 데 필요한 자금 모금도 도왔다.

1861년 남북전쟁이 발발하자 핑커턴은 북부를 도울 준비를 갖췄고 돕기에 좋은 위치에 서 있기도 했다. 그는 링컨 대통령을 알고 있었고, 정력적인 젊은 철도 회사 중역 조지 매클렐런(George McClellan)과 가까웠다. 1855년 변호사이자 신출내기 정치인이었던 링컨은 핑커턴 사무소가 일리노이 센트럴(Ilinois Central) 철도와 계약할 때 계약서를 작성했다.

한때 웨스트포인트 육군사관학교에 있었던 매클렐런이 다시 군대로 돌아가 오하이오 주의 지원병들을 이끌었을 때 그는 핑커턴을 불러 군사 '첩보기관'의 우두머리를 맡아달라고 부탁했다. 그 시절에는 별도의 첩보기관이 없었기 때문에 군 지휘자들은 자신의 힘으로 전투 및 정치 정보를 수집했다. 그때부터 'E. J. 앨런(E. J. Allen)'이라는 가명을 사용한 '핑커턴'은 대중의 머릿속에서 탐정, 군대에 들어간 훌륭한 수사관과 거의 동의어가 되었다.

핑커턴이 미국의 애국자이고 북부의 대의명분을 진정으로 믿었다는 사실에는 의심의 여지가 없다. 그가 자신의 경력과 목숨을 걸고 노예들이 자유를 향해 도망칠 수 있도록 도와준 것은 여러 차례 있었다. 하지만 오늘날 그의 계승자들과 마찬가지로 핑커턴은 전쟁에서 막대한 수익을 낸 민간의 첩보 사업가였다. 프랭크 돈(Frank Morn)은 자신의 광범위한 역사서 『잠들지 않는 눈(The Eye That Never Sleeps)』(1982)에서 핑커턴이 1861년 9월부터 1862년 11월까지 정부를 위해 일한 대가로 3만 8567달러라는 당시로서 엄청난 금액을 벌었다고 언급했다. 남북전쟁 후 그는 아들에게 쓴 편지에서 전쟁이 시작되기 전에는 비교적 가난했으나 전시에 "상당한 돈을 모아 시카고의 이러저러한 재산에 투자했다"고 말했다.

오늘날까지도 전시에 민간의 첩보 회사가 정부에 첩보 서비스를 제공하는 것은 수익성 좋은 사업이다. 그것을 중심으로 하나의 산업이 돌아가고, 그러한 업체들은 워싱턴 DC 외곽에 본사를 두고 있다. 워싱턴 DC에는 다른 '워싱턴의 강도들'이 연방정부에 서비스를 제공하며 사업을 벌이고 있다.

오늘날 첩보 회사 중에는 부즈 앨런 해밀턴(Booz Allen Hamilton) 같은 잘 알려진 곳이 있다. 이 회사는 1만 5000명의 직원을 거느리고 미국 첩보계에 컨설팅을 해주면서 연간 40억 달러 이상을 벌어들인다. 이와 대조적으로 규모가 작은 회사로는 아브락사스(Abraxas)가 있다. 2006년 〈로스앤젤레스 타임스〉는 이 회사가 CIA의 전 세계적 비밀 활동을 돕기 위해 가짜 신분증과 유령회사들을 만들었다고 밝혔다. 오늘날의 첩보 회사 중 몇몇은 어려운 문제를 겪기도 한다. 잘 알려지지 않은 MZM이라는 회사의 CEO는 2005년, 비밀 계약을 대가로 막강한 하원의원에게 100만 달러 이상의 불법적인 뇌물을 준 것으로 밝혀졌다. 그리고 보안 업체 블랙워터(Blackwater)는 2007년 의회 청문회에서 주목의 대상이 되었다. 이 회사의 직원들이 이라크에서 죄 없는 민간인들을 살상했다고 고소를 당했기 때문이다.

하지만 이 모든 사람들 맨 앞에 핑커턴이 있었다.

1860년 11월, 링컨이 미국 대통령으로 선출되고 난 후 그가 일리노이 주에서 수도 워싱턴까지 가기 위한 계획이 시작되었다. 링컨이 타고 가는 철도 루트에 있는 도시에서 링컨은 그를 지지하는 대중에게 연설할 기회를 갖게 되었다. 그런데 그 루트는 필라델피아에서 메릴랜드 주 볼티모어로 내려가게 되어 있었다. 볼티모어는 코퍼헤드(copperhead)라고 불리는 남부 지지자들이 수천 명이나 되는 지역이었다. 당시에는 메릴랜드 주가 북부에 속할지 남부에 속할지가 명백하게 정해져 있지 않았다. 주도인 아나폴리스(Annapolis)에서는 한창 논의가 진행 중이었다. 링컨은 이 위험한 지역을 지나 남쪽에 있는 워싱턴 DC로 가야 했다. 펜실베이니아 센트럴 철도 사장 새뮤얼 모스 펠턴(Samuel Morse Felton)이 대통령이 탈 특별 기차를 준비하고 일정을 짜는 등 여행에 필요한 물자를 준비하는 일을 맡았다. 그는 앨런 핑커턴을 찾아가 메릴랜드가 북부에 남기로 투표하는 경우 분리주의자들이 폭력적인 앙갚음을 계획하고 있다고 말해주었다.

핑커턴은 대통령 당선자를 보호할 계획을 세웠다. 제임스 매케이는 자신의 책 『앨런 핑커턴: 최초의 사립 탐정』에서 그 준비를 상세하게 서술했다. 펜실베이니아 센트럴 철도는 철도 근로자들을 일종의 민병대같이 훈련시켰다. 코퍼헤드들이 혹시 철교를 태울까 염려하여 근로자들은 철교에 새로 페인트와 방화 물질을 칠했다. 펠턴은 메릴랜드 민병대에 사람을 침투시켜 북부를 지지하는 쪽과 남부를 지지하는 쪽을 알아보도록 했다.

한편 핑커턴은 티모시 웹스터, 해티 로턴(Hattie Lawton), 핑커턴의 조수인 해리 데이비스(Harry Davies)를 포함한 정예 팀을 보냈다. 핑커턴은 사우스캐롤라이나 주 찰스턴에서 온 'J. H. 허치슨(J. H. Hutcheson)'이라는 가명을 사용하면서 볼티모어의 바를 돌며 코퍼헤드들과 그들의 지지자들을 알아냈다. 그 시각 데이비스는 볼티모어에서 앤 트래비스(Anne Travise)라는 성매매를 하는 곳에서 술을 마시고 흥청거리는 밤을 보내면서 남부에서 그곳으로 온 사람을 사귀었다. 그 남자는 데이비스에게 자신과 최근 이민온 이민자 한 사람은 링컨이 기차를 타고 볼티모어를 지날 때 그의 암살 계획을 짜고 있다고 떠벌렸다. 웹스터는 남부를 지지하는 민병대에 들어가 그 민병대 역시 암살을 계획하고 있다는 소식을 알아냈다.

이것만으로도 링컨이 볼티모어를 통과할 때 실제적인 위험에 처할 것이라고 확신하기에 충분했다. 결국 핑커턴과 그의 팀은 암살 계획의 세부 사항을 알아냈다. 바로 몇 명의 사내들이 캘버트 가(Calvert Street)의 철도 차량 기지를 공격하는 것이었다. 링컨 역시 경찰들에게 자신에 대한 음모에 대해 비슷한 소문들을 듣고는 펜실베이니아 해리스버그에서 워싱턴 DC까지 가는 여행에서 계획대로 볼티모어를 통과할지 아니면 그냥 지나칠지를 고민했다. 링컨이 탄 기차가 해리스버그를 떠날 때 미국 전신 회사(American Telegraph Company)는 해리스버그에서 바깥으로 이어지는 모든 전신선을 차단시켰다. 그렇게 하면 해리스버그를 들고나는 통신이 마비되지만, 남부 스파이가 필라델피아나 볼티모어에 있는 동료들에게 대통령 당선자의 이동 상황을 알리지 못할 것이었기 때문이다.

핑커턴은 대통령이 탄 열차가 아주 유혹적인 목표물이 될 것임을 알았다. 그는 예정보다 빠른 보통 기차에 링컨을 태우고 워싱턴으로 가기로 결정했다. 본래 대통령이 탈 기차는 미끼로서 예정된 시간에 가게 할 것이었다. 믿을 수 없는 점은, 그가 메리 토드 링컨(Mary Todd Lincoln)과 아들들은 그 미끼 열차를 타고 가도록 했다는 것이다. 그 이유는 아마 당시에는 아무도 암살자들이 여성이나 아이들을 해칠 수 있다고는 생각하지 않았기 때문이거나, 아니면 유인용 기차를 좀 더 그럴듯하게 보이도록 하기 위해서였을 것이다.

핑커턴의 비밀 요원 케이트 원은 웨스트 필라델피아에서 출발하여 남쪽으로 가는 정기 여객 열차의 뒤쪽 침대차 두 칸을 빌렸다. 매표원에게는 아파서 혼자 움직일 수 없는 그녀의 형제를 데리고 가야 하기 때문이라고 말했다. 펠턴과 핑커턴 직원 몇 명이 재빨리 링컨을 그 칸으로 데려갔다. 핑커턴이 링컨이 탄 객차 문 앞에 서서 그 안에 누가 탔는지 밝히지 않고 차장에게 표를 내밀었다.

핑커턴은 기차가 가는 길을 따라 요원들을 배치해 남부 지지자들이 철로를 폭파시키려 하거나 열차를 공격하려 하지 않나 감시하도록 했다. 요원들은 미리 정한 곳에 손전등을 들고 기다리다가 각 구간마다 문제가 없으면 신호를 보냈다. 핑커턴은 기차 맨 뒤 자리에 서서 구간별 상황 전개를 지켜보았다. 기차는 저녁 늦게 필라델피아를 떠나 오전 3시 30분에 볼티모어에 도착하여 잠깐 쉬었다. 이때가 가장 위험한 순간이었다. 이리저리 움직이는 군중과 에이브러햄 링컨 사이에는 단지 몇 명의 무장한 핑커턴 요원들만 있을 뿐이었다.

다행히 그들에게 들린 소란이라고는 취객 한 명이 플랫폼에서 목청껏 부르는 노래 〈딕시(Dixie)〉뿐이었다. 길게만 느껴지는 볼티모어 역에서의 정차 후 기차는 다시 굴러가기 시작하여 오전 6시에 워싱턴에 닿았다.

나중에 유인용 기차가 볼티모어에 들어섰을 때는 위협적인 수천 명의 군중이 제퍼슨 데이비스(Jefferson Davis: 남부 연합 대통령)와 남부를 찬성하는 소리를 질러댔다. 하지만 그들이 할 수 있었던 것이라곤 소리 지르기뿐이었다.*

*——— 링컨의 안전을 지키는 계약은 오래가지 않았다. 그가 암살되던 날 밤 핑커턴 요원들은 곁에 없었다.

핑커턴 사무소는 남북전쟁 내내 정부에 서비스를 제공했고, 시카고 사무소를 통해 기업 고객에게도 계속하여 서비스를 제공했다. 이렇게 민간 첩보 서비스와 정부 서비스를 결합하여 제공한 핑커턴의 선례는 오늘날까지 이어지고 있다.

앨런 핑커턴은 소령 계급으로 조지 매클렐런 장군 밑에서 일했다. 그는 가장 신뢰하는 요원 중 하나인 티모시 웹스터에게 남부에 침투하도록 명령했다. 1853년부터 핑커턴 사무소에서 일하기 시작한 영국인 웹스터는 말쑥하고 세련된 영국인 복장을 하고 북부에 반대하는 코퍼헤드인 척했다. 당시 영국은 남부 정부를 인정하는 쪽으로 기울고 있었는데, 그렇게 되면 남부와 화해하려는 북부의 희망에 큰 타격을 가하게 될 것이었다.

웹스터는 볼티모어에 근거지를 두고 활동하면서 코퍼헤드들과 사귀었다. 그는 곧 자유의 아들들(Sons of Liberty)이라는 남부 지지자들의 비밀 단체 구성원들을 만났고, 그들에게 메릴랜드의 연방정부에 말썽을 일으키려는 계획에 대해 들었다. 웹스터의 스파이 활동 덕분에 핑커턴 요원들은 코퍼헤드들의 대규모 집회가 열리는 날을 알아냈다. 웹스터 자신도 집회의 기조 연설자 중 한 명이어서 북부에 반대하는 장광설을 늘어놓고 있었다. 한창 흥분하여 연설하고 있을 때 앨런 핑커턴과 그의 탐정단, 수십 명의 연방 병사들이 집회장으로 밀고 들어와 지도자들을 체포했다.

후에 웹스터는 남쪽으로 내려가 남부 연합 정부에서 남부의 스파이가 되겠다고 자청했다. 남부 정부는 그를 스파이로 고용하여 정부 고위층들을 만나게 하고 각종 시설을 이용할 수 있게 했다.

이제 이중 첩자 노릇을 하게 된 그는 버지니아 주의 전략적으로 중요한 요크타운의 요새화를 비롯하여 자신이 본 군사 시설에 관한 자세한 보고서를 작성했다. 체서피크 만 남쪽 끝에 위치한 요크타운은 북군이 만을 통해 침투할 경우 남부 연합의 수도 리치먼드에 쉽게 접근할 수 있었다. 요새는 "소나무를 쪼개 만들었으며 180도로 회전할 수 있는 26킬로그램짜리 (대포)를 갖추고" 있었고, 요크타운의 "해변은 1.5미터 정도로 경사가 져" 있었다고 그는 적었다. 그는 또한 그곳의 여러 물품의 가격도 적었는데, 그것으로 북군 지휘자들은 그곳의 경제 사정이 좋지 않음을 알 수 있었다.

(그가 목숨을 걸고 전한) 이 자세하고 정확한 보고에도 불구하고 역사가들은 웹스터의 한 가지 큰 실패를 부각시켰다. 그것은 남북전쟁 동안 핑커턴 사무소의 중대한 실패이기도 했다. 웹스터는 보고서에서 리치먼드 근처의 남군이 11만 6430명이라고 추측했다. 하지만 이 추정치는 너무 컸던 것으로 보인다. 그 지역에는 사실 그보다 4만 명 더 적은 7만 명 정도가 있었다. 그 계산 착오 때문에 매클렐런 장군이 남군을 공격하기 꺼려했을 수도 있다. 그것은 다시 매클렐런과 남군 공격을 강력히 주장했던 링컨 사이의 정치적 대립으로 이어졌다.

그러나 웹스터의 용감성은 의심할 여지가 없다. 그는 계속해서 자세한 보고서를 보내다가 다른 북군 스파이 팀의 실수 때문에 핑커턴의 사람임이 발각되었다. 웹스터는 체포되고 1862년 4월 28일 리치먼드 장터에서 수천 명이 지켜보는 가운데 스파이 행위를 이유로 교수형에 처해졌다.

핑커턴의 여성 요원이 감옥에 있는 그를 찾아갔을 때 그가 남긴 마지막 메시지는 이랬다. "소령에게 나는 용감한 심장과 깨끗한 양심으로 죽음을 맞이할 수 있다고 전해주시오."*

*──── 종전 후 앨런 핑커턴은 리치먼드의 묘에서 웹스터의 시신을 꺼내 북부에 다시 묻어주었다. 또한 핑커턴 가족 묘지에 웹스터의 기념비도 세웠다.

전쟁이 끝나자 산업화가 진행 중이던 북부는 다시 한 번 기업 스파이가 될 기회를 제공했다. 핑커턴 사람들은 1870년대 후반, 티모시 웹스터가 직면했던 것과 거의 맞먹는 수준의 위험한 상황 속에서 다시 한 번 위장 기법을 이용했다.

전후의 펜실베이니아 무연탄 광산은 폭력이 난무하는 불안한 곳이었다. 미성년 노동과 위험한 작업 환경, 1870년대 중반의 경기 불황이 겹쳐 광부들이 폭력적인 파업을 벌였고, 회사 측은 무자비하게 진압했다. 글도 모르고 빈곤한 외국 이민자들은 광산의 일자리를 두고 서로 경쟁했으며, 민족에 따라 집단을 형성해 서로 으르렁거렸다.

그러한 혼란 속에서 몇몇 아일랜드 출신 가톨릭 신자들이 몰리 매과이어스(Molly Maguires)라는 비밀 단체를 결성했다. 그 이름이 어디에서 유래했는지는 확실히 알 수 없지만, 그 조직은 아일랜드에서 가난한 소작농들이 영국의 지주들과 비밀스럽게 계급 전쟁을 벌이던 비밀 단체에 뿌리를 두고 있는 것으로 보인다. 몰리들이 아예 존재하지 않았다고 믿는 사람들도 있으며, 그들은 역사가들이 연구할 자료를 거의 남기지 않았다. 전설에 따르면 '몰리 매과이어'는 가난한 미망인이었으며 자신의 대의를 지역 노동자들이 지지했다고 한다. 혹은 아일랜드의 부유한 지주들을 대상으로 밤에 사람들을 이끌고 습격을 감행했던 젊은 여성일 수도 있다. 그러나 진실은 아무도 모른다.

광산촌에서 몰리들은 폭력적이고 보복을 일삼았으며 범죄를 저지르고 계급 간 투쟁을 벌였다. 제임스 호란(James Horan)과 하워드 스위거트(Howard Swiggert)는 자신들의 저서 『핑커턴 스토리(The Pinkerton Story)』(1951)에서 몰리들은 1870년의 두 달 동안 광산 감독을 습격하고, 상인을 총으

브로커, 업자, 변호사 그리고 스파이

로 쏘고, 다리 경비원과 광산 관리자를 구타하고, 광산 고위층을 살해하는 등 지역의 수많은 범죄들을 자행했다고 폭로했다.

1873년 필라델피아 앤드 리딩 철도(Philadelphia and Reading Railroad)와 필라델피아 앤드 리딩 석탄 및 철광 회사(Philadelphia and Reading Coal and Iron Company)의 사장이던 프랭클린 고웬(Franklin Gowen)은 더는 참을 수가 없었다. 그는 앨런 핑커턴에게 편지를 써 펜실베이니아에 와달라고 했다. 고웬의 걱정은 싸움의 양측에서 죽어가는 사람들이 아니라 사업이었다. 고웬은 철도 사업에서 석탄 사업으로 다각화를 시도하고 있었다. 리딩 철도는 방대한 부지를 사들여 거기에서 생산된 석탄을 철도를 이용해 운반할 계획이었다. 하지만 범죄 때문에 사업을 하기가 힘들었던 것이다. 고웬은 핑커턴에게 몰리들을 타도하는 일을 부탁했다.

앨런 핑커턴은 고웬에게 타도 작전은 극도로 비밀스럽게 진행되어야 한다고 말했다. 그는 오직 고웬만이 핑커턴 사무소가 보내는 보고서를 읽기를 원했고, 고웬의 회사에 핑커턴을 고용했다는 어떠한 기록도 남기지 말라고 요청했다. 그는 몰리들이 고웬의 회사 깊숙이 침투해 있다는 사실을 알고 있었고, 사장인 고웬의 문서를 읽어볼 수 있을지도 모른다고 생각했다. 핑커턴은 요원 한 사람을 몰리들에게 침투시킬 계획을 세우기 시작했다. 그러기 위해서는 거친 광부로 위장할 수 있는 아일랜드 출신의 가톨릭교도 이민자가 필요했다. 또 목숨을 걸고 임무를 수행할 수 있는 사람이어야 했다. 핑커턴은 이제 막 탐정으로 일하기 시작한 아일랜드 얼스터 출신의 빨간 머리의 야윈 스물아홉 살의 이민자 제임스 맥파랜드(James McParland)를 선택했다.

핑커턴은 맥파랜드에게 경력에 어떤 불이익도 주지 않을 테니 맡기 싫다면 그 임무를 거절해도 좋다고 말했지만, 맥파랜드는 그 일을 순수히 받아들였다. 비밀스러운 임무였기 때문에 맥파랜드는 핑커턴 사무소를 떠나 '제임스 매케나(James McKenna)'라는 가명을 사용했다. 직업 없는 이민자로 위장하고 그는 석탄 생산 지역으로 잠입했다. 그는 지역의 술집들을 자주 드나들기 시작했고 술을 많이 마셨으며 공공연하게 영국 지주들에 대한 불평을 떠들어댔다. 펜실베이니아 주 포츠빌의 셰리던 하우스(Sheridan House)에 자주 드나들며 그곳에서 사람들에게 술을 사고 노래와 춤 솜씨로 지역 사람들에게 깊은 인상을 남겼다. 그 술집 주인이 그를 눈여겨보고는 셰넌도어(Shenandoah)의 '보디 마스터(body master)', 즉 몰리들의 리더 머프 롤러(Muff Lawler)에게 소개장을 써주었다.

맥파랜드는 롤러와 그의 단원들에게 자신은 아일랜드의 비밀 단체에 소속되어 있다가 소속과 연락을 끊고 지낸 지 조금 되었다고 말했다. 그는 뉴욕 주 버펄로에서 살인을 하고 나서 생긴 돈이 있다며 즉시 쓸 수 있는 현금이 있다고 설명했다. 그리고 자신은 화폐 위조범이어서 비밀리에 사람을 만나곤 한다고 이야기함으로써 핑커턴 사무소에 보고하기 위해 자주 사라져야 할 때를 위장했다. 그는 진짜 돈을 이 새로운 친구들에게 보여주며 자신이 만든 위조지폐이니 어디 이상한 곳이 있으면 찾아보라고도 했다.

마침내 맥파랜드는 광부의 일자리를 얻어 하루 10시간의 노동을 하면서 20톤의 석탄을 실어날랐다. 그리고 1874년 4월 14일, 맥파랜드는 정식으로 몰리 매과이어스에 합류했다. 그 지역의 그룹은 머프 롤러의 집에서

브로커, 업자, 변호사 그리고 스파이 🎩

만났는데, 맥파랜드는 아래층에서 몰리 간부의 감시를 받으며 기다리고 있었다. 맥파랜드는 자신이 정말 몰리 매과이어스에 들기 위해 그곳에 있는지도 확신할 수 없었다. 몰리들이 그가 스파이인지를 알아냈을까? 혹시 몰리 매과이어스가 자신들의 스파이를 확장세에 있는 핑커턴 조직에 침투시키지는 않았을까? 확실히 알 수 있는 방법은 없었다. 하지만 곧 그는 2층으로 안내되었고, 거기서 그는 무릎을 꿇은 채 서약을 하고 손으로 십자가 표시를 하는 회계 담당에게 3달러를 지불했다.

맥파랜드는 오래지 않아 그 지역 지부의 서기가 되었고 사람을 죽이거나 범죄를 저지르라는 요구들을 요리조리 피하고 간신히 정체를 숨기면서 1875년까지 그 단체에 머물렀다. 잔인한 몰리들이 그가 핑커턴의 스파이라는 사실을 알기만 했다면 당장 죽였을 것이다.

광부들의 파업을 막기 위해 회사 측에서 파업에 반대하는 노동자들을 파견하자 긴장의 수위는 높아졌다. 맥파랜드는 동료 몰리들을 설득해 셰넌도어 강 위를 가로지르는 철로를 폭파하지 말도록 했지만, 평화를 위한 그의 노력에도 불구하고 선동가들은 전신 사무소를 불태우고 열차를 탈선시켰다. 맥파랜드는 핑커턴 사무소의 상사를 만나 경찰을 그 지역으로 보내라고 조언했다. 그는 이미 핑커턴 사람들이 한 사람을 체포하도록 부탁해놓은 상태였다. 몰리들이 그 사람을 죽이려고 했기 때문에 보호 차원에서 조치한 것이었다. 맥파랜드는 시카고로 빠져나와 핑커턴에게 그때까지 1년 6개월 동안 수행해온 몰리 타도 작전의 상황을 설명했다.

맥파랜드는 점점 더 폭력적이 되어가는 몰리의 기세를 막을 수 없었다. 그는 몇몇 살인 제안에 대해서는 반대 의견을 제시할 수 있었지만, 그들이 계획하는 모든 범죄에 반대하다가는 의심을 살 수도 있었다. 맥파랜드는 최선을 다했지만, 몰리들이 불리 빌 토머스(Bully Bill Thomas)라는 사내가 마구간에서 말을 돌보며 서 있을 때 그를 총으로 쏘는 것까지 막지는 못했다. 하지만 몰리들의 실수로 토머스는 살아났다. 그런 다음 그들은 사소한 위반으로 몇 명의 몰리들을 체포한 야간 경비원 벤저민 요스트(Benjamin Yost)에게 관심을 돌렸다. 몰리 매과이어스의 살인자인 휴 맥게한(Hugh McGehan), 제임스 보일(James Boyle), 제임스 케리건(James Kerrigan)은 새벽 2시까지 요스트를 기다렸다. 그때쯤 요스트가 집에서 나와 인도에 세워진 사다리에 올라가서 가로등을 끈다는 사실을 알았기 때문이다. 맥게한이 어둠 속에서 권총을 발사했고, 요스트는 쓰러졌다. 근처에서 일하던 한 남자가 요스트에게 달려갔다. 요스트는 총상으로 죽어가면서 총을 쏜 자들이 아일랜드 사람이라고 말했다. 게다가 그는 전날 밤 술집에서 그들을 보기까지 했던 것이다. 그래서 아침 9시에 숨을 거두기 전에 그는 몇몇 용의자를 용의선상에서 제외시키기까지 했다.

맥파랜드는 살인자들이 누군지 몰랐지만 알아낼 수 있었다. 그는 조심스럽게 증거들을 모았다. 그는 권총 하나를 빌렸는데, 그 권총은 요스트를 살해했던 권총과 같은 구경이었다. 그는 총성이 울릴 당시 현장에 누가 있었는지에 관한 여러 정보를 모았다. 그리고 또 다른 살인 계획 소식을 들었는데 이번에는 광산의 중역 J. P. 존스(J. P. Jones)였다. 맥파랜드는 핑커턴 사무소에 말을 전해 위험이 가실 때까지 존스를 시외로 대피시킬 수 있었다.

맥파랜드가 때를 기다리는 동안 몰리들은 소방서 피크닉에서 한 남자를 죽이고, 또 다른 사람과 총싸움을 벌였다. 그후 곧 몰리들은 또 다른 광산의 중역 톰 생어(Tom Sanger)를 죽이자고 제안했다. 여전히 '제임스 매케나'로 위장한 맥파랜드가 제때에 핑커턴 사무소에 알릴 수 없었던 살인 계획들이 점점 더 많아졌다. 몰리 매과이어스 암살자들은 맥파랜드가 손을 쓰기 전에 생어를 죽였다. 광산 중역 존스가 목숨의 위협이 사라졌다고 생각하고 그 지역으로 다시 돌아오자 세 명의 몰리들이 기차역에서 100명이 지켜보는 가운데 그를 총으로 쏴 죽였다. 그리고 그들은 달아났다.

맥파랜드는 각 살인에 대해 주범과 공범들을 열거하며 핑커턴의 상사에게 자세한 보고서를 썼다. 그는 자신이 옳은 일을 하고 있다고 확신했다. 결국 그 보고서들은 살인자들에 대한 법정 공방에서 증거로 사용될 것이었다.

시카고에서 현장 부관들에게 편지를 쓰던 앨런 핑커턴은 지역 당국이 몰리를 지지하는 아일랜드 출신 가톨릭교도들이 많은 카운티에서 살인자들에게 유죄를 선고하지 못하면 어쩌나 걱정했다. 핑커턴은 요원들에게 그들의 자경단을 조직해서 몰리들을 살해하라고 조언했다. 그 계획은 너무나 공공연하게 드러나는 일이어서 펜실베이니아의 핑커턴 요원들은 보다 거리를 두는 해결책을 개발해냈다. 그들은 374명의 몰리들의 이름을 적은 전단지를 작성해 지역 주민들에게 돌리기 시작했다. 12월 10일, 복면을 한 일단의 남자들이 한 집에 쳐들어가 그곳에 사는 몰리들에게 총을 발사했다. 그 결과 찰스 오도넬(Charles O'Donnell)과 그의 여형제 엘렌 맥알리스터(Ellen McAllister)가 죽었고, 도망가던 다른 두 사람은 부상을 입었다. 핑커턴 요원들이 누군가 스스로 몰리들을 죽이기를 바랐던 것은 명확하지만, 그들이 이 살인을 조직했는지는 확실하지 않다.

맥파랜드는 모든 세부 사항을 알 수는 없었지만, 핑커턴 사무소가 어떤 식으로든 그 사건을 부추기지 않았나 짐작했다. 그리고 자신의 일이 죄 없는 여성의 죽음으로 이어졌다는 사실에 경악했다. 그는 화가 나서 그의 상사에게 편지를 썼다. "오도넬 남자들에 대해서는 마땅한 죽음이라고 생각합니다. 나는 그들의 …… 에 대해 보고했습니다. 그런데 오늘 아침에 보니 맥알리스터 부인도 죽었더군요. 여성이 이 사건과 무슨 상관이란 말입니까?" 맥파랜드는 당장 사직서를 제출했다. "나는 여성과 아이들의 살인에는 동참하지 않겠습니다."

앨런 핑커턴은 자신의 소중한 요원에게 핑커턴 사무소는 그 사건과 아무 관계가 없음을 확신시키고, 맥파랜드에게 위장 활동을 계속하라고 지시했다. 그 사건에 대해 여러 가지 의심들이 떠돌았다. 몰리들은 누가 전단지를 돌렸는지 알고 싶어 했다. 그 사람은 어떻게 몰리들의 명단을 손에 넣었을까? 분명 내부에 배신자가 있는 것이다. 누군가가 맥파랜드를 보고 배신자라고 비난하자, 그는 몰리 내부를 대대적으로 조사하고 재판을 하게 되면 자신의 무죄를 증명할 수 있을 것이라고 허세를 부렸다.

지역 목사가 그를 탐정으로 지목했다는 말을 듣자 그는 교회 목사와 맞섰다. 그렇게 했음에도 그는 무장한 몰리들이 자신을 미행하고 있음을 눈치챘고, 몰리 리더들이 자신을 살해하라고 명령했다는 소문도 들었다. 맥파랜드는 더는 위장 활동을 할 수 없다고 판단했다. 1876년 3월 7일, 그는 북쪽으로 향하는 기차에 몸을 실었고, 핑커턴 요원 하나가 그가 탄 기차를 지켜보았다. 맥파랜드는 살인을 일삼는 그 비밀 조직에 맹세하고 들어간 지 거의 2년 만에 위장 임무를 끝냈다.

하지만 몰리 타도 계획에서 맥파랜드의 역할은 끝이 아니었다. 핑커턴은 그에게 법정 증인으로 서도록 부탁했다. 그렇게 되면 그의 진짜 이름과 신분이 드러나고 몰리들에게 보복을 당할 가능성도 있었다. 맥파랜드는 (얼마간의 설득 끝에) 증언하기로 동의했다. 요스트 살인 사건 재판 중 맥파랜드는 처음으로 증인석에 모습을 드러냈다. 그로써 몰리들은 자신들의 조직이 얼마나 심하게 침투당했는지를 알았다. 자신들이 술주정꾼으로 알았던 사람이 깨끗하게 면도를 하고 조리 있게 말을 하며 말쑥하게 차려입은 탐정이라니. 당시 한 신문은 상황을 파악한 몰리들의 놀라움에 대해 묘사했다. "캐럴은 번개에 맞은 것처럼 보였다. 보일은 검사가 '제임스 캐럴 (James Carroll)과 휴 맥게한이 살인에서 어떤 역할을 맡았는지를 탐정인 제임스 매케나에게 고백한 내용을 전부 들어보겠습니다'라고 말하자 사시나무 떨 듯이 떨었다."

결국 20명의 몰리들이 범죄와 관련하여 교수형을 당했고, 맥파랜드의 증언이 그 조직의 중심을 흔드는 데 결정적인 계기가 되었다.

맥파랜드는 핑커턴 사무소에서 가장 전설적인 탐정 중 하나가 되었고 오래 살았다. 그는 1906년까지도 아이다호에서의 광산 관련 폭력 사건을 해결하려 했다. 하지만 몰리 타도 작전을 부탁했던 프랭클린 고웬은 다른 운명을 맞았다. 그의 철도 회사는 파산 직전까지 내몰렸고, 그는 경영직에서 추방당했다. 그는 개인 변호사가 되었고, 1889년에는 스탠더드 오일 (Standard Oil)에 대한 소송과 관련하여 워싱턴 DC로 소환되었다. 그곳 웜슬리즈 호텔(Wormsley's Hotel) 방에서 그는 총으로 자살했다.

핑커턴 사무소는 그의 죽음이 자살이 아니라고 생각하고 몰리의 소행

일 가능성을 조사했다. 하지만 그들의 의심과 철저한 조사에도 불구하고, 불쌍한 사내가 먼 타향의 호텔에서 혼자 총으로 목숨을 끊은 것 이외에는 어떤 증거도 발견되지 않았다.

핑커턴 사무소도 고객들의 적과 싸우는 동안 사상자가 발생했다. 애덤스 익스프레스사는 핑커턴 사무소에게 제시 제임스 일당으로 알려진 무법자들의 무리를 잡으라고 주문했다. 제시 제임스 일당은 미국 중부를 누비며 철도와 은행을 털던 남부 연합 사람들이었다. 1874년 핑커턴의 두 탐정 루이스 럴(Louis Lull)과 조지프 위커(Joseph Wicher)가 제시 제임스 일당에 의해 죽음을 당했다. 이들 잔인한 사형 집행식 살인이 앨런 핑커턴의 이성을 잃게 만든 것 같다. 그는 부관에게 이렇게 썼다. "나는 제임스 영거즈(the James Youngers, 이들은 네 명의 형제들로, 제시의 형제인 프랭크와 함께 제시 제임스 일당의 핵심을 이루었다)가 필사적인 놈들이라는 것을 아네. 그놈들을 만나면 어느 한쪽이 죽든지 아니면 둘 다 죽네. 우리 측이 피를 흘렸으니 그들은 반드시 대가를 치러야 하네. 대화는 필요 없네. 그들은 반드시 죽어야 하네."

핑커턴 사무소는 그들의 군대를 동원해 제시 제임스 일당을 쫓아 미주리 주에 있는 그들의 가족 농장까지 갔다. 그리고 현지 사람들이 '제임스 성(Castle James)'이라고 별명을 붙인 곳을 에워싸고 전투 준비를 했다. 그런데 그들이 몰랐던 사실은 중무장한 자신들의 무리가 사람들의 눈에 잘 띄었다는 점이었다. 제시와 프랭크는 그곳을 들르지 않았고, 그래서 그곳에는 그들의 어머니 제렐다(Zerelda), 그녀의 남편(제시와 프랭크의 아버지가 아니었다), 제시와 프랭크의 이복형제인 이 부부의 두 자녀만이 있었다.

핑커턴 측의 누군가(정확히 누구인지는 밝혀지지 않았다)가 그 당시의 원시적인 수류탄을 집으로 던졌고, 제렐다의 남편이 그것을 주워 얼른 벽난로에 집 어넣었다. 이 수류탄은 터졌고, 제렐다의 팔이 찢겼으며 여덟 살짜리 이복 동생 아치(Archie)는 크게 부상을 당해 그후 오래지 않아 사망했다.

이 사건 이후 대중의 눈에 핑커턴 사람들은 갑자기 나쁜 사람들이 되었다. 남부에서 핑커턴 사무소는 철도와 은행을 소유한 북동부 재력가들을 위해 일하는 회사로 비쳐졌다. 제시 제임스 일당은 대중의 마음을 사로잡았다. 그들의 공격 목표물은 대부분 기업이었고 개인인 경우는 드물었기 때문이다. 지역 신문들도 핑커턴 사람들의 전술을 비난했고, 통속적인 언론은 제시 제임스 일당을 매력적으로 묘사하고 경의를 표했다. 핑커턴 사무소는 제시 제임스 일당을 잡지 못했다. 제시 제임스는 1882년 내부의 배신자에 의해 죽음을 당하고 프랭크 제임스는 몇 달 후 당국에 항복했다. 그는 70대까지 살다가 1915년 사당했다.

앨런 핑커턴도 제시 제임스보다 오래 살지는 못하고, 1884년 혀 감염(tongue infection)으로 사망했다. 그는 두 아들 로버트(Robert)와 윌리엄(William)에게 회사를 맡겼다. 두 아들은 아버지와 다른 우선순위를 가지고 있었다. 앨런 핑커턴은 이민자였지만, 그의 아들들은 1세대 미국인이었다. 그는 가난하게 자랐지만, 그들은 투자의 아들이었다. 그는 맨손으로 회사를 세웠지만, 그들은 회사를 물려받았다. 오래 지나지 않아 회사는 앨런 핑커턴이 초기에 확립한 행동 강령에서 멀어지기 시작했고, 보다 반노조적인 일을 떠맡았다.

핑커턴 형제의 첫 번째 주요한 과제가 곧 나타났다. 1892년 피츠버그

바로 바깥, 펜실베이니아 주 홈스테드(Homestead)에서 파업이 불거졌다. 책임을 맡고 있던 중역은 카네기 필립스 스틸사(Carnegie, Phillips Steel Company)의 감독관 헨리 클레이 프릭(Henry Clay Frick)*이었다. 프릭은 문제를 해결하기 위해 지역 경찰을 찾아가지 않고 핑커턴을 불렀다. 300명 이상의 핑커턴 직원들이 바지선을 타고 홈스테드로 왔고, 그들이 배에서 내리려 할 때 무장한 파업자들이 강둑에서 총을 쏘았다. 바지선에서 내리지 못한 핑커턴 사람들은 파업자들의 총격에 응사했고, 격렬한 총싸움이 시작되었다. 싸움은 12시간 동안 지속되었고, 3명의 핑커턴 사람들과 10명의 파업자들이 목숨을 잃었다. 힘이 빠지고 배를 되돌릴 수도 없었던 핑커턴 사람들은 항복할 수밖에 없었다.

*——— 프릭의 카네기와의 동업은 홈스테드 파업 후 끝나긴 했지만, 많은 수익을 냈다. 노조를 탄압한 이 기업가는 뉴욕 시 5번가에 거대한 저택을 지었는데, 지금 이곳은 렘브란트, 고야, 티치아노 등을 포함한 프릭 컬렉션(Frick Collection)을 전시하고 있는 미술관이 되었다.

그 사건은 미국 노동운동에 불을 당겼다. 노동자들은 핑커턴 사람들을 살인청부업자라고 비난했으며, 그 총격전을 '홈스테드 대학살'이라고 불렀다. 의회는 청문회를 열어 민간 회사가 정부의 감독 없이도 경찰의 권한을 행사할 수 있는지의 여부를 논의했다. 무장한 남성 집단이 주 경계선을 넘어도 되는가? 핑커턴 사람들이 현대의 용병인가? 그들은 국가 주권에 대한 위협이 될 수 있는가?

그렇지만 핑커턴 사람들은 자신들을 피해자라고 보았다. 1892년 7월

브로커, 업자, 변호사 그리고 스파이

하원 법사위원회 증언에서 앨런의 두 아들 로버트와 윌리엄은 자신들은 합법적으로 행동했다고 말했다.

> 항복 후에 크고 작은 부상을 당한 사람들을 포함한 우리 모두는 파업자들에게 가혹하게 구타당하고 강탈당했습니다. 그들의 리더들은 우리를 보호하기 위한 성실한 노력도 하지 않았습니다. 우리 직원들은 시계, 돈, 옷, 모든 것을 빼앗기고 몽둥이와 돌로 맞았습니다. 움직이지도 자신을 방어하지도 못한 코너스(Conners)는 한 파업자가 고의로 총을 쏘고 몽둥이로 때렸습니다. 역시 부상을 당해 움직일 수 없던 에드워즈(Edwards)도 몽둥이와 소총의 개머리판으로 맞았습니다. 둘 다 사망했고, 이어 또 다른 사람도 항복 후 구타를 당해 두려움으로 제정신을 잃고 자살했습니다. 우리 사람들은 모두 크고 작은 상처를 입었습니다. 우리의 항복 후 파업자들이 보인 행동은 정말 야만적인 것이었습니다. 그런데도 미국의 노조라는 이름하에서 행해진지라 언론과 정치가들의 격려는 아니더라도 동정을 사는 것입니다.[주2]

이러한 항변은 의원들에게 먹히지 않았다. 1893년 의회는 연방 반핑커턴법(Anti-Pinkerton Act)을 통과시켰다. 이로써 핑커턴 사무소의 대중적 인기는 오랜 기간의 하락을 시작한다. 핑커턴 사람들은 영웅적인 탐정에서 노동자의 압제자로 추락했다. 반핑커턴법은 아직도 연방법으로 발효 중이며 다음과 같다.

핑커턴 탐정 사무소나 그와 비슷한 조직에 의해 고용된 개인은 미국 정부와 컬럼비아 특별구 정부에 의해 고용되지 못할 수도 있다.

이 법은 오늘날 다시 새롭게 공감을 얻고 있다. 블랙워터(현재 회사명은 Xe), 커스터 배틀즈(Custer Battles), 트리플 캐노피(Triple Canopy) 등 이라크에서 일하고 있는 미군 계약 기업들과 관련한 논란 때문에 이 법이 인용되고 있다.

홈스테드에서의 실패에도 불구하고 핑커턴 사무소는 오랫동안 지속되었다. 재정적인 면에서 사무소는 앨런 핑커턴의 아들들의 손에서 번성했다.* 사무소는 19세기 초반 기업들을 위해 노조에 침투하면서 수익을 올렸다. 젊은 시절 몰리들을 보기 좋게 타도했던 제임스 맥파랜드는 핑커턴 사무소 덴버 지점을 이끌었고, 노조를 막기 위해 새로운 요원들을 위장 잠입시켰다. 맥파랜드는 핑커턴 사무소의 서부 쪽을 통째로 맡고 있었다. 그러나 그를 비판하는 사람들은 그가 이기적인 작전을 펼쳤다고 주장한다. 그의 스파이들을 지역 광산 노조의 리더 자리들에 앉혀두고 노조 활동에 대한 정보를 얻었을 뿐 아니라 노조의 도발적인 행동도 야기함으로써 거기서 다시 수익을 얻었다고 주장한다.

> *—— 적어도 한 가지 면에서 아들들은 아버지만큼 진보적이지 않았다. 그들은 여성 탐정을 고용하지 않았다.

증기선의 도입으로 대서양을 넘나드는 일이 수월해지자 핑커턴 형제는 런던과 파리, 유럽 전역의 고객들을 위해 용의자를 찾아 전 세계를 누볐다. 로버트의 아들 앨런 핑커턴 2세는 제1차 세계대전에 참전한 뒤 1923년 아버지에게 회사를 물려받았다. 그리고 1930년에는 다시 앨런 핑커턴 2세의

브로커, 업자, 변호사 그리고 스파이

아들 로버트 핑커턴이 회사를 물려받아 1930년대 또다시 일련의 힘든 의회 청문회를 겪고 반노조적인 일에서 손을 완전히 뗐으며, 1965년에는 회사를 주식시장에 상장했다. 그는 1965년 10월 11일 사망했으며, 그 뒤에는 회사 설립 100년도 더 지나 처음으로 핑커턴가(家)의 인물이 아닌 사람이 회사를 맡았다.

20세기에 걸쳐 핑커턴 사무소는 국민의 의식 속에서 희미한 존재로 남아 있었다. 전직 핑커턴 사무소의 탐정이었던 조지 H. 티얼(George H. Thiel)이 설립한 티얼 탐정 사무소를 비롯한 여러 경쟁자들이 시장을 점유해나가기 시작했다. 핑커턴가는 티얼이 경쟁 회사를 세웠다는 사실을 결코 용서하지 못했다. 또 다른 쟁쟁한 경쟁자는 윌리엄 번즈 국제 탐정 사무소(William Burns International detective Agency)였다. 이들 회사 모두 어느 정도씩은 파업을 막는 일에 관여했지만, 1930년대 후반이 되자 그 일도 수그러들기 시작했다.

1999년 앨런 핑커턴이 세웠던 회사는 스웨덴 스톡홀름에 본사를 두고 전 세계에 사무소를 둔 직원 25만 명의 보안 업체 시큐리터스 AB(Securitas AB)에게 팔렸다. 핑커턴 사무소는 오늘날 스웨덴 대기업의 자회사로 일하고 있으며, 핑커턴 컨설팅 앤 인베스티게이션(Pinkerton Consulting & Investigation)이라는 이름을 달고 있다.

보거스 섬 시절에서 현재까지 먼 길을 걸어온 것이다.

03

우리는 돈을 보고 일한다

오늘날의 첩보원들은 그들이 정부 조직에서 배운 재능을 어떤 고객에게나 팔고 있다. 부패한 기업, 러시아의 과두 세력, 중동의 왕자, 돈을 지불할 수 있는 어느 누구에게든 말이다. 립셋은 이렇게 말했다. "나는 돈을 보고 일한다."

20세기 초반, 미 법무부는 자체의 수사관이 없었다. 굴욕스럽게도 수사를 해야 할 때면 언제나 비밀경호국에서 요원들을 빌려와야만 했다. 전국적인 경찰도 없었고 연방수사국을 만들려는 초기의 노력은 논쟁으로 얼룩졌다. 이러한 정부의 무력함으로 생긴 공백을 핑커턴 사무소가 메웠다. 대체로 의회는 그러한 상황에 만족해했다. 1900년 초반 미국의 정치인들은 세계의 정부들이 만들어 자국 시민들에 대해 스파이 활동을 하는 '첩보기관', 이른바 '어두운 내각(black cabinet)'을 못미더워했다.

비밀경호국의 행동 또한 상황에 도움을 주지 못했다. 한 유명한 사건에서 연방 요원들은 유부녀와 도망을 친 해군 장교 후보생을 감시했다. 의회에서는 항의가 빗발쳤다. 의원들은 연방 수사관이 일종의 도덕 경찰로 이용된다는 아이디어에 분노를 표했다.

그러다가 1906년 논의의 방향은 바뀌기 시작했다. 법무 장관 찰스 보나

파르트(Charles Bonaparte)는 더는 두고 볼 수 없는 상황이 되자 자신의 경찰이 필요하다고 판단했다. 1906년 비밀경호국에서 60명의 요원들을 빌려야 했다. 다음 해에는 65명을 빌려야 했다. 이렇게 빌리는 비용은 점점 높아졌고, 보나파르트는 자신을 위해 일하는 수사관들에 대한 통제권이 없다는 사실에 분개했다. 의회에 보내는 편지에서 그는 의원들에게 "법무부가 직접 통제하는 상설 수사관들이……없다는 이상 현상"에 대해 알렸다.

자신의 행정 권한을 확대하려 힘쓰던 시어도어 루스벨트 대통령도 논의에 뛰어들었다. 그는 "이 '스파이들'에 대한 항의보다 더 어리석은 것은 없다. 오직 범죄자들만이 우리 수사관들을 겁낼 것이다"라고 씀으로써 의회의 시민자유 옹호론자들의 우려를 일축했다. 언제나 직설적인 루스벨트는 의원들 자신이 수사의 대상이 될까 봐 두려워 수사기관 만들기를 꺼린다고 말했다. 이 비난을 의원들이 반길 리 없었다.

1908년 7월 법무 장관 보나파르트는 간부들의 조직을 새로이 구성하고 수석 검사 스탠리 W. 핀치(Stanley W. Finch)를 지명하여 소규모 특수 요원들을 이끌게 했다. 의회 의원 다수의 뜻과 반대되었지만 어쨌든 보나파르트의 특수 요원단은 의회의 열띤 논의에도 결국 살아남았다. 이것이 발전하여 연방수사국(FBI, Federal Bureau of Investigation)이 된다.주1

FBI가 경찰로 부상하면서 민간 첩보 회사의 필요성은 점차 줄어들었고, 핑커턴 사무소는 아직도 수익성이 좋은 활동(경마 사기 감시, 보석 도둑 잡기, 공장에 제복 입은 경비 요원 제공)을 중심으로 사업 규모를 축소하고 통합할 수밖에 없었다.

때는 샘 스페이드 같은 소설 속의 탐정이 전성기를 구가하던 시기였지만, 두 차례의 세계대전을 치르고 냉전이 시작되면서 민간 부문이 아닌 연방정부의 통제 아래 국가의 수사 및 첩보 능력은 점점 중앙집중화되고 있었다. FBI 창설에서부터 1946년의 중앙정보그룹(Central Intelligence Group, 1947년 CIA가 된다)의 형성까지 정부는 점점 더 큰 정보 및 수사력을 공고히 하고 있었다.

당시 민간 탐정들은 경찰에 대한 무시를 공공연히 드러내고 때로는 불법적인 방법으로 사건을 해결하며 독립적으로 일했다. 그러한 사건들은 많은 경우 사라진 사람 찾기, 보험 사기, (아주 많은) 이혼 등 사소한 것들이었다.

기업들은 범죄자에 대한 방어는 정부 당국에 맡겼지만, 경쟁사에 대한 정보 수집은 여전히 필요했다. 기업의 스파이 활동은 절대 없어지지 않았다. 그저 더 지하로 숨어들었을 뿐이다.

새로운 기술과 함께 스파이 활동은 더욱더 정교해졌다. 수사관 샘 대시*는 대표 저서 『엿듣는 사람들』에서 20세기 초반 도청을 이용한 기업 스파이 활동의 부상을 시간의 흐름에 따라 서술했다. 기업 스파이 활동은 작은 도시에서도, 수도 워싱턴에서도 이루어지고 있었다. 예를 들어 1932년, 오하이오 주 톨레도에서 수사관들은 농업 단체인 농민생산자협회(Farmers' Producers Association) 본사 옆 호텔 방에서 대규모 도청 설비를 발견했다. 이 단체는 우유 가격 인상을 논의하고 있었는데, 증거로 보아 그 방은 수일 동안 계속 도청당하고 있었다. 그 결과 누군가가 가격 인상에 대해 미리 경고를 했다. 하지만 누가 그 도청을 지시했는지는 분명하지 않다. (오늘날의 상품 거래자들은 아직도 비밀스러운 첩보 기법을 이용하여 시장 가격에 대한 정보를 미리 얻는다. 나

중의 장에서 우리는 그들이 이제 인공위성을 이용하여 정보를 얻고 있음을 보게 될 것이다)

또 대시는 이렇게 썼다. 1935년 아니면 1936년, 워싱턴 DC에서 연방통신위원회(FCC, Federal Communications Commission) '기습팀(raiding squad)'의 제보를 토대로 새로운 대법원 건물 근처의 한 건물에서 도청 장치를 발견했다. 도청자들은 그 장치를 이용하여 대법관들의 전화 내용을 듣고 있었다. 스파이들은 발견되지 않았다. 당연한 일이지만, 그들은 정부 요원 앞에 나타나 자신들의 장비를 수거해가지 않았다. 하지만 FCC 팀의 한 팀원은 그 도청은 대법원에 계류된 한 사건에 관심이 있는 '주요 민간 기업'이 한 것이라고 결론내렸다.

그 근처에서는 의회 의원들 또한 스파이 활동의 대상이었다. 상원의 한 조사는 워싱턴 DC 경찰의 부서장 조지프 시몬(Joseph Shimon)이 막강한 상무위원회의 의장인 노스캐롤라이나 주의 민주당 상원의원 조사이어 베일리(Josiah Bailey)의 전화를 도청했다고 밝혔다. 수사관들이 품어야 할 질문은 시몬이 왜 그렇게 했느냐였다.

수사관들은 시몬 부서장이 경찰을 위해 도청한 것이 아니라 개인적으로 했다는 사실을 알았다. 시몬은 경찰서 내에서 독특한 역할을 했다. 그는 매일 아침 출석을 보고하는 경찰관이긴 했지만 대부분의 시간에는 컬럼비아 특별구의 지방 검사의 특별 조사팀에 배정되어 있었다. 그는 풀타임으로 모실 상관도 없었고, 경찰서에서는 그가 매일 어디서 시간을 보내는지

브로커, 업자, 변호사 그리고 스파이 🎩

아무도 몰랐다. 1946년 시몬은 부서장으로서 5년이 좀 안 되었지만, 자기 마음대로 시간을 보낼 수 있는 때가 자주 있었다.

시몬이 좋아했던 것은 부업거리로 돈을 버는 것이었다. 상원의 조사는 시몬이 돈을 지불하는 고객들을 위해 프리랜서로 스파이 활동을 했다고 결론내렸다.

시몬 사건은 복잡하긴 하지만, 거기에 얽힌 기업과 정치의 내막을 알아야 이해할 수 있다. 특정 정보가 어떤 기업에 얼마나 중요해질 수 있는가가 핵심이다. 적절한 시기에 적절한 전화에 설치한 도청 장치에서 얻는 정보는 수십억 달러의 가치가 있을 수 있다. 그러므로 도청에 대한 값을 지불할 자와 기꺼이 도청을 수행할 자가 있었던(그리고 아마 언제나 있을) 것이다.

1945년 베일리 상원의원의 상무위원회는 미국항공사법안(All-American Flag Lines Bill)에 대한 청문회를 열었다. 이 법안은 미국의 모든 주요 항공사를 통합해 하나의 항공사로 만든다는 내용이었다. 팬암(Pan American Airways, 팬 아메리칸 항공)의 경영진은 그 청문회에 대한 정보가 절실했다. 팬암은 그 법을 통과시키기 위해 노력했는데, 그 법이 통과되면 팬암이 세계에서 가장 수익성 높은 시장, 즉 미국을 통제하게 될 터였다. 팬암은 그 법안에 반대하는, 막강한 힘을 가진 억만장자 하워드 휴스(Howard Hughes)와 그의 TWA(Trans World Airlines, 트랜스 월드 항공)와 대립하게 될 것이었다. 팬암은 TWA가 그 법안을 막기 위해 얼마만큼의 영향력을 행사하고 있는지 알고자 했다. 팬암은 아는 것보다 모르는 것이 더 많았다. 베일리는 어떻게 할 것인가? 그는 누구와 이야기하고 있는가? 우리 미국항공사법안은 통과할 가능성이 있는가?

시몬 부서장은 사립 탐정을 위해 (경찰의 감독 없이 단독으로) 일했고, 이 사립 탐정은 다시 팬암의 부사장 샘 프라이어(Sam Pryor)에게 고용되었다. 사실 상 시몬은 팬암의 워싱턴 로비 전략의 일부인 스파이 활동을 제공하고 있 었다. 하지만 그는 동료 경찰관들에게는 그렇게 이야기하지 않았다. 도청 은 노동 집약적인 일이었기 때문에(누군가 하루 종일 앉아서 녹음기를 살펴야 했으므 로) 시몬은 다른 경찰들을 고용했고, 그들에게 그 도청은 합법적인 의회의 비밀 조사라고 설명했다.

시몬의 팀은 조지타운에 있는 베일리 상원의원의 아파트 단지의 전화를 도청했다. 아파트 단지 차고에 자동차를 주차시켜놓고 오랜 시간의 도청 을 위해 지하실에 캠프까지 마련했다. 지루한 일이었지만, 그들은 덜 지루 할 만한 방법을 하나 발견했다. 한 참가자가 '젊은 여성'을 지하실로 데려 와 시몬과 함께 있도록 했던 것이다.

시몬의 소규모 팀은 또한 호화로운 옥시덴털 호텔의 전화도 도청했다. 여기에서는 그 청문회 때문에 워싱턴에 온 TWA 변호사의 대화를 엿들었 다. 변호사는 호텔 전화를 이용하여 TWA의 전략을 조율했기 때문에 그의 전화를 들으면 TWA의 모든 움직임을 미리 알 수 있었다. 팬암은 이제 자사 의 경쟁사인 TWA가 무슨 생각을 하고 있는지, 상무위원회의 의장이 무슨 계획을 세우고 있는지를 알았다. 이것은 전술상의 엄청난 이점이었다. 하지 만 그것만으로는 충분치 않았다. 미국항공사법안은 통과되지 않았다.*

---

* —— 두 항공사 간의 합병 이야기는 1962년에도 있었고, 1990년에 도 재개되면서 수십 년 동안 이런 식으로 혹은 저런 식으로 계속된다. 1991년 결국 팬암은 파산했다.

브로커, 업자, 변호사 그리고 스파이 🎩

2년 후 시몬은 다시 도청을 했다. 이번에는 메인 주의 공화당 상원의원 오언 브루스터(Owen Brewster)가 그의 전쟁조사위원회(War Investigating Committee)를 이용하여 하워드 휴스에게 자극적인 비난을 퍼부었다. 브루스터는 휴스의 회사가 정부로부터 4000만 달러를 차입해 원형 비행기를 개발한다고 했지만, 그때까지 개발하지 못했다고 주장했다. 그는 이것은 사기라고 말하며 휴스를 위원회 앞에 데려와 항변하도록 했다. 휴스의 이 증언에 대해 언론이 대대적으로 보도했다. 휴스가 브루스터와 그의 상원 동료들에 맞서는 모습이 TV를 통해 전국에 방송되었다. 휴스는 브루스터가 비밀리에 약속하기를 TWA와 팬암을 합병하는 데 동의한다면 조사를 취소하겠다고 했다고 맞받아쳤다.*

> *———— 이 극적인 장면은 2004년 제작된 영화 〈에비에이터(The Aviator)〉에서 클라이맥스가 되었다. 레오나르도 디카프리오가 하워드 휴스, 앨런 앨다가 브루스터 상원의원 역을 맡았다.

TV에서 불꽃 튀는 접전이 벌어지고 있을 때 시몬의 소규모 팀은 조용히 워싱턴의 칼튼 호텔과 메이플라워 호텔에 묵고 있는 TWA 변호사들의 전화 통화를 기록했다. 다시 한 번 팬암의 경영진은 경쟁사보다 우위에 있었다. 그리고 다시 한 번 그것으로는 불충분했다.

청문회가 끝날 즈음, 휴스는 전국적으로 워싱턴의 부패한 엘리트와 맞선 정직한 사업가로 비쳐졌다. 브루스터의 명성은 손상을 입었고, 휴스는 몇 년 후 승리에 쐐기를 박았다. 공화당의 공격적인 도전자를 후원하여 브루스터를 상원의원직에서 몰아냈던 것이다. 브루스터는 1961년에 사망했다. 휴스는 1976년까지 살았고, 스파이 활동에 더욱 관여하게 되었는데, 결국 적에 대해 너무 의심이 많아져 1950년 이후에는 일선에서 물러나 겁에 질린 은둔자로 살았다.

시몬 부서장은 1950년 적대적인 상원의 조사위원회 앞에 서게 되었고, 거기서 그는 도청 작전을 이끈 사실을 부인했다. 하지만 동료 경찰들이 공개 청문회에서 그 작전에 대해 상세하게 증언했다. 연방 대배심원이 1950년 시몬을 조사했지만, 기소하지는 않았다. 그의 경력은 이러한 논란에도 불구하고 타격을 입지 않고 계속되었다. 1960년경 그는 이미 두 번이나 진급했고, 결국 워싱턴 DC 경찰 경위가 되었다.*

> *——— 시몬은 도청자로서의 경력도 수십 년 이어졌다. 1962년 그는 메이플라워 호텔에 묵던 또 다른 변호사의 방을 도청했고, 이 사건으로 기소되어 유죄 판결을 받았다. 하지만 항소에서 무죄를 선고받았다. 상원의원 에드워드 V. 롱(Edward V. Long)이 불법 도청에 관한 상원의 조사를 마치고 1967년에 쓴 책 『침입자들(The Intruders)』에 따르면, 시몬은 두 가지 경범죄에 대해 유죄를 인정했다.

시몬 사건은 극적인 드라마와 같았지만, 도청 자체는 일반적인 일이었다. 시몬이나 시몬의 팀원들은 지하실의 전화 배선이 있는 곳에 도청 장치만 설치하면 되었다. 그들은 어느 케이블이 자신들이 원하는 케이블인지만 알아내면 되었다. 그 정보는 현장에 나온 수리공인 척하고 전화 회사 본사에 전화를 걸어 물어보면 되었다. 영문을 모르는 교환원은 언제나 그들이 필요한 배선 사항을 자세히 알려주었다.

하지만 도청자들의 야심은 점점 더 커지고 있었다. 1955년 2월 11일,

브로커, 업자, 변호사 그리고 스파이

해당 도시의 두 형사와 전화 회사의 두 수사관을 포함한 일단의 수사관들이 맨해튼 중간지대 아파트 건물의 문을 두드렸고, 그 안에서 근처의 전화 10만 대 중 어느 것이라도 도청할 수 있는 도청 장비를 발견했다. 그 발견으로 미국에서 가장 중요한 기업(과 가장 부유한 사람들) 몇몇을 당황하게 한 사건이 일어났다.

그 아파트 건물은 편리하게도 전화 회사 사무실에서 모퉁이만 돌면 바로 있었고, 도청자들은 그 두 건물 사이에 케이블을 연결했다.* 스물아홉 살의 전화 회사 직원 월터 아스먼(Walter Asman)의 도움으로 도청자들은 이스트 55번가 360번지인 아파트 4W에다 10개의 가짜 전화번호를 배당할 수 있었다. 그 선들을 이용하여 그들은 10개의 전화를 동시에 도청할 수 있었다. 경찰이 그 아파트에 들이닥쳤을 때 거기에는 계속적인 녹음이 가능하도록 자동 녹음기가 설치되어 있었다. 두 남자와 두 여자가 기계들을 작동하면서, 머레이 힐(Murray Hill) 8, 엘도라도(Eldorado) 5 등의 유명한 전화 교환국을 포함한 뉴욕 시의 10개 고환국에 속하는 전화들을 도청하고 있었다.

*———— 뉴욕전화회사(New York Telephone Company) 사무실의 주소는 이스트 56번가 228번지였다. 오늘날 같은 건물에는 버라이즌사(Verizon)의 통신 설비가 있다.

샘 대시는 자신의 책에서 도청할 수 있던 지역은 "대형 로펌, 거대기업 및 금융 회사, 주요 출판사, 부유하그 유명한 사람들이 이용하는 고급 호텔, 멋진 아파트들이 있었고, 날마다 전화로 의사결정을 내리고 계획을 세우고 계약을 맺는 사람들을 포함하고 있었다. 도청 내용은 경쟁 집단에 매우 귀중한 것이었다"고 설명했다.[주2]

그 도청은 수년 동안 계속되어오고 있었다.

처음에 수사관들은 도청자들에게 그만두라고 말하는 외에 별다른 조치를 취하지 않았다. 당시에는 경찰 자신들도 절반은 비합법적인 도청을 하고 있었고, 그러한 관행에 대해 불필요하게 대중의 관심을 끌고 싶지 않았던 것이다. 그리고 전화 회사도 전화 통화를 그렇게 쉽게 엿들을 수 있다는 사실을 대중이 알기를 원하지 않았다. 수사관 중 한 사람이 도청자들에게 내일 다시 와서 볼 테니 그때까지 모든 장비를 치우라고 말했다.[주3] 도청자들은 아무 처벌 없이 무사히 살아갈 수 있을 것처럼 보였다.

하지만 그 비밀은 오래 지켜지지 않았다. 익명의 제보자가 민간의 시민 범죄 반대 단체인 뉴욕시반범죄위원회(New York City Anti-Crime Committee)에 제보를 했고, 이 단체가 다시 뉴욕 주 의회에 알렸던 것이다. 언론도 신이 나서 정부 관리들로 하여금 아파트 4W에서 벌어진 일에 대해 조사를 하라고 압력을 넣었다.

그 아파트에 세들어 살던 사람은 서른 살의 워런 섀넌(Warren Shannon)으로 밝혀졌다. 전화 회사 직원 칼 루(Carl Ruh, 역시 서른 살)도 그 도청 작전과 연관이 있었다. 하지만 두 사람은 몸통이 아니었다. 그들은 험상궂게 생기고 몸집이 큰 쉰두 살의 변호사이자 사립 탐정인 존 브로디(John Broady)에게 보고했다. 그가 도청자들을 고용하고 작전을 짰던 것이다.* 브로디는 이미 악명이 높았다. 1940년대에 벌써 도청 혐의로 기소된 적이 두 차례 있었던 것이다. 이 새로운 사건으로 중절모를 쓴 변호사는 20세기의 가장 전설적인 도청자의 한 사람으로 남는다.

＊──── 이후 열린 재판에서 브로디의 변호사들은 그 도청 작전의 진짜 배후는 찰스 그리스(Charles Gris)라는 사립 탐정이라고 끈질기게 주장했다.

수사관들은 제약 회사 E. R. 스퀴브 앤드 선즈(E. R. Squibb and Sons, 오늘날의 브리스틀-메이어스 스퀴브) 경영진의 5개 전화선에 도청 장치가 되어 있는 것을 발견했고, 도청자들이 무엇을 하고 있었는지도 분명했다. "정황으로 볼 때 도청의 이유는 사업 정보를 얻기 위함이 틀림없는 것 같습니다." 뉴욕시 반범죄위원회의 자문인 윌리엄 키팅(William Keating)이 며칠 후 〈뉴욕 타임스〉 기자에게 말했다.＊＊ 주4

＊＊──── 『침입자들』에 따르면 브로디는 세인트 조지프 레드사(St. Joseph Lead Company), 크노에들러 아트 갤러리(Knoedler art gallery), 펩시콜라 이사회 의장, 유명한 변호사, 출판사 등 다른 전화들도 도청했다.

법정 진술에 따르면 브로디의 최대 고객은 오늘날 거대 제약 회사 화이자의 모기업 찰스 화이자 앤드사(Charles Pfizer and Company)였다. 화이자의 경영진은 자사의 기밀이 경쟁사로 새나가지 않을까 걱정했다. 그래서 브로디를 고용하여 당시로서 큰돈인 6만 달러를 지불하고 자사의 직원 몇몇의 전화를 도청했다.

화이자의 법무 자문위원과 긴밀히 협력하며 브로디는 화이자가 첨단

항생제 테트라사이클린(tetracycline)의 특허를 얻는 데 고생하고 있다는 사실을 알았다. 테트라사이클린은 지금까지 임질에서 여드름까지 많은 종류의 감염을 치료하는 데 사용되고 있다. 이 항생물질의 개발은 중대한 발견이었지만, 화이자의 특허 신청은 지지부진하여 앞으로 나아가질 않았다. 화이자 경영진은 라이벌 제약 회사 브리스틀-메이어스가 특허 승인 과정을 방해하고 있음이 틀림없으며, 이 경쟁 회사가 제3의 회사인 스퀴브에 테트라사이클린을 불법적으로 판매해왔다고 중얼거렸다. 브로디는 스퀴브의 전화에 도청 장치를 하고 화이자의 특허를 막기 위해 경쟁사가 무엇을 하고 있는지 알아보고자 했다. 그는 또한 한 공범을 시켜 저 멀리 뉴욕 주 시러큐스에 있는 브리스틀-메이어스 본사까지 연결되는 장거리 전화선도 도청했다.

브로디는 자신의 스파이 활동이 점점 더 복잡해지자 일주일에 한 번씩 홀랜드 터널 입구 근처에서 화이자의 법무 자문위원을 만났다. 교통 체증이 심한 터널 입구에서 만난 어느 날 법무 자문위원은 브로디에게 직원 약 50명의 이름이 적힌 명단을 건네주고는 그들의 생활수준과 친구, 그리고 작업 습관을 조사해달라고 했다. 나중에 정부가 조사한 바에 따르면 브로디의 보고서는 너무나 자세해서 화이자 경영진이 다 읽어볼 시간조차 없었다. 화이자는 브로디에게 보고서 내용을 줄여 가장 중요한 내용만 담도록 하라고 요구했다.[5]

브로디가 자신의 도청 작전에서 무슨 내용을 알아냈는지는 아무도 모르지만, 화이자는 테트라사이클린 공방에서 이겨 1955년 1월 11일, 남들이 부러워하는 그 특허를 획득하게 된다. 당국이 도청 작전을 알아내기 겨

브로커, 업자, 변호사 그리고 스파이 🎩

우 1개월 전의 일이다.^{주6}

그래도 전반적으로 상황은 화이자에게 좋지 않게 끝이 났다. 도청과 관계없는 다른 활동의 결과 연방정부는 화이자가 미국 특허청(U. S. Patent and Trademark Office)에 허위 및 오해를 불러일으키는 정보를 제출했으며, 다른 항생제 제조 업체들과 담합하여 경쟁사들의 진입을 막고 시장을 독점하려 했다고 결론 내렸다. 미국연방통상위원회(FTC, Federal Trade Commission)는 화이자와 또 다른 회사에게 명령하여 테트라사이클린 판매를 신청한 자격을 갖춘 모든 미국 업체에게 특정 로열티를 받고 비독점적 라이선스를 부여했다. 실제로 테트라사이클린 산업 전체가 범법 행위에 대한 주장들로 가득했다. FTC는 1950년대 후반 조사에 착수했고, 그로부터 10년 뒤에 법무부가 재조사했다.^{주7}

브로디의 모든 일이 첨단 과학과 기업의 음모와 관련되었던 것은 아니다. 그 후에 열린 재판에서 백만장자 존 제이컵 애스터(John Jacob Astor)는 1950년대 초반 브로디를 고용하여 맨해튼 5번가 598번지인 자신의 호화 아파트의 전화를 도청하도록 했다고 증언했다. 1912년 타이타닉호 침몰로 아버지를 잃은 애스터는 두 번째 부인과 이혼하기 위해서 증거가 필요했던 것이다. 그는 브로디를 고용하여 자신의 아파트 전화뿐만 아니라 그 쓰라린 이혼 소송 동안 자신의 아내가 고용한 사립 탐정의 집 전화도 도청하도록 했다. 그들의 이혼은 1954년에 끝을 보았다.

브로디는 또한 도청으로 흥미로운 비밀을 찾아 이를 이용, 이혼 관련 고객들을 창출하기도 했다. 한번은 유명한 희가극(喜歌劇) 댄서 앤 코리오(Ann Corio)의 전화선을 도청하여 그녀가 누구와 잠자리를 하고 다니는지 알아내 이 정보를 재수 없는 남자들의 아내들에게 팔았다.*

*———— 코리오는 브로드웨이에서, 그리고 영화 〈늪에 빠진 여자 (Swamp Woman)〉(1941) 등에 출연하며 B급 영화배우로서 오랜 경력을 쌓았다. 그녀도, 비평가들도 그녀가 출연한 영화를 심각하게 평가하지 않았다. 그녀는 "나는 단기 제작 영화의 여왕이었다"라고 말한 적도 있다. "그 영화들은 개봉되었다기보다 쏜살같이 빠져나왔다."

재판 동안 브로디는 자신이 도청 작전의 한 당사자라는 사실을 부인했다. 그는 그 아파트를 다른 목적으로 사용했다고 주장했다. 그는 그럴듯하게 진술했는데, 중국에서 700만 달러를 훔친 중국 공군 장군을 비밀리에 조사하고 있었다고 주장했다. 증인석에서 브로디는 눈물을 흘리며 목숨을 잃을까 두렵고, 그의 직원 중 한 명은 이미 중국인들에 의해 살해당했다고 증언했다.

그가 내뱉었다. "저는 그 사람처럼 그렇게 목숨을 잃고 싶지 않습니다. 저에게는 처자식이 있습니다."[주8]

배심원단은 그의 이야기를 믿지 않았다. 브로디는 유죄 판결을 받았고, 사립 탐정 라이선스를 박탈당하고 변호사 일도 못하게 되었으며, 뉴욕 주 교도소에서 2~4년형을 선고받았다.[주9]

브로디가 20세기 중반 동쪽 해안의 전형적인 사립 탐정이었다면, 서쪽 해안의 궁극적인 탐정은 할 립셋(Hal Lipset)이었다. 립셋은 샌프란시스코에 살면서 뉴욕에서 브로디 사건이 있은 후 수십 년 동안 활발하게 활동했다. 립셋의 일솜씨는 지금도 잊혀지지 않고 전해진다. 오늘날 기업을 상대하는 주요 탐정은 이렇게 말했다. "이 업계를 조금이라도 이해하려면 할 립셋에 대해 알아보세요. 우리는 아직도 그를 따라하고 있습니다."

할 립셋은 새로운 기술을 도청 과학에 적용했다. 수사관들은 이제 전화 도청이나 전선 달린 마이크 대신 트랜지스터 기술을 이용하여 무선 마이크를 원하는 모든 곳에 설치할 수 있었다. 더구나 립셋은 비밀리에 행하는 녹음이 사생활 침해가 아니라 선량한 시민들이 사기나 정부의 잘못으로부터 자신들을 보호하는 하나의 수단이라고 주장했다.

립셋은 뛰어난 탐정이자 훌륭한 이야기꾼이었으며 쇼맨십이 있었다. 그는 순수한 사립 탐정으로서 법 집행과 관련하여 사건의 결말에 대해서는 거의 관심이 없었다. 그는 직원들에게 말했다. "판결은 법원의 몫이다. 우리의 일은 수수료를 버는 것이다."[주10] 그러나 그의 겉모습은 감정을 잘 드러내지 않는 탐정의 면모를 보이지 않았다. 노년에는 머리가 벗겨지고 두꺼운 안경을 쓴 데다 얼굴 표정이 부드러워 공격적인 탐정이라기보다는 조카를 애지중지하는 삼촌과 비슷한 모습이었다.

1960년대 중반, 의회는 미국 전역에서 전화 도청 및 도청을 벌이는 민간 도청 산업의 발전에 점점 우려하게 되었다. 미주리 주 상원의원 에드워드 V. 롱은 조사를 실시하여 새로운 도청 기술에 의해 미국인의 사생활에 관한 권리가 침해당하고 있지나 않은지 알아보았고, 립셋을 중요한 증인으로 채택했다. 립셋은 이 소환에 응해 상원위원회 앞에서 증언했다. 그는 증언을 통해 새로운 도청 기술은 전혀 두려워할 것이 아니라는 주장을 펴고 싶었다. 하지만 립셋이 몰랐던 것은 자신의 극적인 증언이 그 정반대의 효과를 가져왔고, 놀란 대중에게 도청 기술이 얼마나 발전했는지를 보여주는 결과가 되었다는 사실이다.

1965년 2월 18일 오전 10시를 조금 넘어 롱은 현재 러셀 빌딩이라고 부르는 상원 사무실에서 청문회를 소집했다. 롱의 최고 자문위원은 약간의 준비를 할 수 있게끔 립셋을 일찍 그 방에 들어오게 허락했다. 청문회가 시작되자 립셋은 먼저 상원위원회 앞에서 자신을 소개했다. 자신은 제2차 세계대전 당시 육군의 범죄수사국(Criminal Investigative Division)에서 대위로 복무했으며 청동 성장(Bronze Star)을 받았다고 언급했다. 그는 자신의 앞 탁자에 놓인 여러 가지 물건을 들어보이며 각각의 것들은 민간 탐정들이 흔히 사용하는 장치라고 말했다. 담뱃갑에 숨긴 마이크, 손목시계 마이크, 넥타이핀 마이크 등.

그다음은 마티니가 담긴 유리잔을 들었다. "이 잔에는 지금 특별한 재료가 빠져 있습니다. 바로 저기 상원의원께서 들고 계시는 올리브지요." 그가 의장 쪽을 가리키며 말했다. "저것은 송신기이고, 이쑤시개는 안테나입니다. 저것은 완전한 송신 장치로서 잔에 액체를 채우면 작동할 것입니다."

상원의원들은 눈이 휘둥그레졌다. 그들 중 다수가 마티니는 익히 알고 있었지만 그런 올리브는 처음 봤기 때문이었다.

"송신은 어느 정도까지 가능한가요?" 롱이 물었다.

"아마 한 블록 정도는 족히 될 것입니다." 립셋이 대답했다.[주11]

한편 립셋은 자신이 그 청문회조차 도청하고 있었다고 위원들에게 말했다. 마이크는 상원의원들이 앉은 연단에 립셋이 놓아둔 화병에 감추어져 있었다.

립셋이 말했다. "당신이 개회사를 할 때 당신 앞에 있는 장미꽃 사이에 숨겨둔 송신 장치를 이용하여 녹음했습니다. 그러면 지금 그 개회사를 틀어볼까요?"

놀란 척하며 롱은 말했다. "설마 제가 기록을 위해 읽은 내용만 녹음된 거겠죠?"

이 장치가 암시할 수 있는 바는 엄청났다. (좋게도 나쁘게도 사용될 수 있는) 과학의 기적 덕분에 사립 탐정과 기업 염탐꾼들은 이제 대화가 이루어지는 방에 있지 않고도, 전선을 연결하지 않고도 대화를 엿들을 수 있었던 것이다. 목소리는 한 블록이나 떨어져 있어도 녹음할 수 있었다. 어떤 곳에서 이루어지는 어떤 대화든 거의 모두 녹음할 수 있었다.

언론계 사람들도 놀라움을 표했다. 새로운 도청 기술은 동요를 불러일으켰다. 〈샌프란시스코 크로니클(San Francisco Chronicle)〉의 인기 유머작가 아트 호페(Art Hoppe)는 이렇게 썼다. "지친 사람이 위안을 얻기 위해 찾는 마티니가 이제 그 사람을 공격한다고 생각하니……. 훌륭한 발전이다." 〈뉴욕 타임스〉의 칼럼니스트 러셀 베이커(Russell Baker)가 선언했다. "첩보원은 올리브를 가지고 칵테일 마시는 시간에 들려오는 불충실한 말들을 잡아낼 수 있을 것이다."[주12]

립셋은 1974년 영화 〈컨버세이션(The Conversation)〉*에서 진 해크먼(Gene Hackman)이 맡았던 편집증적인 도청 전문가 해리 카울(Harry Caul)이라는 인물이 탄생하는 데 영감을 주었다. 립셋은 미국인들이 도청 기술에 더욱 놀라는 것을 원치 않았지만 돈을 벌 수 있는 기회를 놓칠 수는 없었다. 그는 프랜시스 포드 코폴라(Francis Ford Coppola) 감독이 〈컨버세이션〉의 컨설턴트를 해달라는 제의를 수락했던 것이다.

*──── 상원의원 롱은 일이 잘되지 않았다. 많은 사람들은 그의 수년간
에 걸친 도청 조사가 FBI의 막강한 국장 J. 에드거 후버(J. Edgar
Hoover)를 화나게 했다고 믿는다. 후버는 FBI가 그러한 기술을 이용한
다는 사실이 비밀로 남아 있기를 원했기 때문이다. 후버가 자료를 흘렸는
지 아닌지는 분명하지 않지만 어쨌든 오래지 않아 언론 매체 두 곳이 주
장하기를 롱이 당시 감옥에 있던 트럭운전사조합의 지도자 지미 호파
(Jimmy Hoffa)와 관련한 변호사에게 수만 달러를 받았다고 했다. 1967
년 〈라이프(Life)〉지는 롱이 도청에 관한 청문회를 연 주요 이유는 호파
가 1964년 받은 배심원을 매수했다는 혐의를 벗겨줄 증거를 찾기 위해
서라고 주장했다. 롱은 예비선거에서 패하여 1967년 12월 27일, 상원의
원직에서 물러났다.

립셋이 애초에 스파이가 될 수 있었던 것은 미국 정부 덕분이었다. 오늘
날에도 여전히 되풀이되고 있는 패턴이지만, 립셋은 미국 육군에서 훈련을
받고 민간 부문으로 나갔던 것이다. 제2차 세계대전 동안 그는 전장에서,
그리고 미국이 점령한 유럽 지역에서 미군들의 범죄 행위를 뿌리 뽑는 책임
을 맡았다. 그는 민간인을 죽이거나 마을을 약탈하거나 기타 범죄를 저지
른 병사들을 추격한 이야기들을 했다. 한번은 스무 살 된 여성이 자신을 강
간하려는 두 미국 병사를 피해 2층 창문에서 뛰어내린 사건을 조사한 적이
있었다. 병사들은 그녀가 땅에 닿자 잔인하게도 그녀를 총으로 쏴 죽였다.

퍼트리샤 홀트(Patricia Holt)가 쓴 립셋의 전기에서 묘사된 또 다른 사건에
서 립셋은 군대 범죄자들은 언제나 가장 영리한 부류는 아니지만 잔인해
질 수는 있다고 말했다.

한 벨기에 부부가 침대에서 서로 등을 맞댄 채 앉아 있고, 자동 소총의 총알
자국이 여성의 오른팔에서부터 그녀의 어깨와 목을 지나 남편의 어깨와 목

부분에서 다시 왼팔로 내려와 있는 모습이 발견되었다. 그들은 보석류를 찾던 한 미군 병사에 의해 이렇게 살해당했던 것이다. 병사는 이들 부부를 이웃집의 보석상으로 착각해서 살해했던 것이다. 그는 그들이 거짓말한다고 생각하고 죽이고는 여성의 가보(家寶)를 빼앗았다. 나중에 우리는 그 병사의 배낭 안쪽에 꿰매어져 있는 보석을 발견했다.주13

이러한 범죄들은 립셋에게 잊혀지지 않는 영향을 끼쳤다. 립셋은 제2차 세계대전 동안 작성한 모든 파일 및 보고서와 베이고 잘린 육신들이 담긴 범죄 현장 사진들을 평생 샌프란시스코의 자신의 집 다락방에 보관했다.

하지만 제2차 세계대전이 남긴 또 다른 유산은 육군에서 그가 받은 엄격한 훈련이었다. 립셋은 관료체제와 자신이 그 밑에서 일한 장교들의 자잘한 부패 행위에 좌절감을 느꼈지만, 그들의 방식과 세부 사항에 주의를 기울이는 꼼꼼함은 인정했다. 민간에서 탐정으로 일할 때 사용한 기록 체계와 보고서 양식까지도 그가 군대에서 따랐던 체계를 닮았다.

군대는 립셋에게 사립 탐정이 되기 위해 알아야 할 거의 모든 것을 가르쳐주었다. 증거를 훼손하지 않고 범죄 현장을 조사하는 방법, 증인을 인터뷰하는 방법, 문서를 분석하는 방법 등을 말이다. 까다로운 감독관 덕택에 그는 또한 에탄올을 이용하여 혈액을 테스트하는 법, 지문 뜨는 법, 화약에 의한 화상을 식별하는 법, 타이어 자국을 석고로 뜨는 법도 배웠다. 교관들이 학생들을 시내로 데리고 나가 상점 쇼윈도 앞에 30초를 세워놓은 뒤 상점 안의 디스플레이에 대해 질문하는 훈련도 있었다. 상점 안에는 얼마나 많은 물건들이 있었나? 물건들 사이의 간격은 얼마였는가? 벽의 색깔은 무엇이었는가?

립셋은 감시하는 법도 배웠다. 수사관들은 팀을 짜서 릴레이식으로 이어서 또는 용의자의 앞과 뒤에서 감시했다. 교관들은 각 훈련생들에게 세부 사항에 주의를 기울이는 것의 중요성을 반복 또 반복하여 인식시켰다.

1970년대 립셋은 샌프란시스코에서 가장 유명한 법률 회사와 금융 회사를 위해 일하면서 부를 누렸다. 그는 자신의 전기 작가 퍼트리샤 홀트가 '잡기 어려운 기업가 사건'이라고 부른 프로젝트 시절에 가장 막강했다.

1973년 립셋은 뉴욕에 본사를 둔 벤처 캐피털 회사인 크리에이티브 캐피털(Creative Capital)로부터 전화를 받았다. 이 회사는 나쁜 투자 문제를 해결하기 위해 그의 도움을 필요로 했다. 크리에이티브 캐피털은 기업가 폴 마리스(Paul Maris)와 함께 350만 달러를 투자하여 샌프란시스코에 있는 의류 제조 업체 앨빈 더스킨사(Alvin Duskin Company)를 매입했다. 하지만 이제 앨빈 더스킨의 CEO가 된 검은 머리의 맵시 있는 서른다섯 살의 마리스는 빚 상환이 늦어진 데다 거액을 회사에 쓰고 있었으며, 자신의 가족들을 직원으로 채용하고 중역들에게 값비싼 메르세데스, 마세라티, 페라리를 선물했다. 크리에이티브 캐피털은 마리스가 나쁜 투자자가 되었다고 판단하고 그를 회사에서 내쫓고 싶어 했다. 그를 내쫓으려 하자 이사회 대표들이 그들을 두들겨 패겠다고 으름장을 놓았다.

크리에이티브 캐피털은 로펌을 고용하여 법원의 금지 명령을 얻으려 했고, 립셋의 회사를 고용하여 보다 강제적인 퇴출을 계획했다. 이를 위해 립셋은 20명의 요원들을 고용하고 그 의류 회사에 들어가 마리스를 쫓아낼 서면 계획을 짰다. 립셋은 또한 마리스와 대면할 때 마리스가 폭력적으로 나올 때를 대비해 크리에이티브 캐피털의 CEO를 보호할 신장 약 2미터의 보디가드도 확보했다. 립셋은 이렇게 말했다. "의류 공장은 6층짜리 큰 건물이었습니다. 우리는 사람들이 이리저리 돌아다니지 않도록, 또 회사 밖으로 전화하지 못하도록 막아야만 한다는 사실을 알았지요. 군대나 경찰이 하듯이 건물 전체를 안전하게 지켜야 했습니다."

그는 목요일을 공격일로 잡았다. 그날 아침 립셋은 공장 안으로 성큼성큼 들어가 요원들을 건물 뒤쪽 주차장에 배치하여 직원들이 회사 소유의 자동차를 타지 못하도록 막았다. 그리고 정문에 한 명, 엘리베이터에 한 명, 각층 계단에 한 명씩 배치하여 직원들이 이 층에서 저 층으로 이동하지 못하도록 했다. 또 다른 한 명은 컴퓨터실을 지켜 마리스나 다른 중역들이 기록을 파기하지 못하도록 했다.

중역실이 있는 층에 다다르자 립셋은 엘리베이터에서 걸어나와 전화교환원에게 자신의 탐정에게 자리를 내주라고 했다. 이 탐정은 그날 회사로 걸려오는 모든 전화를 처리할 터였다. 립셋의 팀은 그 층의 모든 사무실을 하나하나 돌면서 핵심 중역들에게 그들을 해고하는 법원의 문서를 보여주었다. 그들의 자리는 크리에이티브 캐피털이 정한 새 중역들로 대체될 것이었고, 새 중역들은 이 의류 회사의 돈들이 모두 어디로 가고 있는지를 밝혀내는 지루한 작업을 시작할 것이었다.

립셋과 남은 팀원들은 맨 마지막으로 마리스의 방에 들어가 책상 앞에 앉아 깜짝 놀란 그 기업가와 마주했다.

"무슨 일이시오?" 그가 물었다.

립셋이 나지막이 읊조렸다. "폴 다리스. 나는 당신에 대한 문서를 집행하러 왔소."

"오, 당신 날 겁주려는 거요? 좋아. 어디 한번 해보시오. 나는 샌프란시스코 최고의 로펌을 쓸 것이오. 좋을 대로 해보시지."

립셋이 대답했다. "마리스 씨. 나는 당신에 대한 이 문서를 집행할 뿐만 아니라 크리에이티브 캐피털이 이 회사를 인수하도록 허락한 고소장도 가지고 있소. 이들 문서는 특히 당신이 회사의 어떤 재산도 가져갈 수 없도록 금지하고 있소. 당신은 회사를 떠날 때 회사 자동차를 타고 갈 수 없소. 당신은 또한 이 사무실에서 사업 관련 서류를 가져갈 수도 없소. 당신은 컴퓨터실에서 어떤 자료도 출력해갈 수 없소. 당신은 디자인실에서 어떤 계획서도 가져갈 수 없소. 당신은 어떤 샘플도 가져갈 수 없으며, 이 명령의 16번째 단락에 따라 당신은 이 사건이 법원에서 논의될 때까지 어떠한 직원과도 이 일에 대해 논의할 수 없소."[14]

마리스가 사무실에서 무엇을 가져갈 수 있고 없는지에 대한 언쟁이 있은 후 마리스는 (펀치를 날리지 않고) 회사를 떠났다.

그후에도 크리에이티브 캐피털은 립셋을 계속 고용하여 마리스가 회사 직원을 만나거나 아직도 회사 재산을 소유하여 법원 명령을 어기지나 않는지 감시하게 했다. 립셋은 여성 요원에게 마리스를 미행하게 했고, 그녀는 그를 따라 샌프란시스코의 호화로운 노브 힐(Nob Hill)에 있는 스탠퍼드 코트 호텔로 갔다. 근처 언덕을 오르는 케이블카들이 덜커덕거리는 가운데 그 요원은 마리스와 그가 만나는 사람들을 숨어서 몰래 사진을 찍었다. 그러나 마리스와 몇 명이 그녀를 보고 다가가 그녀의 손목을 잡았다. 그들은 그녀의 카메라를 낚아채 필름을 뽑아 사진들을 망가뜨렸다.

이 불유쾌한 사건이 있고 조금 후에 립셋은 또 한 차례 놀랐다. 마리스가 그를 상대로 500만 달러를 요구하는 고소를 접수했던 것이다.

이에 맞서기 위해서 립셋은 크리에이티브 캐피털에게 크리에이티브 캐피털이 알고 있는 마리스에 대한 모든 정보를 달라고 했다. 크리에이티브 캐피털의 CEO는 립셋에게 동쪽 해안에 본사를 두고 있으며 전직 FBI 요원이 경영하고 있는 프라우드풋 리포츠(Proudfoot Reports)라는 일류 탐정 회사에 마리스의 조사를 맡겼다고 말했다. 프라우드풋은 마리스가 승승장구하고 있다고 보고했다. 크리에이티브 캐피털의 CEO는 파일 캐비닛에서 마리스에 대한 조사 보고서를 꺼내 사본 하나를 보여주었다.

립셋은 프라이드풋 팀이 작성한 보고서를 검토한 후 무언가가 잘못되었다는 느낌을 받았다. 그 문서는 마리스의 군 복무 사실을 나열하고 있었지만 어느 부대에서 복무했는지가 나와 있지 않았던 것이다. 문서에는 또한 마리스가 보유하고 있는 주식들도 나열되어 있었지만, 그 회사들은 모두 개인 소유의 기업이었고 주소도 적혀 있지 않았다. 문서에는 프라우드풋이 마리스의 이력서에 적혀 있는 학교들을 조사해보았으며 이력서에 담긴 정보들을 확인해보았다고 적혀 있었다. 하지만 문서에는 프라우스풋의 수사관들이 학교에서 이야기한 해당 담당자의 이름도 적혀 있지 않았는데, 립셋은 자신의 요원들이라면 정확성을 위해 그런 이름 정도는 적는다는 사실을 알고 있었다.

립셋은 마리스가 공식적으로 알려진 인물과 다른 인물임을 알았다. 립셋은 크리에이티브 캐피털에게 자신을 고용하여 마리스가 정말 누구인지를 알아보게 하라고 끈질기게 요구했다.

크리에이티브 캐피털의 CEO는 콧방귀를 뀌었다. 프라우드풋의 수사관들은 최고들이었기 때문이다. 왜 자기가 립셋을 고용하여 그들이 한 일을 다시 하게 해야 한단 말인가? 립셋은 아마 돈을 더 벌어보자는 심산일지 모른다고 생각했다. 두 사람은 서로 큰 소리를 질렀고, 대화는 좋지 않게 끝났다. 마리스 작전은 힘들어졌고, 새로운 소송은 두 사람 모두에게 좋은 일이 아니었다. 립셋은 자신의 돈으로 마리스를 조사하겠다고 선언하고 크리에이티브 캐피털 CEO의 사무실을 박차고 나왔다.

립셋은 마리스의 500만 달러 소송을 피하기 위해 절박한 심정으로 돈을 쏟아부었다. 그는 자신의 수사관들을 이용하여 마리스가 정말 누구인지를 알아내려 했다. 그들은 마리스가 자신이 태어났다고 주장하는 필라델피아에서부터 조사를 시작했다. 립셋은 한 수사관으로 하여금 출생증명서와 학교 기록들을 조사해보도록 했다. 마리스는 자신의 이력서에서 필라델피아에 있는 존 바트램 고등학교(John Bartram High School)를 다녔고, 오하이오 주에 있는 볼드윈 월리스 칼리지(Baldwin Wallace College)를 다녔다고 했다. 립셋의 탐정들은 두 학교로 가보았다. 그다음 립셋은 또 다른 동료로 하여금 마리스가 워싱턴 DC에서 군복무를 했다는 기록도 확인하게 했다.

필라델피아로 간 수사관은 해당 고등학교에서도, 대학교에서도 폴 마리스에 대한 아무런 기록도 찾지 못했다. 마리스의 옛 주소는 아프리카계 미국인 동네의 빈 공터였다. 백인인 마리스가 그곳에서 자라지 않았을지도 모른다고 수사관들은 생각했다. 워싱턴으로 간 수사관 역시 빈손으로 돌아왔다. 마리스는 군에 복무한 적이 아예 없었다.

더구나 립셋은 마리스, 마리스의 아내 릴리언(Lillian), 마리스의 아버지의 사회보장번호가 각각 한 자리씩 낮은 번호로 서로 비슷하다는 사실을 발견했다. 그는 그것이 그저 우연의 일치일 리가 없다는 사실을 알았다. 하지만 조사팀은 여전히 마리스가 누군지 알 수 없었다. 그들은 그럴듯한 이론을 하나 만들어냈다. 마리스가 예컨대 마레시(Maresh), 마리스칼(Mariscal)처럼 너무 민족성이 뚜렷이 드러난다고 느껴지는 자신의 이름을 마리스로 바꾸지 않았을까 하는 것이었다.

그래서 립셋은 프라우드풋에 있는 전직 FBI 요원 패트릭 머피(Patrick Murphy)에게 전화를 걸어 그가 아는 정보를 알아내려 했다. 전화상으로 머피는 자신이 마리스를 잘 기억하며 그를 조사해보았고, 아무 문제가 없었다고 말했다.

하지만 립셋은 프라우드풋의 수사관들이 마리스가 나온 학교도 조사해봤는지 물었다.

머피는 그랬다면서 자신이 해당 학교의 담당자와 이야기했으며, 담당자가 마리스의 입학 날짜를 확인해주었다고 말했다.

그래서 립셋은 머피가 거짓말을 하고 있다는 사실을 알았다. 해당 학교들은 마리스의 기록을 가지고 있지 않았으니까. 왜 이 사립 탐정이 거짓말을 하고 있을까? 립셋은 알 수 없었다.

크리에이티브 캐피털 CEO와 동행했던 키 2미터의 보디가드가 퍼즐의 마지막 조각을 가지고 있었다. 이 토디가드의 이름은 에드였고, 기업가 정신이 있는 전직 마약 수사관이었다. 그는 마리스가 조사해볼 가치가 있다는 것을 알고, 크리에이티브 캐피털에 마리스의 정체를 밝혀주면 수천 달러를 지불해줄 것을 요구했다. 크리에이티브 캐피털은 에드에게 대가를 지불해주었고, 에드는 연방 보안관으로 있는 친구에게서 마리스가 사실은 뉴저지 주 출신의 갱 단원이라는 사실을 들었다. 수년 전 마리스는 마피아에 반대되는 증언을 했고, 그래서 정부의 증인 보호 프로그램의 보호를 받고 있다는 것이었다.

실로 마리스는 바로 FBI가 만들어낸 가짜 신원을 이용하고 있었음이 드러났다. 결국 립셋은 마리스의 진짜 이름이 제럴드 젤마노위츠(Gerald Zelmanowitz)임을 알아냈다. 마피아는 젤마노위츠의 목숨을 노리고 있었다.

젤마노위츠는 브루클린에서 태어난 주식 사기꾼이었고, 마피아 두목 안젤로 ('집') 데카를로(Angelo ['Gyp'] DeCarlo)에 대한 그의 증언은 1970년, 데카를로를 감옥으로 보냈다.[15] 자신을 '증권 분석가'라고 소개한 젤마노위츠는 법정에서 데카를로의 무리들이 마피아에게 돈을 빌려 쓰고 빨리 갚지 않는 한 보험 중개인을 무자비하게 구타하는 장면을 보았다고 말했다. 그 중개인은 나중에 의심스러운 정황에서 죽게 되었고, 정부는 그가 살해되었다고 생각한 것이다. 젤마노위츠의 증언은 그 사건에서 핵심 증언 중 하나였다. 뉴저지 주 뉴어크의 법정에서 열린 그 중대한 소송에서 연방정부는 젤마노위츠를 안전하게 지키기 위해 여러 가지로 힘을 썼다. 젤마노위츠는 법정에 들어오고 나갈 때마다 4명의 연방 보안관들이 경호했고, 법정에 들어오는 모든 사람은 금속 탐지기를 통과해야 했다. 당시 그러한 무기 조사는 신문에 크게 소개될 정도로 드문 일이었다.[16]

그 상황에서도 젤마노위츠는 증언석에서 베테랑 사기꾼의 자신감을 뽐냈다. 반대 심문 중 그는 마피아가 뒤를 봐준 복잡한 주식 매매에서 5년 동안 100만 달러를 벌었다고 말했다. 젤마노위츠는 호화로운 생활에 익숙했다. 그와 아내는 반짝반짝한 캐딜락을 몰았고, 그의 집에는 값비싼 가구들이 가득했으며, 자신의 스위스 은행 비밀 계좌를 관리하기 위해 자주 유럽으로 날아다녔다.

그는 그렇게 불법으로 취득한 소득에 대해 세금 신고를 하지 않았고, 그래서 세금을 내지 않았다고 시인했다. 왜 세금을 내지 않았느냐고 묻자 그는 태평스럽게 대답했다. "나는 그 돈을 훔친 것과 같았고, 또 무직이었으니 어떻게 돈을 얻게 되었는지 증명할 방법이 없잖아요?"

조직 폭력배 데카를로와 그의 무리들은 젤마노위츠를 잊지 않았다. 1973년쯤에는 그가 어디에 있는지 알 수 없었다. 그래서 '마리스'는 립셋 요원들이 샌프란시스코의 호텔 로비에서 사진을 찍자 화가 난 것이었다. 또 바로 그래서 사립 탐정 머피가 가리스에 대해 깨끗한 보고서를 제출한 것이었다. 머피는 FBI에 있는 이전의 동료들이 젤마노위츠의 가짜 신원을 지킬 수 있도록 도와주고 있었던 것이다. 그래야 폭력배들이 젤마노위츠를 찾아 죽이지 않을 것이니 말이다.*

> *──── 후에 머피는 〈뉴욕 타임스〉 기자에게 자신이 고객에게 오해를 불러일으킬 정보를 제공했는지 아닌지의 여부에 대해 말하지 않았다. 이렇게만 말할 뿐이었다. "정부가 어떤 사람을 안전하게 지키기로 결정했다면, 내가 그것을 망쳐서는 안 된다고 생각했다."

결국 크리에이티브 캐피털은 의류 회사를 되찾고, 립셋은 소송을 당하지 않았다. 크리에이티브 캐피털은 립셋의 추가적인 조사에 대한 비용을 부담하게 되었다. 1973년 '마리스'는 다시 자취를 감추었다. FBI의 도움으로 어딘가 다른 곳에서 새로운 삶을 살게 된 것이다. 그해 젤마노위츠는 마피아를 피해 다니며 기자에게 전화를 걸었지만 자신이 어디에서 전화를 하고 있는지는 말하려 하지 않았다.

젤마노위츠는 말했다. "나를 보호하는 보호막은 파괴되고 찢어졌다. 지금 나는 아주 먼 곳으로 아주 빨리 도망가고 있다."

립셋은 젤마노위츠가 자신을 제대로 보호하지 못한 실패를 근거로 FBI에게 1200만 달러를 요구하는 소송을 걸었다는 사실을 알았다. 하지만 젤마노위츠는 그 소송에서 진다.

크리에이티브 캐피털 사건에서 립셋의 고객, 크리에이티브 캐피털은 부당하게도 거짓 정보를 받았다. 하지만 그의 고객들이 모두 선한 사람들은 아니었다. 오늘날의 많은 기업 첩보원들과 마찬가지로 립셋은 돈을 지불하는 사람이라면 누구나 기꺼이 고객으로 삼았다. 그의 말에 따르면 그는 샌프란시스코의 악명 높은 사이비 종교집단 인민사원(Peoples Temple)의 창시자 짐 존스(Jim Jones)를 위해 일해달라는 요청을 받았을 때 주저하지 않았다. 립셋이 존스를 위해 일하러 갔을 때 존스는 아직도 기독교 전도사로 위장하고 있었다. 그래도 자신들의 의지에 반하여 그곳을 떠나지 못하고 있는 신자들이 있다는 소문은 이미 나돌고 있었다.

이 사건은 1978년, 제정신이 아닌 존스가 자신과 함께 가이아나의 정글에 온 신도들에게 독약을 먹고 죽으라고 명령함으로써 큰 비극으로 끝났다. 900명이 넘는 신자들(남자, 여자, 어린이)이 죽었다. 정글 마을에서 자살이 진행되고 있는 동안 일부 존스의 추종자들은 트럭을 타고 근처의 활주로

브로커, 업자, 변호사 그리고 스파이 🎩

에서 그 사이비 종교를 조사하고 돌아가는 미국 하원의원과 여러 명의 기자들을 향해 총을 발사하여 죽였다.*

*—— 내 아버지 론 제이버스(Ron Javers)는 〈샌프란시스코 크로니클〉의 기자로, 살해당한 하원의원 레오 라이언(Leo Ryan)과 함께 그곳으로 갔다. 그는 가이아나에서 있었던 총격전에서 부상을 입었고, 나중에 인민사원에 관한 책 『인민사원과 가이아나 대학살(The Suicide Cult: The Inside Story of the Peoples Temple Sect and the Massacre in Guyana)』을 마셜 킬더프와 같이 썼다.

이 끔찍한 비극도 립셋의 양심을 무겁게 하지는 않은 것 같았다. 퍼트리샤 홀트의 전기를 위한 인터뷰에서 립셋은 짐 존스를 위해 일하기 시작한 것은 1960년대 후반, 존스가 자신이 암살 위협을 당하고 있다고 느끼면서부터였다고 말했다. 립셋은 캘리포니아 주 유키아에 있는 존스의 시설을 찾아가 몇 가지 조언을 해주었다. 교회 주위로 방어선을 설치하는 방법, 같은 길을 두 번 운전해가지 않는 방법, 반복되는 스케줄을 피하는 방법 등. 또한 보안팀이 각자 일정 구역을 지켜봄으로써 존스를 둘러싼 사방의 사람들의 움직임을 감시하며 보디가드 역할을 하는 방법을 포함한 다른 기본적인 안전 정보도 제공했다. 립셋은 당시 초기에 존스는 미친 것 같아 보이지 않았다고 말했다.

하지만 신도들의 자유를 빼앗고, 그들에게 이상한 성행위를 강요했으며, 돈을 압수했다는 혐의를 받고 있는 존스 같은 사람을 위해 일하는 것이 정당하다고 느꼈는지에 대한 답을 추궁하자 립셋은 태평스럽게 존스를 그가 복무한 미국 육군과 가톨릭 종교에 비유했다.

자기 스스로 선택할 능력을 박탈당한 사람들의 집단을 위해 일하겠느냐는 질문을 받자 립셋은 말했다.

그것은 정도의 문제입니다. 나는 사람들이 선택을 포기하는 모습을 매일 봅니다.……당신이 육군 병사라면, 당신은 더 많은 자유를 포기합니다. 그것은 당신이 육군에 지원할 때 그렇게 원했기 때문입니다. 당신이 그렇게 결정한 것입니다. 그것은 당신의 문제이지 절대 '나의' 문제는 아닙니다.

그러한 놀라운 도덕적 비유를 할 수 있었기 때문에 립셋은 자신의 서비스에 대해 지불할 능력이 되는 사람이면 어떤 사람을 위해서든 일했다. 그것은 기업 첩보 산업에서 우리가 거듭 보게 될 경향이다. 짐 존스처럼 악질적인 고객은 드물지만, 오늘날의 첩보원들은 그들이 정부 조직에서 배운 재능을 그 어떤 고객에게나 팔고 있다. 부패한 기업, 러시아의 과두 세력, 중동의 왕자, 돈을 지불할 수 있는 어느 누구에게든 말이다.

립셋은 이렇게 말했다. "나는 돈을 보고 일한다."

브로커, 업자, 변호사 그리고 스파이

정교하고 견고한
첩보제국의 건설

20세기에 기업 탐정들은 다시 한 번
훨씬 더 정교한 첩보 제국을 건설했다.
일부는 미국 정부 첩보기관과 협력했고,
국가적 위기가 닥쳤을 때는 국가에
서비스를 제공했으며, 외국 정부들을
돕기도 했고, 애매한 도덕 기준을
적용하면서 엄청난 부를 쌓았다.

할 립셋은 샌프란시스코 자신의 집에 차린 조그만 회사를 경영하며 사립 탐정 생활을 시작했다. 그 회사는 이전의 핑커턴 사무소나 다른 곳과 사뭇 다르게 소규모였다. 이후 20세기에 기업 탐정들은 다시 한 번 훨씬 더 정교한 첩보 제국을 건설했다. 일부는 미국 정부 첩보기관과 협력했고, 국가적 위기가 닥쳤을 때는 국가에 서비스를 제공했으며, 외국 정부들을 돕기도 했고, 애매한 도덕 기준을 적용하면서 엄청난 부를 쌓았다.

핑커턴 사무소를 연상시킨 첫 번째 회사는 인터내셔널 인텔리전스(International Intelligence)였다. 이 회사는 줄여서 인터텔(Intertel)이라 불렸으며, 은둔적인 억만장자 하워드 휴스 '개인의 CIA'로 알려졌다. 인터텔은 닉슨 행정부를 벌벌 떨게 했는데, 닉슨 행정부는 케네디가가 인터텔을 이용하여 테디 케네디(Teddy Kennedy)를 대통령으로 선출시키려고 하지 않는지 우려했던 것이다. 로버트 케네디(Robert Kennedy)가 이끌던 법무부의 베테랑들

브로커, 업자, 변호사 그리고 스파이

에 의해 설립된 지 몇 년 만에 인터텔은 휴스, 케네디가, 리처드 닉슨의 무능한 수하들, 악랄한 마피아, 정체를 알 수 없는 CIA의 세계에까지 영역을 확장했다. 그 결과 인터텔의 역사는 음모 이론가들에게는 일종의 시금석이 되었다. 음모 이론가 중 다수는 인터텔과 세계를 지배하는 엘리트의 악랄한 행동에 대해서 복잡한 이야기들을 만들어냈다. 이들의 많은 부분은 단지 환상에 불과하지만 인터텔은 실제로 존재했고, 약 10년 동안 미국의 가장 비밀스러운 사건에 개입해왔다.

하워드 휴스는 석유 사업가이자 비행사로, 할리우드 배우처럼 인생을 즐기며 살았다. 그는 세계의 많은 곳 중에서 특히 텍사스, 라스베이거스, 카리브 해 지역에서 살았다. 하지만 오늘날 그의 비밀 중 마지막으로 남은 비밀은 예상치 못했던 곳에서 발견되었다. 바로 미국의 남북을 가르는 메이슨 딕슨선(Mason-Dixon Line) 바로 북쪽 농촌 지역에 위치한 펜실베이니아 주의 작은 도시 페어필드에서다. 여기에 400에이커의 콩밭을 따라 갈색의 작은 농가 한 채와 2개의 사일로, 헛간 하나가 있다. 이곳에 인터텔의 창립자 로버트 돌런 펠로퀸(Robert Dolan Peloquin)과 그의 아내 페기(Peggy)가 산다.

여든이 다 되어가는 펠로퀸은 인상적인 남자다. 큰 키에 뒤로 빗어넘긴 백발, 굳은 악수로 환영하는 태도, 남부 매사추세츠 억양이 섞인 저음의 목소리. 그는 옛 시절을 이야기하길 좋아한다. 펠로퀸은 한때 미국 국가안보국(NSA, National Security Agency)의 첩보원이었고, 법무부의 마피아 사냥꾼이었다. 경력 후반에는 하워드 휴스토부터 크리스마스 아침에 긴급한 요청을 받았고, 갑자기 스위스로 날라가 사기꾼을 쫓기도 했으며, 카리브 해로 여행하여 머브 그리핀(Merv Griffin)과 스무고개놀이를 하기도 했다. 유명한

엔터테인먼트 회사의 중역이자 토크쇼 호스트인 그리핀은 스무고개 주제를 할리우드 중심으로 했으므로 대개 게임에서 이겼다. 로버트 펠로퀸은 세계에서 가장 유능한 기업 스파이 중 하나였다.

그는 다른 많은 기업 스파이들과 마찬가지로 군대에서 경력을 시작했다. 펠로퀸은 한국전쟁이 시작될 즈음 조지타운대학을 졸업한 후 해군에 입대했다. 육군으로 고생하는 것보다 해군이 더 쉬울 거라고 생각했던 것이다. 하지만 로드아일랜드 주 뉴포트에서 장교 후보생 학교를 나온 뒤 그는 버지니아 주 노퍽의 상륙 지휘관(beach master)이라고 불리는 해군 부대로 배치되었다. 이 부대는 침투 때 처음으로 해안 교두보를 만들어 군대와 물자가 가능한 한 빠르게 움직일 수 있게 하는 상륙 부대다. 펠로퀸은 이 부대가 마음에 들지 않았다. 한국전쟁에 참전하기 위해 훈련하던 첫 침투 부대였기 때문이었다. 피터슨(Peterson)이라는 부대의 지휘관은 제2차 세계대전 당시 작전 중에 7번이나 부상을 당한 영웅이었다. 부대원들 다수는 근처 캠프 앨런(Camp Allen)에서 데려왔다. 이들은 해군 감옥에서 썩거나 상륙 지휘관이 되거나 둘 중에 선택할 수 있다는 말을 들었다. 펠로퀸과 동료 소위에게 그 부대는 총알받이였고, 가장 잔혹한 전투에도 주저 없이 뛰어들 사람이 이끌고 있는 듯 보였다. 펠로퀸은 이렇게 결론 내렸다. "여기서 시간을 보내다가는 오래 살지 못할 거야."

하지만 어떻게 이 공격 부대를 빠져나간단 말인가? 펠로퀸은 그가 평생 동안 의지한 두 가지 재능을 발휘하여 이 문제를 풀었다. 바로 상관의 비위를 맞추는 능력과 항상 더 높은 지위를 추구하는 재능이었다.

그의 상관 피터슨은 펠로퀸이 풀 수 있는 문제를 가지고 있었다. 피터슨

브로커, 업자, 변호사 그리고 스파이

의 부대에 있는 나쁜 종자들과 진과자들 때문에 열어야 할 군법회의가 점점 많아졌다. 그리고 군사법통일법전(Uniform Code of Military Justice, 당시 새로운 법으로 병사들의 재판 및 처벌법을 적어놓았다)은 피터슨을 짜증나게 했다. 그는 나이가 든 탓에 새로운 규칙이 어떻게 돌아가는지 이해하지 못했다. 그는 펠로퀸을 한국전쟁과 멀리 떨어진, 로드아일랜드 주 뉴포트에 있는 해군사법학교(Naval Justice School)에 보냈다. 다시 돌아와 펠로퀸은 피터슨의 밀린 군법회의 사건 해결을 도왔다. 펠로퀸은 당시를 이렇게 회상했다. 그때부터 "나는 그의 사람이 되었습니다."

한국 인천에서의 전투를 얼마간 지켜본 다음 펠로퀸은 해군의 허점을 이용하여 추가 군복무를 약속하지 않고도 로스쿨에 입학했다. 그는 조지타운대학 로스쿨에서 평화로운 몇 년을 보낸 후 졸업했고, 진주만의 구축함에 합류하라는 명령을 받았다. 펠로퀸은 상관에게 변호사 시험이 몇 달 남지 않았다면서 왜 시험 전에 자신을 하와이로 보내느냐고 항의했다. 대답은 명료했다. 해군의 규칙은 그가 로스쿨을 졸업해서 해군에서 그 지식을 쓰기만 요구했지, 그가 변호사가 될 필요는 없었다. 해군에 관한 한 변호사 시험은 그가 개인 시간에 해야 할 개인의 일에 불과했다.

펠로퀸은 그 답이 싫었다. 그는 해군을 나왔다. 워싱턴에서 로스쿨을 다닐 때 펠로퀸은 최고 기밀의 암호 해독 및 전자 도청 기관인 국가안보국(NSA)이 위치해 있던 해군 시설에 보고를 했다. NSA는 너무나 비밀스러웠기 때문에 사람들 사이에서 농담으로 '그런 기관 없음(No Such Agency)'으로 통하기도 했다. NSA는 우연하게도 펠로퀸이 보고하던 해군 사무실에서 복도 건너편에 있었다. 그는 NSA에 있는 인맥을 이용하여 1954년 NSA에 일자리를 얻었다.

펠로퀸에게 그곳의 일은 흥미로웠다. 그것은 그가 처음으로 첩보 세계를 접한 경험이었다. 그는 보안실에서 일하며 소련의 스파이로 의심되는 NSA 직원들을 조사했다. 그곳에서 일하는 동안 그는 두 명의 미국인 망명자 윌리엄 마틴(William Martin), 버논 미첼(Bernon Mitchell)의 사건을 알게 되었다. 1960년 이 두 사람은 적국에 스파이 비행기를 띄우는 미국의 정책에 반대하여 소련으로 망명했다.

망명 전, 마틴과 미첼은 펠로퀸과 NSA의 다른 수사관들이 자신들에 대해 조사하고 다닌다는 소문을 들었다. 그 소문은 두 사람을 당황하게 했다. 두 사람은 오래전부터 NSA의 암호 해독 능력에 대한 정보를 소련에 팔아왔기 때문이다. 잡히게 되면 평생을 연방 감옥에서 보내게 될 판이었다. 그래서 그들은 자유를 찾아 비행기를 타고 멕시코시티, 쿠바를 거쳐 마침내 모스크바로 갔다. 그들이 남긴 것이라고는 은행의 안전금고에 넣어둔 반미 선언문뿐이었다.

하지만 NSA는 마틴과 미첼이 생각한 진실 근처에도 가지 않았다고 펠로퀸은 말한다. NSA는 두 사람을 조사하고 있었지만 스파이 행위 때문이 아니었다. 그 조사는 마틴과 미첼이 동성애자인지 아닌지를 밝혀내려고 했었다는 것이다. 때는 동성애자라는 의심만 있어도 국가에 대한 충성이 의심스러워지고 경력이 끝장날 수 있는 시기였다. NSA는 두 사람이 소련의 스파이인지는 전혀 몰랐다. 그들이 동성연애자라는 소문 때문에 내부 조사에 들어갔던 것이다. 마틴과 미첼이 망명하지 않았더라면 스파이가 아니라 동성애자라는 이유로 NSA에서 쫓겨났을 것이다.

거의 같은 시기에 로버트 펠로퀸은 새로운 일자리로 옮겼다. 그의 상관이 법무부에 아는 사람이 있어서 펠로퀸은 법무부의 내부 보안 부서에서 일하게 되었다. 그리고 거기서 그는 다시 법무부의 조직 범죄 및 사기 부서로 옮긴다. 이때가 1960년대 초반으로, 당시 존 F. 케네디가 대통령에 당선되고 그의 형제인 로버트 케네디가 법무 장관으로 임명되었다. 로버트 케네디는 조직 범죄 부서에 매료되었고, 펠로퀸은 로버트 케네디의 사람이 되었다. 펠로퀸은 이후 10년의 세월을 마피아의 고위 인물들을 추적하여 감옥에 보내는 일을 하며 보냈다.

한번은 펠로퀸이 뉴올리언스에서 조사를 하고 있는데 케네디가 상황을 알아보기 위해 전화를 했다. 전화벨이 울리고 뉴잉글랜드 억양이 섞인 목소리가 들렸다. "밥(로버트의 애칭) 펠로퀸인가? 바비(로버트의 애칭) 케네디일세. 자네가 어떻게 하고 있나 알고 싶어서 전화했네."

법무 장관이 그렇게 낮은 직책의 수사관에게 전화한다는 사실이 믿기지 않은 펠로퀸은 동료 수사관이 장난을 치는 줄 알았다.

"스프리조(Sprizzo), 그만하게." 그가 말했다.

"아니야. 나 정말 바비 케네디라니까." 케네디가 대답했다. 펠로퀸은 의자에서 몸을 뒤로 젖힌 채 장난을 치고 있다고 생각한 존 스프리조가 옆방에 있는 것을 보았는데 스프리조는 전화를 하고 있지 않았다. 펠로퀸은 너무 놀랐다. 하지만 케네디는 아랑곳하지 않았다. 케네디가 사람들은 젊은 범죄 수사관들, FBI 요원들, 마피아와의 싸움에 관련한 사람들을 버지니아 주 교외의 가족 소유의 땅 히코리 힐(Hickory Hill)로 초대했다. 그렇게 초대된 어느 날 저녁, 긴장한 펠로퀸은 아내에게 자신의 상관 앞에서 특정 주제는 절대 꺼내지 말라고 엄중하게 경고했다. "날 창피하게 만들지 마." 그는 아내에게 말했다. 그와 아내 페기가 윗사람들 앞에서 주의를 기울여 앉으면서 펠로퀸이 잘못하여 로스트비프 한 조각을 바닥에 떨어뜨렸다. 그러자 케네디가의 브루머스라는 이름의 커다란 개가 육중하게 방안을 질러오며 테이블과 의자들을 흩뜨렸다. 모든 시선이 펠로퀸에게 쏠렸다. 페기가 펠로퀸쪽으로 몸을 기울이며 속삭였다. "날 창피하게 만들지 마세요." 그녀의 남편은 그 교훈을 절대 잊지 않았다.

법무부에서 펠로퀸은 절대 잊지 않을 또 다른 교훈도 배웠다. 바로 여러 조직의 힘을 모으는 것이었다. 그가 법무부에 있을 때 법무부는 마피아를 소탕하는 혁신적인 구조를 생각해냈다. 정부는 마피아와의 싸움에 관련한 모든 기관들, 국세청(IRS), 마약 수사국, FBI, 국경순찰대 등에서 일하는 고위 직원들을 한데 모아 기동타격대를 조직했다. 각 기동타격대는 특정 조직 범죄 가문을 맡아 그 가문의 일망타진에 대원들이 속한 서로 다른 기관의 모든 자원을 동원했다.

펠로퀸은 최초의 조직 범죄 기동타격대를 이끌었고, 그의 팀은 뉴욕 주 버펄로에서 활동하던 마가디노(Magaddino) 범죄 가문을 맡았다. 캐나다 기마경찰대와 협력하여 그들은 오랫동안 군림해오던 이 마피아 가문을 일망타진하여 그중 9명을 감옥으로 보냈다. 곧 법무부는 전국적으로 이와 비슷한 조직 범죄 기동타격대를 만들었다.

당시 마피아는 모든 종류의 사업에서 세력을 확장하고 있었다. 라스베이거스 도박판에 기반을 잡은 마피아 보스들은 프로 미식축구연맹(NFL, National Football League)에까지 나서려 하고 있었다. 프로팀의 소유주들에게는 마피아가 선수들이나 심판관들에게 영향을 끼쳐 경기를 조작하는 일은 악몽과 같았다. 수백만 달러의 수익이 게임의 정직성에 달려 있었기 때문이다. 미식축구협회 회장 피트 로젤(Pete Rozelle)은 NFL이 방어책을 마련해야 한다는 사실을 알았다. 그는 펠로퀸의 상관을 불러들였고, 그래서 펠로퀸은 NFL의 자문역이라는 일에 뛰어들었다.

새롭게 결성된 팀은 그 문제에 혁신적인 해결책을 내놓았다. 미식축구 경기 조작은 불법이며, 경기를 두고 도박하는 것도 불법이었다. 하지만 경기를 조작하려는 불법적인 시도를 뿌리 뽑기 위해 펠로퀸의 보안팀은 불법 도박의 세계에 정보원을 키웠다.

펠로퀸은 세상에서 조작된 미식축구 경기를 제일 싫어하는 사람은 경기에 도박을 거는 사람이며 조작 내용을 모른다면 크게 당할 것이기 때문이라고 생각했다. 불법 도박자들이 경기를 정직하게 지키려고 노력한다는 것이 아이러니하기는 했으나 펠로퀸에게 그들은 마피아의 경기 조작 시도를 알려주는 가장 좋은 첩보원이었다. 예외적으로 큰 금액이 어느 팀에 베팅되면, 펠로퀸은 그 소식을 전해 듣고 조사에 착수했다.

시간이 조금 지나자 펠로퀸과 그의 상관 빌 헌들리(Bill Hundley, 브루클린 출신으로 법무부에서 마피아를 소탕하는 일을 했다*)는 초조해지기 시작했다. 두 사람은 모두 주중에는 뉴욕으로 통근하고 주말에는 워싱턴에서 지냈다. 두 사람 다 가족이 많았다(둘 다 아이가 여섯이었다). 그리고 두 사람 다 그들의 서비스를 NFL 외의 고객에게 제공함으로써 더 많은 돈을 벌 수 있다고 생각했다.

* —— 헌들리는 변호에서 혁혁한 경력을 쌓게 된다. 2006년 그가 사망

했을 때 〈뉴욕 타임스〉에 실린 부고에는 그가 리처드 닉슨 대통령, 워터게이트 재판 때 법무 장관 존 N. 미첼(John N. Mitchell), 하원의원에게 뇌물을 먹였다는 혐의를 받은 한국인 박동선, 버논 조던(Vernon Jordan)을 변호했다고 씌어 있었다.

다시 한 번 힘 있는 고위급 인사가 끼어들어 펠로퀸의 경력을 도와주었다. 피트 로젤이 펠로퀸과 헌들리에게 워싱턴에 자신들의 로펌을 세우도록 해준 것이다. 로젤은 이미 펠로퀸과 헌들리의 호텔비, 식사비, 여행비를 모두 대주고 있었다. 두 사람이 쓰는 비용은 점점 늘어났다. 로젤은 첫 6개월 동안의 사무실 임대료를 책임졌고, 비서를 고용할 수 있도록 현금을 제공했으며, 전화비도 내주었다. 두 사람은 NFL이라는 두드러진 고객을 필두로 하여 그들 자신의 변호 사업을 시작했다. 곧 다른 고객들도 생겼다. 〈라이프〉도 마피아와 관련한 일련의 기사들에 대해 그들에게 도움을 청했다. 〈라이프〉가 어떤 도시의 마피아 가문에 관한 기사를 낼 때마다 마피아와 관련이 없는 사람들을 들먹임으로써 명예를 훼손했다고 주장하는 소송에 걸렸다. 헌들리와 펠로퀸의 일은 〈라이프〉가 옳다는 것을 증명하여 소송을 기각시키는 것이었다. 법무부 내의 인맥을 이용하여 그들은 성공적으로 일을 마쳤다.

어느 날 아침, 법무부에서 전에 알고 지내던 사람이 펠로퀸에게 전화를 했다. 펠로퀸이 알아야 할 사람이 있다고 하면서 사무실에서 만날 수 있느냐는 것이었다.

그 사람은 메리 카터 페인트사(Mary Carter Paint Company)의 소유주 제임스 크로즈비(James Crosby)였다. 그는 바하마 제도에 있는 호그 섬(Hog Island)을

브로커, 업자, 변호사 그리고 스파이

막 구입한 참이었는데, 그것을 리조트로 개발하고 섬 이름을 파라다이스 섬(Paradise Island, 관광객을 더 많이 끌어들일 거라 희망하여 바꾼 이름이다)으로 바꾸는 중이었다. 크로즈비는 바하마의 정치인들을 로비하여 파라다이스 섬에서 도박을 할 수 있는 라이선스를 얻으려 하고 있었는데, 도박 사업에는 폭력배와 불량배들이 들끓었기 때문에 겁을 먹고 있었다. 크로즈비는 헌들리와 펠로퀸이 직원들을 뽑을 때 그들이 마피아와 연관되어 있지는 않은지 확인해주길 원했다. "나는 도박에 대해서는 눈곱만큼도 몰랐습니다." 펠로퀸은 회상한다. 하지만 그는 마피아에 대해 알고 있었다. 그래서 그 일을 맡았다.

그는 간부 한 사람을 고용하여 그 프로젝트를 맡기고, 조직 범죄 기동타격대에서 은퇴한 옛 동료 몇 명을 불러들였다. 그중에는 미국 세관의 전직 집행국장도 있었다. 세관의 고위 대표로 법무부 조직 범죄 기동타격대에 들어감으로써 펠로퀸과 알게 된 이 인상적인 사람은 파라다이스 섬에서 풀타임으로 일하면서 정부기관의 인맥을 동원해 리조트 직원들의 배경을 조사하여 그들이 마피아나 다른 범죄와 연관되어 있는지 아닌지를 알아냈다.

그때부터 이 기법은 펠로퀸 경력의 한 특징이 되었다. 즉 고객에게 배경 조사할 비용을 청구하고, 그러고 나서 전에 일하면서 알게 된 인맥을 이용하여 정부 파일을 뒤져 조사하는 것이다. 그것은 훌륭한 비즈니스 모델이었다. 미국의 납세자들은 카리브 해 리조트를 소유한 백만장자를 위해 배경조사를 하는 요원들에게 정부의 돈이 지급되고 있다는 사실을 까맣게 몰랐다.

펠로퀸은 자신의 남은 경력을 민간 고객이 정부의 거대한 보안 파일에 접근하는 데 대한 대가를 요구하면서 보냈다. 그는 이렇게 회상한다. "우리는 민간 산업에서 수익을 얻었지만, 필요한 정보는 정부에 의존했습니다."

비밀이 유지되는 한 그것은 수익성 좋은 사업이었다. 외부인들이 자신의 기법을 어떻게 생각할 것인가를 물어보니 펠로퀸은 이렇게 대답했다. "나는 사생활 침해에 대해 그렇게 신경 쓰지 않지만 대부분의 사람들은 신경을 씁니다. 그것은 당신이 어떻게 보느냐에 따라 달라지지요. 사업을 하면 도대체 무슨 일이 어떻게 진행되고 있는지에 대해 알기 위해 당신이 의존할 곳은 아무 곳도 없습니다. 그러면 어떻게 해야 하겠습니까?" 펠로퀸은 자신이 만들어내는 데 일조한 민간 스파이 산업에 대해 아무런 양심의 가책도 느끼지 않는다고 말한다. "나는 그것이 합법적이라고 생각합니다. 그것 때문에 잠을 자지 못한다거나 하지는 않습니다."

새로운 산업(정부가 세금을 통해서 이미 돈을 걷어간 기업들에게 비밀 정보에 접근하는 대가로 또 비용을 부과하는 일)은 1970년 바하마 제도에 최초의 리조트 인터내셔널(Resorts International) 카지노가 오픈하면서 활기를 띠었다. 카지노의 대부 크로스비는 펠로퀸의 수완에 감명을 받았고, 기업가로서 그는 아이디어 하나를 생각해냈다. 배경조사를 하는 노력을 독립된 회사로 분리하는 것은 어떨까? 크로스비의 자금 후원에 힘입어 펠로퀸은 인터내셔널 인텔리전스사(International Intelligence, Inc), 즉 인터텔을 형성하고, 법무부 마피아 기동타격대에서 함께 일했던 동료들을 고용했다. 그는 17번가 NW와 H가 NW에 사무실을 열고, 맞은편의 멋진 워싱턴 메트로폴리탄 클럽(Metropolitan Club of Washington)에 동료들과 함께 단골로 자주 드나들었다. 인

브로커, 업자, 변호사 그리고 스파이

터텔은 백악관에서 겨우 세 블록 떨어져 있었고, 조금만 걸으면 법무부였다. 그곳은 마치 연방정부의 전초기지같이 느껴질 정도였다. 회색빛 정부 건물들 사이에 위치한 인터텔은 민간 부문을 위해 비밀스럽게 스파이 활동을 펼치는 기업이었다.

1978년 전직 CIA 요원에서 작가가 된 조지 오툴(George O'Toole)은 자신의 책『민간 부문(The Private Sector)』에서 인터텔을 다음과 같이 묘사했다.

인터텔을 경영하는 사람들은 단지 중년에 두 번째의 경력을 시작한 전직 경찰들이 아니었다. 잘 차려입은 그들의 양복 어깨 아래에는 불거질 권총도 없었으며, 그들의 날씬한 서류가방에는 수갑 대신 프린트물이 들어 있을 가능성이 높다. 그들의 고객은 소매상인이나 질투심에 불타는 배우자들이 아니라 10여 개국의 법들이 뒤얽힌 아래에서 장사를 하는 국제적 거대기업들이다.[주1]

오래지 않아 인터텔의 간부에는 공동 설립자이자 전직 FBI 요원인 존 오코넬(John O'Connell), 전직 IRS 수사관 윌리엄 칼러(William Kolar), 전직 NSA 수사국장 데이비드 벨리슬(David Belisle)이 포함되었다. 오툴은 "민간 부문에서 만들어진 전직 고급 관리들의 가장 훌륭한 조합"이라고 정의했다.

펠로퀸은 연결의 힘을 믿었다. 그는 또한 허버트 후버(Herbert Hoover)의 유일한 조카(후버는 결혼을 하지 않았기 때문에 이 조카가 그의 상속자였다)도 고용했다. 펠로퀸은 말한다. "덕분에 많은 일거리가 들어왔습니다. '당신을 위해서 후버의 조카가 그것을 조사하도록 시키겠습니다'라고 말하면 많은 사람들이 놀라워하지요."

1970년 인터텔이 문을 열고 3개월이 지났을 때 펠로퀸은 하워드 휴스의 법무 자문위원 체스터 데이비스(Chester Davis)에게 전화를 받았다.* 데이비스는 휴스가 오랫동안 충성스럽게 일해왔던 자신의 컨설턴트 로버트 마흐(Robert Maheu)를 쫓아내기로 결심했다고 전했다.

> *——— 세상은 참 좁았다. 체스터 데이비스는 닉슨 대통령을 개인적으로 아는 친구인 플로리다의 은행가 찰스 G. '비비' 레보조(Charles G. 'Bebe' Rebozo)의 소개로 펠로퀸에게 전화를 걸었다. 수년 후 레보조는 하워드 휴스로부터의 10만 달러를 닉슨 진영에 주었다는 혐의로 의회의 조사를 받게 된다.

사실 데이비스와 또 다른 휴스의 부관 빌 게이(Bill Gay)는 마흐에 대항하여 세력을 다투고 있었다. 두 사람은 마흐가 휴스와 그의 확장하는 사업(TWA뿐만 아니라 할리우드 영화와 라스베이거스 카지노 등)에 대해 너무 많은 통제권을 행사하고 있다고 생각했다. 점점 더 편집증 환자가 되어가던 휴스는 공개 석상에 거의 모습을 드러내지 않고 데저트 인(Desert Inn)의 꼭대기 아파트에서 커튼을 치고 휘갈겨 쓴 메모로만 의사소통을 하며 살았다. 휴스를 위해 일하는 사람들 대부분은 그를 직접 보지 못했다.

휴스는 이제 들쭉날쭉 긴 머리칼을 하고 있었고, 깎지 않은 손발톱은 길어서 노란 갈고리가 되었다. 1946년 비행기 추락 사고로 등이 부러졌을 때부터 시작된 진통제 중독으로 그는 엄청난 양의 진통제를 먹고 있었다. 휴스는 자신의 XF-11 정찰기를 베벌리힐스의 복잡한 주택가에 추락시켰

브로커, 업자, 변호사 그리고 스파이

다. 그 곁을 지나던 해병대 병장이 빠른 판단으로 그를 비행기에서 꺼낸 덕분에 목숨을 부지했다. 하지만 진통제를 먹기 시작하면서부터 예전과 달라졌다.* 마흐, 데이비스, 게이에게 휴스에 대한 통제권이란 미국 최대의 기업 중 하나를 좌지우지하면서 수백만 달러를 벌어들일 수 있다는 의미였다.

*—— 펠로퀸은 인터텔에서 자신이 한 일 중의 하나는 매달 휴스를 불타는 비행기 잔해에서 꺼내준 해병대 병장 윌리엄 더킨(William Durkin)에게 수백 달러(당시에는 상당한 금액)의 수표를 전달하는 것이었다고 회상한다. 이렇게 평생 넉넉한 액수로 보상했다는 펠로퀸의 말은 더킨 가족의 말과 다르다. 더킨 가족은 휴스로부터 돈을 받은 적이 없다고 주장했다. 더킨은 2006년에 사망했다.

게이와 데이비스는 휴스의 정신적 불안정에 의해 생겨난 힘의 공백에서 기회를 알아차렸는지도 모른다. 수년 동안 마흐는 워싱턴 DC에 있는 자신의 탐정 회사 로버트 A. 마흐 앤드 어소시에이츠(Robert A. Maheu and Associates)에 앉아 휴스의 외부 컨설턴트 역할을 해오고 있었다. 마흐는 외국 정부의 권력자들 사이의 관계에 대한 자료 작성, 휴스 자신의 중역에 대한 감시와 조사, 소송에서 영장 송달인을 헷갈리게 하는 데 이용할 휴스 대역 배우를 고용하는 일, 정치 헌금 분배 감독을 포함하여 온갖 종류의 민감한 일이 생기면 찾는 사람이 되었다.[주2] 휴스는 마흐가 1950년대 초반 이래로 CIA와 계약을 맺고 일해오고 있으며 마흐의 회사가 CIA의 가장 비밀스러운 활동에 쓰이기도 했다는 사실을 알고 있었다. 휴스 같은 권력에 굶주린 편집증 환자에게 마흐는 곁에 두기 편리한 사람이었다.

하지만 무엇보다 휴스는 베테랑 스파이 마흐의 가장 큰 비밀을 알고 있었기 때문에 마흐를 소중하게 여겼다. 1960년과 1961년 마흐는 피그스만(Bay of Pigs) 침공 전날 밤 쿠바의 지도자 피델 카스트로를 암살할 CIA의 계획에서 CIA와 지하세계의 폭력배 조니 로셀리(Johnny Roselli) 및 마피아 두목 샘 지안카나(Sam Giancana)를 연결해주는 접선자였던 것이다. 암살 시도는 실패했다. 1960년 8월, 마흐는 로스앤젤레스로 날아가 브라운 더비(Brown Derby) 레스토랑에서 로셀리와 만났다. 할리우드의 중역과 배우들에 둘러싸인 채 둘은 카스트로의 살해를 의논했다.

처음에 로셀리는 믿기 어려워했다. 그가 물었다. "나 말입니까? 내가 미국 정부 일을 한다고요? 연방정부는 내가 어디를 가든지 따라다닙니다. 그들은 내가 현금으로 물건을 사는지 알아보려고 내 셔츠 만드는 사람한테 가요. 그들은 내가 현금을 쓰는지 보기 위해 내 양복 만드는 사람한테도 가지요. 그들은 언제나 내게서 뭔가를 잡아내려 합니다. 그런데 내가 그 정부를 위해 일을 한다고요. 사람 제대로 찾아오신 것이 맞습니까?"[주3]

마흐는 로셀리에게 CIA의 제의가 진짜라는 사실을 확신시켰다. 그리고 그는 조건을 설명했다. 즉 아무도 카스트로를 죽이기 위해 정부와 마피아가 손잡았다는 사실을 알면 안 된다는 것이었다. 마흐는 로셀리에게 만약 이 일이 공개된다면 자신은 내용을 부인할 것이라고 말했다. 로셀리가 조건을 수락한다면 그는 아무의 도움 없이 혼자 알아서 해나가야 할 것이었다. 이 마피아는 잠시 주저하다가 동의했다. CIA와 마피아가 공식적으로 비즈니스 파트너가 된 것이다.

1961년 마이애미의 퐁텐블로 호텔에서 열린 회의에서 마흐의 CIA 담당

브로커, 업자, 변호사 그리고 스파이

자가 그에게 독약이 들어 있는 흰 봉투를 건넸다. 계획은 마흐가 독약을 마피아에게 건네면 이 마피아가 쿠바 혁명 이전 시절 카지노 사업에서 알게 된 사람을 통해 카스트로 수행단의 누군가에게 약을 전달하고, 그 사람이 이 독재자의 음료에 독약을 슬쩍 집어넣는 것이었다.

문제는 마흐가 CIA를 위해 마피아와 접선할 때마다 FBI가 그와 마피아를 미행한다는 것이었다. FBI는 수년 동안 마피아의 협의를 입증하려 노력해왔고 마흐가 만나는 바로 그 마피아를 철저히 감시하고 있었다. FBI는 알고 싶어 했다. "왜 저 베테랑 요원이자 CIA 접선자가 갑자기 마피아와 붙어다니는 거지?"

어느 날 밤, 로셀리와 저녁식사를 하는 중 마흐는 레스토랑에 있는 두 명의 FBI 미행자를 발견했다. 로셀리가 화장실에 간 사이 마흐는 두 사람을 주방으로 끌고가 이제 그만 따라다니라고 했다. 로셀리는 그들을 보지 못했지만 만약 연방 요원들이 자신의 저녁식사를 감시하고 있다는 사실을 알았더라면 겁을 먹고 카스트로 암살 계획에서 손을 뗐을지도 모른다. 호텔방으로 돌아온 마흐는 FBI가 도청하리라는 사실을 알고 있었으므로 호텔 전화를 이용하여 CIA에게 전화를 걸어 지금 무슨 일이 진행 중이며 왜 당분간 로셀리를 내버려둬야 하는지를 FBI 요원들이 알 수 있도록 대화를 이어갔다.* 주4

*——— 로셀리는 1976년 마이애미에서 마피아에 의해 죽음을 당했다. 그는 상원위원회에서 카스트로 암살 계획에 대해 증언을 마친 상태였으며, 마피아 보스들에게 미리 허락을 받지 않은 채 증언을 했다고 한다. 당시 그는 일흔 살이었다. 마흐는 자신의 자서전에 이렇게 썼다. "그들은 그에게 요트를 타게 했다. 어디선가 난데없이 암살자가 나타나 그의 코와

나중에 마흐는 마피아로부터 암살 계획에서 자신들의 몫을 실행할 준비가 되어 있다는 보고를 받은 후에도 자신은 CIA로부터 '작전 실시 신호'를 받지 못했다고 말했다. 피그스 만 침공이 대실패로 끝났을 때 마흐는 그 사건에서 물러났다. 자신은 다시는 카스트로를 죽이려는 CIA의 시도에 관련되어 있지 않다고 말했다.*

*───── 하지만 마흐는 CIA의 다른 작전에는 활발하게 참여했다. 그가 상원 수사관들에게 말한 바에 따르면 그는 그의 회사에 CIA 요원들을 위장 취업시켜 CIA의 전 세계적인 임무 수행을 도왔다. 마흐는 때로 한 번도 만나지 못한 사람들을 위해 월급과 비용을 대주었다. "그들은 그저 신용카드와 증명서를 가지고 로버트 A. 마흐 앤드 어소시에이츠를 위해 일한다고 주장하면 된다." 그가 말했다. 그러면 CIA가 마흐에게 비밀 요원들이 쓴 비용을 되갚아주었다.

휴스는 플로리다에서 마흐가 마피아와 카스트로 암살 계획을 세우고 있을 때 마흐를 로스앤젤레스로 부르려 했기 때문에 이 비밀을 알게 되었다. 자신의 가장 수익성 좋은 고객 휴스의 비위를 맞추려고 애쓰던 마흐는 거리로 나와 공중전화로 휴스에게 다시 전화를 걸어 자신은 지금 마이애미에서 카스트로를 죽이려는 CIA의 비밀 작전에 관여하고 있어서 그날은 다른 일을 하지 못한다고 말했다. 휴스는 그래도 끈질기게 마흐를 설득하

브로커, 업자, 변호사 그리고 스파이

여 하루 또는 이틀 자신의 프로젝트를 진행하도록 로스앤젤레스로 오게 했다. 휴스는 마흐가 CIA의 계획(비록 실패했지만)에 관여한다는 사실에 좋은 인상을 받았고, 그후 10년간의 시간을 어떻게 하면 마흐와 CIA의 관계를 자신에게 이롭게 이용할 수 있을까를 고민하며 보냈다. 휴스 자신 또한 CIA와 관련되어 있었고, 그의 회사 중 다수가 수년에 걸쳐 CIA 작전에 이용되고 있었다.

1970년 즈음이 되자 휴스와 마흐의 관계는 무너지기 시작했다. 휴스의 편집증과 심해지는 광기도 한몫했지만, 두 사람은 또한 중요한 문제에서 의견 차이를 보였다. 예를 들어 휴스는 자신의 사업을 더욱더 깊이 CIA와 연관시키고 싶어 했지만 마흐는 반대했다. 1975년 CIA의 잘못을 조사하는 상원위원회 앞에서 비밀리에 증언하면서 마흐는 휴스의 계획에 대해 말했다.

"때때로 휴스 씨와의 대화 중에 그는 자신의 회사 하나를 관련시켜 그의 표현대로 하자면, 거대한 비밀 작전을 세우도록 도와달라고 내게 부탁하곤 했습니다." 마흐가 말했다.

상원의 한 수사관이 물었다. "왜 그는 그의 회사 하나를 관련시켜 큰 비밀 작전을 세우고 싶어 했습니까?"

"내가 바로 그렇게 물었을 때 그가 들려준 대답은 미국 정부와 어떤 심각한 문제가 생겼을 때 정부가 자신을 기소할 수 없는 위치에 있고 싶어서라고 했습니다." 마흐가 대답했다.

마흐는 휴스가 그런 계획을 세우는 데 도움을 주기를 "단호하게 거부했다"고 말했다.

1968년 마흐는 휴스가 그보다 더 무자비한 계획을 세우는 데 자신의 도움을 요청했다고 말했다. 그 계획이란 베트남 전쟁을 연장시키는 것이었다. 2년 전 휴스는 경관 측 헬기 OH-6A 카이유스(Cayuse) 헬리콥터를 팔기 시작했고, 육군이 1468대를 주문했다.[주5] 그것은 수익성 좋은 프로젝트였는데, 휴스는 앞선 재정 손실을 만회하기 전에 베트남 전장이 끝나지 않을까 걱정이었던 것이다. 평화는 사업에 좋지 않았다.

마흐는 상원 수사관들에게 말했다. "그는 베트남 전쟁이 끝날까 두려워했습니다. 그래서 베트남 전쟁을 연장시킬 계획을 세우는 데 도와주겠느냐고 묻더군요."

그리고 이렇게 덧붙였다. "나는 솔직히 그에게 닥치라고 말했습니다."[주6]

물론 휴스의 술책에 대한 마흐의 진술이 해고된 계약자로서의 이기적인 설명일 가능성도 있지만, 진실이 무엇이든 두 사람의 관계가 멀어지고 있었다는 점은 분명했다.

이 불화는 타이밍이 좋지 않았다. 휴스의 광기는 후에 마흐가 저널리스트 짐 호건(Jim Hougan)에게 말한 것처럼 측근자의 쿠데타에 취약하게 했다. "늙은 하워드는 그렇게 고립되기에 딱 좋은 타깃이었습니다. 누가 측근을 지배하든, 모르몬 마피아(휴스에게 접근할 수 있는 6명의 보좌관 중 대부분이 모르몬교도였다)가 하워드를 지배했습니다. 하워드도 그 사실을 알았습니다. 하워드는 누가 뭐라고 하든 그들을 믿지 않았습니다. 하워드와 나는 그들이 하워드를 조종하고 있다는 것을 알았습니다." 하워드 휴스의 상담역으로 수년을 지냈지만 로버트 마흐는 한 번도 휴스를 본 적이 없었다. 휴스와의 접촉은 오직 전화나 아니면 빌 게이에게 충성하는 개인 보좌관에 의해 전달

브로커, 업자, 변호사 그리고 스파이 ♣

되는 휘갈겨 쓴 메모들을 통해서뿐이었다. 게이는 휴스 사무실에 들어오고 나가는 정보를 통제하고 있었기 때문에 마흐와의 힘겨루기에서 유리한 위치에 있었다. 그 시점에서 휴스는 게이가 허락한 정보만 알고 있을 뿐이었다.

게이와 데이비스가 손을 잡고 마흐를 몰아내려 했을 때 그들은 인터텔에게 부탁했다. 펠로퀸에게 그것은 자신의 작은 회사를 지지해줄 수 있는 큰 힘이었다. 그리고 휴스의 조직은 지불도 정확했다. 펠로퀸은 회상한다. "휴스는 훌륭한 고객이었습니다. 우리가 월요일에 청구서를 보내면 목요일에 수표가 오곤 했습니다. …… 돈 문제는 전혀 없었습니다." 그가 콩밭으로 팔을 휘두르면서 말한다. "그래서 내가 이 농장을 갖게 되었지요."*

> *——— 겨울에 펠로퀸 부부는 플로리다 플랜테이션의 라고 마르 컨트리 클럽(Lago Mar Country Club) 바로 가까이에 위치한 그들의 콘도에서 시간을 보낸다. 펠로퀸은 아직도 때때로 파라다이스 섬에 간다. 그는 웃으며 말한다. "그곳에는 나를 위해 예약해줄 사람들이 있다."

게이와 데이비스의 압력하에 휴스는 마흐를 해고했다. 그러나 아직도 남은 숙제는 마흐가 아직 영향력을 행사할 수 있는 라스베이거스에서 휴스를 빼내는 일이었다. 인터텔은 휴스를 빼내는 데 필요한 물자를 계획했다. 그러나 추수감사절 전날 밤, 데이비스와 게이는 휴스를 즉시, 아마 마흐가 추수감사절 휴가를 즐길 때를 틈타 휴스를 이동시켜야 한다고 결정했다. 인터텔은 복잡한 계획을 버리고 대신 빨리 모을 수 있는 몇몇 요원을 모아 라스베이거스로 보냈다. 거기서 인터텔 사람들이 망을 보는 사이 휴스의 보좌관들은 마르고 병약해진 휴스를 의자에 앉힌 채 데저트 인의 뒤 계단을 내려왔다.

이동이 진행 중인 가운데 펠로퀸은 로비에 있으면서 혹시 마흐를 불러들일 만한 일이 일어나지는 않는지 지켜보았다. 펠로퀸은 마흐가 현장으로 온다면 자신이 할 수 있는 일은 지연전술밖에 없다는 사실을 눈치챘다. 데저트 인 호텔의 보안은 마흐의 책임이었지만 마흐는 휴스가 뒷문으로 이동할 것이라는 점을 결코 알지 못했다. 인터텔의 작전은 너무나 철저하여 며칠이 지나고 나서야 마흐는 휴스에게 무슨 일이 일어났는지 알게 되었다. 그리고 저널리스트들이 수년에 걸쳐 휴스 자신은 그 이동을 의식하고 있었는지 여부에 대해 의문을 품어왔다. 휴스가 약과 편집증적 망상으로 자주 제정신이 아니었기 때문이다. 하지만 펠로퀸은 휴스도 자신이 카리브 해 지역으로 움직여지고 있다는 사실을 알고 있었다고 말했다.

호텔을 나오자 인터텔 팀은 대기하고 있던 자동차 안으로 휴스를 이동시키고 근처 매캐런 공항으로 질주했다. 휴스의 비행기 중 한 대가 활주로에 대기하고 있었다. 인터텔 팀은 그를 태우고 바하마 제도로 날아가 파라다이스 섬의 브리타니아 비치 호텔 9층의 새로운 은신처에 내려놓았다. 여기서 그는 수년 동안 많은 비용을 들여 인터텔의 무장 경비원과 CCTV 카메라와 도청 장치 제거기의 보호를 받으며 살았다.

다음 날인 1970년의 추수감사절에 마흐는 휴스 회사 소유의 헬리콥터에 몇몇 친구와 함께 네바다 주 찰스턴 피크의 오두막으로 날아와 오랜만의 휴가를 즐겼다. 마흐는 자신의 자서전 『휴스의 옆에서(Next to Hughes)』에서 당시를 회상했다. 그가 손에 나이프를 들고 약 16킬로그램이나 나가는 칠면조를 자르려고 하는 순간 전화벨이 울렸다. 네바다에 있는 휴스의 재산을 관리하던 책임자 잭 후퍼(Jack Hooper)였다. 그는 딱 세 마디만 말했다. "그 사람 갔어."

"그게 도대체 무슨 뜻이야, 그 사람 갔어라니?" 나는 애써 조용히 물었다.
　모두들 테이블에 앉아 있었기 때문에 나는 크게 소리 내지 않으려고 무척 조심했다. 그것은 쉬운 일이 아니었다.[주7]

　측근의 쿠데타에 깜짝 놀라고, 게이와 데이비스를 위해 인터텔이 휴스를 납치한 것은 아닌지 의심하면서 마흐는 사립 탐정을 고용해 휴스가 아직 회사에 대한 통제권을 가지고 있는지 아니면 인터텔 요원들이 회사를 넘겨받았는지 알아보았다.
　마흐를 위해 일하는 8명의 요원이 팀을 이루어 바하마 제도로 갔지만, 그들은 별다른 성과를 내지 못했다. 인터텔이 그들에 대비해 방첩 조치를 취해놓았던 것이다. 그중 한 명의 말에 의하면, 그들은 전화 도청을 포함한 도청을 하고 우편물을 통제하는 등 여러 조치로 마흐의 사람들이 휴스에 대해 아무것도 알 수 없도록 했다. (펠로퀸은 자신의 회사는 절대로 전화를 도청하거나 불법적인 일을 하지 않았으며, 언제나 법을 지키는 것이 중요하다고 생각했다고 한다)
　마흐의 스파이들은 그 호텔 8층에 자리를 잡고 천장에 구멍을 뚫어 휴스의 방에 마이크를 설치하려고 했다. 하지만 인터텔이 이미 예상하고 경찰을 불러 마흐의 팀을 체포하도록 했다. 그리고 펠로퀸이 바하마 경찰에 알려 그 사람들이 곧장 미국으로 돌아간다는 조건하에 무혐의로 풀려날 수 있게 했다. 스파이들은 정보를 얻는 데 실패한 채 미국으로 돌아갔다.

바하마에서의 생활은 만족할 만했다. 펠로퀸은 멋진 생활을 하면서 부유한 유명 인사들과 사귀었다. 1970년대 후반, 크로즈비가 전화를 했다. 이란의 왕이 이란 혁명으로 막 폐위되었는데 지미 카터 대통령은 그가 미국으로 오는 것을 원치 않았으므로 펠로퀸이 도와줄 수 없을까 하는 내용이었다. 펠로퀸은 바하마 정부와 협의를 거쳤고 왕을 그곳으로 오게 했다. 왕은 크로즈비의 집에 머물렀다. 펠로퀸은 왕과 왕의 10대 아들이자 상속자 리자 팔레비(Rizá Pahlavi)와 테니스를 치며 많은 시간을 보냈다.

하지만 왕의 평화로운 바하마 생활은 오래가지 못했다. 펠로퀸은 왕을 바하마로 들이기 위해 힘쓴 바하마 총리 린든 오스카 핀들링(Lynden Oscar Pindling)의 사무실에서 걸려온 전화를 받았다. 핀들링이 왕을 만나기를 원했고, 펠로퀸은 자리를 마련하겠다고 했다.

펠로퀸은 "국무부의 연락 담당자는 완전히 얼간이였습니다"라고 회상한다. 국무부는 왕이 총리를 만나는 것을 허락지 않았다. 왜? "국무부 담당자가 말하기를 '왕은 흑인 총리를 만나는 데 관심이 없을 거라고 생각한다'고 했다." 펠로퀸은 말도 안 되는 소리임을 알았다. 왕이 인종 차별주의자인지 아닌지는 모르겠으나 (미국의 도움이 필요한 상황에서) 미국이 만나라고 하는 사람은 누구라도 만날 것임을 알았기 때문이다. 국무부는 필요 없는 장애물을 만들고 있었다. 영국 식민지 바하마의 최초의 흑인 총리였던 당시 바하마 총리는 그러한 예의 없는 거절에 화가 났다. 펠로퀸은 이렇게 말한다. "이틀 후 그들은 바하마에서 왕을 내쫓았습니다."

워싱턴에서는 인터텔 사업이 활발해지고 있었고, 유명 인사들이 이러저러한 문제를 안고 인터텔을 찾았다. 그중 한 명인 포드 자동차 창설자의 손자 헨리 포드(Henry Ford)가 올 대는 펠로퀸의 비서가 이 거물의 도착을 위해 나무로 된 사무실의 문을 닦으면서 분주하게 준비했다. 포드는 카리브 해의 섬 세인트 마틴에 카지노를 열려고 준비 중에 있었다. 그는 펠로퀸에게 FBI 국장 J. 에드거 후버에게 물어봤더니 인터텔을 추천하더라고 했다. 인터텔 사람들은 곧 포드의 새 카지노에서 일할 모든 사람의 배경을 조사하여 마피아와 연관된 사람이 고용되지 않도록 확실히 했다.

또 한번은 워싱턴의 막강 변호사 에드워드 베네트 윌리엄스(Edward Bennett Williams)가 두 명의 고객을 이끌고 17번가의 인터텔 사무실을 찾아왔다. 두 고객은 〈워싱턴 포스트〉의 발행인 캐서린 그레이엄(Katherine Graham)과 그 신문의 편집인 벤 브래들리(Ben Bradlee)였다. 때는 워터게이트 사건이 터져 신문은 백악관의 부패에 관한 스토리들을 싣고 있었다. 그들은 닉슨의 사람들이 자신들의 사무실에 도청 장치를 한 것은 아닐까 염려하고 있었다. 펠로퀸은 팀을 내보내 그레이엄과 브래들리의 사무실을 조사하도록 했고, 도청의 증거는 발견되지 않았다.

1970년대 초반부터 하워드 휴스는 더욱더 인터텔에 의존하게 되었다. 클리퍼드 어빙(Clifford Irving)이 맥그로힐(McGraw-Hill)에서 출판할 휴스 자서전의 공저자라고 발표했을 때 인터텔이 그 사건을 맡게 되었다. 어빙은 사기꾼이었다. 휴스는 한 번도 자서전을 허락한 적이 없었다. 물론 맥그로힐 출판사가 지불했다고 주장하는 자신의 이야기를 판 데 대한 보수도 받지 않았다. 어빙의 인터뷰와 자료, 일화는 지어냈거나 휴스의 다채로운 삶에 대한 다른 미디어 보도에서 가져온 것이었다.*

*——— 이 이야기는 할리우드에 훌륭한 소재를 제공했다. 2007년, 리처드 기어가 어빙 역을 맡은 영화 〈더 혹스(The Hoax)〉로 제작되었다.

펠로퀸은 이렇게 회상한다. "체스터 데이비스는 '이것은 완전 헛소리야' 라고 말했다. 휴스의 사람들은 이것에 대해 들고일어날 태세였다. 휴스 자신이 그랬기 때문이다. 저자는 미치광이였다."

그 책이 가짜라는 주장이 1972년 1월 미디어를 통해 불거졌다. 휴스 측은 할리우드의 한 호텔 회의실에서 은둔자가 되기 전부터 휴스와 알고 지내온 7명의 기자들에게 통보해 회의를 소집했다. 펠로퀸은 원격 기자 회견을 위해 특별히 마련한 전화선을 통해 기자들이 휴스에게 질문을 했다고 회상한다.

"그 사람을 아십니까?" 그들은 물었다. 휴스는 모른다고 했다.

당시 휴스는 여전히 매력적이었다. 전화선을 통해 그의 소리가 전해졌다. "나는 아직도 영화 제작업을 하고 있었더라면 좋았겠다고 생각합니다. 이 이야기만큼 터무니없고 과장된 대본은 본 적이 없으니까 말입니다."주8

하지만 그것만으로 책을 없앨 수는 없었다. 휴스는 확실한 증거가 필요했다.

그 책이 거짓임을 입증하기 위해 펠로퀸은 이전에 법무부 범죄국에서 일하던 동료들과 만났다. 만난 자리에서 그는 맥그로힐에서 받았다고 하는 수십만 달러의 소득에 대해서 휴스는 전혀 세금을 납부할 의도가 없다고 말했다. 펠로퀸의 전략은 간단했다. 그는 IRS를 자극하여 회계 감사를 실시하게 하고 싶었다. 그러면 정부는 휴스가 출판사로부터 한푼도 받지 않았다는 사실을 알게 될 것이었다.

하지만 연방정부가 나서기 전 펠로퀸은 그보다 더 좋은 기회를 포착했다. 맥그로힐의 한 중역이 〈투데이(Today)〉 쇼에 출연해 그 회사가 삶의 이야기에 대한 보답으로 'H. 휴스' 앞으로 발행한 수표 3장을 들어보였던 것이다. 그 수표들은 현금화되었고, 맥그로힐은 그것을 휴스와의 동의에 대한 증거로 보았다. 체스터 데이비스는 방송 화면을 찍고, 그 이미지를 확대해 수표를 현금으로 바꿔준 스위스 은행의 이름을 알아냈다.

데이비스는 펠로퀸에게 전화를 걸었다. "빨리 스위스로 가서 최신 정보를 알아보게."

펠로퀸은 가장 빠른 비행기를 타고 취리히로 날아갔다. 거기서 그는 자신의 예리한 고용 실력의 덕을 보았다. 그는 아버지가 유고슬라비아에서 미국으로 망명한 FBI 베테랑 바자 칼롬바토비치(Vadja Kalombatovic)에게 눈을 돌렸다. 칼롬바토비치는 아마 10개 국어 이상을 구사할 수 있었고, 그보다 더 중요한 것은 그가 프랑스, 스페인, 이탈리아에서 FBI의 법률 담당관으로 일할 때 유럽의 거의 모든 국가의 경찰에 인맥을 만들어두었다는 것이다.*

*—— 바자 칼롬바토비치는 인터텔에 유용한 또 다른 인맥도 있었다. 제2차 세계대전 당시 그는 육군 상병이었다. 그가 보고를 했던 병장은 나중에 닉슨 행정부의 국무 장관이 되는 헨리 키신저였다. 두 사람이 워싱턴의 고급 메트로폴리탄 클럽의 카펫 깔린 방에서 우연히 만났을 때 그들은 마치 형제처럼 포옹했다. 그 관계는 인터텔이 연방정부에 대해 가지는 또 다른 접근 수단이었다.

이제 인터텔의 중역인 칼롬바토비치는 스위스 경찰에서 아는 사람에게 전화를 걸었고, 스위스는 경사를 한 명 보내 취리히 호텔에 있는 펠로퀸을 만나게 했다. 펠로퀸은 회상한다. "나는 그에게 '우리는 은행으로 가서 무슨 일이 일어나고 있는지 알아봐야 합니다'라고 내가 가진 문제를 이야기 했습니다." 'H. 휴스'에게 발행된 수표를 누가 현금으로 바꿔 갔는가? 다시 한 번 인터텔은 정부 조사에서 이득을 보았다. 스위스 경찰의 경사는 펠로퀸에게 거기 그대로 있으라고 말했다.

경사는 4시간 후에 돌아와 서툰 영어로 말했다. "당신의 휴스를 해결했소."

인터텔이 생각했던 대로 수표를 현금화한 사람은 하워드 휴스가 아니었다. '헬가 휴스'라는 이름의 여자였다. 경사는 펠로퀸을 데리고 은행에 가서 헬가 휴스를 맞이했던 은행가를 소개했다. 펠로퀸은 직감적으로 얼굴과 긴 금발이 젊은 시절의 제인 폰다(Jane Fonda)를 연상시키는, 클리퍼드 어빙의 아내 이디스 좀머 어빙(Edith Sommer Irving)의 사진을 은행가에게 보여주었다. 은행가는 대답했다. "예, 머리는 검은색으로 염색했지만 그 여자가 맞아요."

그것은 하워드 휴스가 찾던 피할 수 없는 증거였다. 클리퍼드 어빙과 그의 아내는 자신들이 이야기를 만들어 전기를 쓰고 맥그로힐 출판사를 속여 사도록 했던 것이다. 그리고 수십 만 달러를 챙겼다. 1월 말경, 클리퍼드 어빙의 거짓말은 허물어지고 그는 곧 자신의 사기를 고백했다. 어빙 부부는 감옥으로 보내졌다.

휴스는 기뻤다. 펠로퀸이 말했다. "휴스에 관한 한 그것이 나를 행복하

브로커, 업자, 변호사 그리고 스파이

게 했다."

고마움의 표시로 누구도 잘 만나지 않는 휴스는 펠로퀸을 직접 만나 인사를 하고 싶어 했다. 크리스마스 날, 펠로퀸은 휴스 사무실에서 집으로 걸려온 전화를 받았다. 휴스는 캐나다에서 런던으로 비행기를 타고 가기로 결정했다. 그는 이미 비행기를 탄 상태였으나 여권이나 기타 서류를 가져오지 않았다. 그는 몇 시간 후 런던에서 내릴 때 도움이 필요했다. 펠로퀸은 그의 매끄러운 영국 입성을 어떻게 도울 수 있을까?

다시 한 번 펠로퀸은 인터텔의 인맥을 이용했다. 인터텔 이사회는 전 런던 경시청장 라눌프 베이컨(Ranulph Bacon) 경*을 포함하고 있었다. 당황한 펠로퀸은 그에게 전화를 걸었다.

*——— 라눌프 경과 펠로퀸의 이해관계는 거의 파악할 수 없을 정도로 얽혀 있다. 오툴은 펠로퀸이 아직 법무부에 있을 때 이미 파라다이스 섬의 크로즈비와 알고 지냈다고 쓰고 있다. (펠로퀸의 말로는 법무부를 떠난 후에 만났다고 한다) 오툴에 의하면 펠로퀸은 바하마의 도박꾼들 사이에서의 부패(크로즈비에게도 위협이었다)에 대한 주장들이 나오자 법무부도 조사를 시작했다. 영국도 왕실조사위원회(Royal Commission of Inquiry)를 소집해 크로즈비의 경쟁자들 사이에서의 부패에 대해 조사했다. 베이컨이 이 위원회를 이끌었고, 위원회는 펠로퀸의 직접적인 협력을 받았다. 조사는 크로즈비의 잠재적인 경쟁자들 여럿을 몰아냈다. 후에 펠로퀸은 베이컨을 인터텔 이사회에 합류하도록 초청했다.

"라눌프, 하워드를 런던으로 들여야 해요." 그가 말했다.

약 30분 후 베이컨이 다시 전화를 했다. "아무 문제없을 겁니다." 영국은 따뜻하게 휴스를 맞이했다.

그 작은 성공으로 펠로퀸은 단 한 번 휴스를 직접 만났다. 펠로퀸은 바로 런던으로 오라는 휴스 사무실의 전화를 받았다. 그는 워싱턴의 내셔널 공항으로 가서 휴스의 비행기와 승무원들을 만났다. 펠로퀸만이 유일한 승객이다. 승무원들은 밤 비행 동안 그가 쉴 수 있도록 침대를 마련했다. 그리고 어느덧 비행기는 히스로 공항에 내렸다. 휴스는 버킹엄 궁 근처의 고급 호텔에 편안히 자리 잡고 있었으며, 그 옆에는 빌 그레이가 그림자처럼 따라다니고 있었다. "하워드가 당신을 만나고 싶어 합니다." 그가 말했다.

펠로퀸은 최악의 상황에 대비했다. 휴스의 모습에 대한 이야기들은 좋지 않았다. 더구나 휴스는 영국에서 또 다른 부상을 입었던 것이다. 펠로퀸의 말에 따르면, 이제 일흔이 다 되어가고 정신적·육체적 건강 모두 나쁜 휴스가 옛날같이 비행기를 탔던 영국의 친구를 찾아냈고, 이 친구는 그에게 다시 한 번 영국을 구경시켜주겠다고 했다. 그래서 휴스가 따라 나섰고, 아마 몇 분 동안 친구의 비행기를 조종해보기도 했을 것이다. 비행은 특별한 일 없이 지나갔다. 하지만 비행기에서 내려오는 일이 휴스에게는 힘들었다. 그는 결국 떨어졌고 고관절이 부러졌다.

그는 병원에 가기를 거부했다. 그래서 영국 의사들이 호텔방으로 찾아왔다. 수술은 성공적이지 못해서 휴스는 큰 고통을 겪었다. 그는 3년 후 사망한다.

상황이 이러했으므로 펠로퀸은 스위트룸에서 호감을 주는 또렷한 의식의 휴스를 보고 놀랐다. 펠로퀸은 이렇게 말했다. "그는 그리 이상하지 않았습니다. 머리카락은 제법 길었지만 말은 조리 있었습니다."

세균 공포증으로 유명했던 휴스는 악수를 하지 않았다. 그래서 약간 불편한 순간이 있었지만 그렇다고 몇몇 기사가 보도했듯이 클리넥스 상자를 발에 신고 있지는 않았다. 휴스는 매일 먹는 약 때문에 심한 변비로 고생했고, 펠로퀸의 말에 의하면 그는 하루의 많은 시간을 화장실에서 보냈다. 끔찍하게 들리긴 하지만, 그럼에도 불구하고 휴스는 계속 혁신을 이뤄나갔다. 그는 가랑이 부분에 구멍이 있는 군대의 매클레런(McClellan) 말안장 디자인에 기초하여 자신을 위한 변좌(便座)를 개발했다.* 후에 욕창으로 고생할 때도 휴스는 그것을 완화시키는 새로운 매트리스를 설계했다.

*——— 추수감사절 전날 밤, 라스베이거스 데저트 인에서 빠져나올 때 휴스의 보좌관이 안장 모양의 변좌를 옮기는 불유쾌한 일을 했다.

1976년 4월, 인터텔은 이 미친 억만장자를 위해 마지막 비밀 임무를 맡았다. 휴스는 멕시코 아카풀코의 프린세스 호텔에 묵는 동안 생을 마감했다. 욕창투성이의 쇠약한 나체로 누운 채 죽어갔다. 게이를 비롯한 그의 막역한 친구들이 비행기로 그를 미국으로 실어가기로 결정했지만, 그는 비행 중에 숨을 거두었다. 휴스에게 죽음은 수년간의 비참한 생활을 끝내는 것이었다. 하지만 휴스 제국을 계속 경영하기를 원했던 그의 보좌관들에게 휴스의 죽음은 악몽이었다. 그들이 직면한 첫 번째 문제는 멕시코 당국이 아카풀코에서 휴스의 수행원들 전부를 체포한 것이었다. 멕시코 의사들이 휴스의 상태를 보고 경악하며 선의든 악의든 휴스를 방치한 것이 아닌지 의심했기 때문이다.

다시 한 번 게이는 펠로퀸에게 전화를 걸어 멕시코로 건너와 휴스 수행단을 좀 빼내달라고 긴급히 요청했다. 펠로퀸과 전직 애리조나 국경순찰대원이 멕시코로 가는 비행기에 올랐다.

"밥, 돈 가진 거 있어요?" 멕시코에 도착하자 국경순찰대원이 펠로퀸에게 물었다.

"2000달러 정도 있네."

"좀 주세요."

펠로퀸은 현금을 건넸다. (휴스의 일을 할 때 펠로퀸은 언제나 많은 현찰을 가지고 다녔다)

국경순찰대원은 뒷골목으로 사라졌다. "몇 시간 뒤에 그는 풀려난 휴스 보좌관들과 함께 호텔로 돌아왔습니다. 그것이 멕시콥니다." 멕시코 경찰에게 뇌물을 먹이는 일은 분명 인터텔 서비스 중 하나였다. 적어도 인터텔의 최고 고객을 위해서는 말이다.

이제 인터텔 사람들은 또 다른 곤경에 맞닥뜨렸다. 휴스의 방에는 작은 유리병들로 가득 찬 약(합법적이든 불법적이든)상자들이 많았다. 보좌관들은 마약 소지 혐의로 또다시 체포될까 두려웠다. 국경순찰대원이 다시 호텔방을 나간 후 트럭을 몰고 돌아왔고, 휴스의 사람들은 모든 약을 트럭에 실었다. 국경순찰대원과 펠로퀸이 트럭을 몰고 멕시코 사막으로 나갔다. 사막에는 국경순찰대원이 구해놓은 불도저가 있었다. 그들은 약들을 사막에 버리고 불도저로 밀었다.

"아마 그날 밤 만(灣)에 있던 고기들이 약에 취했을 겁니다." 펠로퀸이 싱긋 웃으면서 말한다.

인터텔 사람들은 다음 몇 달 동안 휴스의 유언장을 찾아 곳곳을 뒤졌다. 그러나 유언장은 발견되지 않았다. 있었다 하더라도 말이다. 결국 얼굴이나 겨우 알까 말까 한 텍사스에 사는 휴스의 사촌들이 휴스의 재산을 상속

브로커, 업자, 변호사 그리고 스파이

받았다.

　많은 에너지를 빼앗긴 했지만 휴스가 인터텔의 유일한 고객은 아니었다. 고객 중에는 특히 거대 통신 기업 ITT가 있었는데, 인터텔은 1972년의 '디타 비어드(Dita Beard) 사건'이라는 워싱턴 스캔들에서는 큰 역할을 하지 못했다.

　그해, 추문을 들추어낸 신문 칼럼니스트 잭 앤더슨(Jack Anderson)은 ITT의 워싱턴 로비스트 디타 비어드가 쓴 메모를 공개했다. 메모는 ITT가 다가오는 공화당 전당대회에 40만 달러를 후원하겠다는 약속과 법무부가 ITT에 대한 중요한 반독점 소송을 ITT에 유리하게 해결해준다는 내용을 연관시키고 있는 것으로 보였다. 워싱턴은 발칵 뒤집혔다. 백악관이 선거 자금에 매수당했단 말인가? 관계자들 모두가 피해 수습에 들어갔다.[주9]

　ITT는 메모가 위조된 것이라고 주장하기로 결정하고, 인터텔의 문서 전문가에게 분석을 의뢰했다. 인터텔 전문가들은 메모가 아마 비어드 사무실의 타자기로 작성되었을 수 있으며, 그렇다면 메모는 진짜일 수 있다고 결론 내렸다. 하지만 그들은 또한 비어드가 타자기로 작성한 메모라는 사실을 증명하기는 거의 불가능하다는 것도 인정했다. 이는 메모가 위조된 것이라고 주장할 수 있을 만한 상황이었다. 메모가 진짜임을 증명할 수 없다면, 위조된 것이라는 주장 또한 거짓임을 밝힐 수 없기 때문이다.

　잭 앤더슨은 나중에 인터텔이 자신을 떼어내기 위해 자신의 부정부패를 캐려 했다고 보고했다. 하지만 앤더슨이 자신의 회고록에서 적고 있듯이 인터텔은 그에게 불리한 어떠한 가십거리도 찾아내지 못했다.[주10] 아마 앤더슨이 담배도, 술도, 욕설도, 심지어 커피도 하지 않는 모르몬교도였기 때문일 것이다. (펠로퀸은 인터텔이 앤더슨의 뒤를 캤다는 사실을 부인한다. "잭 앤더슨이 글의 소재가 될 만큼 괴짜는 아니다.")

케네디가와 연관된 민간 첩보 회사가 존재한다는 사실은 닉슨 행정부에게 큰 두려움이었다. 닉슨 대통령 시절 백악관에서 돌던 기밀 메모에는 이렇게 적혀 있었다. "우리는 이 새롭고 급격하게 성장하는 인터텔이라는 조직에 대해 특히 걱정해야 한다. …… 이 케네디-마피아의 지배적인 첩보 '청부업자'가 72년에 우리의 반대편에 서게 된다면 우리에게 실로 위험하고 막강한 적이 될 것이다."주11

실제로 일부 저널리스트들은 1972년 6월 17일, 워터게이트 호텔의 민주당 본부를 침입한 도둑들이 인터텔 때문이라고 오랫동안 의심해오고 있다. 도둑들은 하워드 휴스가 닉슨의 사람들에게 불법 자금을 대준 자세한 사실들을 인터텔이 민주당에게 넘겨주지 않았는지 우려했다는 이야기다. 그러므로 그 침입은 민주당 전국위원회가 공화당과 휴스의 관계에 대해 무엇을 알고 있는지를 알아내기 위해서였다는 것이다.

이에 대해 펠로퀸은 공화당이 그럴지도 모른다고 두려워한 사실을 알기는 하지만 인터텔은 케네디가를 위한 스파이 조직이 전혀 아니었다고 말한다. 그는 인터텔의 워싱턴 사무소에 도둑이 든 적이 있으며, 도둑들은 회사의 기밀 서류들이 들어 있는 금고에 구멍을 뚫으려 했다고 말했다. 금고는 너무 단단해서 도둑들은 아무것도 얻지 못했다. 펠로퀸은 백악관이 그 도둑들을 보냈다고 확신한다. 그는 회상했다. "그들은 휴스가 닉슨에게 불법 자금을 주었다는 정보를 우리가 가지고 있지 않을까 불안했던 겁니다."

브로커, 업자, 변호사 그리고 스파이 🎩

아이러니하게도 인터텔은 도둑들이 찾으려고 했던 증거를 가지고 있지 않았다. 펠로퀸은 의심은 하지만 닉슨이 하워드 휴스로부터 뇌물을 받았다는 사실을 증명하지는 못했다고 말한다. "닉슨이나 닉슨의 형제에게 얼마간의 지불을 했을지도 모릅니다. 하지만 그것에 대한 증거는 없습니다."

인터텔은 1980년대와 1990년대 초반에는 훨씬 더 조용하게 활동했지만, 많은 돈을 지불하는 기업 고객을 유지했다. 인터텔의 한 전직 부사장은 1980년대에 맥도널드, 크래프트 푸드(Kraft Foods), 마스(Mars), 클로락스사(The Clorox Company)를 위해 일했다고 회상한다.

인터텔은 1982년의 유명한 타이레놀 사건에도 개입했다. 타이레놀을 생산한 회사인 존슨앤드존슨과 접촉을 원하는 모든 경찰이 인터텔에게 연락하는 중심점 역할을 했지만, 조사는 하지 않았다. 이 사건은 오늘날까지 풀리지 않아 누가 타이레놀 캡슐에 청산가리를 넣어 시카고 지역의 7명을 죽였는지 아무도 모른다.

인터텔은 거대기업이 되지 못했다. 전성기에는 전 세계에 50명 정도의 직원들이 흩어져 있었다. 하지만 이들은 특별한 기술을 가지고 있었다. FBI에서 오랫동안 일하고 인터텔에서 1984년에서부터 1994년까지 일한 짐 힐리(Jim Healy)는 인터텔 동료들이 거의 모두 CIA, IRS, 세관 등 정부에서 일한 베테랑이었다고 말한다.

인터텔은 카지노 고객들을 위해 새로운 고해상도의 CCTV 카메라를 개발했다. 카지노에 설치하여 보안 인력들이 게임 테이블을 모니터하는 것을 도왔다. 그 카메라는 직원들이 현금을 조금씩 빼돌리는지, 게임하는 사람들이 속이고 있는지 말해주었다. 힐리는 회상했다. "화질이 정말 좋았습니다. 고객의 얼굴에 보이는 주근깨가 진짜인지 가짜인지까지 구분할 수 있었습니다."

1994년 인터텔은 아이러니하게도 핑커턴 탐정 사무소에 인수되었다. 당시 보안 업체였던 핑커턴 사무소는 무장 경비원들을 보내 공장이나 창고를 감시하게 했다. 하지만 핑커턴 사무소의 경영진은 기업 수사 서비스 시장이 성장하는 것을 보고 회사의 본래 사업으로 돌아가고 싶어 했다. 그들은 인터텔을 인수하여 잠시 동안 독립적으로 운영하다가 마침내 두 회사를 합병했다.

인터텔 외에 펠로퀸은 리조트 인터내셔널의 전무로도 일했다. 1986년 크로즈비가 사망하자 리조트 인터내셔널은 뉴욕의 부동산 거물 도널드 트럼프(Donald Trump)에게 팔렸다. 그런 이유로 펠로퀸은 하워드 휴스와 도널드 트럼프를 직접 만나 거래한 세계 유일의 사람이었다. 하지만 그의 새로운 위치는 그리 순탄치 않았다. 펠로퀸은 트럼프와 의견이 충돌했다. "트럼프는 '당신들은 쓰레기야'라고 말하곤 했습니다. 그러다가 또 얼굴을 보며 '이봐, 밥, 내 새 보트 봤나?'라고 말했지요. 우리는 보트에 대해 이야기했습니다. 그러고 나서 다시 쓰레기 이야기로 돌아갔지요."

펠로퀸은 두 사람의 차이점을 생각하면서 이렇게 말한다. "휴스는 이상한…… 중독자였지요. 반면 트럼프는 마약을 하지 않았지만 마약을 하면서 태어난 것처럼 이상했지요. 트럼프는 아주 자기 중심적인 사람입니다."

인터텔은 핵심 직원들이 은퇴하면서 활력을 잃기 시작했다. 1970년대부터 시작한 다른 회사가 인터텔을 훨씬 능가하고, 결국 핑커턴의 유산을

브로커, 업자, 변호사 그리고 스파이

잇는 20세기의 상속자로 부상했다. 바로 크롤이다.

1972년 맨해튼에서 지방검사보로 일했던 줄스 크롤(Jules Kroll)이 작은 컨설팅 회사 크롤 어소시에이츠(Kroll Associates)를 세우고 기업의 인수 부서와 협력했다. 이 회사는 그보다 훨씬 더 커져 민간 부문으로 들어오는 FBI, CIA 베테랑들을 고용하며 약 4000명의 직원을 거느린 거대기업 수사 및 첩보 기업이 된다. 다가오는 수십 년을 거치며 크롤은 현대 첩보 회사의 발전과 월스트리트의 점진적인 첩보 기법 수용에서 핵심적인 역할을 하게 된다.

크롤 같은 유망한 회사들은 잘 연결된 전직 FBI 요원들의 네트워크를 이용해 매일의 기초 수사 작업에서 도움을 받았다. 심지어 전국의 일류 사립 탐정들의 네트워크를 소개하는 조용하지만 효과적인 가이드북도 있었다. 1년에 한 번, 댈러스에 있는 한 작은 회사가 스프링 제본의 페이퍼백 안내서 『트랩라인(Trapline)』을 발간했던 것이다. 이 발간물은 민간에서 수사업을 하는 은퇴한 FBI 요원들의 이름, 전화번호, 주소를 실었다. 베테랑 요원들은 돈을 내고 이 책에 이름을 냈고, 이들은 지역별로, 그리고 '전자 대응책', '인질 협상', '심리 프로파일링' 등 전문 분야별로 나열되어 있었다.

326쪽의 『트랩라인』은 이 책에 이름이 실린 FBI 요원에게만 배포되었다. 우편이나 서점을 통해 외부인에게 팔지는 않았다. 인터넷에서도 정보는 찾을 수 없다. 보안을 이유로 대부분의 FBI 베테랑들은 이 책을 외부인에게 주거나 팔지 않는다.*

*———— 이 안내서에 이름이 실린 사람 중 한 명이 빨리 돌려준다는 조건으로 저자에게 2007년도 『트랩라인』을 빌려주었다. 참고만 하고 빨리 돌려주었다.

이 책은 은퇴한 지 오래된 FBI의 32년 베테랑 짐 애벗(Jim Abbott)이 운영하는 트랩라인사(Trapline, Inc)가 매년 발행한다. 애벗은 발신자가 자신의 번호를 숨기려 해도 발신자의 번호를 포착하는 데 사용하던 전화 기술, 오래된 FBI의 도구 '트랩라인(trap line)'에서 책 이름을 따왔다. 그는 자신이 방대한 FBI 베테랑들의 네트워크에서 중심 교차점이 되고 있다는 사실을 자랑스러워한다.

전화상으로 만난 애벗은 정중하고 품위를 지녔지만, 기자에게 『트랩라인』을 한 권 보내주기는 거절했다. 나중에 대화하면서 『트랩라인』을 보고 이 책의 조사에 도움이 될 만한 은퇴한 FBI 요원들의 이름과 전화번호는 말해주었지만 말이다. 문제가 있는 사람들과 문제를 해결하는 사람들을 연결해주는 것이 애벗이 하는 일이다.

한정된 독자를 위하여 『트랩라인』은 한 개인이 크롤이나 여타의 큰 첩보 회사들처럼 전국적으로 또는 세계적으로 활동할 수 있게 해주었다. 뉴저지 주 라발레트의 바라 허튼 그룹(Bara Hutton Group)에서 일하는 수사관 토머스 바라(Thomas Bara)는 FBI에서 28년을 일한 후 2000년 쉰 살의 나이로 은퇴했다. 그의 경력은 도망자 추적, 감시, 조직 범죄 소탕, SWAT 팀워크, 방첩을 망라했다. 그는 웃으면서 말한다. "나는 스파이들이 조직 폭력배들보다 좋은 레스토랑에서 식사한다는 사실을 알고 방첩 활동을 선택했습니다. 팜 레스토랑 벽에 제 사진이 걸려 있습니다."

자신의 사립 탐정 회사를 차릴 때 바라는 회사 이름이 『트랩라인』에만 소개되고 다른 곳에는 소개되지 않도록 신경 썼다. 그의 회사는 일반적인 수사(GIM, General Investigative Matters), 자동차 사고 조사(MVA, Motor Vehicle

Accident Investigations), 조직 범죄(OC, Organized Crime), 사진(PH, Photography), 개인 보호(PP, Personal Protection), 신체 안전을 위한 조사(PSS, Physical Security Surveys), 보안 컨설팅(SC, Security Consultant), 감시(SU, Surveillances) 등 여러 가지 일을 한다. 바라가 말한다. "『트랩라인』에 실린 누군가로부터 걸려오는 전화를 받으면, 나는 돈을 확실히 받을 것을 압니다. 그리고 엉터리 사건이 아니라는 것도 압니다. 『트랩라인』이 아닌 다른 곳에 광고를 냈다면 아마 얼토당토하지 않은 사건을 맡았을 것입니다."

그 결과 믿을 만한 일거리들이 계속 들어온다고 그는 말한다. 바라는 자세한 이야기는 하지 않았지만, 최근에는 제약 회사를 위해 감시 임무를 수행했다고 했다. 제약 회사의 보안 책임자가 은퇴한 FBI 요원으로 『트랩라인』에서 바라의 이름을 알았다는 것이다. 수년 동안 바라는 제너럴 일렉트릭(GE)을 위해 일하기도 했다. 그 회사의 보안 책임자 또한 은퇴한 FBI 요원이었다. 『트랩라인』은 은퇴한 FBI 요원들에게 기업적 체계를 제공해주는 네트워크와 같다. 이 책에 실린 사람들은 믿을 수 있었는데, 특정 개인이 그룹의 나머지 사람들과 관계가 좋지 않으면 애벗이 제외시키겠다고 약속하고 있기 때문이다. 『트랩라인』서문에서 애벗은 다음과 같이 쓰고 있다.

이 책에 나열된 사람에 대해 3번 이상 불만이 제기되고 그 사실이 이 책에 나열된 다른 사람들의 평판, 사업 관행 또는 재무적 안녕에 부정적인 영향을 끼치는 것으로 보이는 경우, 발행인은 해당 인물을 제외할 권리를 가진다.

다시 말해 『트랩라인』은 자체적으로 감시를 했다.

1991년 소련이 붕괴하면서 냉전이 끝나자 정부에서 훈련받은 수천 명의 베테랑 첩보원들이 민간 부문으로 흘러들어왔고, 기업들의 세계와 관여하는 방식에 커다란 변화가 일기 시작했다. 핑커턴 시대의 첩보원들과는 달리 새로운 세대의 기업 스파이들은 1980년대 기업 인수 전쟁의 시작과 함께 하나의 기업(또는 금융 회사)에 고용되어 그 회사의 경쟁 기업과 맞섰다. 새로운 첩보원들은 열차 도둑을 추격하지 않았다. 그들은 기업 소송을 위해 찾기 어려운 증인을 찾아다녔다. 그들은 화폐 위조범들을 감시하지 않았다. 그들은 기업의 이사들을 감시했다. 하지만 전술은 여전히 첩보와 수사였고, 목적은 여전히 이윤이었다.

21세기가 되자 세계화된 경제와 헤지펀드라는 민간 자본의 부상으로 인해 기업 스파이 활동을 위한 시장이 생성되었다. 정부의 첩보기관이 사용했던 전술과 기법, 그리고 기술이 이제 민간 시장에서 팔리기를 기다리고 있다. 그 값은 비싸고 리스크도 높을 것이었다. 드라마 역시 극적일 것이었다.

악한 퇴치자, 크롤

크롤은 미국이 오랜 자기 성찰의
시대에 접어들 것이며, 투명성과 책임성
같은 문제는 과거보다 미래에 더욱
중요해질 것이라고 결론 내렸다.
크롤은 이 새로운 경향의 한가운데
서 있고 싶었다.

로버트 펠로퀸과 마찬가지로 줄스 크롤은 1960년대의 일부를 로버트 F. 케네디의 버지니아 저택 히코리 힐에서 보냈다. 크롤은 케네디 상원의 원의 보좌관으로 일하면서 조지타운대학 로스쿨을 나왔다. 케네디는 1964년 법무 장관을 지내고 상원의원이 되었다. 크롤은 겨우 스물세 살이 었으며 코넬대학을 갓 졸업했는데 새로 선출된 뉴욕 주 상원의원 케네디 를 위해 일하게 되었다. 그는 심지어 보통 20대로 상원의 먹이사슬에서 맨 아래쪽에 위치한 입법 보좌관들마저도 케네디와 많은 시간을 낼 수 없었 다고 기억한다.

　　크롤은 1964년 케네디가 상원의원 선거운동을 할 때부터 쌓인, 답장을 보내지 못한 15만 통이 넘는 편지들을 수십 명의 다른 자원자들과 함께 처 리하는 일을 했다. 크롤과 다른 간부들은 편지를 주제별로 나누고 각각에 대해 답장을 보내주었다. 편지 작업을 하지 않을 때는 잔심부름을 했다.

일은 흥미롭지는 않았으나 예외적인 특권이 하나 있었다. 주말이 되면 케네디는 간부들을 위해 히코리 힐을 개방했다. 그리고 케네디와 그의 아내 에셀(Ethel)은 보통 매사추세츠 주 하이애니스포트의 가족 저택에서 시간을 보냈다. 그렇게 히코리 힐에서 시간을 보내던 사람들은 그곳에서 유일한 '어른'이었던 30대 초반의 보좌관들이 관리했고, 크롤을 포함한 젊은 보좌관들에게 히코리 힐은 완벽한 사교장이었다. 휴식을 하고 연애를 하고 평생을 갈 인맥을 쌓을 수 있는 시간이었다.

그중 운이 좋아 케네디가의 공식적인 파티에 초대되는 사람들에게는 모든 것이 가능해 보였다. 케네디가의 11명의 아이들이 기르는 개, 조랑말, 토끼 등의 동물들이 파티장을 어슬렁거렸다. 초대된 손님들은 비틀스의 존 레넌, 여배우 주디 갈런드(Judy Garland), 무용가 루돌프 누레예프(Rudolf Nureyev) 등의 유명인사, 정치인, 군 장교들이었다. 워싱턴의 고위층들이 잔디밭, 테니스 코트, 풀장에서 떠들썩한 음주를 즐겼다. 역사가 아서 슐레징어 2세(Arthur Schlesinger, Jr)는 한 파티에서 풀장 가장자리에 앉아 있던 에셀 케네디가 의자와 함께 풀장으로 빠진 일이 있었다고 기록한 적이 있다. 물에 빠진 상원의원의 아내를 구하러 물에 뛰어들어야 할지 망설이던 슐레징어를 내무 장관의 아내 리 유달(Lee Udall)이 차려입은 그대로 풀장으로 밀어버렸다고 한다.[주1] 그 후 막강한 정치인을 풀장으로 빠뜨리는 일은 칵테일파티의 정기적인 장난이 되었다.

이러한 환경에서 줄스 크롤은 젊은 보좌관으로서 정치와 비즈니스에 대해 배우게 된다. 케네디에게서 영감을 받은 이상주의적 진보주의자 크롤은 자신도 공직에 나서겠다고 결심했다. 북프린터사(Book Printers, Inc)라는 작은 회사를 경영하는 아버지 허먼 크롤(Herman Kroll)처럼 사업에는 나서지 않겠다고 결심했다. 크롤은 인쇄는 보잘것없는 사업이고, 자신은 전혀 관여하고 싶지 않다고 생각했다.

해안 경비대(Coast Guard)에서 잠깐 복무하다가 퇴역한 크롤은 1967년, 뉴욕 주 변호사 시험에 합격해 맨해튼의 지방검사보로 일하게 되었다. 하지만 크롤의 아버지가 포도상구균에 감염되어 온몸이 염증투성이가 되었다. 나중에 의사들은 그가 치과에서 감염된 것으로 밝혀냈다. 허먼 크롤은 일을 그만두었다. 그래서 줄스가 가업인 인쇄업을 맡게 되었다. 1960년대의 인쇄업은 부패로 가득했고, 마피아가 장악하고 있었다. 크롤은 인쇄업자들이 돈을 조금이라도 더 챙길 방법을 찾으려고 애쓰는 모습을 지켜보았다. 뇌물, 결탁, 협박이 만연했다.

크롤은 "그것은 이상주의적인 젊은이를 매우 의기소침하게 하는 경험이었습니다"라고 말한다. 그는 사업에서 빠져나가기 위해 필사적이었고, 정치로 다시 돌아갈 궁리를 하기 시작했다. 그의 아버지는 오랫동안의 질병에서 회복되었고, 가족은 1971년 회사를 정리했다. 그해 줄스 크롤은 사업에서 도망치려 시도했다. 뉴욕 시 퀸즈에서 시의원으로 출마한 것이다. 거기서 민주당의 막대한 선거 조직에 맞서게 되고, 서른 살의 신출내기는 낙선한다. 이제 그는 실업자에 빈털터리 신세가 되었고 자동차마저 압류당했다.

크롤에게 정치는 끝났고, 로버트 케네디 같은 정치인이 될 가능성도 끝났다. 1972년 그는 다시 사업으로 돌아와 J. 크롤 어소시에이츠를 세웠다. 이 회사에서 그는 인쇄업과 지방검사사무실에서 배운 교훈들을 발전시켜 나간다. 부패가 인쇄업계의 숨통을 조이며 비용을 늘리고 막대한 낭비를

브로커, 업자, 변호사 그리고 스파이

초래하고 있었다. 크롤은 인쇄 회사들이 자사의 구매 담당 부서를 우회하도록 돕는 사업을 하려고 했다. 인쇄 회사 구매 부서들은 음식, 옷, 여행, 심지어 현찰까지 받아먹은 후 가장 낮은 가격을 제시한 업체나 가장 좋은 공급 업체를 선택하지 않고 가장 높은 가격을 써낸 업체를 선택하기 일쑤였던 것이다. 크롤은 인쇄 업체를 위해 정직한 구매를 해줌으로써 가격을 낮출 수 있음을 알았다. 그는 마블 코믹스(Marvel Comics)를 소유하고 있고 몇몇 카탈로그를 발행하며 광고용 우편물을 제작하던 첫 번째 고객 케이던스 인더스트리즈(Cadence Industries)와 손을 잡았다. 케이던스 인더스트리즈는 크롤이 회사를 시작한 첫 해에 유일한 고객이었지만, 세계적인 기업이었고 그 일에서 나오는 돈은 가족을 먹여살리기에 충분했다. 가장 중요하게, 케이던스 인더스트리즈는 맨해튼 렉싱턴 가에 있는 자사의 본사 안에 그에게 일할 공간을 내주었다.

케이던스 인더스트리즈를 위해 비용을 낮춰준 후 크롤에게는 새로운 고객들이 생기기 시작했다. 크롤이 중요시했던 초점은 투명성을 높이고, 경쟁력 있는 입찰 과정을 창출하고, 직원들에게 사기는 용납하지 않는다는 메시지를 전하는 것이었다. 인쇄업계에는 부패가 너무 심했기 때문에 크롤의 방법은 먹혀들지 않을 수도 있었다.

때는 어지러운 시기였다. 사회는 낡은 방식을 벗어던지고 변화를 꾀하고 있었고 크롤은 미국에서 강력한 경향들이 만나는 교차점에 서 있는 자신을 발견했다. 크롤은 말한다. "다른 때 같았으면 우리 같은 회사가 성공할 가능성은 아마 낮았을 것입니다. 하지만 워터게이트가 상황을 바꿔놓았지요." 리처드 닉슨 대통령을 둘러싼 스캔들이 사회 각계각층의 부패를 새롭게 평가하는 계기가 되었다. 워터게이트 때 기자정신을 발휘한 우드워드(Woodward)와 번스타인(Bernstein) 후에 젊은 개혁자들이 인기였다. 게다가 1970년대 후반에는 석유 파동과 경기침체가 겹쳤다. 이전 시대의 풍부한 이윤 마진(체제의 낭비와 남용에도 불구하고 생긴 마진)은 이제 사라지고 없었다. 크롤이 추진하고 있는 업계 개혁은 아웃사이더의 순진한 개념이 아닌 새로운 긴축의 시대에 알맞은 합리적인 비즈니스 전략으로 보였다.

1978년경 크롤은 약 30명의 직원과 새로운 사무실을 가지고 새로운 성장의 기회를 맞고 있었다. 그는 한 출판사와 합작투자 계약을 맺고, 기업을 운영하는 독자들을 위해 『기업 대상 범죄 예방 및 감지 가이드(Crimes against Business: A Practical Guide to the Prevention and Detection of Business Crime)』를 펴냈다. 크롤은 전문가들을 고용하여 그가 보는 문제들, 즉 상업 뇌물, 지적 재산권 절도, 반독점법 위반 등의 각 측면에 대해 해설 기사를 쓰도록 했다. 이 프로젝트는 크롤이 해당 분야의 최고 사상가들과 교류하게 했고, 기업 범죄와의 싸움에 대한 그 자신의 생각을 정리할 시간을 주었다. 이 일은 그가 키워갈 회사를 위한 지적인 기본 틀을 마련해주었다. 크롤은 미국이 오랜 자기 성찰의 시대에 접어들 것이며, 투명성과 책임성 같은 문제는 과거보다 미래에 더욱 중요해질 것이라고 결론 내렸다. 크롤은 이 새로운 경향의 한가운데 서 있고 싶었다.

크롤의 큰 기회는 '지미'라고 하는 유럽의 플레이보이 백만장자 제임스 골드스미스(James Goldsmith) 경이라는 형태로 다가왔다. 골드스미스는 요트와 호화로운 생활을 좋아하는 기업 매수자이자 16세기 독일에 뿌리를 둔 재산 상속자였다. 골드스미스는 이미 전 세계의 수많은 기업을 인수했

브로커, 업자, 변호사 그리고 스파이

다. 그중에는 영국의 음식 회사 보브릴(Bovril), 프랑스 주간지 〈렉스프레스
(L'Express)〉의 모회사, 미국의 슈퍼마켓 체인 그랜드 유니언(Grand Union) 등
이 있었다. 그 밖에도 미국 기업에 눈독을 들이고 있었다. 그리고 제지 회
사 다이아몬드 인터내셔널(Diamond International)을 인수하기로 했다. 하지만
다이아몬드 인터내셔널의 경영진은 어떠한 인수와도 싸우겠다고 다짐했
다. 양측의 싸움은 치열할 것으로 보였고, 특히 골드스미스가 자신의 거친
전술에 대해 자랑하기를 좋아했기 때문에 더 그랬다. "싸우게 되면 나는
칼을 가지고 싸운다." 그는 이렇게 말하기도 했다.[주2]

　다이아몬드 인터내셔널은 이 깡패 같은 기업 매수자에 대항하기로 결정
했고, 이 회사의 로펌은 크롤을 고용하여 골드스미스의 기업 보유 현황을
조사하도록 했다. 골드스미스는 주식 인수를 제의했고, 다이아몬드의 변
호사들은 그의 전 세계적인 보유 상황을 알고 싶어 했다. 다이아몬드의 변
호사들은 크롤에게 골드스미스가 좌우하고 있는 회사들을 알아내 평가하
라는 임무를 주었다. 크롤은 골드스미스가 소유한 모든 것을 조사하면서
그가 이윤에 대해 어떻게 벌어들였다고 설명하고 있는지, 그의 비즈니스
파트너들의 성격은 어떤지, 그의 공식적인 문서들의 정확성은 어떤지를 따
졌다. 크롤은 회상한다. "우리는 갑옷에서 금이 간 곳을 찾고 있었습니다."

　목표는 골드스미스의 보유 상황에서 취약한 부분을 찾아내는 것, 그가
제공하는 주식이 그가 말하는 가치가 안 된다는 것을 증명하는 것이었다.
하지만 결국 크롤이 할 수 있었던 일은 피할 수 없는 일을 지연시키는 것뿐
이었다. 골드스미스는 다이아몬드 인터내셔널 매수에 성공했지만, 크롤도
자사의 업무에 만족했다. 크롤은 자신의 수사관들이 다이아몬드에게 시

간을 벌어주게 하여 2개월 걸릴 과정을 2년간의 치열한 전투로 만드는 데 성공했다고 생각했다. 크롤은 그렇게 시간을 끌었기 때문에 자신의 고객이 더 높은 판매가를 받을 수 있었다고 믿었다.

크롤은 이기든 지든 기업 인수에서 돈을 벌 수 있음을 배웠다. 하지만 그는 아직도 최초의 승리를 원했다. 그는 또 다른 인수 전쟁에 불려갔다. 샤론 스틸사(Sharon Steel Corporation)의 회장 빅터 포스너(Victor Posner)가 음식, 술, 유제품, 제약 사업을 운영하는 대기업 포모스트-맥케슨(Foremost-McKesson)을 인수하려 했던 것이다. 포모스트-맥케슨의 사업은 정부 관료가 감독하는 규제 대상에 속했다. 포모스트-맥케슨의 경영진은 이미 건방진 기업 매수자라는 명성을 얻고 있던 포스너가 정부가 생각하는 제약 회사를 이끌 경영인의 이미지에 맞지 않는다고 생각했다. 1976년부터 시작된 그 전쟁은 추한 면모를 드러냈다. 포모스트와 포스너는 서로 부실 경영과 부적절한 행위에 대한 비난을 주고받고 있었다. 포모스트는 우위를 점하기 위해 크롤을 고용하고 크롤의 회사에 포스너에 대해 알아낼 수 있을 만큼 모두 알아내도록 위임권을 주었다. 이 조사에서 발견되는 나쁜 정보는 무엇이든 인수를 막는 데 충분히 이용될 수 있었다.

크롤과 그의 팀은 일에 착수했다. 그들은 포스너의 샤론 스틸 인수를 샅샅이 조사했고, 포스너의 경영 방식에 대해 이야기해줄 만한 사람들을 찾았다. 크롤의 사람들은 우드워드와 번스타인이 몇 년 전에 발견했던 사실을 알고 있었다. 즉 수사관은 돈을 따라가야 한다는 것이었다. 그 길을 가장 잘 따를 수 있는 방법은 전에 그 회사에서 일한 적이 있는 불만에 찬 직원들이었다. 그들은 많은 경우 회사에 대한 좋지 않은 정보들을 알고 있었

브로커, 업자, 변호사 그리고 스파이 🎩

고, 그런 비밀을 밝힐 동기도 부여되어 있는 상태였기 때문이었다.

조사를 하던 크롤의 팀은 흥미로운 거래를 하나 발견했다. 1975년 포스너는 22에이커의 땅을 마이애미 크리스천 칼리지(Miami Christian College)에 기부하고 그에 대해 170만 달러의 세금 공제를 받았다. 하지만 그 땅은 전혀 그만 한 가치가 없었다. 사실, 그 학교는 몇 년 후에 그 땅을 50만 달러가 조금 넘는 값으로 팔았던 것이다. 이 거래는 세금 사기로 보였고, 유용한 발견이었다. 크롤의 팀은 발견 증거를 IRS에 넘겼다. 그들은 또 포스너가 보고한 기업 수익에서 의심스러운 증거를 발견하고, 이 정보는 SEC(Securities and Exchange Commission, 증권거래위원회)에 넘겼다. 크롤의 팀은 또한 샤론 스틸에서 기업 경영과 상관없는 거액의 지출에 의문을 품었다. 이렇게 밝혀진 모든 정보는 포스너에게 타격을 입혔다: 견딜 수 없어진 포스너는 굴복했고, 1981년 5월경 그는 주당 42달러로 자신이 가진 포모스트-맥케슨 주식을 모두 포모스트-맥케슨에게 다시 팔았다. 포스너는 이 거래에서 빈손으로 떠나지 않았다. 주식을 팔아 약 6500만 달러를 챙겼는데, 몇 년 전 그 주식을 살 때보다 2배 이상 높은 액수였다. 그래도 포모스트-맥케슨은 자유의 몸이 되었다.

1983년 포스너와 그의 동료는 위의 세금 사기에서 그들이 한 역할에 대해 플로리다 남부 지방법원에서 소송을 당했다. 포스너는 몇 년 동안 그 혐의에 대항해 싸웠지만, 1987년에는 아무 이의도 제기하지 않았다. 그는 노숙자를 위하여 300만 달러를 기부하고, 마이애미 쉼터에서 식사를 준비하는 등의 5000시간 사회봉사활동을 선고받았다.[주3] 법률과 관련한 포스너의 고난은 더 심해졌다. 곧 그는 악명 높은 월스트리트 사기꾼인 이반 보에

스키(Ivan Boesky)와 마이클 밀켄(Michael Milken)과 연루되었다. 줄스 크롤은 최대의 기업 매수자 중 한 명을 패배시켰다. 그는 1980년대의 기업 인수 붐이 막 시작되는 시점에서 성공의 평판을 쌓고 있었다.

줄스 크롤은 이제 미래에 대한 비전을 가지고 있었다. 때맞추어 기회도 찾아왔다. 투자 회사 드렉셀 번햄 램버트(Drexel Burnham Lambert)는 큰 곤란을 겪고 있었다. 1982년 그 회사는 전세기 회사인 플라이트 트랜스포테이션(Flight Transportation)에게 2500만 달러의 빚보증을 서는 데 앞장섰다. 그러고 나서 몇 주 후 FBI가 플라이트 트랜스포테이션은 비행기 없는 항공사, 즉 가짜 회사라고 선언했다. 경찰은 플라이트 트랜스포테이션의 경영진을 잡아들였다. 드렉셀 번햄 램버트의 CEO 프레드 조지프(Fred Joseph)는 불 보듯 뻔한 사기에 속은 것이 창피했다. 그는 다시는 그러한 범죄에 말려들지 않겠다고 다짐했다. 크롤은 이렇게 기억했다. "프레드 조지프는 경악했습니다. 그는 말했습니다. '우리는 우리가 빚보증을 서는 모든 기업을 이전과 다르게 아주 철저히 조사할 것이다.'" 크롤은 그 사건의 기초적인 조사를 하기로 계약했다. 크롤의 회사가 월스트리트의 수준 있는 사회에 들어서는 계기였고, 따라서 막대한 새로운 시장이 생긴 것이었다.

"그때가 '크롤'이 월스트리트에 널리 알려진 때였지요." 크롤의 말이다. 그때부터 큰 거래를 하려는 기업들은 크롤을 고용하여 협상 테이블 맞은 편에 앉은 사람들의 뒷조사를 시켰다.

살로먼 스미스 바니(Salomon Smith Barney)가 크롤을 고용했다. 다른 큰 회사들도 그 뒤를 따랐다. 프레드 조지프는 한 사람으로 시작한 작은 회사

브로커, 업자, 변호사 그리고 스파이

크롤을 연간 수억 달러를 버는 기업으로 클 수 있게 도왔다. 그리고 조지프는 그가 키운 이 첩보 회사를 언론에 자랑하기도 주저하지 않았다. 그는 한 기자에게 이렇게 말했다. "크롤이 빨간 기를 흔들면, 마치 어떤 회사가 지하세계의 인맥을 통하여 노조 문제를 해결한 때처럼, 그렇게 빨간 기로 신호를 보냅니다. 그러면 우리는 자금을 대지 않기로 결정하죠."주4

하지만 한 가지 문제가 있었다. 프레드 조지프의 회사 드렉셀 번햄 램버트는 로스앤젤레스에 있는 정크본드 거래자 마이클 밀켄에게 점점 더 의존하고 있었다. 그리고 크롤이 프레드 조지프와 드렉셀을 위해 일하는 내내 크롤의 베테랑 탐정들은 그들의 큰 고객이 정크본드 시장의 내부자 거래를 토대로 볼 때 범죄적인 조직이라 할 수 있는 기업을 운영하고 있다는 사실을 결코 알지 못했다. 밀켄은 월스트리트 최악의 사기꾼 중 한 명으로 드러났다. 크롤은 그를 잡지 못했을 뿐만 아니라 그렇게 대규모 사기가 중요한 고객의 회사 사무실에서 진행되고 있다는 어떠한 실마리도 잡지 못했다. 특히 드렉셀의 경영진이 내부 거래를 하고 있지 않나 의심되는 직원들에 대해 내부 조사를 시키기 위해 크롤을 고용했기 때문에 더더욱 당황스러웠다. 크롤의 조사는 제한적이고 좁은 범위의 조사였다. 드렉셀은 사업의 전체적인 분석을 위해 크롤을 고용하지 않았다. 대체적으로 드렉셀은 안을 보기 위해서가 아니라 밖을 토기 위해 크롤의 탐정들을 고용했다. 크롤은 드렉셀이 1990년 2월 파산할 때까지 계속 드렉셀을 위해 일했다.

오늘날까지 줄스 크롤은 크롤의 가장 중요했던 고객의 양면을 이해하려 애쓰고 있다. 프레드 조지프는 1980년대 월스트리트에서 가장 극적인 부패가 일어난 회사를 경영했고, 그 후 다시는 월스트리트에서 CEO를 역임하지 못하도록 금지당했다. 드렉셀은 1988년 6가지의 중죄 혐의에 대해 유죄를 인정했고 벌금 6억 5000만 달러를 냈다. 하지만 크롤은 이 옛 친구의 좋은 점만을 보았다. 그는 말한다. "프레드는 정말 소중한 나의 친구입니다. 프레드 조지프는 매우매우 정직한 사람입니다. 프레드는 호랑이를 타고 있었고, 마이클 밀켄은 천재였습니다." 크롤의 눈에 조지프는 단지 밀켄의 사기에 희생된 또 하나의 희생자였을 뿐이었다.

1980년대 후반이 줄스 크롤에게는 호황의 시기였고, 그의 회사는 계속해서 서비스 영역을 넓혀나갔다. 크롤은 월스트리트 로펌 데이비스 포크 앤드 워드웰(Davis Polk and Wardwell) 우편실에 요원들을 보내 마약상으로 의심되는 코카인 딜러를 찾아내도록 했다. 크롤은 한 광고 회사의 핵심 직원 몇몇이 퇴사해 경쟁 회사를 차렸을 때 없어진 파일을 찾기 위해 광고 회사 사무실을 수색했다. 또한 크롤은 〈비즈니스 위크〉를 도와 잡지가 판매도 되기 전에 누군가가 주간 칼럼 '인사이드 월스트리트(Inside Wall Street)'에 언급된 주식을 거래한 것이 분명해지자 새로운 내부 보안 절차를 시행했다.

그러는 동안 크롤은 늘 외모에 신경을 썼다. 수년 동안 그는 '수사'나 '탐정'이라는 말을 사용하기를 거부했다. 그러한 말은 저급하며, 중절모에 트렌치코트를 입고 뒷골목을 어슬렁거리는 거칠고 험한 사람에게나 어울린다고 생각했다. 크롤은 높은 야망을 지니고 있었다. 그는 사회적으로나 직업적으로 변호사나 회계사와 동등하게 보이기를 원했다. 로버트 돌런 펠로퀸과 인터텔의 기업 스파이들과 달리 크롤은 높은 기업적 열망을 가지고 있었다. 그의 회사는 미친 억만장자나 지저분한 카지노 소유주를 위해 일하는 데 만족할 회사가 아니었다. 그렇게 미국 최고 기업들의 이사회실을 드나들었지만, 크롤은 사립 탐정의 이미지를 떨쳐버리지는 못했다. "우리가 무엇을 하든지 사람들은 우리에게 중절모를 씌우고 트렌치코트를 입히길 원합니다." 그는 불평했다.

어떤 면에서는 무의식적이지만 크롤 자신이 그 이미지를 더욱 공고히 했다고 할 수 있다. 큰 체격에 대머리, 그리고 1980년대에는 늘 멜빵에다 시가를 물고 있었으니 그는 이전 시대에 대실 해밋이 그린 탐정의 전형을 보여주었다. 1985년 〈뉴욕 타임스〉가 전화를 걸어왔을 때 크롤은 세상에 자신을 알리는 기회로 삼았다. 〈뉴욕 타임스〉 기자 프레드 R. 블레이클리(Fred R. Bleakley)는 크롤을 인터뷰하고 인물평 '월스트리트의 사립 탐정'을 썼다. 기사는 1985년 3월 4일에 게재되었다. 블레이클리는 크롤의 내력, 탐정 방식, 월스트리트에서 점점 커가는 인기를 상세히 실었다.

크롤 씨는 전직 FBI 요원, 경찰, 회사 중역, 변호사, 연구조사에 능숙한 박사, 부정 폭로 기자를 포함하는 50명의 풀타임 전문가들의 팀을 거느리고 있다. 그의 회사는 사업가 성명록과 전자-데이터 뱅크를 갖춘 것 외에도 미국과 전 세계의 300개가 넘는 탐정 사무소, 전문업계 컨설턴트, 회계사, 변호사를 이용할 수 있다. 이러한 '하도급 업자' 중 한 명은 한때 텔아비브에서 경찰서 장을 지낸 전 멕시코 주재 이스라엘 대사라고 그는 말했다.

그 기사에는 크롤의 사진도 있었다. 멜빵에 시가를 문 그는 어느 모로 보나 전설의 사립 탐정이었다. 그의 명성은 확고해졌다. 그의 경쟁자 중 한 사람은 이 〈뉴욕 타임스〉 기사가 수사업의 새로운 시대가 열렸음을 알렸다고 평가했다. 기업 수사관들은 이제 줄스 크롤이 바라던 대로 변호사나 회계사와 어깨를 나란히 하는 비즈니스 사회의 존경할 만한 플레이어였다. 크롤에 고객이 쏟아져 들어왔다. 오래지 않아 크롤은 월스트리트 사람들에 대한 자세한 파일을 갖게 되었다. 100년 전의 핑커턴 사무소가 그랬듯이 크롤의 파일 역시 너무나 소중해 그 정보에 접근하기 위해서라도 기업들은 크롤을 고용했다. 그 파일이 크롤을 고용할 충분한 이유가 되었던 것이다. 크롤은 업계를 다시 정의했고, 경쟁사도 수십 곳이 생겨났다.

당시 또 다른 대규모 탐정 회사가 힘을 얻고 있었다. 인베스티거티브 그룹 인터내셔널(Investigative Group International)은 워싱턴 DC에 근거지를 마련했으며 전직 워터게이트 수사관 테리 렌즈너(Terry Lenzner)가 운영했다. 렌즈너는 1984년에 회사를 설립하여 오래가지 않아 핑커턴의 옛 행동강령을 버리고 정치 스파이 활동에 점점 더 깊이 관여했다. 그랬기 때문에 렌즈너는 빌 클린턴 대통령의 가장 예민한 비밀을 알게 되었고, 공화당, 언론의 다수, 시민자유 옹호론자에게 적의를 사게 되었다.

비즈니스 사회가 크롤이 완성해가고 있는 새로운 수사업에 존재하는 기회를 인식해가고 있을 때 크롤은 점점 더 폭넓은 타깃에 초점을 맞추고 있었다. 다시 그에게 기회가 왔다. 1985년 옛 친구가 전화를 걸어 그에게 부탁을 했을 때였다. 그 친구는 하원아시아태평양외교소위원회(House Foreign Affairs Subcommittee on Asia and the Pacific)를 이끌던 뉴욕 주 하원의원 스티븐 솔라즈(Stephen Solarz)였다. 솔라즈는 1971년 크롤이 선거에 나가 실패했을 때 선거운동을 도왔고, 두 사람은 솔라즈의 경력이 쌓아가는 동안에도 계속 연락하고 지냈다. 솔라즈는 이제 미국에 사는 일단의 필리핀 사람들과 연락을 하고 있었다. 그들은 페르디난드 마르코스(Ferdinand Marcos)가 고국 필리핀을 이끌어가는 방식에 경악했다. 이 필리핀 사람들은 자체적으로 조사를 실시하여 마르코스가 필리핀 국민들로부터 세금을 유용해 개인적으로 사용하고 있는 자산을 추적했다. 솔라즈는 크롤이 이 문제를 조사해주기 원했다. 마르코스가 얼마나 많은 돈을 가지고 있으며 그 돈은 어디에 있는가?

크롤은 이 프로젝트에 팀을 배정했고, 이 서비스에 대해서는 의회에 청구하지 않기로 동의했다. 이 사건은 중요했다. 크롤의 명성과 솔라즈와의 개인적인 친분 때문에 연방 첩보기관에나 갈 만한 전화가 크롤에게 걸려왔다. 크롤은 정부의 일에 관여하기 시작한 것이다.

크롤은 마르코스가 미국의 인맥을 이용하여 비밀스럽게 소유하고 있는 뉴욕 시의 4개 건물에 초점을 맞췄다. 그 건물들은 매디슨 가 200번지, 헤럴드 스퀘어의 헤럴드센터 5번가 730번지의 크라운 빌딩, 월스트리트 40번지였다. 모두 합해 이 건물들은 자그마치 3억 달러였다. 처음에 미국인 부동산 관리자들은 마르코스 일가와의 관계를 인정하지 않았다. 하지만 솔라즈는 크롤의 증거를 가지고 있었다. 1986년 5월 그는 그들을 하원 소위원회 앞으로 불러냈다. 그들은 극적인 청문회에서 마르코스와의 관련성을 시인했다. 비즈니스 거래를 의논하기 위해 마르코스와 만나고 1981년에는 뉴욕의 사인 오브 더 도브 레스토랑에서 식사한 일 등을 자세히 설명했다. 이 식사에서는 구두가 많기로 악명을 떨치게 된 이멜다 마르코스(Imelda Marcos)가 그녀의 스위스 은행 계좌 증명서를 보여주면서 1억 2000만 달러의 개인 자산을 가지고 있음을 확인하기도 했다.

크롤은 말한다. "솔라즈는 당시의 영웅이었습니다." 하지만 크롤 역시 그 사건에서 혜택을 입었다. 크롤은 이제 독재자와 맞서 이길 수 있는 글로벌한 세력으로 인식되었다. 곧 크롤은 다른 유명한 자산 찾기 사건에 관여하게 된다. 크롤은 소련이 붕괴한 후 국외로 빠져나간 자산을 찾으려 하던 러시아를 위해 일했고, 흉포한 아이티 독재자 장클로드 '베이비 닥' 뒤발리에(Jean-Claude 'Baby Doc' Duvalier)의 재산을 찾기 위해 노력을 기울였으며, 1차 걸프전 후에 사담 후세인의 수십억을 찾아 전 세계적인 수색에 들어갔다.

1990년 이라크 독재자 사담 후세인이 쿠웨이트를 침공하고 겨우 2개월 후에 쿠웨이트 정부는 후세인에 대항하는 첩보전에서 도움이 필요하다고 판단했다. 후세인은 얼마나 많은 돈을 가지고 있는가? 그것을 어디에 숨겼는가? 이것을 알아내기 위해 쿠웨이트는 크롤을 고용했다.

수사관들은 후세인과 그의 가족이 자산을 숨기기 위해서 사용한 복잡한 국제적 야바위 게임의 많은 부분을 해결했다. 그 자산의 일부는 이라크 국민들에게서 강탈한 것이고, 일부는 정부 계약과 관련해 받은 뇌물이었다. 크롤은 〈60분(60 Minutes)〉에 나와 사담과 그의 가족은 이라크가 10년 전부터 석유를 판매하여 벌어들인 2000억 달러 중 5퍼센트를 챙겼다고 밝혔다. 기자들은 그 수사는 타국에 살고 있는 이라크 사람들의 인터뷰와 전 세계 언론기관의 조사를 기반으로 했다고 언급했다. 그 수사로 이라크와 떳떳치 못한 관계를 맺고 있는 서구 기업들 이름이 밝혀지기도 했다. 크롤이 추적한 가장 뚜렷한 흔적 중 하나는 후세인의 이복형제이자 한때 이라크의 무서운 비밀경찰을 이끌었던 바르잔 알-티크리티(Barzan al-Tikriti)의 돈이었다. 1979년 바르잔은 몬태나 매니지먼트사(Montana Management, Inc)를 세우고 파나마에 등록했다. 2년 후 그 회사는 〈카 앤드 드라이버(Car and Driver)〉등 미국의 잡지 몇 개를 소유한 프랑스의 출판사 아셰트(Hachette)의 주식을 사들이기 시작했다. 1차 걸프전이 발발하기 직전까지 이라크는 아셰트의 주식을 거의 9퍼센트까지 사들였다. 몬태나 매니지먼트의 변호사들은 회사의 소유주가 누구냐는 질문을 받을 때마다, 자세한 사항은 프랑스 법에 따르면 공개하지 않아도 된다며 밝히기를 거부했다. 하지만 소유주가 누군지 밝혀졌을 때 〈뉴스위크〉는 아셰트의 주식 매입은 단지 투자일 뿐이라고 추측했다. 그렇게 적은 지분으로는 아셰트 소유의 잡지에 대한 편집상의 통제권을 갖기 어려웠기 때문이었다. 하지만 〈뉴스위크〉는 아셰트에 대한 사담의 관심에 대해 또 하나의 흥미로운 사실도 제공했다.

> 다른 사람들은 아셰트를 지배하는 장뤽 라가르데르(Jean-Luc Lagardere)가 프랑스 무기 회사 마트라(Matra)도 지배하고 있는 우연의 일치에 주목했다. 몇몇 사람은 이라크가 아셰트 지분을 통해 마트라의 대이라크 무기 판매에 영향을 끼칠 수 있다고 생각해왔다 아셰트는 사담과의 관련성을 모른다고 주장하고 있으며 만약 그러한 관련성이 밝혀진다면 자사의 주식을 되사들일 준비를 하고 있다.[주5]

〈뉴스위크〉는 크롤이 밝힌 내용에 깊은 인상을 받아 그 회사를 '악한 퇴치자들'이라고 불렀다. 그 악한 퇴치자들은, 1992년 초반 러시아에서 새롭게 권력을 잡은 보리스 옐친(Boris Yeltsin)이 크롤을 고용하여 공산주의 몰락 후 사라진 수십 억 달러어치의 국가 자산을 찾으려 했을 때 다시 나섰다. 1991년 러시아 사람들은 공산당원들이 붕괴하는 소련 제국의 돈을 전 세계 개인 은행 계좌들로 빼돌림으로써 60억에서 80억 달러 정도를 잃었다고 추정했다. 러시아 사람들은 그 돈을 되찾길 원했고, 크롤이 그 일을 할 적임자라고 판단했다.[주6]

크롤은 이 러시아 프로젝트에 전직 미 재무부의 첩보원, 전직 CIA의 쿠웨이트 지부장을 포함한 15명의 요원을 할당했다. 보도에 따르면 크롤은 요원 1명당 하루에 1500달러씩 청구했다. 러시아는 현금으로 지불했다. 크롤은 그해 〈뉴욕 타임스〉에서 말했다. "우리는 러시아의 주요 공급 업체를 찾아가 기록을 조사할 것입니다. 특히 식품과 유전 장비 분야에서 그렇게 할 것입니다. 그리고 주요한 외국 수입업자들도 조사할 예정입니다. 여기서도 역시 대부분 상품(commodity)에 초점을 맞추어서 말입니다. 러시아 외부에서는 상품 거래가 대부분 전산화되어 있습니다. 그러므로 기록이 존재할 것입니다."[주7] 크롤은 이 기록을 조사하면서 러시아 자산이 많이 숨겨진 사이프러스와 몬테카를로 등으로 가기도 했다.

하지만 크롤은 장애물을 만나기도 했다. 가장 답답한 문제 중 하나는 러시아 정부가 여러 명의 전직 러시아 첩보원을 보내 크롤을 돕도록 한 것이었다. 이 러시아 첩보원들은 한 명도 진짜 이름을 대지 않았다. 그들은 크롤에게 호감을 보이지 않으며 신뢰하지 않는다는 사실을 분명히 했다. 크롤 사람들은 이들이 함께 있는 이유가 공산주의자들의 돈 세탁 조사를 도우려는 것이 아니라 안에서부터 조사를 방해하기 위해서라고 결론지었다. 크롤은 그들에 대해 이렇게 말했다. "우리는 정보를 밝히는 데 관심이 있었

브로커, 업자, 변호사 그리고 스파이 🎩

고, 그들은 혼란을 주는 데 관심이 있었습니다. 우리는 서로 좋은 관계가 아니었습니다."

러시아의 정치는 상황을 악화시켰다. 옐친 정부는 크롤이 많은 경우 러시아의 첩보원 리더들이 행했다고 결론지은 돈 세탁을 조사하고 있었다. 하지만 옐친의 허약한 민주 정부는 권력을 유지하기 위해서 구소련의 첩보기관에 의존하고 있었다. 6개월도 되지 않아 조사는 더는 계속할 수 없게 되어 크롤은 작업을 중지했다. 크롤은 몇 가지 단서를 크렘린에 넘겼지만, 그 정보들이 어떻게 되었는지는 전혀 알 수 없었다.

전직 러시아 첩보원들은 미국인 수사관들이 러시아의 재정을 조사하는 것을 분명 불편해했지만, 쿠웨이트의 조사와 러시아의 조사는 미국의 첩보 이해관계와 딱 맞아떨어졌다. 미국은 이미 한차례 사담 후세인과 전쟁을 치렀고, 앞으로 또 한차례 치를 것이었다. 미국 관리들이 후세인이 무슨 돈으로 정권을 유지했는지, 또 정권의 약점은 무엇인지 알고 싶어 할 동기는 많았다. 러시아도 마찬가지였다. CIA는 소련과 비밀스러운 전투를 벌였다. 그런 소련이 와해하자 CIA는 소련의 권력과 돈의 중심이 어떻게 흩어지는지 잘 지켜봐야 했다. 동시에 크롤은 뛰어난 베테랑 CIA 요원들을 고용하면서 점점 더 정부 첩보기관과 닮아가고 있었다.

그 모든 것은 중요한 문제, 즉 크롤이 미국 정부의 첩보기관과 얼마나 협력했는가 하는 문제를 불러일으킨다. 1세기도 더 전에 핑커턴 요원들처럼 크롤의 요원들도 위기 상황에서 미 정부를 돕는 첩보 작전을 수행하고 있었다. 크롤의 이해관계와 미 정부의 이해관계가 어찌나 잘 맞아떨어졌는지 일부 관측자들은 어디서 크롤의 이해관계가 끝나고 어디서 미 정부 첩보계의 이해관계가 시작되는지 애매하다고 말했다. 실제로 오랜 경력의 한 기업 첩보 전문가는 크롤에 대한 한 가지 이론을 만들었다. 크롤이 미 정보부를 도운 것이 아니라 미 정보부가 크롤을 도왔다는 것이다. 이 전문가는 크롤이 이룬 성취(복잡하고 국제적인 금융망 속에서 자산을 추적하는 일)는 민간 부문이 할 수 있는 일이 아니라고 보았다. 국가안보국(NSA)의 세계적인 도청 능력과 CIA의 국제 금융 거래 추적 능력은 전 세계에 흩어진 금융 자산을 추적하는 데 소중한 도구이기 때문이다. 아마 크롤은 자신이 찾는 정보가 대중적으로 알려지기를, 하지만 자신의 존재는 감추고 싶은 미 정부 관리들의 도움을 받았을지도 모른다. 그 전문가는 말한다. "그들이 했다고 주장하는 일들은 가능하지 않습니다. 정보부의 도움 없이 할 수 있는 방법이 없습니다."

크롤은 그 능력 범위를 드러내기 싫어하는 미 정보부의 간판으로 쓰였는가? 크롤은 '간판'이라는 말을 좋아하지 않지만, 자신의 수사관들이 자주 (외국 및 국내의) 첩보부의 도움을 구했다는 사실은 인정한다. 크롤은 말한다. "우리는 빈번히 관련 첩보부에게 접근하여 혹시 우리와 협조하는 것이 그들의 이해관계와 맞아떨어지지 않는지 알아보곤 했습니다. 우리는 미 정보부보다 외국의 정보부에서 더 자주 도움을 받았습니다."

크롤은 구체적인 사실을 말하지 않았지만, 그의 회사가 외국 정부에 고용되어 전직 국가원수를 조사한 예를 든다. 크롤은 그 정부에게 그의 회사가 그 사건을 맡았다는 사실을 대중에 공개해달라고 요청했다. 민간 첩보 요원들은 오래된 전통을 가지고 있다. 그들은 언제나 정보를 전하기 위해 그들을 찾아오는 사람들과 이야기를 한다는 것이다. 그렇게 얻은 정보의 대부분은 별 소득이 없다. 그렇게 찾아오는 사람들의 정보는 부실하고 때로는 말도 되지 않기 때문이다. 하지만 때때로 핵심적인 증거를 가지고 찾아오는 사람도 있다. 바로 그런 일이 크롤이 전직 국가원수를 조사할 때 일어난 일이다. 크롤이 그 사건을 맡았다는 소식이 알려진 직후 외국의 로펌 직원이 크롤을 찾아왔다. 그 토펌은 그 사건에 대해 자세한 정보를 가지고 있었고, 크롤 팀에게 제공해즈었다. 그 정보는 노다지였다. 부패한 계약, 뇌물 금액, 금융 거래 세부 사항이 모두 들어 있었다. 크롤은 말한다. "우리는 그것이 정보부로부터 왔다고 믿을 근거가 있었습니다." 크롤은 그 로펌이 정보부를 위해 문서를 전달했다고 결론지었다.

하지만 크롤은 그의 회사와 정보부와의 관계가 미미하다고 말한다. "대체로 정보 서비스는 일방통행입니다. 그들은 당신이 주고 싶은 것 모두를 받지만, 그들이 주는 것은 거의 없지요."

업계의 기준으로 볼 때 크롤은 법과 윤리 기준을 잘 지켜왔다. 하지만 나름의 부적절한 행동과 스캔들, 그리고 논란도 있었다.

1985년에 크롤은 이반 보에스키의 성생활을 조사하기로 결정했다.[주8] 이 사생활 침해는 보에스키의 내부자 거래 주장과 관련하여 아무것도 밝혀낼 수 없었지만, 보에스키의 성성활에서 어떤 비밀을 찾아낸다면 크롤의 고객인 드렉셀에게 가치 있는 활용 수단을 제공할지도 몰랐다.[*]

*——— 크롤은 보에스키의 성생활 조사를 기억하지 못했다. "우리는 몇 차례 이반 보에스키를 조사했지만 그의 성적 관심이 문제가 된 적은 기억하지 못합니다."

1989년 또 다른 사건에서는 크롤과 그의 주요 요원이 의회 보좌관과 충돌하여 크롤 회사 전체가 파산할 위험에 처한 적도 있었다. 이 대립은 하원 에너지통상위원회의 감독 및 조사 소위원회와 시작되었다. 소위원회는 막강한 하원의원 존 D. 딩겔(John D. Dingell)이 이끌고 있었는데, 그는 자신의 조사 권한을 이용하여 미국 기업의 거래를 조사하기로 유명했다. 이 하원의원은 집요한 수사관들을 보좌관으로 거느리고 있었으며, 워싱턴의 기업 경영진들은 그들을 무서운 수사관들로 보았다. 이 보좌관 팀은 목표 대상이 된 기업에게 정보와 문서를 요구했고, 때로는 중역들을 의회로 소환하기도 했다.

당시 딩겔의 보좌관들은 드렉셀 번햄 램버트에 초점을 맞추고 있었다. 그때 드렉셀은 유가증권과 관련한 혐의에 대해 유죄를 인정했고, 벌금으로 6억 5000만 달러를 지불하기로 동의한 참이었다. 보좌관들은 그 중심적인 사건 대신 부차적인 사건, 즉 캘리포니아의 변호사 윌리엄 버테인(William Bertain)이 드렉셀과 또 다른 피고인에 대해 제기한 22억 5000만 달러의 집단 소송에 초점을 맞추었다. 크롤은 여느 때와 다름없이 드렉셀을 위해 일하고 있었으며, 크롤의 수사관들은 소송이 어떻게 되어가고 있는지 살피기에 분주했다. 크롤의 존 기번스(John Gibbons)는 그 조사의 서쪽 해안 지역을 책임지고 있었다. 기번스는 미 법무부의 베테랑이었다. 법무부에서 오래 일했고, 캘리포니아 북부 지역의 범죄 부문을 이끄는 위치에까지 올랐었다. 그는 법 집행에 인생을 바친 독실하고 가정적인 사내였다. 그런데 기번스의 청렴성은 그가 수사 중에 자신의 소속에 대해 거짓말을 했다고 하는 버테인의 주장으로 위험에 처하게 되었다. 버테인은 기번스가

180   브로커, 업자, 변호사 그리고 스파이

대화 중에 크롤이 아니라 의회 보좌관을 위해 일한다고 말했다고 주장했다. 더구나 버테인은 기번스가 그 거짓말하는 내용을 테이프에 녹음했다고 폭로했다.

크롤에게는 위험한 순간이었다. 딩겔이 압박해오고 있었고, 언론도 크롤의 요원이 의회 수사관의 흉내를 냈다고 주장했다. 크롤의 기업 고객들은 스캔들의 기미가 조금만 엿보여도 달아날 터였다. 크롤은 이렇게 말했다. "굉장히 겁이 났었습니다. 나는 내 일생의 작업이 물거품이 되어 사라질 수 있음을 알았습니다." 그는 워싱턴 DC로 와서 메이플라워 호텔에 캠프를 차리고 대항할 준비를 했다.* 이번에는 그래도 크롤은 스캔들 속에서 하나의 기회를 엿보았다. 캘리포니아에서는 양측이 동의하지 않으면 대화를 녹음하는 것이 불법이었던 것이다. 그러므로 버테인이 기번스의 말을 녹음한 것 자체가 불법일 수 있었다. 이를 토대로 크롤은 싸울 준비를 했다.

> *──── 메이플라워 호텔은 전 시대에 기업 도청의 장소로 많이 사용되었기 때문에 크롤0 이 장소를 선택한 것은 아이러니하다.

이 드라마는 의회 청문회에서 극에 달했다. 몇몇 의원이 버테인에게 관심을 돌리며 그의 녹음이 합법인지 불법인지 질문했다. 버테인은 폭탄을 터뜨렸다. 그는 불법일지도 모르는 녹음을 하라는 말을 딩겔의 보좌관 브라이언 맥티그(Brian McTigue)에게서 들었다고 말했던 것이다. 게다가 보좌관이 녹음을 하라는 요청을 했으므로 자신의 녹음은 합법인데, 왜냐하면 하원의 면책 특권이 적용되기 때문이라고 주장했다. 그것은 너무 지나친 주장이었다. 버테인은 보좌관이 자신을 수사관으로 만들어 캘리포니아법을 위반해도 좋도록 허용했다고 주장하고 있는 것이었다.

기번스가 증언할 차례가 되자 그는 녹음기의 존재에 대해 충분한 고지를 듣지 못했다고 말하며 증언을 거부했다. 줄스 크롤은 점점 더 불안해졌다. 의회 청문회란 정치 안건에 의해 이리저리 휘둘리고 언론의 감시를 받고 위원회 의장의 재량이 막대하게 적용되는 규칙하에서 이루어지기 때문이다. 크롤은 졌다고 느꼈다. 이것은 청문회라기보다 불공평한 법원에 있는 것 같았다.

그런데 기번스가 증언을 거부했음에도 불구하고 이제 수세에 몰린 것은 딩겔이었다. 보좌관이 정말 버테인에게 면책을 약속했는가? 그것조차 합법은 맞는가? 소위원회 의원들은 왁자지껄 대답을 요구했다. 딩겔의 입장은 기번스의 대화가 담긴 테이프를 틀었을 때 더 난처해졌다. 기번스가 자신을 잘못 소개했는지가 전혀 분명하지 않았기 때문이다. 대화의 한 시점에서 버테인이 기번스에게 의회를 위해 일하느냐고 묻자 기번스는 "글쎄요. 직접적으로는 아닙니다"라고 대답했다. 잘못 소개했다고 할 수 없는 대답이었다.

이제 딩겔은 수세에 몰렸다. 그의 보좌관이 애매한 합법성을 약속했는가? 확실하다는 증거는 정말 확실한가? 딩겔은 자신의 입지가 약해짐을 느끼고 더 이상의 피해는 막아야겠다고 판단했다. 그는 맥티그를 해임하고 남은 청문회를 취소했다. 그는 소위원회의 다른 의원들에게 사과를 표하고 기번스의 혐의를 푸는 성명서를 발표했다. 딩겔은 기번스에게 말했다. "당신의 진술에서 끌어낼 수 있는 한 가지 결론은 당신이 선의로 행동했다는 것이다. 나는 당신의 행동에 대해 더 이상의 조사가 필요 없다고 믿는다."

크롤에게 그것은 그 회사가 가질 수 있는 완전한 승리에 가까운 것이었다. 줄스 크롤은 메이플라워 호텔의 캠프를 철수하고 뉴욕으로 돌아갔다. 그는 아직도 그 사건에 대해 화를 낸다. 크롤의 표현에 따르면 딩겔의 비난은 "너무 지나친 것"이었고, "만들어낸 혐의들"이었다. 결국 크롤의 수사관들은 딩겔의 보좌관들이 그 사건으로 크롤을 압박해 이반 보에스키에 대해 수집한 자료들을 넘겨받기를 원했다는 말을 들었다. 하지만 그러한 압박은 필요 없었다. 크롤은 이렇게 말한다. "우리는 그들에게 자료를 줬을 겁니다."

기번스는 의회가 자신을 대한 태도에 대해 크롤보다 더 화가 나 있다. "딩겔은 내가 생각하는 한 못된 개자식입니다." 나이 든 딩겔이 오늘날에는 휠체어를 타고 의회를 다닌다는 말을 듣고 기번스는 이렇게 답한다. "잘됐네요. 거기다가 고통스럽기까지 했으면 좋겠습니다."

기번스는 1991년까지 크롤에서 일하다가 독립하여 현재 스펙트럼 OSO 아시아(Spectrum OSO Asia)라는 회사를 세우고, 은행, 보험 회사, 헤지 펀드를 위해서 기업 실사를 수행한다. 기번스는 크롤의 기법과 기업 문화를 고스란히 간직한 크롤이 키운 인재 중 하나가 되었다. 전 세계에는 크롤에 뿌리를 둔 회사들이 수십 곳 있다. 2008년 줄스 크롤이 자신의 이름을 내건 회사를 은퇴할 즈음 그는 기업 첩보 회사의 조니 애플시드(Johnny Appleseed: 미국의 많은 지역에 사과를 소개하여 퍼뜨린 존 채프먼의 별명 - 옮긴이)가 되어 있었다.

2009년은 민간 첩보업계의 수많은 회사들이 그랬듯이 크롤에게도 어둡게 시작되었다. 2008년의 경기 침체는 모든 업종을 둔화시켰고, 그 결과 민간 수사관들도 타격을 입었다. 하지만 크롤에게 경제보다 더 최악의 일이 있었으니, 텍사스에서부터 카리브 해의 섬 안티구아에 이르기까지 스탠퍼드 파이낸셜 그룹(Stanford Financial Group)이라는 제국을 건설하고 70억 달러 규모의 사기를 친 혐의로 고소당한 앨런 스탠퍼드(Allen Stanford)를 위해 일해왔다는 사실이 드러난 것이었다. 브라이언 버로(Bryan Burrough)는 잡지 〈배니티 페어(Vanity Fair)〉에서 스탠퍼드가 크롤을 고용한 것은 잠재 투자자들에게 자신의 평판을 좋게 각인시키기 위해서라고 밝혔다. 한 전직 FBI 요원은 버로에게 이렇게 말했다. "크롤은 본질적으로 스탠퍼드의 좋은 인상을 방어하기 위한 선전 활동을 벌이고 있었습니다. 그들은 나에게 수차례 '이봐, 당신이 잘못 생각한 거야. 그는 돈 세탁을 하지 않아. 그는 좋은 사람이니 그냥 좀 내버려둬' 하는 메시지를 전했습니다."주9

그것은 수십 년에 걸쳐 조심스럽게 쌓아온 크롤의 독립적 이미지에 타격을 주었다. 엎친 데 덮친 격으로 이 폭로에 이어 업계 소식지 〈인텔리전스 온라인(Intelligence Online)〉에 처음 등장한 뉴스가 뒤따랐다. 그것은 크롤이 그 의심스러운 카리브 해 금융업자를 위해 일한 결과로 소송에 직면하고 있다는 소식이었다.주10 고객 가운데 파운데이션 포 일렉트리컬 컨스트럭션사(Foundation for Electrical Construction, Inc)가 중과실 혐의로 크롤을 플로리다 지방법원에 고소했던 것이다. 이 고객은 크롤을 고용하여 안티구아에 있는 스탠퍼드 인터내셔널(Stanford International) 은행을 조사하고, 스탠퍼드의 사업 관행에 대해 어떠한 주의나 우려를 해야 하는지 알아보도록 했다고 주장했다. 소송에 따르면 크롤은 철저한 조사를 자신했음에도 불구하고 스탠퍼드의 사기를 완전히 놓쳤다. 그리고 크롤은 이 새로운 고객과 계약을 한 크롤 직원이 전직 스탠퍼드의 컨설턴트였다는 사실도 전혀 알려주지 않았다는 것이다. 고소에 따르면 그것은 크롤이 밝혔어야 할 이해의 충돌이라는 것이다. 크롤의 '중과실' 때문에 스탠퍼드에 투자하여 600만 달러 이상의 손실을 보았다고 했다.

한편 크롤은 어떠한 잘못도 부인하며 1만 5000달러라는 비교적 적은 금액의 계약을 맺고 제한적인 실사만 했다. 크롤의 대변인은 이렇게 말한다. "크롤의 보고서는 마지막 문장에 분명히 밝히고 있습니다. '은행의 성격과 은행이 덜 엄격하게 규제되고 있다는 사실을 고려한다면 그것은 내재적으로 큰 리스크이다.' 크롤은 (고객의) 투자에 대해 아무런 권고도 하지 않았습니다. 크롤은 고객에 대한 책임을 매우 중요하게 생각하고 있으며 업무 수행에서 가장 높은 청렴성의 기준을 준수하고 있습니다."

그런데도 크롤과 앨런 스탠퍼드의 관계는 세계 민간 첩보 산업의 근저를 흐르는 깊고 보이지 않는 연결당을 보여준다. 성장기에 대외적 이미지에 그렇게 많은 주의를 기울인 회사가 언론에서 '카리브의 해적'이라고 알려진 사람을 위해 일하게 되고 만 것이다.

네슬레와 마스의
초콜릿 전쟁

기업 간의 경쟁은 시장 점유율과
분기별 성과를 넘어서기 마련이다.
경쟁하는 두 기업은 감정싸움과 같은
투쟁도 마다하지 않는 법이다.
네슬레와 마스도 그렇다. 둘 중 한쪽이
시장 점유율을 높이면 상대방으로부터
빼앗아오는 것으로 생각했다. 두 회사
사이의 경쟁은 전 세계적인 것이었고,
특히 포장 음식과 애완동물 식품,
그리고 무엇보다도 초콜릿을 아우르는
것이었다.

스위스의 작은 도시 브베(Vevey)는 알프스 산맥과 제네바 호수 사이에 자리 잡고 있다. 근처 프랑스 국경까지 뻗은 호수와 산의 경치로 유명한 이곳은 문학적 역사로 가득하다. 헨리 제임스(Henry James)는 소설『데이지 밀러(Daisy Miller)』의 배경을 이곳으로 삼았고, 빅토르 위고, 장자크 루소, 표도르 도스토옙스키 등의 작가들이 도두 한때 이곳을 고향이라 불렀다. 오늘날 이곳은 1866년에 건립된 한 회사로 인해 잘 알려져 있다. 바로 1000억 달러 가치의 세계적인 초콜릿 및 식품 대기업 네슬레다.

제네바 호수는 네슬레 회사 부지의 한 경계선을 이루고 있다. 꼭대기에 스위스 국기의 흰 십자가가 달려 있고, Y자 모양의 네슬레 본사 건물에서는 높이 솟은 산과 호수, 그리고 근처 동네가 바라다보인다.

1998년 3월 4일, 브베의 구름 낀 하늘은 이른 봄비를 내릴 듯한 기미를 품고 있었다. 거대한 건물 안에서는 네슬레의 회장 헬무트 마우허 박사(Dr.

Helmut Maucher)가 그의 가장 큰 경쟁자, 미국의 캔디 대기업을 이끄는 억만장자 포레스트 E. 마스 주니어(Forrest E. Mars, Jr)에게 막 도착한 팩스를 읽고 있었다. 그 팩스를 이해하기 위해서는 네슬레와 마스 사이의 경쟁에 대해 좀 알고 있어야 한다. 기업 간의 경쟁은 시장 점유율과 분기별 성과를 넘어서기 마련이다. 경쟁하는 두 기업은 감정싸움과 같은 투쟁도 마다하지 않는 법이다. 네슬레와 마스도 그렇다. 둘 중 한쪽이 시장 점유율을 높이면 상대방으로부터 빼앗아오는 것으로 생각했다. 두 회사 사이의 경쟁은 전 세계적인 것이었고, 특히 포장 음식과 애완동물 식품, 그리고 무엇보다도 초콜릿을 아우르는 것이었다.

그날 오후에 도착한 팩스는 미묘한 시간에 왔다. 네슬레는 10억 달러에 영국 기업 달게티(Dalgety)의 애완동물 식품사업 부문 스필러스(Spillers)를 인수할 계획을 막 발표하고 난 참이었다.[주1] 이 막대한 거래는 고양이 식품 추지(Choosy), 개 식품 본조(Bonzo) 등 잘 알려진 영국 브랜드를 네슬레가 기존에 운영하고 있던 프리스키즈(Friskies) 애완동물 식품사업에 더하면서 애완동물 식품 부문에 힘을 실어주게 될 터였다. 새로운 브랜드와 함께 유럽 전역에 흩어져 있는 13개의 애완동물 식품공장도 함께 따라올 것이었다.

독일인인 마우허는 당시 일흔한 살이었다. 넓은 이마와 그 위에 굽이진 백발은 그를 점잖고 절제 있는 유럽 사업가의 전형처럼 보이게 했다. 그날 팩스를 받기 전에 그는 포레스트 마스의 형제인 존과 전화로 화를 내며 대화를 나누었다. 존도 억만장자였고, 포레스트 마스와 함께 3대째 마스를 이끄는 마스 집안의 두 축 중 하나였다.

그 전화상의 대화에서 마우허는 화가 나서 마스에 대한 우려를 표명했

브로커, 업자, 변호사 그리고 스파이 🎩

다. 미국의 마스 사람들이 워싱턴의 식품의약국(FDA)을 부추겨 네슬레의 새로운 제품에 대해 불리한 조치를 취하게 하려 한다는 것이었다. 마스 사람들은 네슬레와 네슬레의 활동에 대해 정보를 수집하고 있었다. 그리고 최악은 그들이 네슬레에 대해 '전쟁을 선언'했다는 것이다. 마우허는 마스가 스필러스 인수를 막으려고 움직일지 어떨지를 알아야겠다고 요구했다. 그것은 그럴 만한 질문이었다. 그 거래는 마스의 고양이 식품 위스카스(Whiskas)와 개 식품 페디그리(Pedigree) 브랜드에 직접적인 위협이 될 것이었기 때문이다.

두 쪽짜리 팩스에서 포레스트 마스는 "나와 우리 형제는 오늘 아침 당신의 말에 깜짝 놀랐습니다"라고 답했다. 그는 마우허의 염려를 하나씩 차례대로 달래려 노력했다. 무엇보다도 마스는 애완동물 식품 회사 인수 거래를 막으려 하지 않겠다고 밝혔다. "우리는 당신이 거쳐야 할 법적 절차에 대해 어떠한 반대도 할 의도가 없습니다. 물론 우리는 우리에게 법적으로 요구되는 질문에 답할 것이지만 이 합병에 반대할 의도는 없습니다."

또 FDA와 관련한 마우허의 불만에 대해서 이렇게 썼다. "우리는 FDA와 관련하여 당신에게 문제를 일으키지 않겠다고 다시 한 번 반복해서 말씀드립니다." 정보를 수집하는 문제에 대해서는 이렇게 썼다. "우리는 네슬레뿐만 아니라 우리의 주요 경쟁사 모두에 대해 정보를 수집하고 입수 가능한 다양한 보고서를 읽습니다. 주요 경쟁사가 경쟁 구도에 변화를 초래할 중대한 뭔가를 행하면 우리는 즉시 전 세계적인 정보를 검토합니다. 당신도 우리에 대해 그리고 당신의 다른 경쟁사에 대해 그렇게 할 것으로 확신합니다. 우리가 보기에 여기서 불법적이거나 비경쟁적인 것은 아무것도 없는 것 같습니다. 모두가 이미 발표한 정보이거나 명백한 소문이니 말입니다." 마스는 결코 네슬레에게 "전쟁을 선포한" 일이 없다고 주장했다.

팩스를 내려놓으며 마우허는 포레스트 마스가 쓴 것 중 많은 부분이 거짓말이라는 사실을 확신했다. 마우허는 바보가 아니었다. 그는 수십 년에 걸쳐 승진의 사다리를 올라 스위스 국민이 아닌 사람으로는 최초로 네슬레를 이끄는 위치에까지 오른 인물이었다. 지난해 그는 CEO라는 직책은 내놓았지만 아직도 이사회 의장 자리에 있었다. 그는 지난 몇 달 동안 마스가 비밀스럽게 FDA를 통해 네슬레에 문제를 일으키고 있다는 사실을 알았고, 그러한 노력 때문에 네슬레의 수익성 좋은 새로운 초콜릿 제품의 생산이 중단되었다. 그는 마스의 경쟁적인 첩보 노력이 그저 발표된 정보만을 읽는 것 이상이라는 사실을 알았다. 그리고 워싱턴 DC 바로 바깥 버지니아 주 외곽에 위치한 사무실에 편안히 앉은 포레스트 마스가 인정하고 싶든 아니든 마우허는 마스와 네슬레가 전쟁 중이라는 사실을 알고 있었다.

초콜릿 전쟁은 수개월 동안이나 진행되고 있었다.

마우허가 어떻게 마스에 대한 모든 정보를 얻게 되었는가가 이야기의 가장 흥미로운 부분이다. 마스의 정보 수집에 대해 소리 높여 반대했지만 마우허의 회사 역시 초콜릿 전쟁에서 자사의 첩보 자산을 이용하고 있었다. 그것은 그 시대에 펼쳐진 가장 정교하고 복잡한 노력의 하나로, 비밀경호국, CIA, 경찰 베테랑을 모아 마스의 내부 문서 사본을 획득하고, 마스의 중역을 감시하며, 마스의 첩보원들의 신원을 밝혀냈다.

이 이야기를 이해하기 위해서는 잔잔한 스위스의 호수를 뒤로 하고 수

브로커, 업자, 변호사 그리고 스파이

천 마일 떨어진 곳의 또 다른 물길과 도시를 만나야 한다. 바로 체서피크 만과 오늘날에도 그 전쟁의 마지막 남은 비밀을 간직하고 있는 메릴랜드 주의 이스턴(Easton)이다.

이스턴은 메릴랜드 주의 체서피크 만과 대서양을 가르는 커다란 반도인 이스턴 쇼어(Eastern Shore)에 있다. 워싱턴 DC에서 자동차로 약 90분 거리에 있는 이스턴 쇼어는 도시의 돈 있는 상류층들이 찾아와 우아하게 주말을 보낼 수 있는 휴양지다. 전 부통령 딕 체니(Dick Cheney)와 전 국방 장관 도널드 럼스펠드(Donald Rumsfeld)가 이스턴 쇼어의 작은 도시 세인트 마이클스(Saint Michaels)에 수백만 달러 가치의 부동산을 소유하고 있다. 다른 수많은 워싱턴 내부자들, 즉 정치인, 정부기관 우두머리, 변호사, 로비스트들은 목가적인 이스턴 쇼어 풍경 속에 점점이 자리 잡은 작은 물가 도시에서 주말을 보낸다.

약 7킬로미터의 체서피크 만 다리로 미국 본토와 연결되어 있지만 이스턴 쇼어는 아직도 자신만의 세상에 살고 있다. 바깥세상과 떨어진 이 지역에서는 농업과 어업이 성행하고 있다. 굴, 게, 옥수수가 수백만 년 동안 이 지역의 경제를 지배했다. 오늘날에는 관광, 보트 타기, 부동산 투기가 지역 경제에 보탬이 되고 있지만 19세기 이래로 거의 변한 것이 없는 곳이다.

간단히 말해 이곳은 한때 성공적이고 비밀스럽던 국제 기업 스파이 활동의 흔적을 찾기에는 어울리지 않는 곳이다. 하지만 여기에서 그 흔적을 찾을 수 있다. 베케트 브라운 인터내셔널(Beckett Brown International)은 1990년대 초반 몇몇 비밀경호국 베테랑들이 세운 스파이 회사였다. 이 회사의 고객은 수십억 달러 가치의 칼라일 그룹, 갤로(Gallo) 와인 회사, 월마트, 화장품 회사 메리 케이(Mary Kay) 등이었다. 그리고 시간이 지나면서 그린피스 및 기타 환경운동 단체들, 총기 규제 단체들, 크고 작은 기업을 상대로 스파이 활동을 펼치기도 했다.

베케트 브라운과 같은 회사는 세계적으로 수십 곳이 있지만, 그들의 활동은 보통 베일에 가려져 있다. 그들은 직원들을 엄격한 비공개 계약으로 묶고, 복잡하게 얽힌 계약 업체 및 하도급 업체들을 거치면서 업무를 숨기고, 자신들의 활동은 변호사-의뢰인 특권(attorney-client privilege)의 적용을 받는다고 주장하는 경향이 있다. 그들의 작전을 드러내는 문서들이 공개되는 일은 거의 없다. 논란 있는 소송과 관련되었을 때도 마찬가지다. 하지만 베케트 브라운은 다르다. 이 회사의 창립자들이 결국 직업적으로나 개인적으로 서로 적대적인 라이벌이 되었기 때문에 회사는 망했다. 그 회사의 잔해에는 스파이 회사의 활동을 보여주는 문서들이 포함되어 있다.

워싱턴에서 체서피크 만 다리를 통해 이스턴 쇼어로 들어올 때 방문객은 50번가를 따라 켄트 내로스(Kent Narrows)와 와이 밀스(Wye Mills)를 지나 이스턴에 도착한다. 애플비즈 식당을 지나 데니즈 식당에 이르기 전, 도로 옆에는 베이 트리 스토리지(Bay Tree Storage)라는 임대 시설이 있다. 이곳의 금속으로 안을 댄 저장 시설 중 하나에 바닥에서부터 천장까지 위태롭게 쌓아올려진 종이상자에 베케트 브라운 인터내셔널의 마지막 남은 업무 기록들이 담겨 있다.

그 상자 옆에 앉아 문서를 분류하고 있는 사람이 1995년 베케트 브라운 인터내셔널을 세울 때 가장 많은 돈을 투자한 존 도드(John Dodd)다. 빛바랜 파란색 줄무늬 폴로 티셔츠와 청바지를 입고, 플로리다 게이터스(Florida Gators) 2006년 내셔널 챔피언스 야구 모자를 쓴 도드는 카드 게임용 탁자 옆에 놓인 접이의자에 앉아 있다. 그는 낡은 서류가방에서 문서, 테이프, 보충 증거물을 꺼낸다. 도드는 자신이 부분적으로 소유했던 회사가 어떻게 비밀 요원들을 총기 규제 단체에 침투시켰는지, 어떻게 그린피스를 엿보았는지, 어떻게 마스에 대한 정보를 수집했는지 설명하며 긴 이야기를 시작한다.

수년 동안 쓰레기통을 뒤지고 전화 기록을 낚아채고, 감시하는 등의 스파이 전술에 대해 상세히 설명하면서도, 그는 자신의 회사에서 그런 일이 벌어지고 있는지 알았을 때는 정말 경악했다고 말한다.

1994년 도드는 체서피크 만의 리조트 분위기를 즐기면서 이스턴의 바에서 시간을 보내고 있었다. 도드가(家)는 여러 해 전에 지역의 맥주 유통권을 수백만 달러에 팔았기 때문에 그 뒤로 그는 풀타임으로 일할 필요가 없었다.

이스턴에서 그는 기업 고객들이 고위직에 필요로 하는 중역들을 찾아주는 작은 헤드헌팅 업체를 운영하는 지역 사업가 리처드 베케트(Richard Beckett)를 만났다. 알고 보니 베케트는 전현직 비밀경호국 요원들과 메릴랜드 주 경찰의 베테랑들 여럿과 친한 사이였다.

맥주를 마시면서 베케트는 도드에게 흥미로운 새 사업에 대한 계획이 떠올랐다고 말했다. 비밀경호국과 메릴랜드 경찰, 그리고 사업계의 인맥과 기술을 이용하여 베케트와 친구들은 미국 대기업들의 경영진에게 경호 서비스를 제공하는 보안 회사를 차릴 수 있었다. 그들이 필요한 것은 투자자뿐이었다.

존 도드는 수완가가 아니었다. 그는 그저 맥주 회사를 유산으로 물려받아 부유해진 사내일 뿐이었다. 그는 보안 사업의 '보'자도 몰랐다. 그래도 그는 흥미가 동했다. 그는 몇 주 후에 베케트의 팀을 만났을 때 좋은 인상도 받았다. 그 사람들은 도드에게 워싱턴에 있는 비밀경호국 본사 건물도 보여주었다. 그들은 그에게 800억 달러 가치의 사모펀드 회사 칼라일 그룹의 공동 창업자 대니얼 대니얼로(Daniel D'Aniello)를 소개시켜주었다. 펜실베이니아 가에 있는 칼라일 그룹의 널찍한 사무실에서 그를 만났을 때 대니얼로는 베케트에 대한 칭찬을 늘어놓았다. "이건 정말 좋은 아이디어예요. 나 자신 이 회사에 투자하고 싶을 정돕니다." 나서는 엘리베이터 안에서 도드는 전 국방 장관이자 전 CIA 부국장 프랭크 칼루치(Frank Carlucci)를 발견했다. 칼루치는 이제 칼라일의 공동 경영자였다. 도드는 넋을 잃었다.

이스턴의 사이드트랙 설룬(Sidetrack Saloon)과 가까운 아나폴리스의 맥가비즈 설룬 앤드 오이스터 바(McGarvey's Saloon and Oyster Bar)에서 베케트와 그 그룹은 새로운 회사를 위한 자세한 사업 계획을 세웠다. 비밀경호국과 메릴랜드 경찰 베테랑들로 이루어진 회사에게 기회는 어디에나 있었다. 당시 막 대통령 선거에 출마하여 선거운동을 시작한 〈포브스〉 지의 발행인 스티브 포브스(Steve Forbes)가 경호 서비스의 대상으로 안성맞춤인 잠재 고객이었다. 그리고 거대 철도 회사인 CSX사 역시 엄청난 보유 부동산을

브로커, 업자, 변호사 그리고 스파이 ♣

관리하기 위한 보안 계획에 도움이 필요할지도 몰랐다.

하지만 그들은 빨리 행동해야만 했다. 그들 가운데 조 매소니스(Joe Masonis)는 비밀경호국에 남아 있을지 떠날지를 빨리 말해야 할 처지였다. 기회는 다른 회사에게 돌아갈 수 있었다.

그러한 시간적 압박하에서 도드는 창업 자금으로 12만 달러를 내기로 동의했고, 회사는 1995년 8월 베케트 브라운 인터내셔널*로 정식 출발했다. 그 회사에 대한 도드의 총 투자는 약 70만 달러까지 늘어났다.

> *—— 이름 속의 '브라운'은 회사 설립을 위한 문서 작성을 도운 변호사를 가리킨다.

1996년 봄경, 그 새로운 회사는 영향력을 발휘하기 시작했다. 베케트 브라운은 잘 알려지지 않은 워싱턴의 홍보 회사 니콜스 데즌홀(Nichols Dezenhall)과 알게 되었고, 이 회사가 일거리를 주기 시작했다. 이 홍보 회사는 위기 커뮤니케이션, 즉 스캔들, 소송, 환경 문제 등 여러 가지 어려움을 겪고 있는 기업을 돕는 미묘한 기술을 전문으로 하고 있었다. 그 결과 이 회사는 해결책을 절실히 필요로 하는 경영자들이 운영하는 회사들을 많이 접했다. 이와 동시에 베케트 브라운은 거물급 첩보 베테랑들을 고용하기 시작했다. CIA의 대테러 센터를 이끌던 빈센트 캐니스트라로(Vincent Cannistraro)를 컨설턴트로 고용했다.** 또 비밀경호국의 해외 첩보 부문을 이끌며 CIA와의 핵심 연락장교 역할을 한 데이비드 브레셋(David Bresett)도 고용했다. 하지만 베케트 브라운이 첫 해를 헤쳐나가면서 파산하지 않은 것은 니콜스 데즌홀과의 관계 덕분이었다.

한편 니콜스 데즌홀은 그 회사로서도 처음으로 큰 프로젝트인 네슬레의 일을 막 따낸 참이었고, 베케트 브라운이 이 돈이 되는 고객을 위해 일하도록 만들었다. 네슬레는 마스에 대해 가능한 한 더 많은 정보를 원했다.

이 일은 쉽지 않을 것이었다. 마스가 스니커즈(Snickers), 엠앤엠스(M&Ms) 등의 잘 알려진 제품을 생산하는 세계적인 대기업이긴 하지만, 비밀스러운 기업 문화를 가지고 있는 데다 여전히 은둔적인 창립자 마스가(家)가 소유한 개인 회사이기 때문이다. 버지니아 주 맥린 엘름 가 6885번지에 위치한 회사 본사 건물 외부에는 아무런 표지도 없다. 지나가는 사람이 볼 수 있는 것이라곤 교외에서 볼 수 있는 2층짜리 벽돌 사무실 건물뿐이다. 주차장도 평범하고, 정문에는 세계적인 대기업의 사무실로 들어간다는 아무런 표식도 없다. 색유리에는 그저 '잡상인 금지'라는 흰 글씨가 써 있을 뿐이다. 여기서 3킬로미터 조금 떨어진 곳의 CIA조차 거리를 지나는 사람들이 잘 볼 수 있는 간판을 달고 있는데 말이다. 마스 직원들의 이메일 주소도 은폐되어 있다. 당신이 마스 회사의 한 중역에게 이메일을 보낸다면 당신은 @mars.com으로 끝나는 주소가 아니라 @effem.com으로 끝나는 주소로 보내야 한다. 그러므로 외부인이 마스의 핵심 인력과 접촉하는 방법을 더 알아내기 힘들게 만든다.*

이러한 비밀스러움을 꿰뚫는다는 것은 일상적인 첩보 기법을 넘어서야 한다는 의미였다. 개인 회사 마스는 증권거래위원회(SEC)에 상세한 보고도 하지 않았고, 대중이 살펴볼 문서도 거의 남기지 않았기 때문이다.

베케트 브라운은 초콜릿 전쟁에서 네슬레의 민간 첩보 사무소 역할을 하기에 딱 들어맞는 시기에 회사를 설립했다.

1997년 후반 캔디 거대기업 네슬레는 새로운 제품을 놓고 사투 중이었다. 신제품 네슬레 매직(Nestle Magic)은 약 5센티미터의 초콜릿 캔디볼로 그 안에는 둥근 플라스틱 껍질이, 그리고 그 안에 다시 작은 디즈니 영화 캐릭터 장난감이 들어 있었다. 네슬레는 그 캔디를 세 살 이상 어린이들에게 판매할 계획이었다. 어린이들이 소비자이기 때문에 네슬레는 안전성이 중요한 요소임을 알았다. 게다가 FDA는 이미 네슬레에게 신제품이 식품과 장난감의 결합을 금하는 수십 년 동안 존재해온 법을 위반하는 것이라고 경고한 상태였다.

하지만 네슬레 경영진은 그 캔디를 충분히 테스트했다고 안심했으며, 소비자제품안전위원회(Consumer Product Safety Commission)의 승인을 받았다고 주장했다. 그들은 FDA와의 의견 불일치가 작은 기술적인 문제이며, 네슬레 매직의 시판을 막을 정도는 아니라고 생각했다. 그들은 플로리다에 있는 가족 경영의 제조 회사 웨트스톤 캔디(Whetstone Candy)와 계약을 맺고 새로운 초콜릿을 생산할 조립 라인을 구성하기로 했다. 계약은 플로리다 부지에 새로운 건물을 만들기 위해 네슬레가 600만 달러를 쓸 것을 요구했고, 웨트스톤은 초콜릿 볼을 생산할 기계를 운전할 125명의 직원을 고용했다.

1997년 7월 네슬레는 캔디를 팔기 시작했고, 소매상인들에게 "네슬레의 힘. 디즈니의 재미"라는 슬로건을 내건 마케팅 자료를 보냈다. 제품은 즉각적으로 성공하며 날개돋힌 듯 팔려나갔다. 디즈니 장난감을 끼워 판다는 아이디어가 주효했다. 캔디 안에 들어 있는 장난감들은 엄청난 인기를 누린 만화 영화 〈라이언 킹〉을 주제로 한 심바, 티몬, 품바 등의 캐릭터였다. 그 외에 〈101 달마시안〉에 나오는 크루엘라 드빌, 〈알라딘〉의 지니 등 다른 디즈니 영화에 등장하는 캐릭터를 만든 장난감도 있었다.* 네슬레는 4~12세 아이들이 어마어마한 구매력을 가지고 있다는 사실도 알고 있었다. 네슬레는 이 연령층의 아이들을 둔 부모들은 매년 약 30억 달러를 쓴다고 계산했다. 네슬레 팀은 매직이 곧 연매출 10억 달러를 달성할 것이라고 예상했다. "매직은 중독성이 있었습니다." 매직에 관여했던 직원의 회상이다. 초콜릿 전문가들은 이 새로운 제품이 얼마나 강력해질 수 있는지를 알았다. "장난감과 초콜릿을 제대로 결합시킬 수 있는 사람은 누구든 성배(聖杯)를 갖게 되는 겁니다."

*———— 네슬레 매직은 인기가 많아 아직도 그 장난감들은 이베이 (eBay)에서 거래되며 가격도 높다. 최근 이베이에 올라온 장난감들은 12개가 든 한 상자에 45달러, 플러스 배송료 8.75달러에 거래되고 있다.

하지만 동시에 네슬레는 전국의 비평가들로부터 공격을 받았다. 제품 속에 장난감이 들어 있는 초콜릿 캔디에 대한 불만은 연방정부 기관에서,

의회에서, 소비자 단체의 사무실에서 들려왔다. 질병통제센터(Centers for Disease Control)와 미네소타 주와 코네티컷 주의 검찰총장들도 주의를 당부했다. 이리저리 공격을 당하는 네슬레 경영진들에게 그것은 마치 서로 연계된 공격 같았다. 하지만 그들은 그것이 어디에서부터 오는 것인지 확신할 수 없었다. 1997년 '기밀'이라고 찍힌 메모에서 네슬레의 한 최고 중역은 네슬레가 수집한 몇 가지 사실을 요약했다. "우리는 어떤 개인(개인들)이 네슬레 매직의 안전에 대해 의심을 불러일으키려 하고 있다는 사실을 안다. 그 의심의 내용은 네슬레 매직의 판매는 불법이며 어린아이들이 질식할 수 있는 위험이 있다는 것이다."

네슬레와 네슬레 컨설턴트들은 공격하고 있는 용의자들의 목록을 작성하고 그들 앞에 있는 증거들을 고려하며 용의자 수를 줄여나가기로 했다. 네슬레 매직이 목에 걸린 어린이들에 대한 불만이 있었지만, 네슬레 팀은 네슬레 매직에 의해 피해를 입은 아이를 단 한 명도 만나지 못했다. 과학적인 성향의 네슬레 중역들은 많은 시간을 제품 검사와 재검사에 보냈다. 그들은 어린아이의 목구멍을 본떠서 만든 장치, '초크 튜브(choke tube)'라는 플라스틱 실린더 안에 그 작은 장난감들을 여러 가지 방식으로 집어넣어 보았다. 어떤 물체든 실린더에 끼이면 소비자제품안전위원회는 아이들에게 질식 위험이 있다고 간주한다. 네슬레 매직에 들어간 디즈니 장난감들은 어떤 것도 초크 튜브에 맞지 않았다. 작은 티몬이 일부 우려를 자아내기는 했지만, 네슬레는 이 장난감의 발을 유별나게 크게 제작하여 초크 튜브에 넣으면 입구로 비쭉 튀어나오게 했다. 네슬레는 자사 제품이 안전하다고 결론지었다. 그리고 피해를 입은 아이들도 찾을 수 없었다.

니콜스 데즌홀의 베테랑 위기 전문가들에게 실제로 질식한 아이가 없다는 사실은 네슬레 매직에 대한 공격이 보통 그러한 공격을 하는 단체, 즉 법정 변호사들이 공격을 하고 있지 않다는 사실을 말해준다. 법정 변호사들이 손해에 대해 소송을 하려면 원고가 필요하기 때문이다. 실제로 질식당한 아이가 없다면 소송은 할 수 없었다. 그래서 유일한 다른 가능성은 경쟁사가 공격을 하고 있는 것이었다.

캔디업계에서는 한 회사의 승리가 종종 다른 회사의 직접적인 손실로 연결된다. 네슬레 매직이 갑자기 마스의 시장 점유율을 줄어들게 만들고 있었다. 네슬레는 마스가 그 많은 불만의 배후에 있지 않나 의심했다. 마스가 자신과 친한 소비자 단체를 이용하여 대중이 불만을 토로하는 것처럼 꾸미면서 네슬레를 공격하고 있는지도 몰랐다. 네슬레의 일부 사람들에게 마스는 닉슨 행정부의 비밀스러운 활동을 연상시켰다. 분명 비밀스러운 마스는 비열한 수법을 쓸 만한 가능성이 있다.

네슬레는 확실히 알아야 했다. 그리고 빠른 시간 내에 알아야 했다. 그 모든 공격이 마스로부터 왔는지는 확실하지 않았지만 의심할 만한 내용들이 있었다.

- FDA의 부커미셔너(deputy commissioner)에게 보내는 한 편지는 그 캔디를 "지극히 위험하다"고 말했다.
- 전국의 칼럼니스트들과 식품에 대해 글을 쓰는 사람들에게 보내진 익명의 팩스는 캔디 안에 장난감을 넣는 아이디어를 '미친 술책'이라고 했고, "아이들을 사랑하는 사람들은 누구라도 오늘날 네슬레가 FDA

브로커, 업자, 변호사 그리고 스파이

에게 제안한 이 미친 짓을 나쁜 아이디어라고 분명하게 규정해야 한다"라고 불만을 표했다.

- 그리고 (맨 위 또는 거의 맨 위까지 간) 누군가가 백악관의 부통령 앨 고어의 팩스번호로 보낸 편지는 네슬레 매직에 대한 금지령을 촉구하고 있었다.

초콜릿 전쟁은 워싱턴에서 진행 중이었다. 곧 더욱 이상한 일들이 일어나기 시작했다. 1997년 후반, 한 의문의 이방인이 장난감 안전에 관한 연례보고서를 발표하는 단체인 미국공익연구그룹(US PIRG) 사무실에 나타났다. 이 미스터리의 사내는 안내 데스크의 안내원과 이야기를 나누고는 네슬레 매직에 대한 비판적인 정보가 들어 있는 서류 꾸러미를 남겨두고 떠났다.

그후 몇 달 동안 그 사내는 US PIRG에 계속해서 꾸러미를 보내며 네슬레 매직에 대해서 어떤 입장을 취해주기를 부추겼다. 네슬레 사람들이 이 정체 모를 사내에 대한 소식을 들었을 때 그들은 그에게 딥 초콜릿(Deep Chocolate)이라는 별명을 붙여주었다. 가장 유명한 정보원인 워터게이트 사건의 딥 스로트(Deep Throat: 닉슨 대통령이 워터게이트와 직접적으로 관련되어 있다는 사실을 알린 사람 – 옮긴이)에서 따왔다.

딥 초콜릿의 정체를 알아내고 돈지들로부터 그에 관한 어떤 정보라도 듣고자 애쓰던 네슬레는 "딥 초콜릿의 베일을 벗기도록 우리를 도와달라"는 메시지를 외부로 보내기 시작했다. 어느 오후 네슬레의 로펌 호건 앤드 하트슨(Hogan and Hartson)의 한 로비스트가 네슬레 매직과 상관없는 문제 때문에 US PIRG 사무실에 갔다. 거기서 그녀는 그 수상한 이방인에 대한 질문을 하기 시작했고, 다른 중역에게 자신이 느낀 바를 '딥 초콜릿이 다시 공격한다'는 제목 아래 적어 긴급 이메일을 보냈다.

나는 오늘 다른 일 때문에 US PIRG의 에드 미어즈윈스키(Ed Mierzwinski)를 만났다. 만남이 끝나고 나는 그가 최근에 딥 초콜릿과 접촉했는지 물었다.

미어즈윈스키가 딥 초콜릿의 진짜 신원을 알았더라면 그는 그것을 로비스트에게 밝히지 않을 것이었다. 이메일은 아래와 같이 계속되었다.

에드는 가장 최근의 꾸러미가 소포로 왔는지 아니면 딥 초콜릿이 손수배달했는지 기억하지 못한다고 했다. 에드를 돕는 직원은 첫 번째 꾸러미는 딥 초콜릿이 직접 전달했으며 안내 데스크의 안내원과 이야기를 나눴음을 상기시켰다. 하지만 그 직원은 내가 딥 초콜릿의 생김새나 목소리에 대해 묻자 약간 긴장했다. 분명 그는 US PIRG가 딥 초콜릿의 정체를 폭로하는 주체가 되기를 바라지 않았다.

미어즈윈스키는 그 로비스트에게 한 가지 단서를 제공했다. 그녀는 이렇게 썼다. "에드는 나에게 딥 초콜릿이 마스에게서 돈을 받고 있거나 마스와 협력하고 있다고 믿는다고 말했다. 아마 홍보 회사를 통해서 말이다." 하지만 딥 초콜릿은 누구인가?

이 미스터리를 풀기 위해 네슬레는 크롤 어소시에이츠를 고용했다. 크롤은 마스의 워싱턴 팀을 조사하며, 배경 정보, 주소, 언론 기사, 일부 경우에는 사회보장번호와 아이들 이름까지 수집했다. 크롤은 관련 로비 회사들을 조사했고, 핵심 중역들의 선거운동 기부금에 대한 기록을 모았으며, 마스의 노력에 관련된 사람들 중 누가 같은 학교를 다녔고, 누가 가족의 친구이며, 누가 이전 동료인지 등의 정보를 수집했다.

크롤의 수사관은 제임스 버크넘(James Bucknam)이었다. 그는 그 전해에 FBI 국장 루이스 프리(Louis Freeh)의 수석 고문으로서 정부에서 일하다 은퇴했다. 1997년 9월 30일 오전 11시, 버크넘은 32쪽짜리 팩스를 네슬레 법률 부서의 수석 변호사에게 보냈다. 마스의 술책에 대응하는 전략에 관한 내용이었다.

대응의 전반적인 주제는 마스가 네슬레 매직을 막기 위해 무엇이든 할 것이라는 점이었다. 그 이유는 마스가 올해 상점에 내놓을 제품이 없고, 그러므로 미국 시장에 자사 상품을 내놓기까지 매직이 거침없이 팔려나가는 모습을 가만히 보고만 있을 수 없기 때문이다. 다시 말해, 이 문제는 아이들의 안전이 아니라 기업의 탐욕과 시장 점유율에 관한 것이다.[주2]

크롤은 또한 네슬레는 정치적 인맥을 이용해야 한다고 적었다. 마스는 워싱턴에 있는 '민주당 정보원들'을 이용하여 자사의 주장을 펴고 있었기 때문이다.

하지만 너무 늦었다. FDA는 네슬레 매직에 대해 〈뉴욕 타임스〉와 인터뷰를 했고, 그 내용은 비판적이었다. 네슬레가 네슬레 매직의 계속적인 판매를 거의 불가능하게 한 내용도 들어 있었다. "이 제품은 우리의 법 아래서는 불법입니다." FDA의 정책 커미셔너 윌리엄 허버드(William Hubbard)가

〈뉴욕 타임스〉기자에게 선언했다.주3 그것이 끝이었다. 네슬레는 항복했다. 10월 1일 발표한 방어적인 보도자료에서 네슬레는 이렇게 말했다. "네슬레 매직은 소비자제품안전위원회(CPSC)의 모든 안전 기준을 충족합니다. 하지만 식품/장난감 결합 제품과 관련하여 해결하지 못한 기술적·법적 문제 때문에 네슬레는 스스로 그 제품을 철회할 것에 동의합니다." 네슬레의 제과 부문 사장인 프랭크 아소퍼(Frank Arthofer)는 네슬레가 "제품 판매에 불리한 환경"을 맞았다고 시인했다.주4

마스와 전투를 벌이고 있는 네슬레에게 이 작은 충돌에서 진 것은 자존심(과 손익 계정)에 타격을 주었다. 네슬레는 매직에 엄청난 자원과 노력을 투자했기 때문이다. 이제 그 모든 투자가 물거품이 되었다. 플로리다 주의 매직 생산공장을 경영하던 행크 웨트스톤(Hank Whetstone)은 네슬레 보도자료가 나가던 날 조립 라인을 폐쇄하라는 말을 들었다. 그는 새로 지은 건물을 찾아가 일하고 있는 125명의 직원들에게 '해고'라고 말하고, 기계의 중앙 전원 스위치를 껐다. "정말 싫었습니다." 그가 말한다.

웨트스톤은 네슬레의 관리들이 매직에서 3000만 달러를 잃었다고 자신에게 말했다고 한다. 대차대조표에 뚫린 구멍은 애초에 매직 프로젝트를 시작케 했던 수십억 달러의 꿈과 큰 차이였다. 곧 플로리다 주의 이 생산업자는 누가 이제 놀고 있는 새 생산 시설에 대한 비용을 지불해야 하는지를 놓고 네슬레와 긴 법적 싸움에 들어갔다. 네슬레가 고용한 스파이들도 이 생산 시설에 들어갔는데, 이번에는 네슬레의 하도급업자로 일했던 그 생산업자가 네슬레의 캔디를 생산하기 위해 지은 공장을 네슬레의 적인 마스를 위해 사용하고 있지는 않은지의 여부를 알기 위해서였다.

브로커, 업자, 변호사 그리고 스파이

'초콜릿 전쟁'에서 새로운 공격이 나타날 참이었다. 네슬레는 계속하여 자원을 쏟아부었다. 네슬레는 매직이 어떻게 패배했는지에 대한 더 나은 정보가 필요했다. 네슬레는 누가 언제 어떤 기법을 써서 매직을 패배시켰는지 알고 싶었다. 네슬레는 또 다른 전투들이 다가오고 있다고 생각했다.

이제 네슬레는 베케트 브라운에게로 눈을 돌렸다. 베케트 브라운은 버지니아 주 알렉산드리아에 위치한 작은 컨설팅 회사 호손 그룹(Hawthorn Group)을 면밀히 감시하고 있었다. 이 회사는 홍보업계 밖으로는 거의 알려진 바가 없었다. 하지만 마스와 가까운 관계였고, 호손의 자문위원회 의장인 제임스 키스(James Kiss)는 홍보업계의 실력자였다. 그는 자신의 마케팅 자료에다 자신이 마스를 위해 하는 일에 대해 언급해도 좋다는 드문 특권을 누리고 있었다.

베케트 브라운은 마스의 전략에 깊이 관여하는 듯 보이는 호손의 컨설턴트 리처드 스위가트(Richard Swigar)에 초점을 맞추기로 했다. 스위가트가 딥 초콜릿이었는가? 베케트 브라운은 스위가트가 중요한 인물임을 알고 있었다. 베케트 브라운의 전직 비밀경호국 사람들이 마스 팀의 조직도를 그렸을 때 스위가트는 마스의 법무 자문위원인 에드워드 슈테그만(Edward Stegemann)과 긴밀히 협력하고 있는 것으로 드러났다. 슈테그만은 은둔적인 마스 형제들과 개인적으로 친한 몇 안 되는 친구였다.

스위가트의 집 주소, 알렉산드리아의 서클 힐 로드(Circle Hill Road) 3119번지를 찾아내기는 어렵지 않았다. 이 정보를 가지고 베케트 브라운은 그의 집 전화번호를 알아냈다. 그리고 스위가트가 누구에게 전화하는지를 알아내기도 그리 어렵지 않았다. 베케트 브라운은 뉴욕의 사립 탐정을 고용하여 스위가트의 집 전화 기록을 입수했다. 이 사립탐정사무소 사이언스 시큐리티 어소시에이츠사(Science Security Associates, Inc)*는 스위가트가 1997년 11월과 12월, 그리고 1998년 1월에 우편으로 받은 AT&T 전화비 청구서상의 스위가트의 집 전화번호의 발신자 목록을 손으로 작성한 보고서를 제출했다. 보고서에는 약 80건의 장거리 및 신용카드 전화 통화내역이 나열되어 있었고, 스위가트가 건 내선번호의 주인공이 누구인지의 내용도 포함되어 있었다. 사이언스 시큐리티는 이 정보에 대해 베케트 브라운에게 1250달러를 청구했다.

*────── 워터게이트에 대해 잘 아는 사람들은 사이언스 시큐리티 어소시에이츠라는 이름을 들어봤을지도 모른다. 워터게이트 호텔 침입이 있기 몇 달 전, 사이언스 시큐리티에서 일하던 뉴질랜드인 제임스 울스턴스미스(James Woolston-Smith)는 닉슨재선위원회(CREEP, Committee to Reelect the President)가 세운 계획을 알았다. 베테랑 CIA 요원 조지 오툴은 1978년에 자신의 책 『민간 부문』에서 그다음에 일어난 일을 묘사했다. 울스턴스미스는 그 정보를 이전 고객이었던 윌리엄 하다드(William Haddad)에게 전했고, 하다드는 다시 민주당 의장 래리 오브라이언(Larry O'Brien)에게 알렸다. 민주당에 전해진 그 정보는 심지어 제임스 맥코드(James McCord)와 G. 고든 리디(G. Gordon Liddy)라는 이름까지 포함하고 있었다. 오툴은 이렇게 썼다. "믿을 수 없어 보인다. 하지만 민주당전국위원회(DNC)의 워터게이트 사무실 안에서 맥코드와 4명의 쿠바인들이 체포되기 약 2개월 전에 민주당원들은 그들을 도청하려는 CREEP의 계획에 대해 알고 있었다." 울스턴스미스가 어떻게 그 정보를 얻게 되었는지는 분명히 알려지지 않았다.

베케트 브라운은 스위가트의 재정 상황에 대해서도 알고 싶어 했고, 1998년 1월 그의 은행 계좌에 잔고가 있다는 기록을 입수했다. 하지만 거기서도 극적인 일은 없었다. 스위가트의 은행 잔고는 많지 않은 1만 4410달러였다. 스파이들은 스위가트의 움직임을 주시하면서 회사 이메일이라기보다 해외 요원의 첩보 문서 같은 보고서를 작성했다. "스위가트는 집에서 일하는 것으로 보인다. 그는 주간 스케줄을 세우며, 그 스케줄에 호손 그룹의 일은 거의 없다." 그리고 그들은 스위가트의 사생활을 파헤치기도 서슴지 않았다. 그의 데이트 상대 여성의 이름과 직업까지 적을 정도였다.

기록은 스위가트가 딥 초콜릿인지 아닌지에 대해 베케트 브라운이 어떤 결론을 내렸음을 보여주지 않는다. 네슬레가 그 문제를 풀었는지도 분명하지 않다. 하지만 두 회사 모두 그들이 해결에 가까이 갔음은 알았을 것이다. 리처드 스위가트가 딥 초콜릿이었던 것이다.

마스를 위해 일하는 호손 그룹의 하도급자로 일하던 스위가트는 네슬레 매직에 대항한 비밀스러운 노력을 이끌던 주도자 중의 하나였다. 스위가트는 작전의 일환으로 소비자 단체, 정부기관, 언론과 접촉해서 매직이 위험하며 FDA의 규칙도 어기고 있다는 주장을 폈다. 스위가트는 기업 컨설턴트로서 US PIRG 등의 소비자 단체와 반대되는 일을 하면서 경력을 쌓았지만 이번 작전에서는 오랜 적과 협력해야 했다. 그는 다양한 소비자 단체 사무실에 매직에 반대하는 정보들을 전했다.

네슬레가 고용한 스파이들은 스위가트 다음으로 마스를 위해 일하던 워싱턴의 유명 로펌이자 로비 회사 패튼 보그스(Patton Boggs)에게로 관심을 돌렸다. 패튼 보그스의 변호사들은 매직이 식품 안에 장난감을 넣지 말라는 수십 년 된 법을 어겼다고 주장하며 FDA를 압박했다. 베케트 브라운은 그 큰 회사 안에서 조사해야 할 변호사 한 사람을 식별해냈다. 그 사람은 바로 FDA 관련 일을 전문으로 하던 젊은 대니얼 크라코브(Daniel Kracov)였다. 마스와 긴밀히 협력하면서 크라코브는 할 수 있는 한 넌지시 FDA를 압박하며 네슬레에게 불리한 조치를 취하라고 했다.

요원들은 M 가(M Street)에 있는 패튼 보그스 사무실의 크라코브 개인전화에 대한 청구서 내역을 입수하여 15건의 통화에 대해 자세히 기록했다. 어떤 번호로 가장 자주 전화를 걸었는지, 각각의 경우 어느 번호로 주로 전화를 걸었는지 등. 크라코브의 팩스 수사는 더 힘들었다. 알고 보니 그는 사무실의 다른 변호사들과 팩스선을 공유하고 있었다. 크라코브가 누구에게 팩스를 보내고 있는지를 알 길이 없었다. 사무실의 다른 변호사들 누구라도 같은 기계를 사용할 수 있었기 때문이다. 스파이들은 순간 당황했다.

그들은 마스의 전화번호로 관심을 돌려 마스의 중역이 1998년 1월 15일 백악관에 두 차례 전화한 기록을 입수했다. 그들은 전화 내용을 조사해봐야 했다. 곧 베케트 브라운은 마스의 중역들이 2월에 메릴랜드 주 이스턴 쇼어의 작은 도시 세인트 마이클스에서 회사 워크숍을 가질 계획임을 알았다. 그곳은 베케트 브라운의 홈그라운드여서 지금까지 수집한 정보들의 빈 곳을 메워줄 정보를 모으기에 절호의 기회였다. 베케트 브라운은 세인트 마이클스에 요원들을 배치했다. 그들은 마스의 중역들이 어디에서 묵을지를 알아야 했다. 세인트 마이클스에는 호텔이 몇 개 없었지만 그중에서 어떤 호텔인지 알아내는 것이 중요했다. 베케트 브라운 팀은 버지니아 주의 마스 본사를 탐색하여 감시 카메라의 위치와 그 밖의 보안 조치를 알아냈다. 그들은 지역의 쓰레기 처리 회사에 전화하여 쓰레기가 매주 언제 처리되는지를 알아냈다. 보안에 거의 강박적이라는 마스의 평판에도 불구하고 그들은 쉽게 본사에 침투할 수 있었다. 그들은 곧장 마스 본사 건물 뒤편으로 가서 울타리가 그 회사의 쓰레기통을 가리고 있는 곳으로 들어갔다. 거기서 그들은 마스 사무실의 쓰레기봉투들을 훔치고 대신 그 자리에 다른 쓰레기봉투들을 놓았다. 마스의 유지관리 인력이 쓰레기가 없어진 사실을 눈치채지 않게 해야 했기 때문이다.

그리고 다시 와서 새 봉투들을 가져가고 단서들을 찾기 위해 이미 뒤진 봉투들을 대신 그 자리에 가져다놓았다. 대개의 경우 비번인 경찰들도 고용하여 함께 갔다. 지역 경찰들이 그들을 발견하고 질문할 때를 대비하기 위해서였다. '쓰레기통 뒤지기'와 관련한 법적인 문제는 분명하지 않았고, 또 자주 어디에 쓰레기가 있었고, 어떻게 획득했느냐에 따라 상황은 달라지지만, 베케트 브라운 사람들은 자신들이 하는 모든 일은 합법이라는 가정하에서 행동했다. 공공연하게 수거해 가도록 버리는 휴지에 사생활 보호가 적용되지는 않는다고 생각했기 때문이다. 그렇지만 그들은 경찰이 수상쩍게 여길 수(또는 법률과 관련해 그들의 주장에 동의하지 않을 수) 있음을 알았고, 그래서 경찰을 고용할 만하다고 생각했다. 베케트 브라운은 몇 달 동안 계속 마스 본사에서 쓰레기를 수거해서 자신들의 사무실로 가져가 뒤졌다.

쓰레기통 뒤지기는 기업 스파이 활동에서 가장 오래된 방법 중 하나다. '쓰레기통 뒤지기'라는 말 자체도 사립 탐정이 바나나 껍질들을 뒤지며 열심히 목표 대상물의 나쁜 정보를 찾는 모습을 연상케 한다. 그 모습의 일부는 꼭 맞기도 하다. 하지만 쓰레기통 뒤지기는 오랜 세월에 걸쳐 유효성이 증명된 기법이고, 대부분의 기업가들이 생각하는 것보다 훨씬 자주 이용된다. 현대의 사무실 건물에서 나오는 쓰레기 중에는 기업 스파이들이 기업 내부에서의 활동을 알아내는 데 중요한 문서들이 들어 있다. 이메일 출력물이나 청구서, 해 지난 달력 등.

베케트 브라운 팀은 마스 본사 사무실의 쓰레기들을 뒤지는 데 많은 시간을 보내면서 음식, 커피가루, 그 밖의 냄새나는 것들이 묻은 문서들을 발견했다. 한번은 오물 묻은 팬티를 발견한 적도 있었다. 마스의 누군가가 지독한 설사 때문에 더러워진 팬티를 그냥 버린 것이다. 어쨌든 베케트 브라운의 스파이들은 일을 계속해나갔다. 마스에는 약간의 보안 조치가 있었는데 문서를 파쇄하는 것이었다. 스파이들은 파쇄된 문서들을 발견했지만, 마스 직원들은 하나같이 문서 조각들을 같은 쓰레기통에 버렸다. 종잇조각들은 건물을 빠져나와 쓰레기통으로 던져지면서 봉투 안에서 이리저리 흩어졌지만 그래도 모두 한자리에 있었다. 베케트 브라운은 힘들여 문서들을 다시 구성했다. 그들은 많고 많은 문서들을 뒤지면서 '네슬레', '매직', '질식', '공격', '공략' 등 중요한 단어를 포함한 문서와 네슬레나 마스의 최고위 중역들의 이름이 들어간 문서들만 따로 뽑았다.

그러다가 중요한 정보를 얻었다. 쓰레기 저 깊숙한 곳에서 마스의 중역 밥 카고(Bob Cargo)가 서명한 객실 계약서를 발견한 것이다. 그것은 1998년 2월 19~21일, 목요일부터 토요일까지 하버 로드(Harbor Road)상의 세인트 마이클스 하버 인 앤드 마리나 호텔의 방 10개를 예약한 내용이었다. 계약서는 시청각 장비와 함께 그 호텔의 회의실 이용도 요구하고 있었다. 모든 방을 하루 사용하는 데 95달러를 청구한다는 내용도 있었다.

이제 베케트 브라운은 초콜릿 전쟁에서 많은 보수를 받는 첩보원으로서 첩보 작전을 수행하기에 필요한 모든 정보를 가지고 있었다. 그리고 그들은 네슬레와 마스 두 회사 간의 오랜 투쟁에서 중요하고 새로운 전선을 열고 있었다. 바로 애완동물 식품이었다.

그해 겨울, 네슬레는 11억 6000만 달러에 달게티사의 스필러스 애완동물 식품사업을 인수하기로 동의했다.[주5] 네슬레 매직이 실패한 후 네슬레는 이번에는 마스의 반응을 알아야 했다. 다행스럽게도 세인트 마이클스에서의 워크숍은 스필러스에 대한 발표가 있고 나서 2주일 후에 열릴 것이었다.

베케트 브라운은 전 메릴랜드 주 경찰이었던 팀 워드(Tim Ward), 전 비밀경호국 요원이었던 마이크 미카(Mike Mika), 그리고 다른 몇몇 요원을 그 호텔로 보냈다. 세인트 마이클스 하버 인은 전형적인 리조트 호텔이다. 체서피크 만의 경치 좋은 지역에 위치한 호텔은 자체 정박지에 수십 개의 요트가 있고, 발코니에서는 만 건너에 있는 해양박물관이 보인다. 그래도 2월은 비수기로, 나무들은 이파리 없이 앙상했고, 바람도 차가웠다. 마스의 중역들과 베케트 브라운의 기업 스파이들이 몰려오면 그 호텔의 월 매출이 눈에 띄게 오를 것이었다.

워드와 미카는 베케트 브라운에서 가장 뛰어난 요원이었다. 워드는 그 회사의 창립 멤버 중 하나였고, 미카는 비밀경호국 공격대응팀의 베테랑으로, 전 세계를 여행하며 대통령과 부통령을 지켰다. 미카 같은 베테랑 요원에게는 호텔에 들어가 209호에 소지품들을 놓고 아래층의 레스토랑 윈도우즈 온 더 워터에 가서 식사하는 것쯤은 간단한 일이었다.

베케트 브라운 팀은 마스의 중역들이 하루마다 회의를 마치면 작은 호텔 바와 레스토랑에서 휴식을 취할 것임을 알았다. 매일 스파이들은 바 안에 팀원들을 배치시켰다. 한 테이블에 두 명씩 앉아 그들 역시 다른 사업 회의에 온 것처럼 보이도록 했다. 그들은 마스 중역들이 어디에 앉더라도 그들의 말이 잘 들릴 수 있도록 자리를 잡고 앉았다. 비밀경호국에서 근무한 경험으로 그들은 낮고 의미 없는 대화를 이어가면서 옆 테이블에서 들리는 소리 하나하나에 집중하는 어려운 기술에 능했다. 이 방법은 성공적이었다. 마스 중역들은 누가 그들의 말을 듣고 있는지 눈치채지 못했다. 마스 중역들이 보기에 그들은 이미 사람들로 반쯤 찬 바에 온 손님에 불과했다. 그들은 스파이들을 눈여겨보지 않았다.

마스 팀이 식사하러 레스토랑에 들어올 때 베케트 브라운 사람들은 가능한 한 많은 공간을 커버할 수 있도록 흩어져 미리 테이블에 자리를 잡고 앉아 있었다. 하지만 식당은 너무 넓어 모든 작은 테이블에서 오고가는 이야기를 들을 수는 없었다. 그래서 복도에 두 사람으로 된 한 팀이 기다리고 있었다. 베케트 브라운의 팀이 커버할 수 없는 테이블에 마스 사람들이 앉을 경우 이 대기팀이 그 옆 테이블에 앉기 위해서였다. 매일 밤 일부는 바에, 일부는 레스토랑에, 일부는 대기팀으로 위치를 바꿔가며 일했다. 그들은 마스 사람들이 그들을 알아볼까 봐 걱정하지는 않았다. 이스턴 쇼어에서는 너무나 많은 회사 워크숍이 열리기 때문에 마스 중역들로서는 고객들 중에 같은 얼굴을 보는 것도 당연했기 때문이다. 전혀 이상할 것이 없었다. 비용 보고서를 보면 마이크 미카는 첫날 저녁에 레스토랑에서 식사비로 184.24달러를 썼다. 하지만 어느 모로 보나 일을 위한 식사였다.

고객에게 보내는 보고서에서 베케트 브라운은 저녁식사 중에 일부 중요한 대화들을 엿들었다고 적었다. 메뉴의 볼락구이, 크랩 케이크, 송아지 스

브로커, 업자, 변호사 그리고 스파이 🎩

위트브레드를 고르는 동안 마스 중역들은 옆 테이블에 앉은 스파이들을 의식하지 않았다. 그들은 유럽에서 마스의 밀키웨이(Milky Way) 초코바의 판매가 네슬레 매직에 의해 어떻게 '부정적인 영향'을 받았는지에 대해 솔직하게 이야기했다. 그 중역들은 네슬레 매직 안에 든 작은 플라스틱 장난감들이 수집가의 수집물이 되면 어쩌나 걱정하고 있었다. 그들은 그것이 '티클 미 엘모(Tickle Me Elmo)'처럼 그해에 꼭 가져야 하는 어린이 선물이 되면서 유행을 탈 수 있다고 투덜거렸다.

마스 중역들은 스파이 팀이 그들을 둘러싸고 그들의 말을 엿듣는 줄 모르고 네슬레에 대한 승리로 우쭐댔다.

매일 베케트 브라운 팀은 호텔 잡역부들에게 팁을 주며 마스 중역들의 방에서 나온 쓰레기는 호텔 뒤편 쓰레기통 옆에 두도록 부탁했다. 그들은 그 쓰레기도 수거해서 베케트 브라운의 사무실로 가져가 분석했다. 한 팀원은 청소부들이 약 20달러의 뇌물을 제공했을 때도 전혀 놀라는 눈치가 아니었다고 말했다. 그는 청소부들이 그렇게 뇌물을 받는 일이 자주 있지 않나 의아해했다.

전화 기록, 호텔 감시, 쓰레기봉투의 문서들을 종합하여 베케트 브라운은 마스 내에서 일어나는 일에 관한 정보를 엄청나게 쏟아내기 시작했다. 하지만 그중 많은 부분은 서로 연결되지 않는 무의미한 정보였다. 가장 어려운 부분은 정보를 수집하는 일이 아니라 그렇게 모은 수백 가지의 정보 조각들을 맞추어 내용을 얻는 일이었다. 그해 첫 몇 달 동안 베케트 브라운은 고객에게 보내기 위해 준비하는 보고서에 다음과 같은 정보들을 적었다.

- "마스는 모스크바 트레티야코프 미술관(Moscow Tretyakov Gallery)에 10만 달러를 기부할 것이다. 포레스트 마스 승인."*
- "마스 해켓타운(Hackettown) 공장은 1톤당 85달러를 절약하며 캐나다 유제품으로 바꾸어 사용하고 있다."
- "마스는 멕시코에 땅콩버터 생산공장을 지을지도 모른다. 니카라과 및 멕시코 땅콩 사용."
- "영국 2파운드짜리 주화의 디자인 변경으로 영국에 있는 마스 제품 판매 기계가 사용할 수 없게 되었다."
- "패튼 보그스 - 1997년 8월 20일자로 끝난 기간에 대해 259만 7916달러 지불."

*———— 마스의 창립자 프랭크 마스의 은둔적인 억만장자 아들 포레스트 마스는 M&Ms와 마스 초코바를 개발해낸 사람으로 업계에서 유명하다. 그는 1999년에 사망했다. 이 항목은 아마 그의 아들 포레스트 주니어를 지칭하는 것 같다. 당시에는 포레스트 주니어가 그의 형제와 함께 활발히 회사를 이끌고 있었다. 트레티야코프는 러시아 국립미술관이다. 당시 마스는 구소련에서의 사업 기회에 점점 더 많은 관심을 기울이고 있었다.

첩보 작전이 부딪히는 한 가지 과제는 세계적인 기업이 매일 생산해내는 어마어마한 분량의 정보에서 어떻게 중요한 정보를 가려내느냐이다. 베케트 브라운은 그 일을 하지 않았다. 입수 자료 모두를 홍보 회사 데즌홀에 넘겼다. 그러면 데즌홀의 중역들이 무엇이 중요하고 무엇을 네슬레에게 보내야 할지를 정했다.

베케트 브라운은 쓰레기통에서 일상적인 사소한 정보보다 훨씬 더 중요한 정보를 빼낸 것으로 밝혀졌다. 스파이들은 포레스트 마스가 네슬레의 헬무트 마우허 박사에게 보낸 드라마틱한 팩스에서 진실의 전부를 말하지 않았다는 사실을 알아냈다. 포레스트 마스는 네슬레 및 스필러스와의 10억 달러 인수 거래에 반대하지 않을 거라고 썼지만 스파이들은 그의 회사가 인수를 방해할 정교한 계획을 비밀리에 세우고 있었다는 사실을 밝혀냈다. 네슬레에게 스파이 활동은 로널드 레이건이 군축 문제로 소련에게 한 말 "믿어라. 하지만 확인해라"와 같았다. 그들은 마스가 약속을 지킬지 어떨지를 알고 싶어 했다. 그리고 그들은 그 정보에 대해 기꺼이 지불할 의향이 있었다.

이 문서를 발견한 것만 해도 10간 달러 가치는 될 것이라고 베케트 브라운의 스파이들은 추산했다. 하지만 그들은 모든 정보를 한꺼번에 넘겨줄 생각이 없었다. 대신 때때로 정보 덩어리들을 넘겨 고객의 환심을 사고 해당 정보를 힘들게 얻었다(그래서 높은 값을 받을 가치가 있다)는 인상을 주려고 했다. 일부 정보를 넘기지 않고 보유하는 것은 또한 조사에서 중요한 정보가 나오지 않을 때 제공하면 좋은 유용한 저축분이 되었다.

네슬레가 알아낸 바에 따르면, 마스는 세계 기업들이 자유 시장에서 경쟁하는 것보다 정부를 로비하는 편이 더 쉽게 경쟁자를 막을 수 있다고 계산할 때 행하는 작전과 흡사한 작전을 준비하고 있었다. 물론 마스가 더 새롭고 좋은 애완동물 식품을 내놓거나 기존 제품의 가격을 내리는 방법으로 자유 시장을 공격할 수도 있었다. 하지만 그 방법은 시간을 요하고 엄청난 비용이 들었다. 유럽 정부들이 네슬레를 막는 것이 그들의 이해에 부합한다고 믿게끔 하는 것이 훨씬 더 간단하고 쉬웠다. 정부의 도움을 얻는 것이 민간에서 어떠한 노력을 하는 것보다 훨씬 더 이익일 수 있다. 기업들이 의회에 로비해서 할당금(많은 경우 의회의 입법 과정이 오래 걸리는 특별한 목적의 비용)을 따내려는 한 가지 이유다. 2005년 기업들은 평균적으로 로비 비용으로 쓴 1달러에 대해 자그마치 28달러의 할당금 수입을 받았다.주6 그것은 대부분의 경우 제품을 생산하고 판매하여 얻는 수익보다 훨씬 더 나은 수익률이다.

이 경우에 마스는 스필러스가 네슬레의 손에 들어가는 것을 막을 수 있는 위치에 있는 유럽 의원들을 대상으로 계획을 세웠다. 먼저 마스는 유럽경제지역(EEA, European Economic Area) 회원국들에게 네슬레의 인수가 소비자들에게 악영향을 끼칠 것이라는 점을 설득할 예정이었다. 요점은 마스의 페디그리 개 식품 부문을 통해 네슬레가 유럽의 관료들에게 제출한 자료가 부정확하다는 점을 부각시킬 사실적이고 역사적인 정보를 모으는 것이었다. "정보는 네슬레가 합병한 후에 행한 해고나 통합의 역사를 부각시켜 보여줄 것이었습니다." 베케트 브라운이 썼다.

그다음 마스는 겉으로 보기에 독립적인 제3자를 자극하여 네슬레와 달게티의 거래가 성사되지 못하도록 하는 데 도움을 받을 작정이었다. 베케트 브라운은 그 계획에 따라 마스의 로비스트들이 유럽 정치인들에게 그 거래에 대해 부정적인 이야기 요점과 부정적인 헤드라인이 실린 타블로이드 신문을 제공할 거라고 적었다. 보고서에는 이렇게 씌어 있었다. "베케트 브라운 인터내셔널(BBI)은 이 계획의 사본을 입수했다."

베케트 브라운은 언급했다. "마스는 그들이 부추기는 제3자에 의한 비난을 어느 정도까지는 감수할 용의가 있다. 예를 들어 마스는 페디그리/네슬레 두 회사에 의한 독점이 EEA 내에서 애완동물 식품 시장을 지배할 것이고, 공급 업체와 생산 업체, 그리고 소비자에게 불이익이 될 거라 주장할 것이다." 중요한 발견이었고, 이 기회를 놓치지 않은 베케트 브라운은 보고서에서 이 점을 강조했다. "마스가 네슬레/달게티 인수에 대해 비난을 감수하려는 점은 중요하다."

다가오는 수개월 동안 베케트 브라운은 마스의 비밀을 더 깊이 파고들 것이다. 사이언스 시큐리티 어소시에이츠의 담당자와 접촉하여 마스 본사에서 나가는 전화들을 계속 모니터하면서 마스의 중역들이 전화를 거는 사람들과 회사들을 알아낼 것이다.

하지만 마스의 내부 보안은 철저했다. 봄이 되자 사이언스 시큐리티 어소시에이츠는 호손 그룹의 제임스 키스, 마스의 법무 자문위원인 에드 슈테그만과 관련한 송장의 지불을 요청하는 메모를 보냈다. 사이언스 시큐리티 어소시에이츠는 (서툰 영어로) 워드가 원한 전화 기록을 모두 입수하지는 못했다고 설명했다. "'보안 블록(security block)' 때문에 직원들이 극복하지 못한 것 같습니다. 이에 대해 어떤 다른 생각이 있으면 저에게 알려주십시오." 사이언스 시큐리티 어소시에이츠는 이미 끝낸 작업에 대해 2455달러를 요구하는 송장을 보냈다. "송장에 대해 할 말이 있으시면 이 점을 이해해주십시오. 비용의 많은 부분은 제 돈으로 충당했습니다."

베케트 브라운은 네슬레의 사업에 너무 깊이 관여하게 되어 네슬레는 팀 워드에게 비공개 양식을 작성하도록 요청했다. 그러한 문서에 전형적인 난해한 영어로 네슬레는 워드에게 이렇게 썼다. "당신은 네슬레의 기밀이자 독점적 정보에 접근할 권한을 가질 것이다. 그것은 네슬레의 계획과 미래의 활동, 마케팅 계획과 전략, 사업 계획과 정보, 신제품 개발 등을 포함한다. ……식품 산업의 치열한 경쟁적 성향 때문에 네슬레는 자사의 기밀 정보를 보호하기 위해 정책과 절차를 확립했다." 워드는 그 양식에 서명했다.*

*——— 2008년 가을 베케트 브라운과의 관계에 대해 말해달라고 했을 때 네슬레의 대변인 로리 맥도널드(Laurie MacDonald)는 네슬레는 직접적으로 베케트 브라운에 돈을 지불한 적이 없다고 말했다. 그녀는 외부 협력 회사의 일을 논하지 말라는 회사 정책을 거론하며 네슬레가 니콜스 데즌홀을 고용했다는 사실을 확인해주지 않았다. 그리고 그녀는 베케트 브라운이 적용한 전술에 대해 어떠한 의견도 제시할 수 없다고 하며 "그들에 대해서는 아는 바가 전혀 없기 때문"이라고 말했다.

 여기서 잠깐 멈추고 이 모든 것이 얼마나 이상한지에 관해 적어보자. 네슬레는 수십만 달러를 사용하여 뛰어난 위기 해결사, 베테랑 비밀경호국 요원, 전직 경찰들을 고용해 자사의 신제품 초콜릿 볼에 어떤 일이 일어났는가를 알아내려고 했다. 하지만 초콜릿 산업은 수세대 동안 비밀스럽게 진행되어오고 있다. 사실 로알드 달(Roald Dahl)의 유명한 동화 『찰리와 초콜릿 공장(Charlie and the Chocolate Factory)』에는 네슬레에게 일어났던 일을 연상시키는 장면들이 있다. 할아버지 조(Joe)는 주인공 어린이 찰리에게 초콜릿은 정직하지 못한 사업이 될 수 있다고 설명한다.
 "찰리, 그리 오래지 않은 과거에는 윌리 웡카 씨(Mr. Willy Wonka) 공장에서 수천 명이 일을 했단다. 그러던 어느 날 갑자기 웡카 씨는 '사람들 모두'에게 공장을 떠나라고, 집에 가라고, 다시는 오지 말라고 말해야 했단다."

브로커, 업자, 변호사 그리고 스파이

"왜요?" 찰리가 물었다.

"스파이들 때문이란다."

"스파이요?"

"그래. 다른 초콜릿 제조업자들이 윙카 씨가 만드는 훌륭한 캔디들을 보고 점점 더 질투가 나서 스파이들을 보내 윙카 씨의 제조법을 훔치기 시작했단다. 스파이들은 평범한 노동자들인 것처럼 꾸미고 윙카 씨 공장에 일자리를 얻고는 특정 제품이 어떻게 만들어지는지 정확히 알아낸 거란다."주7

이 이야기에서 윌리 윙카는 지극히 충성스러운 움파룸파(Oompa-Loompa)들만 고용함으로써 스파이 문제를 해결한다. 네슬레는 그렇게 할 수 없었다. 대신 네슬레를 위해 일할 스파이들을 고용했다.*

> *——— 2005년 슬레이트닷컴(Slate.com)의 조엘 글렌 브레너(Joel Glenn Brenner)에 의하면, 로알드 달은 20세기 초 어린 시절 영국에서 본 기업 스파이 활동을 토대로 윙카의 초콜릿 공장 이야기의 많은 부분을 썼다. 달은 또한 스파이로 활동한 경험도 있다. 그는 제2차 세계대전 때 영국 정부의 비밀 요원으로 워싱턴에서 활동했다.

이제 베케트 브라운은 새로운 타깃, 바로 네슬레의 제조 업체였던 웨트스톤 캔디사(Whetstone Candy Company)에 대한 정보를 수집할 예정이었다. 그리고 아이러니하게도 네슬레는 마스가 네슬레에 대해 펼쳤던 것과 같은 종류의 작전을 이전 하도급 업체 웨트스톤 캔디사에 대해 펼칠 것이었다.

네슬레가 매직을 리콜한 후 몇 달 동안 웨트스톤은 계속해서 장난감과 초콜릿 캔디를 결합하는 아이디어에 대한 연구에 매진했다. 매직의 엄청난 판매량은 이 결합이 대히트임을 분명히 말해주었다. 몇 달 동안의 연구 조사 후에 웨트스톤은 장난감을 포함하면서 FDA의 안전 요건에 부합하는 초콜릿 생산에 대한 계획을 세웠다. 행크 웨트스톤은 이 계획에 대해 특허를 받고 캘리포니아 주의 네슬레 글렌데일 사무실로 날아가 네슬레 중역들에게 자신의 계획을 설득했다.

웨트스톤은 회상한다. "그들은 내가 특허를 받았다는 사실을 좋아하지 않았습니다. 그들은 왜 자신들에게 먼저 오지 않았느냐고 물었습니다." 네슬레는 이 새 아이디어를 받아들이지 않았다. 네슬레는 웨트스톤에게 더 이상 초콜릿-장난감 제품에는 관심이 없다고 말했다. 매직에서 너무 많은 돈을 잃어 또다시 시도할 투자금이 없었다.

웨트스톤은 혼자 힘으로 초콜릿 개발 계획을 밀고 나갔고, 그와 네슬레 사이의 관계는 점점 더 악화되었다. 그러는 동안에도 그는 네슬레를 위해 플로리다 주 세인트오거스틴에 있는 3개의 생산 시설에서 다양한 초콜릿을 생산하고 있었다. 하지만 10월에 네슬레는 그의 회사와의 마지막 계약을 끝냈다. 네슬레는 그가 마스와 거래를 할까 봐, 그리고 더 나쁘게는 네슬레가 초콜릿을 생산하기 위해 지은 시설에서 최대의 적 마스의 초콜릿을 생산할까 봐 걱정했다.

그와 네슬레와의 계약이 끝나고 얼마 되지 않아 베케트 브라운의 기록은 베케트 브라운의 스파이들이 플로리다의 웨트스톤 생산 시설 주변을 기웃거리며 웨트스톤이 무엇을 생산하는지, 누구를 위해 생산하는지 알아내려고 했음을 보여준다. 베케트 브라운 팀은 스파이들이 흔히 쓰는 방법을 썼다. 11월 17일 오전 3시 45분, 자동차 하나가 세인트오거스틴의 코크 로드(Coke Road)를 달려와 리버사이드 센터 쇼핑가 주차장에 차를 댔다. 운전대에는 베케트 브라운이 고용한 하도급업자, 그 지역의 사립 탐정 래리 다이어(Larry Dyer)가 있었다. 다음 날 그가 충실하게 준비한 감시 보고서에서 다이어는 그가 주차한 곳에서 그 초콜릿 공장이 직선으로 보였다고 적었다.

모든 것이 조용하다가 오전 5시 4분이 되자 민간 운반 회사 BFI 웨이스트 시스템스(BFI Waste Systems)의 쓰레기 트럭이 생산 시설로 쓰레기를 실으러 왔다. 트럭이 쓰레기를 싣고 나오자 다이어는 그 차 뒤를 따랐다. 몇 블록 따라가다가 트럭이 프라스페러티 은행(Prosperity Bank)에 주차하자 그 옆에 차를 세웠다.

나는 자동차에서 내려 트럭 운전사에게 다가갔다. 운전사는 자신의 이름을 마크(Marc)라고 소개했다. 나는 마크에게 웨트스톤에서 나온 쓰레기봉투를 가져가도 되느냐 물었다. 그는 BFI에서 우리에게 쓰레기봉투를 주는 일에 대해 상사와 이야기를 나눴다고 했다. 그의 상사는 만약 쓰레기봉투를 준다면 그것은……그가 개인적으로 한 일일 거라고 그에게 말했다. 운전사는 또 일자리를 잃지 않을까 두렵다고도 말했다. 그는 나에게 쓰레기봉투를 주지 않으려 했다. 나는 그에게 우리 둘이서 어떻게 해볼 수 없겠느냐고 했지만 그는 싫다고 했다. 다시 한 번 그는 쓰레기봉투를 주는 일로 실직하지 않을까 두렵다고 말했다. 그는 다른 운전사에게 말해보라고 했다. 어쩌면 다른 운전사는 그렇게 할지도 모르니까.

다이어는 사무실로 돌아갔다.

하지만 베케트 브라운은 웨트스톤 시설에서 자료를 입수할 수 있었다. 그리고 마스 건에서 그랬듯이 웨트스톤에 대해서도 엄청난 양의 정보를 쏟아냈다.

• 베케트 브라운은 웨트스톤이 속이 빈 캔디를 만드는 독일제 고속 기계를 받았음을 보여주는 문서를 입수했다. 베케트 브라운은 브리핑 자료에서 "장비는 아스테드-미크로베르크(Aasted-Mikroverk, 덴마크)가 보낸다고 했지만, 송장을 보면 고객은 텍사스 주 와코의 엠앤엠 마스(M&M Mars)다"라고 썼다.

• 스파이들은 또한 세관 문서 사본도 입수했는데, 브리티시 항공이 플라스틱 캔디 틀을 웨트스톤 공장으로 보낸다는 내용이었다.

• 그리고 가장 중요하게 베케트 브라운은 웨트스톤이 스티븐 콕스웰(Stephen Cogswell, 네슬레 매직 프로젝트에서 일했던 마케팅 전문가)을 고용했다는 점을 입증할 수 있었다.

종합하면 결론은 웨트스톤이 자신의 네슬레 매직을 생산할 준비를 하고 있다는 것이다. 웨트스톤이 새로운 캔디로 워싱턴 규제 당국의 승인을 얻는다면 네슬레와 마스로부터 시장 점유율을 빼앗을 위치에 설 것이 분명했다. 분명 그것은 용납할 수 없는 일이었다. 매직은 본래 네슬레의 아이디어가 아니었는가. 웨트스톤이 네슬레가 놓친 수백만 달러를 벌어들인다는 생각은 네슬레로서는 참을 수 없었다.

그래서 네슬레는 아이러니하게도 2년 전 마스가 네슬레에 대해 행한 것과 같은 종류의 공격, 즉 언론, 소비자 단체, 규제 당국 공격을 시작했다. 이제 네슬레가 정부 당국을 압박하여 경쟁사의 제품을 끝장낼 것이다. 스파이 대 스파이 게임은 이제 스파이 대 스파이 대 스파이가 되었다. 그 순간 사립 탐정, 베테랑 비밀경호국 요원, 영향력 있는 홍보 중역, 인맥 넓은 로비스트, 국제적인 대기업들은 겨우 5센티미터 정도 되는 초콜릿 볼의 운명을 놓고 국제적인 비밀 전쟁을 벌이고 있었다. 우습게 들릴지도 모르지만 진실이다.

웨트스톤은 이렇게 기억한다. "두 소비자 단체가 FDA와 소비자제품안전위원회를 찾아가 내 제품을 공격했습니다. 나는 무슨 일이 벌어지고 있는지 알았습니다. 마스가 네슬레에게 그렇게 했으니까요. 그 점에 대해서는 의심의 여지가 없습니다." 웨트스톤은 스파이들이 윌리 웡카의 전술을 자신에게 쓰고 있다고 확신했다. 그는 맞서 싸웠고, 메가 서프라이즈라는 제품, 즉 초콜릿 입힌 플라스틱 계란을 시장에 내놓았다. 제품은 이제 웨트스톤의 노력이 결실을 맺어 합법적인 것이 되었다. 그는 정부의 검토를 통과할 수 있는 장난감과 초콜릿의 결합을 알아낸 것이다. 안전위원회는 초콜릿 안에 종이 장난감을 담은 딱딱한 플라스틱 계란이 들어 있지만 위험하지 않다고 결론 내렸다.

그리고 이상한 일이 일어났다. 메가 서프라이즈가 실패한 것이다. 비밀스러운 로비나 정교한 스파이 작전 때문이 아니라 그보다 훨씬 단순한 이유로 실패했다. 고객들이 그 제품을 싫어한 것이다. 웨트스톤은 자신의 제품을 계란 모양으로 만든 것이 근본적인 계산착오였다고 말한다. 소매업자들은 부활절 때를 제외하고는 계란 모양의 초콜릿을 사려고 하지 않았다. 그리고 부활절이 되면 수백 개의 다른 계란 모양의 캔디들이 등장했던 것이다. 웨트스톤의 제품은 월등하지 않았고, 주문량은 적었다. 결국 그는 메가 서프라이즈를 포기했다.

초콜릿 전쟁의 부수적 피해로 마스와 네슬레와의 수익성 있던 생산 계약도 잃어버리고 제품 실패에 상심하던 웨트스톤은 캔디 사업에서 완전히 손을 떼기로 결심했다. 그는 이보다 경쟁이 다소 덜 치열할 것이라고 여긴 상업 부동산업계로 들어갔다.

"인생은 너무 짧으니까요." 웨트스톤은 말한다.

베케트 브라운의 회사 일생도 짧았다. 1999년 후반경 회사 창립자들 사이의 경쟁이 직원이 25명으로 성장한 회사 지배권에 대한 전면적인 투쟁으로 치달으면서 회사는 분열되기 시작했다. 핵심 중역들은 현금 흐름, 비용, 불미스러운 활동에 대한 주장을 놓고 싸우기 시작했다. 베케트 브라운을 설립하는 데 돈을 넣었던 메릴랜드 이스턴의 존 도드는 이 모든 소식을 듣고 있었고 자신의 투자금에 대해 걱정을 했다. 그는 자신을 베케트 브라운의 사업에 대해서는 아는 바가 없고 그저 수입이 들어오면 기쁘게 받는 최고의 수동적인 투자자라고 묘사한다. 도드는 1990년대 후반부터 회사의 재무제표를 보자고 요청하기 시작했고, 그가 요청할 때마다 베케트 브라운의 경영진은 주저했다. "지금 생각해보면 그때 좀 더 적극적으로 요구했어야 했습니다. 하지만 그들은 '우리는 잘하고 있습니다'라고 말했죠."

베케트 브라운의 몰락은 1999년 8월, 리처드 베케트가 자신의 이름이

브로커, 업자, 변호사 그리고 스파이 🎩

담긴 회사를 떠나면서부터 시작되었다. 회사는 잠시 이름을 S2i라고 변경했지만, 직원들이 나가고 남은 직원들도 서로 사이가 좋지 못해 회사는 문을 닫기 직전까지 갔다. 2000년 어느 아침, 존 도드는 회사 본사에 남아 있는 그의 충실한 직원에게 전화를 받았다. "존, 그들이 짐을 싸고 문서들을 폐기하고 있어요. 빨리 와봐야겠어요."

도드는 서둘러 사무실로 가서 문서 폐기를 중지시키고, 회사의 법적인 소유주로서 남은 컴퓨터, 사무 준비, 문서 상자들을 통제했다. 그 이후로 그는 이런저런 소송에 휘말려왔으며, 그날 폐기를 막은 문서들은 이스턴의 보관 시설에 보관해오고 있다. 도드는 자신은 모든 것을 구출해내지는 못했으며, 아마 베케트 브라운의 가장 민감한 활동에 대한 대부분의 기록은 제일 먼저 파기되었을 거라고 생각했다.

베케트 브라운의 핵심 직원들 다수는 비슷한 비즈니스 모델로 회사를 세우면서 기업 첩보 산업에 그대로 남았고, 체서피크 만 부근 가까이 있다. 예를 들어, 팀 워드는 오늘날 자신의 보안 회사 체서피크 스트레터지스(Chesapeake Strategies)를 소유하고 있다. 조 매소니스는 또 다른 보안 회사 아나폴리스 그룹(Annapolis Group)에서 일한다. 그리고 리처드 베케트는 또 다른 회사 글로벌 시큐리티 서비스(Global Security Services)를 경영하고 있다.

베케트 브라운의 운명을 놓고 법정 공방이 계속되는 가운데, 도드는 문서들을 읽으면서 회사가 해온 일을 알아내려 하고 있다. 또한 베케트 브라운의 작전에 희생당했다고 생각하는 사람들과 회사들에게 연락을 하기 시작했다. 도드는 마스에게 전화를 걸어 거기 관리들에게 네슬레의 스파이 작전에 대해 알렸다고 한다. 마스는 전형적인 로펌 윌리엄스 앤드 코널리(Williams and Connolly)의 변호사들을 이스턴의 보관 시설로 보내 여러 날 동안 마스에 대한 문서들을 읽고 복사케 했다. 도드는 다른 사람들에게도 연락을 해 각각의 경우 어떤 일이 일어났는지에 대해 알렸다. 마지막으로 도드는 여러 기자들을 보관 시설로 불러들여 베케트 브라운 이야기를 취재하도록 했다.

베케트 브라운이 수행한 비밀 작전들은 거의 10년 동안 비밀에 부쳐졌다. 하지만 2008년 봄, 잡지 〈마더 존스(Mother Jones)〉가 베케트 브라운 역사에서 가장 정교한 작전 몇몇을 소개했다.

워싱턴의 베테랑 폭로 기자 제임스 리지웨이(James Ridgeway)가 쓴 〈마더 존스〉의 독점 기사는 베케트 브라운의 방대한 고객 리스트를 발표했다.

베케트 브라운 인터내셔널(BBI)은 얼라이드 웨이스트(Allied Waste)를 위해 '정보 수집'을 했고, 워싱턴에 본사를 둔 투자 회사 칼라일 그룹을 위해 배경 조사와 실사를 실시했으며, 미국총기협회(NRA, National Rifle Association)를 위해 '보호 서비스'를 제공했고, 갤로 와인 회사와 피렐리(Pirelli)를 위해 '위기 관리'를 맡았으며, 상품(commodity) 회사 루이 드레퓌스 그룹(Louis Dreyfus Group)이 도청당하지 않도록 조치했으며, 월마트를 위해 '정보 수집'을 행했고, 당시 억만장자 로널드 페럴먼(Ronald Perelman)과 이혼을 진행 중이던 민주당 기금 모금가 퍼트리샤 더프(Patricia Duff)를 위해 배경 조사를 수행했다. 메리 케이를 위해서는 '감시'를 했고, 이 화장품 회사의 최고위 중역이자 여배우 로빈 라이트 펜(Robin Wright Penn)의 어머니인 게일 가스통(Gayle Gaston)을 조사, 전문가를 데려와 그녀의 심리를 평가했다. 그 밖의 BBI의

브로커, 업자, 변호사 그리고 스파이 🎩

고객들로는 핼리버턴(Halliburton)과 몬산토(Monsanto)가 있다.”[주8]

방대한 비밀 침투 작전을 자세하게 소개한 뒤따르는 이야기는 전국적으로 헤드라인을 장식했다. 왜냐하면 베케트 브라운과 연관된 요원 메리 루 사폰(Mary Lou Sapone)이 비밀리에 미국총기협회를 위해 일하면서 수년 동안 총기 규제 옹호자로 가장해왔고, 여러 중요한 총기 규제 단체의 이사회에서 이사 노릇을 해왔다는 사실을 〈마더 존스〉가 밝혔기 때문이다. 사폰은 다목적 비밀 요원이었다. 그녀는 또한 베케트 브라운의 기업 고객을 위해 루이지애나 주의 한 환경 단체에 요원을 침투시키는 일을 돕기도 했다.[주9]

요즈음 존 도드는 서글픈 인생을 살고 있다. 그는 60대 초반으로 일을 하지 않고 남은 재산으로 먹고산다. 그는 대부분의 시간을 오래된 문서를 들여다보며 정보원, 변호사, 그리고 베케트 브라운에 대해 널리 알리려는 자신을 도울 수 있다고 여길 만한 누구에게나 전화를 하며 보낸다. 그는 첫 번째로 고용한 변호사들이 베케트 브라운 실패의 다른 주역들을 상대로 낸 사기 소송에서 졌다고 불평한다. 그는 자신이 낸 창업 자본을 몽땅 잃었으며, 회사가 무너진 이후 몇 년 동안 법률 비용으로 100만 달러 이상을 더 잃었다고 말한다.

브베의 네슬레 팩스는 1998년 3월 6일, 마스에서 온 또 다른 메시지를 뱉어낸다. 포레스트 마스가 네슬레의 회장 헬무트 마우허에게 설득의 편지를 보내고 난 이틀 후다. 이번의 의견 교환은 회사 사다리의 한 단계 낮은 수준에서 일어났다. 즉 마스의 법무 자문위원 에드워드 슈테그만이 네슬레의 법무 자문위원 한스 피터 프릭 박사(Dr. Hans Peter Frick)에게 초콜릿 전쟁의 휴전을 선언하기 위해 손을 내밀고 있었다.

네슬레 사람들은 좌파 성향의 소비자 단체가 장난감과 캔디를 결합하는 위험에 대해서 기자회견을 열려고 했기 때문에 화가 나 있었다. 네슬레는 다시 한 번, 마스가 이 단체 배후에 있는 진짜 세력이 아닌가 의심했다. 슈테그만은 네슬레가 어떻게 그런 결론에 다다르게 되었는지 모르겠다며 마스도 이 기자회견 사건에 대해 조사해오고 있다고 설명했다. 슈테그만은 이렇게 썼다. "마우허 씨, 그리고 아마 네슬레의 모든 사람이 우리가 이 기자회견 뒤에 있다고 믿고 있습니다." 그러고는 유머를 날렸다. "만약 내가 그렇게 영리하다면, 소유주에게 보너스를 3배 올려달라고 요구할 수 있을 겁니다." 사실 마스는 네슬레가 이 기자회견을 열려고 하는 것이 아닌가 생각해왔다고 주장했다. "우리는 이것이 당신의 마키아벨리적인 권모술수 중의 하나가 아닌가 하고 의심하기 시작했습니다."

자신이 그 운동 단체를 좌지우지하고 있지 않다고 주장하면서 슈테그만은 이 운동 단체의 리더에게 연락하여 이 당황스러운 기자회견을 연기해달라고 요청했다. 소비자 단체가 한 발 물러섬으로써 마스는 평화의 제스처를 취하고 있는 것으로 보였다. 이제 마스는 상대방도 한 발 물러서기를 기대했다. 슈테그만은 프릭에게 이 소비자 단체의 활동 뒤에 누가 있는지 알아내려고 조사하지 말도록 권했다. 그는 이렇게 선언했다. "나는 당신들과 우리가 이것의 배후를 알아내려고 허우적대면 허우적댈수록(유감스럽게도 우리들은 정말 허우적거렸습니다), 그것이 이야기가 되고 훨씬 더 많은 관심을 끌 가능성이 높아진다고 믿습니다. 나는 우리가 이것을 고슴도치 다루

브로커, 업자, 변호사 그리고 스파이

듯 다루어야 한다고 믿습니다. 우리는 이 일을 잘 처리할 수 있지만, 몹시 조심스럽게 또 계획적으로 해야 한다고 믿습니다."

그해 아마도 잠시 동안 휴전 기간이 있었는지도 모르겠다. 하지만 초콜릿 전쟁은 오늘날까지도 계속되고 있다. 다수의 전투 참가자들과 전투 지역은 달라졌지만 전술은 비슷하다. 예를 들어 2008년 6월, 연합통신(AP)은 아탁(Attac)이라는 좌파 성향의 반세계화 단체의 스위스 지부가 스위스 법정에 네슬레에 대한 소송을 제기했다고 보도했다. 고소장은 네슬레가 첩보 회사 시큐리타스(Securitas, 핑커턴 사무소를 인수한 회사)를 고용해 아탁 내부에 스파이를 심었다고 주장했다. 그것은 핑커턴 사무소가 100년도 더 전에 개발한 수법이다. AP 보도에 따르면, 아탁은 그 스파이가 "아탁, 네슬레 제국에 반대하다(Attac against the Nestle Empire)"라는 제목의 책을 기획하는 회의에 참석했다고 주장했다. 이 책은 유전자변형식품, 물 민영화, 노조에 대한 네슬레의 입장을 비판하는 내용이다.[10] 다시 한 번 네슬레는 마스가 이 운동 단체의 배후에 있는 비밀 세력이라고 의심했을까?

확실히 말하기는 어렵다. 네슬레는 말하려 하지 않는다.

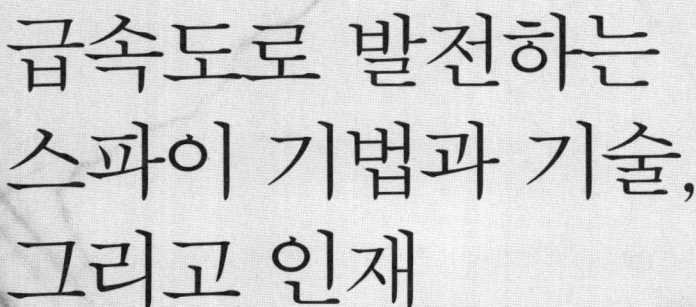

급속도로 발전하는
스파이 기법과 기술,
그리고 인재

BROKER
TRADER
LAWYER
S P Y

2

전술행동평가(TBA)를 개발하다

전술행동평가는 사람들이 진실을 말하지 않을 때 나타내는 언어적 및 비언어적 신호에 초점을 맞춘다. 이 방법에 익숙한 심리학자들은 인간은 원래 거짓말을 잘 하지 못하도록 만들어졌기 때문에 이 방법이 효과를 발휘한다고 말한다.

2005년 8월 2일, 일단의 경영자들이 투자자들에게 2분기 '어닝 콜 (earnings call: 전화로 수익에 대해 알려준다는 의미)' 행사를 하기 위해 캘리포니아 주 앨러미다에 모였다. 그들이 아는 한 이 전화는 일상적인 비즈니스가 될 것이었다. UT스타컴(UTStarcom)이라는 회사의 회장이자 CEO인 홍 리앙 루 (Hong Liang Lu)는 월스트리트 투자 은행가들에게 전화를 할 참이었다.주1

매끈하게 뒤로 넘긴 머리에 무테안경을 쓰고 환하게 미소 짓는 루는 지적이고 능력 있는 인상을 주기에 충분했다. 그는 상냥하게 말문을 열었다. "이 오후에 저희와 함께 해주신 모든 분들께 감사드립니다. 2분기는 UT스타컴에게 건설적인 기간이었습니다."

루는 이 전화가 수천 마일 떨어진 방으로 전송되는 것을 알 수 없었다. 그 방에서는 CIA에 의해 훈련받은 심문자들이 루의 억양 하나하나를 분석할 것이다. 이 분석가들은 인간 거짓말 탐지기들로 CIA와 깊은 관련을 맺은 회사 비즈니스 인텔리전스 어드바이저(BIA, Business Intelligence Advisors)를 위해 일하고 있었다. 그들은 루가 UT스타컴의 재정 상태에 대해 진실만을 말하고 있는지의 여부를 알아내려 하고 있다. 결론이 다다르면 그들은 그것을 BIA의 고객인 거대한 헤지펀드에 보고할 것이다. 그들이 도출해낸 비밀 정보는 그 헤지펀드가 UT스타컴의 주식을 사고 파는 데 결정적인 도움을 줄 것이다. 만약 이 정보 분석가들이 일을 제대로 한다면, 헤지펀드는 시장의 다른 참가자들보다 훨씬 우위에 설 것이다. 이 전화 통화에서 거두는 정보는 수백만 달러의 가치가 될 수 있었다.

어닝 콜은 월스트리트의 중요한 의식이다. 기업 이사회실에서부터 거래장으로 바로 연결되는 전화로, 기업이 해당 분기에 일어난 일에 대해 최선의 설명을 할 수 있는 기회이자, 투자자들이 다가오는 분기에 해당 기업이 어떤 행보를 보일지 짐작할 수 있게 해주는 시간이다. 전화하는 동안 최고의 투자 기업들을 위해 일하는 분석가들은 경영자들에게 질문을 하며 이미 알고 있는 해당 기업의 기술적인 세부 사항을 보완한다. 어닝 콜은 자본주의의 활동이며, 정보는 기업에서부터 시장으로 흘러들어가 해당 기업의 주식 가치를 가늠하는 데 이용된다. 일반적으로 통화는 전문 분석가와 언론에 공개되어 있지만, 누구라도 전화를 걸어 질문할 수 있다.

CIA에 의해 심문 훈련을 받은 사람들에게 어닝 콜은 말하는 사람의 소리에서 찾아낼 수 있는 다른 정보를 제공해주는 노다지다. 이런 의미에서 투자 분석가들이 예리하긴 하지만 BIA의 분석가들은 그들을 아마추어처럼 보이게 만들 수도 있었다.

홍 리앙 루가 경영하던 회사는 광대역, 무선, 휴대용 인터넷 장비와 기술

브로커, 업자, 변호사 그리고 스파이

을 전 세계에 판다. 그 회사는 분기에 7억 달러 이상의 수익을 창출했고, 아직 손실을 보고 있긴 하나 실적은 좋아 흑자로 돌아서려 하고 있었다. 그 회사는 성과가 긍정적이라고 생각했고, CEO도 낙관하고 있었다.

뱅크 오브 아메리카, 스미스 바니, 도이치 뱅크 및 여타의 월스트리트 강자들이 UT스타컴의 전화에 공식적으로 참여하고 있었다. 그들은 자신들의 기술을 이용하여 BIA의 심문자들처럼 하려고 노력했다. 그들은 그 회사의 2분기 대차대조표를 보고 약세 표시나 예상 외의 강세 표시를 찾고 있었다. 그들은 그 회사의 수치들이 좋긴 하지만 대단한 것은 아니라고 생각했다. 8월 2일 그 회사의 주가는 주당 8.82달러에서 약간 미끄러져 8.54달러에서 마감할 것이었다. 분석가들은 앞으로 주가가 어떻게 움직일지를 알게 해주는 최선의 질문을 준비하고 있었다. "UT스타컴은 3분기에 인기주로 떠오를 것인가? 아니면 투자자들은 주식을 팔고 더 나빠지기 전에 손실을 줄일 것인가?"

루의 오프닝 멘트는 복잡한 재무 용어와 기술 용어들이 섞여 있었다. 진정 결의에 찬 분석가 또는 스파이만이 "우리는 새 ASICS으로 핸드셋 비용의 대략 10퍼센트를 절감할 수 있으며, 다음 몇 분기 동안 PAS 총 마진을 다시 20퍼센트 가까이로 끌어올릴 것이라고 믿습니다." 같은 문장을 파악해 낼 수 있다. 그다음 그는 월스트리트 사람들에게 질문을 받았다.

그들 중 한 명인 크레디트 스위스 퍼스트 보스턴(Credit Suisse First Boston)의 통찰력 있는 분석가인 마이크 은지안(Mike Ounjian)은 UT스타컴이 그날 배포한 3분기 실적 전망에 대한 안내에 대해 질문했다. "개인 통신 부문에 관한 3분기 안내에 관한 질문입니다. 이 사업의 얼마 정도가 재판매가 아닌 자사의 디자인일 것으로 예상하십니까?"

루가 말했다. "마이크, 저는 홍입니다. 우리는 올해 남은 기간 동안 50만 개의 핸드셋을 생산할 예정입니다. 그중에서 올 후반에는 실행 속도 면에서 300만 개가 약간 넘는 핸드셋을 출하할 것으로 예상합니다. 그러므로 아마 핸드셋 숫자 비율에서 의미 있는 수치가 나올 수 있을 것입니다. 달러로는 그래도 비교적 적은 금액일 것입니다. 우리 핸드셋은 판매되는 보통 ASP의 절반 이하의 가격으로 싸게 팔릴 것이기 때문입니다."

"그렇군요. 고맙습니다."

BIA의 분석가들은 루의 말에서 여러 가지 신호를 포착해냈다. 첫째, 루의 말은 쉽게 이해하기 힘든 부분들이 있다. 이해하기 힘든 문법과 함께 일련의 제한적인 단어 "예상합니다", "아마", "나올 수 있을 것으로" 등을 구사했다. 심문자들의 훈련에 따르면 그러한 모호한 말들은 루가 3분기에 대해 약한 수치를 제공하기를 회피하려 한다는 의미였다.

그다음 운지안은 재고 축적 때문에 수익 인식(revenue recognition)에서 발견한 잠재적 문제에 대해 질문했다. 수익 인식은 기업이 수입을 기록하는 방식이다. 그것은 수표가 우편으로 도착했을 때 수입을 기록하는 현금주의(cash basis)로 할 수도 있고, 이보다 더 적극적으로 수입을 얻었을 때를 기록하는 발생주의(accrual basis)로 할 수도 있다. 운지안은 재고 축적이 무엇 때문에 유발되고 있으며, 어디에서 일어나고 있는지, 또 어떤 종류의 지연이 관련되어 있는지 알고 싶어 했다. 이 모든 것이 회사가 언제 해당 제품으로부터의 수익을 기록할 수 있느냐에 영향을 줄 수 있다. 문제가 심각하다면 다음 분기에 회사의 재정 성과에 영향을 줄 수 있고, 주가를 하락시킬

지도 몰랐다.

"이런 점에서 수익 인식과 관련한 어떤 문제가 있습니까?"

당시 회사의 임시 최고재무책임자(CFO) 마이클 소피(Michael Sophie)의 목소리가 전화선을 통해 들려왔다. "예. 재고 축적에서 무선 제품 재고 축적의 대부분은 분명 PAS(이 회사의 제품 중 하나인 퍼스널 액세스 시스템[Personal Access System]을 가리킨다)입니다. 당신은 6월 말에 중국의 PAS 인프라 주문에 대해 우리가 발표한 내용을 보았을 거라 생각합니다. 다시 한 번 그것은 배치 시기와 최종 승인을 받는 문제입니다. 우리는 또한 약간의 CDMA(휴대전화 기준의 한 종류) 재고 축적도 있습니다. …… 하지만 3분기는 평상시보다 좀 더 핸드셋에 중점을 둘 것입니다."

전화 내용을 분석한 후 BIA의 직원들은 27쪽짜리 기밀 보고서를 고객에게 제공했고, 특히 주목해야 할 부분으로 수익 인식에 대한 소피의 답변을 꼽았다. 그들은 소피가 할 말을 다 하지 않았고, 6월 말에 있었던 다른 발표에 의존했다는 점을 언급했다. BIA는 이렇게 다른 발표로 주의를 돌리는 것을 '우회 진술'이라고 불렀고, 분석가들은 소피가 지연을 최소화하려 애쓰고 있다고 확신했다. "소피 씨는 수익 인식에 관한 어떠한 문제에 대해서도 언급을 회피하고 있으며 그의 행동 전반으로 볼 때 수익 인식 문제들은 제외시킬 수 없다는 것을 알 수 있다." 그들은 BIA의 고객이 UT스타컴의 경영자들에게 바로 이어서 질문할 것을 권했다. "수익 인식과 관련해서 어떤 문제들이 있습니까?"

전반적으로 BIA 팀은 2분기 전화 회의를 '중고 수준의 우려(medium high level of concern)'로 평가했다. 이것은 1분기에 UT스타컴에 준 등급과 같은 등급이었다. 그래도 이번에는 보다 많은 문제점을 발견했고, BIA 팀은 보고서 첫 페이지 박스 안에 나열했다. '자신감 부족', '기저에 깔린 걱정', '정보 제공 회피.'

보고서에서 BIA는 통화 내용을 한 문장 한 문장씩 평가했고, 주의해야 할 부분으로 보이는 곳을 부각시켰다. 팀은 그들이 감지한 것이 무엇인지 썼고, 문제의 핵심에 가깝다고 보는 보다 구체적인 질문을 권고했다. 결론적으로 BIA 팀은 UT스타컴의 경영진이 회사가 흑자가 되는 시기와 수익 인식 문제에 관해 우려하고 있다는 사실을 발견했다고 썼다. 보고서에 씌어 있는 결론은 이렇다.

경영진의 행동은 그들이 3분기에 좋은 실적을 내지 못할 것이며 4분기에 흑자를 달성할 가능성도 거의 없음을 나타낸다. 이에 더하여 재고 축적 문제에 대해 답할 때 경영진은 수익 인식 문제에 대한 분석가 질문에 완전한 대답을 하지 않았다.

이러한 종류의 통찰은 투자자가 주식 공매도 결정을 내리는 데 도움을 줄 수 있었다. 공매도는 투자의 한 방법으로 기업이 한 회사의 주식을 빌린 다음 주가가 떨어질 거라는 데 베팅하면서 판다. 그리고 가격이 떨어지면 더 적은 돈으로 주식을 다시 산 다음 회사에 돌려주고, 그 차익을 챙긴다. 주가가 떨어지면 그들은 돈을 번다. 올라가면 잃는다. 기본적으로 공매도는 회사에 적대적으로 베팅하는 것이다. 뛰어난 공매도자는 어떤 기업에서 시장이 알아채지 못한 결점을 찾아내 그를 이용해 이익을 낸다.

공매도자는 언제나 회사의 결점을 찾아내려 하기 때문에 특히 BIA에게 좋은 고객이 된다. CIA가 가르친 기법들은 경영진의 기업 전망 예상을 평가하는 데 이상적이다. 공매도자는 전국의 기업 이사회실에서 미움을 받는다. 하지만 BIA는 좋아한다.

BIA의 고객은 거짓 분석 보고서가 정확한지 정확하지 않은지 알 수 있는 방법이 없었다. 그 보고서를 받아들이고 그 정보와 UT스타컴에 대해 아는 다른 정보를 종합해 UT스타컴에 우호적인 또는 적대적인 베팅을 할 것인가 하는 선택은 고객의 몫이었다.

2005년은 과거이므로 BIA가 2005년에는 올바른 판단을 했는지 확인해볼 수 있다.

그들의 판단은 적중했다.

8월 2일의 전화 회의 후 약 한 달간에 걸쳐 UT스타컴의 주가는 주당 약 1달러 하락해서 공매도자들의 베팅은 성공적이었다. 2005년 10월 6일, UT스타컴은 3분기 실적을 발표하며 전화 회의 중에 경영자들이 제시했던 수치보다 낮은 수치로 나스닥 거래자들을 놀라게 했다.[주2] 10월에 UT스타컴은 총수입을 6억 2000만 달러에서 6억 4000만 달러로 예상한다고 발표했다. 그것은 이전의 목표인 6억 6000만 달러에서 6억 8000만 달러에 비교되는 수치였다. 다음 날 아침, 투자자들은 서둘러 주식을 팔았다. 2005년 10월 7일, 2300만 건 이상의 거래가 이루어졌다. 3분기 실적을 발표하고 하루 뒤, 주식은 약 2달러 떨어져서 5.64달러에 마감했다.[주3] 8월에 BIA 팀이 전화 회의를 들으며 수익 인식에 대한 잠재적 문제를 지적했을 때의 주가는 8.54달러였다.

UT스타컴은 3분기 실적의 약세에 대해 어떤 이유를 댔을까? 바로 수익 인식이었다. 10월 6일의 보도자료에서 UT스타컴은 "회사는 총수입 부족의 탓을 주로 총수입 약 4000만 달러의 인식 지연으로 돌린다"고 밝혔다.

UT스타컴에게 그보다 훨씬 더 악영향을 주었던 요소는 같은 보도자료에서 회사가 증권거래위원회(SEC)의 조사를 받고 있는 중이라고 발표한 것이었다. 보도자료에 의하면 SEC는 "이전의 보고 기간들에서 있었던 재무 발표의 특정 측면들"을 조사하고 있었다. 그것은 전화 회의에서는 주된 초점도 아니었다.

그러나 분명 SEC는 UT스타컴의 과거 수익 보고서와 관련하여 의심을 하고 있었다. 이 일은 결국 루가 10만 달러의 벌금을 냈지만 아무런 잘못도 시인하지 않고 마무리되었다.

그것은 미국의 많은 다른 기업에서와 마찬가지로 파워포인트 프레젠테이션이었다. 그것은 2006년 SAC 캐피털 파트너스(SAC Capital Partners, 세계에서 가장 크고 가장 비밀스러운 헤지펀드 중 하나)의 특징 없는 회의실에서 열렸다. SAC 캐피털 파트너스는 코네티컷 주 스탬퍼드의 커밍스 포인트 로드(Cummings point Road)상에, 요트들이 점점이 수놓은 스탬퍼드 항구에서 지척인 곳에 있었다. 각 참석자들에게는 회의의 핵심 요점을 강조한 인쇄물이 주어졌다.

하지만 그 헤지펀드의 사무실에서 열린 회의는 그 방의 머니 매니저들이 이전까지 본 회의와는 전혀 달랐다. 그날 프레젠테이션을 발표한 사람 중에는 첩보 경력을 가진 두 명의 여성이 포함되어 있었다. 팻시 보이칸

브로커, 업자, 변호사 그리고 스파이

(Patsy Boycan)은 CIA에서 20년을 보냈다. 그녀는 CIA에서 거짓말 탐지기, 인터뷰, 거짓말 포착을 전문으로 했고, CIA의 중요한 보안 검색 과정을 책임졌었다. 캐슬린 미리텔로(Kathleen Miritello)는 CIA에서 특별 작전 소속 선임 요원이었다. 그녀는 군대, 경찰, 세계의 국가 안보 부문에서 25년 이상된 심문 경력을 가지고 있었다.^{주4}

두 여성은 그날 자본가들의 눈이 휘둥그레질 프레젠테이션을 발표할 예정이었다. 한창 몰입해 있는 그들은 머니 매니저들에게 영화 〈양들의 침묵(The Silence of the Lambs)〉에서 조디 포스터(Jodie Foster)가 연기한 진지한 FBI 요원 클라리스 스털링(Clarice Starling)을 연상시켰다. "그들을 보면 당신은 그들이 자신의 일을 정확히 알고 있음을 느낄 수 있었다."

맨 먼저 그들은 헤지펀드 매니저들에게 CIA의 틀림없는 기법, 수십 년간의 비밀스러운 전투를 거치면서 개발된 거짓말을 알아내는 기법을 가르쳐주겠다고 약속했다. 그런 다음 그들은 머니 매니저들에게 거짓말을 포착함으로써 돈(많은 돈)을 벌 수 있는 방법을 가르쳐주겠다고 했다. 물론 그 훈련을 받기 위해서도 많은 돈이 들었다. 그 회의는 하루 자그마치 3만 달러씩 들었다.

2006년 SAC에서의 회의 당시 보이칸과 미리텔로는 더는 CIA를 위해 일하지 않았다. 그들은 둘 다 BIA에서 '선임 전문가 및 강사'라는 직함을 달고 있었다. 2001년 창립 이래로 BIA는 미국 정부가 사용해온 것과 똑같은 첩보 기법을 고객이 사용할 수 있게 해주고, 정부가 고용한 사람들과 똑같은 사람 몇몇을 고용해오고 있다.

BIA는 CIA 내에서 잘 알려지지 않은 프로그램, 현역 요원들이 쉬는 날이나 주말에 민간 부문에서 아르바이트를 할 수 있게 허용하는 프로그램을 이용하고 있다. 이 프로그램에 익숙한 한 정부 관리는 그것이 CIA의 직원 유지 노력이라고 설명한다. 요원들이 월급이 많은 민간 부문으로 떠나는 것을 방지하기 위해 CIA는 그들이 부업으로 돈을 벌 수 있도록 허락하고 있다. 이 정부 관리는 요원들이 CIA 외부의 일을 가지려면 복잡한 승인 과정을 거쳐야 한다고 알려주었다. BIA 외에도 현역 CIA 요원들을 고용하는 회사가 더 있는지는 분명하지 않지만, CIA 내부의 몇몇 사람은 이런 관행이 허용된다는 사실에 대해 놀라움을 표한다. 이런 아르바이트에 익숙한 베테랑들은 현역 CIA 요원들을 고용하는 것은 BIA만 하는 일일지도 모른다고 말한다.

그것은 인력 문제만이 아니다. 만약 이 정부 관리의 말대로 아르바이트 프로그램이 더 많은 돈을 벌기 위해 민간 부문으로 떠나는 요원을 막기 위함이라면, 그것은 떠오르는 민간의 첩보 산업이 정부에 압박을 가하고 있다는 표시다. 연방정부의 월급이 대기업이나 헤지펀드 등의 월급을 따라갈 방법은 없다. 첩보계의 몇몇 예리한 관찰자는 민간 부문으로의 두뇌 유출은 납세자들의 돈으로 훈련받은 사람들이 그들의 기술을 민간 기업에 넘김으로써 미국의 국가 안보를 조금씩 위협하고 있다고 경고한다.

너무나 많은 현직 및 전직 CIA 요원들이 BIA의 월급을 받고 있기 때문에 이 첩보 회사가 CIA의 연장은 아닌가 하는 혼란마저 일으킨다. 그 결과 BIA는 기업 마케팅 자료 일부에 자사가 CIA의 지배를 받고 있지 않음을 밝히기도 한다.

BIA는 CIA의 최고 심문자 중 하나인 필 휴스턴(Phil Houston)을 포함한 몇 몇 CIA 베테랑이 설립했다. 이 회사의 CEO를 지낸 사람의 말에 따르면, 회사를 세운 사람들은 9 · 11테러 후 부시 행정부의 고문 정책에 혐오감을 느껴 CIA를 떠났다. 이 CIA 베테랑들은 부시 행정부의 이른바 '향상된 심문 기법'이 CIA가 표방하는 모든 것에 어긋난다고 느꼈다. 그들 중 몇몇은 CIA에서 20년 이상을 지낸 사람도 있었다. 고문이 도덕적으로 잘못된 것이라서가 아니라 그릇된 정보를 생산했기 때문이라고 그들은 이 전직 CEO에게 말했다. 자신의 일을 자랑스럽게 여기는 CIA 요원에게 수준 이하의 정보보다 더 나쁜 것은 없다.

당시는 경찰에게 CIA의 첨단 거짓말 탐지 기법들을 가르치는 것이 목적인 민간 회사를 설립하기에 좋은 때로 보였다. 발전된 기법, 심리 조사, 수년간의 시행착오를 이용하여 휴스턴은 거짓말쟁이를 포착해내는 거의 완벽한 방법인 체계, 전술 행동 평가(TBA, tactical behavior assessment)를 개발했다. 거짓말 탐지기와 달리 TBA 기법은 심문받는 사람에게 전선을 연결하지 않는다. 심문받는 사람은 자신이 조사를 당하고 있다는 사실을 전혀 모른다.

거짓말 탐지기는 스트레스를 나타내는 신체적 반응, 예를 들어 심장박동수를 측정함으로써 작동된다. 거짓말 탐지기를 이용하는 분석자들은 심문받는 사람과 함께 오랫동안 앉아 있어야 한다. 그들은 심문받는 사람의 생리학적인 기준선을 확립해놓아야 하기 때문에 우선 아무 상관없는 평범한 주제에 대한 '대조(control)' 대화로 시작했다가 그후에 심문해야 한다. 인터뷰를 진행하고 탐지기에 나타난 결과를 철저히 분석하는 데는 수

시간이 걸릴 수 있다.

TBA는 사람들이 진실을 말하지 않을 때 나타내는 언어적 및 비언어적 신호에 초점을 맞춘다.[주5] 이 방법에 익숙한 심리학자들은 인간은 원래 거짓말을 잘 하지 못하도록 만들어졌기 때문에 이 방법이 효과를 발휘한다고 말한다. (거짓말을 할 때처럼) 머릿속에 두 가지 상반된 생각을 동시에 가지면 그들의 용어로 '인지 부조화(cognitive dissonance)'라는 현상이 일어나 실제로 신체적인 불편함을 유발한다. 사람들은 불편하면 꼼지락댄다. 그들은 아주 미세하게 몸을 움직이거나 옷의 보풀을 떼거나 자세를 바꾼다. 알지 못하는 사이에 신체적 불편함을 회피할 방법을 찾는다. 그들은 심문자를 오도하는 말을 하면서도 몸으로는 진실을 말할 방법을 찾는다.

TBA 기법을 훈련받은 CIA 베테랑은 BIA가 말하는 'L자 모드'로 들어가는 것으로 심문을 시작한다. L자 모드란 '보고 듣는다(look and listen)'를 의미한다. 요원들은 거짓말을 나타내는 신체적 신호들을 찾는다. 심문받는 사람이 오른쪽 팔꿈치를 괴고 몸을 앞으로 숙이면서 왼쪽 팔꿈치로 바꾸어 괴는가? 그 사람이 앉아 있다면, 몸의 중심을 이동시키는가? 심문자들은 옷, 머리, 안경 등을 만지는 제스처를 눈여겨본다. 그들은 손톱을 만지작거리는지 머리를 긁는지 주시한다. 그들은 심문받는 사람이 주변을 정리하는지 살핀다. 테이블 위의 클립들을 나란히 세우는가? 연필들을 정돈하는가? 만약 그렇다면 그 사람은 거짓말을 하고 있을 수도 있다.

언어적 신호들을 알아내기 위해 요원들은 여러 가지 진술을 찾는다. 그들은 제한적인 대답을 찾을 것이다. '솔직히', '정직하게 말해서', '기본적으로' 같은 단어로 시작하는 구절을 찾는다. 일반적으로 그런 것들은 말하는

브로커, 업자, 변호사 그리고 스파이 🎩

사람이 듣는 사람에게 자신의 말이 진실임을 설득시키려고 지나치게 애쓰는 표시로, TBA를 훈련받은 요원들에게는 빨간 깃발처럼 경고를 해준다. 요원들은 "좀 전에 말했듯이……"와 같은 우회적인 구절을 찾을 것이다. 그들은 그 사람이 종교를 들먹이는 말("신께 맹세하건대")을 하거나 아니면 심문자를 공격하는 말("당신, 어떻게 내게 그런 질문을 할 수 있는 거요?")을 하는 것을 듣고 싶어 할 것이다. 이런 것들은 심문자에게 실제로 거짓말하는 것을 피하기 위한 무의식적인 진술일 수 있다.

또 다른 빨간 깃발들은 불평("이거 얼마나 걸리죠?"), 선택적 기억("내가 기억할 수 있는 한"), 지나치게 공손한 반응("예, 선생님.")이다. 각각의 경우, CIA에 의해 훈련된 분석가들은 패턴을 본다. 그들이 충분히 빨간 깃발들을 포착해내면, 그들은 거짓말쟁이를 붙잡았음을 안다.

TBA의 어려운 부분은 이들 신호가 하나만 나타날 때는 별 의미가 없다는 것이다. 심문받는 사람이 단순히 가려움을 느껴 긁고 싶을 수도 있다. 그래서 TBA를 훈련받은 요원들은 신중하게 관찰한다. 그들은 신호들이 한꺼번에 무리지어 나타나기를 기다린다. 심문받는 사람이 몸의 중심을 옮기고, 질문이 얼마나 걸릴지 물은 다음 코를 긁으면서 안경을 벗는다면, 그는 아마 거짓말쟁이일 것이다. BIA의 트레이너들은 인터뷰를 진행하면서 속기하는 방법을 고객들에게 가르쳐준다. 그들은 훈련받는 고객들에게 각 질문마다 번호를 매기고 번호 옆에는 심문받는 사람의 대답에서 포착한 거짓말 신호들 각각에 대해 점을 하나씩 찍으라고 가르친다. 이 방식의 장점은 대답을 적는 것이 아니라 점만 찍기 때문에 노트를 자주 볼 필요가 없다는 것이다. 심문자는 노트가 아니라 심문받는 사람에게 시선을 집중

할 수 있다.

결과를 종합하는 데도 오랜 시간이 걸리지 않는다. 휴스턴은 결정적인 순간은 질문이 되고 나서 최초 5초간이라고 동료들에게 말한다. 그때가 거짓말의 신호를 보일 수밖에 없는 때다. BIA 훈련은 사실 질문 후 10초 이상이 지난 후의 일들은 무시하라고 요원들에게 가르친다. 거짓말하는 사람이 훈련된 관찰자에게 모든 것을 다 내보이는 것은 바로 첫 순간이다.

일단 거짓말을 포착했으면, 요원들은 그다음에는 그들이 말하는 이른바 '도출(elicitation)'로 넘어간다. 어떤 사람이 자신의 이해에 최선이 아니더라도 무언가를 자백하게 만드는 기술이다. CIA 베테랑이자 필 휴스턴의 동료인 마이크 플로이드(Mike Floyd)는 용의자와의 인터뷰 수행 전에 철저한 준비를 하는 것으로 유명하다. 그는 보통 인터뷰를 도울 다른 전문가 한 명을 데리고 들어간다. 그래서 한 사람이 질문을 하고 대화를 이끌어가는 동안 다른 한 사람은 용의자에게만 초점을 맞추면서 부정직의 표시를 찾아내는 것이다.

그들은 "범죄 현장에서 우리가 당신의 지문을 발견할 만한 이유가 있나요?" 등의 '미끼' 질문을 한다. 그들은 가장 예민한 질문을 감정이 섞이지 않은 문장으로 묻는다. 그래서 그들은 "당신이 돈을 횡령했지?"라고 묻지 않고 "그 돈이 어떻게 되었는지 말해보시오"와 같이 묻는다. 그들은 용의자에게 그들이 이미 사건에 대해 무언가를 알고 있다는 식의 '추정적 질문'을 한다. 그러므로 그들은 "당신은 유죄야, 그렇지?" 하고 말하지 않고, "당신은 증권거래위원회가 그 자금의 행방을 추적할 수 있다고 생각하지 않는가?"와 같이 묻는다. 이 질문은 인터뷰하는 사람이나 용의자나 모두 용의자가 범인이라는 사실을 알고 있다고 가정하고 있으며, 대화는 그저 확인에 지나지 않는다.

이러한 종류의 질문은 용의자가 자신의 죄를 고백하고 싶어 한다는 가정에 근거한다. 사람들의 영혼 깊숙한 곳에서 그들은 비밀을 계속 안고 있지 못한다. 신중하고 유화적인 방식으로 질문을 하면 모든 것을 털어놓기 마련이다.

BIA에서의 훈련은 필 휴스턴의 기법들에 대한 소개에서부터 시작해서 그다음에는 CNBC에서 행한 경영자들의 인터뷰 비디오들을 본다. 목표는 진실을 말하는 사람과 거짓을 말하는 사람을 구분하는 법을 배우는 것이다. 그다음에는 이른바 빨간 글자 훈련을 한다. 여기서는 직원들이 자원하여 한 팀을 이루고, 그중 한 명이 사무실에 미리 놓아둔 빨간 글자를 훔친다. '도둑'과 나머지 죄 없는 지원자들이 회의실로 불려오고, 훈련받는 사람들은 그들이 배운 기술을 실제로 적용해본다. 훈련받는 사람들은 지원자들을 심문하여 그중에서 누가 도둑질에 대해 거짓말을 하고 있으며 그러므로 유죄인지 알아낸다.

훈련받는 사람들은 인터뷰 동안 어떻게 자리를 잡아야 하는지도 배운다. 심문받는 사람의 맞은편에 앉지 말고 회의 테이블 같은 편에 앉아라. 코너에 앉았다면 의자를 뒤로 빼서 심문받는 사람의 다리의 움직임을 볼 수 있게 하라.

훈련에 익숙한 사람은 훈련을 하루나 이틀만 받고 나도 거짓말하는 사람을 찾아낼 수 있다. 하지만 많은 경우, 거짓말하는 사람을 먼저 식별하는 사람은 질문하도록 배정된 학성이 아니라 방 뒤쪽에 있는 학생들이라고 말한다. 이들 기법의 초심자들에게는 용의자를 심문하는 동시에 거짓말 신호를 잡아내는 것이 힘들 수 있기 때문이다.

훈련 중 잠깐 잠깐 쉬는 동안 BIA 트레이너들은 거짓말 탐지 정보를 쓴 코팅된 카드를 나누어준다. 그 카드에는 '전술 행동 평가 및 전략적 인터뷰 포켓 가이드'라는 제목과 함께 "L2 모드에 있으라. - 보고 들으라"와 같이 학생들에게 촉구하는 메시지가 담겨 있다. 시간이 지나면서 BIA의 고객은 여러 헤지펀드와 투자은행을 포함하고 있다.

필 휴스턴은 자신의 체계를 이기기 위해 사람들이 할 수 있는 일이란 아무것도 없다고 확신했다. 다시 말해 어떤 요원이 TBA 훈련을 받아서 다른 훈련받은 관찰자가 자신의 말에서 무엇을 찾을지 안다고 해도 들키지 않고 거짓말을 할 수는 없다는 것이다. 휴스턴과 CIA 출신의 동료들은 인간의 정신 깊숙이 자리 잡은 어떤 것을 이용하고 있으며, 그들은 그것이 강력한 것임을 알고 있었다. TBA 훈련을 받은 사람들은 그들 자신이 거짓말을 못한다. 일단 거짓말이 언제나 투명한 물체처럼 훤히 들여다보인다는 사실을 확신하게 되면, 성공적으로 거짓말을 해내기가 거의 불가능해진다.[주6]

필 휴스턴과 그의 동료들은 언제나 먹혀들 TBA 훈련을 전국 경찰에게 팔면 좋은 사업이 되지 않을까 생각했다. 처음에는 정말 그랬다. 9·11테러 후 경찰은 테러리즘과의 전쟁에서 심문 기법을 강화해야 할 필요성을 느꼈다. 경찰은 TBA 훈련을 받겠다고 등록했고, 휴스턴과 그의 동료들은 전국을 돌아다니며 TBA를 설파했다. 하지만 휴스턴은 뛰어난 심문자이긴 하지만 뛰어난 사업가는 아니다. 그의 회사는 계속 적자를 보았다. 경찰은 제때에 대금을 지불하지 않았고 휴스턴과 그의 동료들은 송장을 처리하는 일보다 훈련시키는 데 더 관심이 많았다.

곧 적자에 허덕이던 그 작은 회사는 교착 상태에 빠졌다. 회사는 기업의 규율을 불어넣고 회사를 키워줄 인수자가 필요했다. 바로 그때 휴스턴은 투자 펀드사 아카디아 파트너스(Arcadia Partners)를 운영하고 있던 보스턴의 벤처 자본가 리암 도나휴(Liam Donahue)를 만났다. TBA와 CIA의 '도출' 기법은 도나휴를 사로잡았고, 그는 그들에게 열린 넓은 새 시장, 미국의 재계를 볼 수 있었다.

아카디아는 휴스턴 회사의 많은 부분을 사들였고, CIA 베테랑들도 이제 BIA라고 부르게 된 재편성된 회사의 상당한 지분을 계속 보유할 수 있었다. 이 약자는 일부러 CIA를 연상시키도록 만들었다.

BIA의 경영진은 이 책을 쓰기 위해 인터뷰를 요청했을 때 거절했다. 하지만 이 회사는 고객들에게 배포하고 회사의 현재 사장인 셰릴 쿡(Cheryl Cook)이 서명한 문서에서 자사를 간략하게 설명하고 있다.

BIA는 국제적 정보 수집과 국가 안보의 맥락에서 개발한 기법을 이용하여 민간 부문에서 많은 가치를 가지고 리스크가 높은 의사 결정을 잘할 수 있도록 돕는다. BIA의 서비스는 정보의 신뢰성이 결과에 중요한 영향을 끼칠 수 있는 정보 중심의 프로세스를 목표 대상으로 하고 거기서 최대의 가치를 발휘할 수 있다.

BIA의 직원과 전문가들은 세계의 즈요 정보 자원을 포함하며 전략적 인터뷰, 정보 수집, 리스크 평가, 보안에서 비교할 바 없는 전문 지식을 갖추고 있다. BIA는 이들 자원에다 경험 많은 분석가, 컨설턴트, 프로젝트 매니저를 결합하고 자원을 적용하여 수익과 비즈니스 성과를 최대한으로 만든다."주7

리암 도나휴는 결국 새로운 회사의 이사회 의장이 되었다. 그의 리더십 아래 회사는 성장하기 시작했다. 다트머스대학의 아모스 턱 경영대학원 (Amos Tuck School of Business Administration)을 나온 MBA로서 그는 역시 이 학교를 나온 여러 관리자들을 끌어들였다. 그는 BIA를 경찰에 초점을 맞춘 기업에서 기업 고객을 창출하는 데 초점을 맞춘 회사로 전환을 꾀했다. 그는 변호사이자 투자은행 회사 골드만삭스(Goldman Sachs)에서 일했던 돈 칼슨(Don Carlson)을 CEO로 고용했다. 2005년이 되자 BIA는 1000만 달러에서 1100만 달러의 연간 총수입을 올리고 있었다.

도나휴는 BIA를 극도로 비밀스럽게 운영했는데, 자사 서비스에 대해 단 한차례만 언론에 공개했다. 〈배런스(Barron's)〉의 조너선 R. 라잉(Jonathan R. Laing)이 쓴 기사 "당신의 CEO는 거짓말을 하고 있는가?"는 놀라웠다.주8 그 기사는 BIA의 거짓말 탐지 기법에 대해 설명했으며, 헤지펀드 회사들 사이에 CIA 스타일의 심문에 관한 관심을 불러일으켰다.

CIA는 이들 기법을 발명하지 않았다. CIA는 현대 과학이 제공할 수 있는 최고의 정보를 바탕으로 한 전술을 개발하며 수년을 보내긴 했지만, CIA가 한 일이라고는 기껏해야 100여 년 전에 최초의 사립 탐정 앨런 핑커턴이 개발한 것을 재정립했을 뿐이다. 핑커턴의 전기들은 모두 범죄자들이 자백하도록 만드는 그의 능력에 관해 언급하고 있다. 1850년대 핑커턴은 놀라운 성공에는 이유가 있다고 썼다. "범죄자들은 결국 자신들의 비밀

브로커, 업자, 변호사 그리고 스파이 🎩

을 밝힐 수밖에 없다. 그리고 탐정은 필요한 경험과 인간 본성에 대한 판단력을 가지고 범죄자가 가장 약해지는 순간을 알고, 연민과 자신감을 가지고 범죄자를 집어삼키고 있는 비밀을 털어놓게 해야만 한다.”

한 세기가 넘는 세월이 앨런 핑커턴과 필 휴스턴을 갈라놓고 있었지만 두 사람은 인간 조건에 대해 놀랄 만큼 비슷한 결론에 도달해 있었다.

핑커턴은 그의 기법이 인간 본성에 대한 판단력에 기초한 것이라고 말했고, 그것은 TBA 기법에서도 마찬가지다. 핑커턴은 탐정들이 '연민'을 이용해야 한다고 언급했는데, 그것은 TBA 훈련을 받은 '도출자(elicitor)'들도 하는 일이다. 핑커턴은 '자신감'을 이용해야 한다고 이야기했는데, 그것은 CIA의 도출 방식이 추정적 질문을 하며 이미 뭔가 결정적인 것을 알고 있다는 자신감을 내비치는 것과 같다. 마지막으로 휴스턴과 핑커턴은 가장 중요한 점에서 의견의 일치를 보인다. 바로 비밀이 범죄자를 집어삼킨다는 것이다. 범죄자들은 모두 고백하기를 원한다. 심문자는 그저 그들이 그렇게 하도록 도울 뿐이다.

아마 핑커턴이 거짓말 탐지 기법이나 도출법을 발명한 것도 아닐 것이다. 이 방법들은 아마 영리한 관찰자들이 스스로 개발해낸 것일지도 모른다. 사실 놀라운 것은 사람에게서 정보를 얻어내는 가장 좋은 방법은 두들겨패는 것이라고 생각하는 사람들이 세대마다 있다는 것이다. 거짓말 탐지와 도출이 효과를 발휘한다는 사실을 증명하는 증거가 많이 있음에도 불구하고 아직도 용의자에게 정중한 태도를 보이고 싶어 하지 않는 심문자들이 있다. 보통 그런 사람들은 자-백을 얻어내지 못한다.

2005년 여름, BIA는 순조롭게 운영되고 있었다. 7월 14일, 필 휴스턴과 팻시 보이칸은 BIA 팀을 이끌고 사우스웨스트 항공의 어닝 콜을 듣고 있었다. 사우스웨스트 항공은 성공적인 분기를 보냈다. 월스트리트의 모든 중요한 기대치를 뛰어넘고 지난 해 같은 분기에 비해 수익이 42.9퍼센트 상승했던 것이다. 사우스웨스트 항공에 대한 BIA의 관심은 고객인 지프 브라더스 인베스트먼츠(Ziff Brothers Investments) 때문이었다. 지프 브라더스 인베스트먼츠는 사모투자펀드로, 지프-데이비스(Ziff-Davis) 출판 제국을 이룬 윌리엄 지프 주니어(William Ziff, Jr)의 억만장자 세 아들이 경영하고 있다. 지프 브라더스 인베스트먼츠는 사우스웨스트 항공이 다음 분기에도 탁월한 실적을 낼 수 있을지 알고 싶어 했다. 사우스웨스트 항공의 경영진은 자사의 장밋빛 전망을 믿고 있을까?

서론이 끝나고 사우스웨스트의 CEO 게리 켈리(Gary Kelly)와 최고재무책임자(CFO) 로라 라이트(Laura Wright)는 분석가들로부터 질문을 받기 시작했다. 질의응답은 화기애애했다. 다수의 분석가들이 수년 동안 사우스웨스트 항공을 다루어왔고, 경영진과 수십 차례 이야기를 나누어본 터였다. 일부 분석가들은 질문에 성공적인 분기 성과에 대한 축하의 말도 몇 마디 추가했다. 하지만 전화 회의를 듣는 BIA의 스파이들은 수다에는 관심이 없었다. 그들은 아무 말 없이 'L자 모드'를 취하고 있었다.

이 전화 회의에 관한 BIA의 보고서는 입수할 수 없었기 때문에 BIA의 분석가들이 정확히 어떤 결론에 도달했는지는 말하기 어렵다. 하지만 7월 14일의 대화 내용을 보면 BIA 팀이 주의를 기울였을 여러 순간이 보인다.[주9] 첫째, J. P. 모건(J. P. Morgan)의 증권 분석가 제이미 베이커(Jamie Baker)

브로커, 업자, 변호사 그리고 스파이

는 잠재적 요금 인상에 대해 질문했다. 저가 항공으로 유명한 사우스웨스트 항공에게 요금 인상은 치명적일 수 있었다.

"나는 AMR(아메리칸 항공을 소유한 회사)이 어제 당신네 시장의 대다수 노선에 대해 편도 요금을 2달러에서 3달러 인상했다는 것을 압니다. 사우스웨스트 항공은 아직 요금 인상을 검토하고 있는 것입니까? 아니면 인상하지 않기로 정하셨습니까?" 베이커가 물었다.

켈리가 대답했다. "글쎄요. 우리는 아직 요금을 바꾸지 않았습니다. 우리는 리더가 되고 싶지만, 또한 저가 항공의 리더도 되고 싶습니다."

"음, 음."

"지금은 사실 우리에게 완벽한 환경입니다. 우리의 경쟁사들이 모두 요금을 올리고 있고, 그것은 우리가 누구인지를 차별화하는 데 정말 도움이 되고 있습니다." 켈리가 이어 말했다.

애매한 대답 "음, 음"을 보면 우리는 베이커가 자신의 말에 확신이 없을지도 모른다는 추측을 할 수 있으나 TBA를 훈련받은 분석가들은 구체적인 구절을 집어낼 수 있을 것이다. 켈리는 요금 인상에 대한 직접적인 질문에 전혀 대답이 아닌 정보를 현재형으로 대답하고 있다. "글쎄요. 우리는 아직 요금을 바꾸지 않았습니다." 그는 미래에 어떻게 할 계획이냐는 베이커의 질문에 대해 대답하지 않았다. BIA는 그것을 '비대답(nonanswer)'*이라고 부를 것이다.

> *──── 〈워싱턴 포스트〉의 밥 우드워드와 칼 번스타인 팀은 1970년대 워터게이트 수사 동안 이러한 종류의 대답을 발견할 때 그것을 비부인 부인(non-denial denial)이라고 했다.

켈리는 비대답 다음에 BIA가 '항의 진술(protest statement)'이라고 정의한 말을 했다. "우리는 저가 항공의 리더가 되고 싶습니다"라고 말한 것이다. 다시 한 번 그는 사우스웨스트 항공이 아직도 요금 인상을 검토 중인가 하는 질문에 대답하지 않았다. 그는 사우스웨스트 항공이 무엇을 할지가 아니라 무엇이 되고 싶은지를 말하고 있다. 이 말을 할 때 BIA 팀의 펜이 바쁘게 움직였을까?

그다음 마무리로 켈리는 BIA가 '제한적인 대답'이라고 정의한 말을 덧붙인다. "지금은 사실 우리에게 완벽한 환경입니다." '사실'이라는 단어를 사용함으로써, 켈리는 듣는 사람에게 말도 안 되는 내용을 설득시키려고 노력하고 있는가?

켈리는 사우스웨스트 항공이 요금을 올려야 할 것인가라는 질문을 회피하려 하는가? 얼마 지나지 않아 사우스웨스트 항공은 그렇게 했다. 2005년 말 사우스웨스트 항공은 주주들에게 보내는 연례 보고서에서 자사가 그해 요금을 '조금'밖에 올리지 않았다고 자랑했다. 그 보고서는 평균 요금이 2004년의 88.57달러에서 2005년 93.68달러로 올랐다고 언급했다.[주10]

어닝 콜 후반에서 BIA의 훈련받은 관찰자들은 아마 사우스웨스트 항공의 경영진이 자사의 수익 전망에 대해 불안해하고 있다는 결론을 내렸을지도 모른다. 리먼 브라더스(Lehman Brothers)의 분석가 게리 체이스(Gary Chase)가 켈리에게 물었다. "우리가 납득할 수 있도록 조금 도와주십시오. 당신은 내년에 15퍼센트 성장을 달성 가능한 목표라고 했는데, 그렇게 생각하는 이유가 있습니까?"

브로커, 업자, 변호사 그리고 스파이

"글쎄요. 무엇보다도 그것이 목표입니다." 켈리가 대답했다. 그는 사우스웨스트 항공이 그 수치를 달성하기 위해서 주의해야 할 점이 있음을 덧붙였다. 경제가 건전성을 유지해야 하고, 경쟁사들이 계속 예측 가능해야 하며, 볼티모어 시장에서 약간의 개선이 이루어져야 한다는 등.

그러면서도 그는 말했다. "우리는 우리가 내년에 수익을 15퍼센트 향상시킬 수 없다고 인정하지 않습니다. 우리는 그 점을 아주 분명히 하고 싶습니다. 왜냐하면 우리의 수익이 하락할 것이라고 추측하는 보고서들이 이미 나와 있기 때문입니다. 우리는 그것을 받아들일 수 없습니다."

그러고 나서 그는 다음과 같은 미적지근한 말로 끝맺었다. "지금 이 시점에서 그것은 확실히 우리에게 적당한 목표처럼 보입니다." 켈리가 사용한 제한적인 구절에 유의해보자. '지금 이 시점에서', '확실히 우리에게', '적당한 목표'. 그것은 완전한 보증과는 거리가 멀다.

사우스웨스트 항공의 어닝 콜에서 나온 몇몇 진술은 그 회사가 그날 받은 긍정적인 평가와 대조를 이룬다. 그 회사는 탁월한 평판을 가지고 있고, 연료비 인상의 영향을 완화시킬 수 있는 혁신적인 회피 전략에 대해 칭찬을 받았지만, 경영진이 미래에 대해 불안하게 느끼게 하는 뭔가가 있었다.

지프 브라더스 인베스트먼츠의 예리한 거래자들은 그날의 정보와 그들이 사우스웨스트 항공에 대해 알고 있는 모든 것을 종합하여 성공적인 분기를 이어갈 수 없는 회사의 모습을 그렸을 것이다. 사실 BIA를 잘 아는 한 중역은 지프 브라더스 인베스트먼츠가 그날의 어닝 콜에서 사우스웨스트 항공의 경영진이 다음 분기에도 성공을 이어갈 수 있을 거라고 자신하지 않는다는 결론을 얻었다고 말했다. 이 정보원은 지프 브라더스 인베스트먼츠가 사우스웨스트 항공의 주식을 공매도했으며, 그렇게 해서 상당한 돈을 벌어들였을 거라고 말했다. 건강한 수익 보고서에서 뿜어져나오던 긍정적인 빛은 7월 18일까지만 계속되었다. 그날 주식은 주당 약 14.75달러에서 최고점을 기록하고 그후 한 달 넘게 하락을 계속했다. 8월 말 사우스웨스트 항공의 주식은 주당 약 13.50달러에 거래되었다.

BIA의 성공에도 불구하고 모든 고객들이 BIA 팀의 프레젠테이션이나 전술에서 좋은 인상을 받지는 않았다. 2005년 여름, 골드만삭스의 변호사였던 BIA의 돈 칼슨은 필 휴스턴과 마이크 플로이드를 데리고 골드만삭스 내부의 기업 첩보 부서를 찾았다. BIA 팀은 골드만삭스를 고객으로 만들기를 희망했다. BIA로서는 골드만삭스와 일하게 되면 금광과 같을 것이었다. 골드만삭스에는 수천 명의 직원이 있으니 BIA가 심문 훈련을 가르치는 계약 하나만 수주해도 엄청난 수익을 올릴 수 있었다. 2005년 골드만삭스의 총수입은 200억 달러가 넘었다. 골드만삭스는 연구조사와 수사에 거의 무제한적으로 예산을 쓸 수 있었다. 어쩌면 계약 하나만으로 골드만삭스는 BIA의 총수입을 2배로 끌어올릴 수 있었다.

그래서 칼슨, 휴스턴, 플로이드가 남부 맨해튼 브로드 가 85번지의 골드만삭스 본사 회의실로 걸어들어갈 때는 많은 것이 걸려 있었다. 그들은 공손한 접대에 익숙해 있었다. 자신만만한 투자은행가라도 공인된 스파이들, 특히 CIA의 전설적인 심문자 앞에서는 주눅이 들기 마련이다. 하지만 골드만삭스에서 BIA 팀은 냉정한 접대를 받았다. BIA 팀이 표준적인 제안을 해나가고 있을 때 골드만삭스의 14명 남짓한 직원들은 질문을 연달아

퍼부었다. 그 회의에 참석했던 한 골드만삭스 직원은 국방부의 첩보기관에서 잠시 골드만삭스의 기업 첩보팀에 와서 일하던 제프리 스타(Jeffrey Starr)였다. 첩보 전술의 전문가인 그는 BIA의 주장을 샅샅이 해부하기 시작했다.

스타는 의자를 뒤로 밀어놓은 채 BIA 팀에게 질문을 퍼붓기 시작했다. "당신은 이 신호들이 어떤 사람을 거짓말쟁이로 확인시켜준다는 말입니까? 왜 5초 이후의 행동들은 상관이 없지요? 어떤 사람이 단순히 머리를 쓰다듬는다면 어떻게 됩니까? 이러한 것들을 믿을 수 있는 근거는 무엇입니까?" 그것은 휴스턴과 플로이드가 지금까지 받아본 대우 중 가장 불쾌한 대우였다. 그들이 그들의 요점을 정리하기 위해서 짧은 비디오를 보여주자 스타가 또 공격에 나섰다.

비디오에서는 한 수사관이 노트북 컴퓨터가 없어진 데 대해 다섯 사람을 심문하고 있다. 비디오를 보는 사람들은 거짓 신호를 찾아 누가 컴퓨터를 훔쳤는지 알아낸다. 여기서 스타는 결점을 하나 찾아냈다. 그 비디오는 실제 인물이 아닌 배우들이 연기하고 있었던 것이다. 배우들이 어떻게 행동해야 하는지에 대해 지시를 받고 있다면 실제 상황에서 사람들이 보일 행동을 하지 않을 것이었다. 배우들은 BIA가 하라는 대로 할 뿐일 것이었다. 스타는 단단히 화가 났다. 그러면 비디오는 무슨 소용이란 말인가? 왜 그들은 진짜 심문 장면을 담은 비디오를 가져오지 않았는가? BIA 팀은 이 물음에 적절한 대답을 줄 수 없었다. 그들은 프레젠테이션이 실패했다고 느꼈다.

하지만 프레젠테이션은 실패하지 않았다. 결국 BIA의 주장은 회의적이던 스타에게까지도 먹혀들었다. 그도 휴스턴과 플로이드가 제안한 것에서 어떠한 잠재력을 보았던 것이다. 그 만족스럽지 못한 프레젠테이션에도 불구하고 골드만삭스는 곧 BIA의 고객이 되었다. 물론 골드만삭스의 모든 직원들이 BIA에 대해 낙관적이었던 것은 아니다. BIA의 첩보 기법에 대해 묻자 골드만삭스에서 전 세계의 커뮤니케이션을 담당하는 루카스 밴 프라그(Lucas van Praag)는 미국 첩보 베테랑들의 능력을 비웃는다. "이들이 그렇게 능력 있고, 기법들이 그들이 말하는 것만큼 효과가 있다면, 왜 우리는 아직도 이라크에서 빠져나오지 못하고 있는 거죠?"

전화 회의를 엿들으면서 거짓말을 탐지해내는 훈련은 BIA의 기본적인 서비스에 불과하다. 가격과 서비스는 거기서부터 더 복잡해진다. 하루 약 5만 달러를 내면 고객은 CIA의 훈련받은 심문자들의 팀을 자사로 불러 용의자를 심문하게 할 수 있다. 보통 기업들은 직원에 의한 사기나 잘못이 있었을 때 그런 서비스를 이용한다.

아마 BIA의 가장 중요한 (그리고 가장 잘 알려지지 않은) 고객은 워싱턴 주 커클랜드(Kirkland)에 있는 작은 회사 캐스케이드 인베스트먼트(Cascade Investment, LLC)일 것이다. 이 회사는 시애틀 도심에서 워싱턴 호수를 건너면 바로 있고, 근처 보트 정박지에서 보트를 타고 쉽게 갈 수 있다.주11 이 특징 없는 오피스가에는 세계에서 가장 막강한 금융 회사 중 하나, 거의 누구도 이름을 들어보지 못한 회사가 있다. 캐스케이드 인베스트먼트는 그저 많고 많은 사모펀드 회사 중 하나가 아니다. 바로 세계에서 가장 부유한 사람 중 하나인 빌 게이츠 개인의 사모펀드 회사다. 관리하는 자산이 40억 달러가 좀 넘는 캐스케이드 인베스트먼트가 2007년 연말 증권거래위원회(SEC)에 보고한 바에 따르면 코카콜라, 퍼시픽 에탄올(Pacific Ethanol), 그리고 물론 게이츠의 친구이자 동료인 억만장자 워런 버핏(Warren Buffett)이 소유한 성공적인 기업 버크셔 해서웨이(Berkshire Hathaway) 등 여러 기업의 주식을 가지고 있다.^{주12}

캐스케이드 인베스트먼트를 잘 아는 사람들은 이 회사가 BIA의 도움을 받아 실사 작업을 한다고 말한다. 오래된 매수자 위험 부담 원칙(사는 사람이 주의하게 하라)은 사모펀드 업계에서는 꼭 새겨야 할 진실이다. 머니 매니저들은 불량 기업에 1억 달러를 투자할 수도 있는 위험 속에 산다. 사모펀드 투자자들은 찾을 수 있는 모든 정보를 찾아 투자 결정에 참고해야 한다. 하지만 캐스케이드 인베스트먼트의 빌 게이츠 팀을 위해 BIA가 실시하는 실사는 보통의 금융 회사들을 위해 하는 정보 수집 그 이상이다. 게이츠의 팀을 위해 BIA의 심문자들과 수사관들은 인수 대상 기업들을 하나하나 평가한다.

캐스케이드 인베스트먼트 같은 사모펀드 회사들은 개인 기업을 인수하기도 한다. 개인이 소유한 기업을 살 경우에는 기업의 실상에 대해 잘 모를 때가 있다. 캐스케이드 인베스트먼트와 BIA 사이의 관계를 잘 아는 사람들에 따르면, 캐스케이드 인베스트먼트는 인수하려는 기업에 대한 구체적인 질문을 가지고 BIA가 그 답을 찾아줄 것을 요구한다. 예를 들어, 어떤 회사가 어떤 기업가에 의해 설립되었다면, 이 기업가의 가족은 어떤가? 이 회사를 물려받을 CEO의 아들은 알코올 중독자가 아닌가? 만약 그렇다면 회사를 계속 유지시킬 믿을 만한 계승자가 없는 이 회사는 훨씬 더 낮은 가격에 팔릴 수도 있다. 정보 하나가 수백만 달러를 좌우할 수도 있다.

개인 기업을 인수하는 경우, BIA 팀은 해당 기업의 경영진 모두를 조사할 것이다. 사업적으로 그들이 연락하는 사람은 누구인가? 그들의 가족은 어떤가? 그들은 어떤 압박을 받고 있는가? BIA 팀은 또한 해당 기업의 고객들도 조사할 것이다. 해당 기업과의 거래에 대해 이야기할 것이다. "내년에도 그 회사와 재계약을 할 것입니까? 다음 분기에는 그 회사와 관련하여 돈을 더 많이 쓸 것입니까, 아니면 더 적게 쓸 것입니까?" BIA 팀은 해당 기업의 공급 업체도 조사할 것이다. 기업은 사업을 하기 위해서 원자재가 필요하니까 말이다. BIA 팀은 공급 업체에 접근하여 해당 기업이 얼마만큼 자재를 사들이고 있는지 알아본다. "추세선(trend line, 주가의 변동을 반영한 선-옮긴이)은 어떻습니까? 그 회사는 예전보다 지금 더 많이 사들이고 있습니까? 가격은 어떻습니까? 그 회사의 수익성에 타격을 줄 가격 인상이 앞으로 있을까요?" 작은 정보라도 모두 해당 회사의 전반적인 그림을 그리는 데 도움이 되고, 캐스케이드 인베스트먼트는 모든 정보에 대해 기꺼이 지불할 것이다.

물론 그러한 실사는 젊은 MBA들, 또는 기업 분석에 관해 특수한 훈련을 받은 대학 졸업생들조차 할 수 있다. 기업을 분석하는 데 베테랑 CIA 스파이들이 필요하지는 않다. 그러나 그들의 전문 지식은 도움이 된다. CIA에서의 경험은 BIA 팀이 다음 분기에 가격을 인상하려는 공급 업체가 거짓말을 하면 그것을 잡아내는 데 도움을 준다. 그들의 도출 기법은 공급 업체에게서 언제 가격 인상을 할 것인지, 얼마나 인상할 것인지를 알아내는 데 도움이 된다.

비밀, 그것이 범죄이든 정보이든 콩 가격 인상이든 비밀은 비밀을 가지고 있는 사람을 집어삼킨다.

BIA 조사분석팀은 CIA 베테랑 짐 로스(Jim Roth)가 잠시 동안 이끌었다. 로스의 팀은 주로 헤지펀드 고객들에게 연구 조사 서비스를 제공했다. 한 번은 주식시장에 상장된 주택 건설 업체를 조사하도록 BIA를 고용한 헤지펀드가 있었다. 헤지펀드 조사자들은 그 주택 업체가 로스앤젤레스 시장에 충분한 땅을 가지고 있지 못해 자사가 짓겠다고 시장에 공언한 집들을 다 지을 수 없고, 그래서 분기 총수입에 대한 예상치를 발표하지 않을 거라는 육감이 있었다. 하지만 어떻게 그것을 증명할 것인가? 헤지펀드 매니저들은 BIA를 불렀고, 로스와 그의 CIA 훈련을 받은 요원들이 그 일을 맡았다. 로스의 팀은 전화를 걸기 시작했다. 그들은 로스앤젤레스의 부동산 중개소에 전화를 걸어 지역의 부동산 시장에 대해 질문했다. "누가 땅을 사고 있습니까? 그 주택 업체는 많은 땅을 사고 있습니까? 그 주택 업체는 지금 어디 땅을 소유하고 있습니까?" 각각의 대화에서 BIA 팀은 거짓말 탐지 기법을 사용하여 부동산 중개업자가 거짓말을 하거나 불확실한 답을 하는지 알아냈고, 도출 기술을 이용하여 그들이 시장에 대한 정보를 드러내도록 했다.

로스의 팀은 또한 지역의 부동산 투기업자와 많은 땅을 소유한 소유주에게도 전화하여 누가 부동산을 사들이고 있는지 알아보았다. 그들은 공공 기록을 조사하여 누가 새로 땅을 사들이고 있는지 알아보았다. 그들은 경쟁업체에 전화하여 그 주택 업체가 대리인을 통해 남들 눈에 띄지 않게 땅을 사들이고 있지는 않은지 알아보았다. 수백 통의 전화와 공문서들을 읽은 후 로스의 팀은 그 헤지펀드가 옳다고 판단했다. 그 주택 건설 업체는 로스앤젤레스에 자사가 공언하고 있는 만큼의 땅을 가지고 있지 않았다. 그 회사가 앞으로 수익 목표치를 달성할 방법은 없었다.

로스의 보고서와 자사가 알아낸 정보들을 토대로 그 헤지펀드는 그 주택 건설 업체의 주식을 공매도했다. 그렇게 해서 그 헤지펀드는 2000만 달러를 벌어들였다고 BIA에게 말했다. 짐 로스의 작업에 대해 BIA에 수만 달러를 지불한 것에 비하면 엄청난 수익률이다.

짐 로스는 그 이후로 BIA를 떠나 최근에는 자신의 컨설팅 회사에서 일하며 헤지펀드들을 위해 같은 종류의 일을 하고 있다. 그는 자신의 회사 랭글리 그룹(Langley Group, 랭글리는 CIA 본부가 있는 곳이다)에 대해서는 언급하지 않는다. 이 회사의 웹사이트(www.thelangleygroup.net)는 회사 설립자의 첩보 경력에 대해서 아무런 힌트도 주지 않는다. 전화번호부에는 회사 전화번호가 나와 있지 않다. 그 웹사이트는 보안이 되어 있다. 그 웹사이트에 소개된 이메일 주소로 메일을 보내면 되돌아온다.

그래도 괜찮다. 인맥이 좋은 헤지펀드들은 연락할 방법을 알기 때문이다.

BIA에게 연간 40만 달러에서 80만 달러를 주는 고객들은 비밀 작전이라는 또 다른 서비스를 받을 자격이 있다. 가장 많이 지불하는 고객을 위해 BIA는 CIA 훈련을 받은 심문자들을 비즈니스 컨설턴트나 고객과 함께 다니는 '동료'로 가장하여 투자자 회의나 다른 회의에 파견한다.

한번은 BIA의 거짓말 탐지 전문가팀이 고객과 함께 팔로알토(Palo Alto)로 간 적이 있다. 그곳에서 투자은행 모건 스탠리(Morgan Stanley)가 후원하는 투자자 회의가 열리고 있었다. 여기서 신생 업체들은 잠재적 투자자들이 가득한 청중을 향해 자사를 홍보한다. 신생 업체들은 돈이 필요하고, 투자자들은 투자한 자본에 대해 수익을 낼 수 있는 우수한 기업을 찾고 있었다. 이 회의에서 프레젠테이션을 하는 경영자들은 자신의 회사에 대해 가장 좋은 인상을 받을 수 있도록 해야 한다. 자신의 회사가 무슨 일을 하며, 어떻게 수익을 창출하고, 앞으로의 전망은 어떤지를 설명하면서 말이다. 회의실에 모인 투자자들에게 좋은 인상을 주기 위해서 과장을 하거나 심지어 거짓말을 하고 싶은 유혹도 대단히 크다. "그 성적이 나빴던 분기를 좋게 말하면 안 되는가? 방금 계약을 취소한 큰 고객에 대한 이야기는 하지 말자." 하지만 좋지 않은 서부 사항이 부유한 투자자의 투자 결정에 영향을 끼치는 정보다. 신생 업체의 경영자가 거짓말을 한다면, 투자자들은 금방 알아채 시간과 돈을 낭비하지 않아야 한다.

신생 업체들의 경영자들이 희망을 안고 일련의 프레젠테이션을 하는 동안 BIA의 분석가팀은 프레젠테이션을 하는 사람이 거짓말을 하고 있지 않은지 주시한다. 그들은 조심해야 할 '솔직히', '정직하게' 같은 단어를 사용하지 않는가? 재무 수치들을 설명할 때 그들의 손은 어디에 있는가? BIA가 분명한 신호들을 무더기로 포착했을 때는 분석가들 중 한 명이 고객에게 약하게 고갯짓을 했다. 그러면 고객은 해당 회사의 가장 민감한 문제에 대해 질문을 할 수 있었다. 이에 대해 신생 기업의 경영자가 거짓말을 하면 BIA의 고객은 투자하지 말아야 함을 알게 된다.

이와 같은 회의에서 프레젠테이션을 하는 경영자들에게 회사의 운명이 달린 가운데 재무 수치들을 소개한다는 것은 스트레스를 받는 일이다. 그런데 CIA 최고의 인간 거짓말 탐지기들에 의해 관찰당하고 있다는 사실까지 안다고 생각하면 얼마나 더 스트레스를 받을까? 하지만 그들은 절대 모른다.

경력의 최고 시절을 알카에다 용의자들을 심문하며 보낸 스파이들은 호텔 회의실에서 중역들이 프레젠테이션하는 것을 지켜보며 시간을 보내는데, 관심 있는 사람들처럼 보이지 않는다. 하지만 그것은 수입이 꾸준한 일이고 안전한 일이다. 또한 정부에서 일할 때보다 보수도 훨씬 많다.

일반적으로 CIA 요원들은 교통부나 교육부 직원들과 같은 수준의 봉급을 받는다. GS(General Scale)라고 하는 봉급 체계에는 15등급의 연공서열이 있고, 각 서열은 다시 10개의 '단계'로 나누어진다. 2008년 정부의 신입 직원은 연간 1만 7000달러를 약간 넘게 벌었다. 연공서열이 가장 높은 GS-15에 해당하는 직원은 12만 4010달러를 벌었다.[주13] 2008년 CIA의 엘리트 리더조차 정부의 이른바 SES(Senior Executive Service)의 최고 수준 정도인 약 17만 2200달러의 봉급을 받았다. 정부는 지역에 따른 생활비 차이를 잘 반영하지 않는다. CIA 요원들은 때로 특히 어려운 일을 하는 경우에는 더 많이 받기도 한다. 또 해외의 CIA 요원들은 공짜로 제공되는 주택이라는 또 하나의 특권을 누리기도 한다.

12만 4000달러는 미국인들에게는 많은 액수로 보일지 모르나 이 사람들이 받은 교육과 훈련, 그리고 그들의 가치 있는 경험을 생각해보면 그리 많은 것이 아니다. 민간 부문의 봉급은 그보다 훨씬 더 높다.

연공서열이 높다고 할 수 없는 GS-10에서 GS-12에 속하는 CIA 요원들은 연간 4만 3000달러에서 5만 7000달러를 받는데, 이들이 민간 부문으로 가면 훨씬 많이 받는다. 민간 부문에서 CIA 베테랑들이 받는 보수를

브로커, 업자, 변호사 그리고 스파이 🎩

잘 아는 한 사람은 GS-10에서 GS-12 수준의 CIA 요원들은 기본적으로 12만 달러에서 15만 달러를 받고 경험이 쌓이면서 20만 달러까지 올라갈 가능성이 있다고 말한다. 경력의 어느 쯤에서 민간 부문으로 옮기냐에 따라 CIA 베테랑들은 그들이 받은 최고 봉급의 일정 퍼센트를 평생 연금으로 받기도 한다. 대부분의 사람들은 봉급을 2배 또는 3배 올릴 기회를 마다하지 않으며, CIA 베테랑들도 마찬가지다.

아이러니하게도 BIA는 CIA 인재들에게 가장 봉급을 박하게 주는 민간 기업 중 하나라고 알려져 있다. BIA에서 CEO를 지낸 돈 칼슨은 2005년 그가 작전을 지휘할 때 CIA 베테랑들은 BIA에서 최고 18만 달러에서 21만 달러 정도를 받았다고 회상한다. BIA에서 BIA의 주식을 요구하거나 받은 CIA 베테랑은 많지 않았다. 칼슨은 CIA 베테랑들의 재능과 훈련을 감안해보면 "우리는 그들에게 엄청나게 적은 보수를 주었습니다"라고 말했다.

CIA 직원이 그들의 보수를 높이는 하나의 방법은 BIA 같은 기업 첩보 회사에서 아르바이트를 하는 것이다. CIA 요원들은 정기적으로 그들의 상관에게 BIA에서 일할 수 있도록 허락해달라고 요청한다. 민간에서의 아르바이트를 허용하는 관행을 잘 아는 한 정부 관리에 따르면, 외부 일을 할 수 있도록 허락받기 위해 CIA 직원들은 그들이 어디에서 일하며, 무슨 일을 할지를 밝히는 양식을 작성해야 한다. 허락은 CIA의 윤리 변호사들을 포함한 일단의 조사관들이 내린다.

실제로 CIA 직원들은 여름 동안에만 잠깐 하는 일이나 지역의 보이스카우트를 위해 자원봉사를 할 때에도 표준적인 양식을 작성해야 한다. 아르바이트를 허락할지 말지를 결정하는 데 고려하는 하나의 요소는 그 일이

CIA에서의 책임을 방해하지는 않는지 하는 것이다. 허락은 사안별로 내려진다.

해마다 새로운 대학 졸업생들이 네 개의 큰 회계 법인으로 몰려들 때는 아르바이트를 하는 현역 CIA 요원들이 특히 도움이 된다고 BIA를 잘 아는 또 다른 사람이 말해주었다. BIA는 네 개 회계 법인 모두에서 거짓말 탐지 훈련을 제공하는데, 여름에 회계 법인에 새로운 직원들이 몰려든다는 것은 BIA 역시 충원해야 함을 의미했다. 이때 BIA는 이들 새로운 회계사들에게 TBA를 훈련시키고 다시 CIA로 돌아갈 현역 CIA 요원들에 의존했던 것이다. 자신이 BIA로 오기 전 어느 한 시점에서 BIA는 12명에서 15명의 현역 CIA 요원들을 분석가들로 쓰고 있었다고 칼슨은 말한다.

그런데 BIA는 자사와 CIA를 조심스레 구분하고 있다. 고객에게 배부하는 책자 『투자자들을 위한 전략적 정보 수집』에서 BIA는 첫 페이지에서 이렇게 쓰고 있다. "이것은 BIA의 훈련이 미국 정부나 정부기관과 어떤 식으로든 관련되어 있지 않으며 후원받지 않음을 알리기 위함입니다. BIA의 강사들은 연방정부를 대표해서가 아닌 민간의 시민으로서 가지는 권리에 따라 행동하고 있습니다."[주14]

후년에 가서 BIA는 대학 졸업생들을 신입사원으로 채용해 TBA를 가르쳤다. 이 젊은 직원들은 한데 모여 기업의 전화 회의를 듣고 회의 내용, 기업의 보도자료, 또는 SEC 제출 문서를 검토하면서 거짓말 신호들을 포착했다. 어느 시점에서 BIA는 기업 고객들에게 거짓말하는 방법을 훈련시키는 프로그램을 개발하려고 시도했다. "우리는 '이렇게 하면 거짓말을 들키지 않고 넘어갈 수 있습니다' 하고 말할 수 있기를 바랐습니다." 칼슨의 회상이다. 하지만 BIA는 인지 부조화라는 근본적인 장애물을 만났다. BIA는 거짓말을 하면서 그것을 말해주는 분명한 신호를 감출 수 있는 방법을 알아낼 수 없었고, 거짓말하는 방법을 훈련시키는 프로그램을 팔지도 못했다.

BIA는 어떤 사람이 진실을 말하고 있음을 나타내주는 신호도 있다고 조언한다. 질문하는 심문자에게 진실은 덜 유용하므로 BIA는 고객에게 진실을 말해주는 행동은 무시하라고 조언한다. 하지만 BIA는 어떤 사람이 진실을 말하고 있음을 나타내주는 것들도 가르쳐준다. 직접적인 대답, 자발적인 대답, 주의를 기울이고 관심을 기울이는 태도, 일관성이 그것이다.

진실이 거짓말보다 더 알아채기 쉬운 것 같다.

08

에디 머피 전략

농산물 전문 연구업체 랜워스는 위성
자료를 이용하여 다양한 농작물의
전망에 대한 보고서를 만든다.
랜워스는 밭의 위성사진, 날씨 자료,
그 밖의 미 농무부의 예측가들이
사용하는 정보들을 종합하여 정부가
보고서에서 밝힐 예상을 맞춘다.
그다음 이 회사는 시장의 움직임에
대한 어떤 정보라도 입수하려 애쓰는
상품 거래자들에게 예상 보고서를 판다.

2007년 3월 5일 월요일, 워싱턴 외곽 버지니아 주 시골 지역의 아침이 맑고 서늘하게 밝아왔다. 바비 페라로(Bobby Ferraro)는 쇼핑몰과 들판을 지나 출근하면서 하늘에서 문제의 낌새, 몇 시간 후에 그가 풀어야 할 수백만 달러가 걸린 수수께끼의 낌새를 하나도 보지 못했다.

페라로는 정부 및 기업 고객을 위해 첩보 위성을 띄우는 버지니아 주 덜레스(Dulles)에 위치한 지오아이(GeoEye)의 위성 운행 책임자다. 1년 전인 2006년 1월 작은 두 회사가 합병하면서 생긴 지오아이는 가장 바쁜 시즌으로 들어서고 있었다. 이 회사는 금방 자사의 위성들이 찍은 이미지를 제공하겠다는 정부와의 계약을 재협상한 참이었다.

그 주말 동안, 낮은 궤도를 도는 지오아이의 위성 중 하나인 옵뷰 3호(OrbView-3)는 지구 표면의 사진을 찍어서 세계 여러 곳에 위치한 지상국(ground station)에 보내고 있었다. 전 세계에 위치한 지상국으로부터 이미지는 버지니아 주의 별 특징 없는 지오아이 본사로 보내지고, 본사에서는 '레벨 제로(level zero)'라고 하는 미가공 데이터 상태 그대로 줄지어 선 고속 컴퓨터들에 저장된다. 바비 페라로가 사무실 건물 주차장으로 들어서고, 5층 사무실로 올라가 아침의 업무를 시작할 즈음 사진들은 지오아이의 월요일 오전에 일하는 교대조에 의해 처리되기를 기다리고 있다.

페라로는 정기적인 오전 9시 회의를 마치고, 위성을 제어하는 컴퓨터가 가득한 어두컴컴한 비행 운행 센터를 지나 복도를 걷고 있었다. 지오아이의 프로세싱 관리자 마이클 슈미트(Michael Schmidt)가 그에게 다가왔다.

"이미지에 문제가 생겼습니다." 슈미트가 말했다.

옵뷰 3호가 주말 내내 찍은 사진들은 한동안 괜찮았다. 그러더니 일요일에 찍은 이미지들은 검은색뿐이었다. 약 304킬로그램의 위성은 카스피해 위에서 찍은 사진을 전송하다가 한순간 갑자기 아무것도 전송하지 않았다.

"오, 안 돼." 페라로가 중얼거렸다. 심각한 문제일 수도 있었다.

마흔세 살의 평소 쾌활한 성격의 페라로는 위성 전문가다. 그는 공군에서 경력을 시작했고, 1980년대 소련의 ICBM(대륙간 탄도 미사일)으로부터 미국을 보호하기 위한 미사일 시스템인 전략방위구상(Strategic Defense Initiative)에서 연구개발 일을 했다. 그후에는 GPS(Global Positioning System)의 지휘통제시설에서 일했다.

페라로는 수많은 문제 중 어떤 것이라도 이미지를 검게 만들어버릴 수 있음을 알았다. 버지니아의 지오아이 컴퓨터 내부에 문제가 있어 이미지 파일의 데이터를 잘못 읽을 수도 있었다. 지상국에서의 송신에 문제가 있을 수도 있었다. 위성으로부터 처음으로 사진을 받는 장치에 문제가 있을 수도 있었다.

또는 위성 자체에 문제가 있을 수도 있었다. 만약 그렇다면 수백만 달러가 나가는 기계인 위성은 무용지물이 된 셈이었다. 작은 손상이라도 고치기 위해 수리팀을 위성으로 보낼 방법이 없었다. 위성은 2003년 발사되었으며, 적어도 5년은 건재해야 했다. 대부분의 위성들은 10년 남짓 운행한다. 옵뷰의 고장이라면 너무 이른 편이다.

페라로는 복도를 걸어 회사의 우주선 엔지니어링 책임자를 만나러 갔다. "아마 타이거 팀(tiger team)을 구성해야 할 것 같습니다." 페라로가 말했다.

곧 지오아이의 사무실에는 옵뷰 3호와 그 핵심 부품을 만든 협력 회사에서 온 엔지니어, 운행 전문가, 기술 조언자 들로 가득했다. 그중에는 오비탈 사이언스 코퍼레이션(Orbital Sciences Corporation)과 노스롭 그루먼(Northrop Grumman)도 있었다. 이 두 회사의 엘리트 위성 정비사들이 '타이거 팀'을 구성하여 '이상 해결(anomaly resolution)'을 수행했다. 그들은 본사 건물에서부터 위성까지, 한 치도 남김없이 시스템을 조사하여 문제를 발견할 것이다.

첫 번째로 취해야 할 조치는 새로운 이미지를 받기 기대하는 고객인 정부에 연락하는 것이다. 그다음에는 민간 부문의 회사인 지오아이에게 위성을 운행할 수 있는 라이선스를 준 메릴랜드 주 실버스프링에 위치한 당국 미국해양대기관리처(NOAA, National Oceanic and Atmospheric Administration)에 연락하는 것이다. 또 국립지리정보국(NGA, National Geospatial Intelligence Agency)과 전 세계 지오아이의 고객들에게도 전화를 해야 했다.

하루의 업무시간이 끝날 즈음 지오아이는 진단을 내렸다. 문제는 카메라였던 것이다. 카메라는 지구 대기권 언저리를 빠른 속도로 도는 위성에 장착되어 있었다. 그것은 '싱글 스트링(single string)' 부품들로 설계되어 있어 예비 시스템이 없었다. 고칠 방법은 없었다.

나스닥에서 주식이 거래되는 지오아이에게 심각한 타격이었다. 월스트리트 증권 규정에 따르면 지오아이는 이 일을 투자자들에게 공표해야 했다. 지오아이는 3월 8일 목요일 증권거래위원회(SEC)에 서류를 제출함으로써 사실을 알렸다. 지오아이는 위성을 통제할 수는 있지만 그것으로부터 사진은 받지 못한다고 시인했다. 지오아이는 위성을 고칠 수 있는지, 위성의 운명은 언제쯤 알 수 있는지는 시장에 말할 수 없었다. 그사이 지오아이는 옵뷰 3호보다 더 오래된 위성 이코노스(IKONOS)를 통해 고객에게 서비스를 계속하려고 노력할 것이었다.

투자자들은 그 소식에 놀랐고, 지오아이의 주식은 목요일에 18.28달러에서 금요일 오후 4시에 16.25달러로 떨어진 채 장을 마감했다. 바비 페라로에게는 불쾌한 한 주였지만, 많은 것이 걸려 있는 위성 사업의 실체가 그런 것이다.

페라로와 그의 팀은 다음 한 달의 시간을 카메라를 고칠 방법을 생각하면서 보냈다. 문제를 검토하고 다시 검토하면서 4월 하순이 되었다. 그들은 마침내 포기했다.*

* —— 9월 지오아이의 보험 회사 윌리스 인스페이스(Willis Inspace)는 옵뷰 3호 위성에 대해 4000만 달러를 지불했다. 2008년 여름, 지오아이는 고장 난 이 위성을 콜로라도대학에 기부하려는 협상을 시작했다.

위성은 카메라만 빼면 모든 것이 완벽하게 작동했기 때문이다. 지오아이의 엔지니어들은 이 대학의 항공학과 학생들이 즐겁게 위성을 작동시킬 거라 생각했다.

옵뷰 3호 위성이 고장 나자 미국의 첩보기관들만 불편한 것이 아니었다. 세계에 400명 이상의 직원을 그용하고 있으며 2007년 1억 8000만 달러가 넘는 총수입을 창출한 지오아이는 사업의 거의 절반이 민간 부문과 관련되어 있는 것으로 추정된다. 기업들은 지오아이의 3개 위성을 이용하여 각종 모니터를 한다.

석유 기업들은 멕시코 만에 있는 자사 석유 시추선의 상태를 확인할 수 있다. 농업 기업들은 빨간색 지역은 건강하게 성장하고 있는 지역을, 노란색 지역은 도움이 필요한 곡물을 브여주는 위색 영상(false-color image)을 만들 수 있다. 부동산 개발 업체들은 그들이 사고 싶은 부동산의 지형도를 만들 수 있다. 구글은 이미지들을 구입해 인기 있는 위성 애플리케이션 구글어스(GoogleEarth)에 사용한다.

지오아이는 또한 대양의 위성 이미지를 어부들에게도 판다. 사진은 고기들이 먹으러 갈 물밑의 식물플랑크톤들이 보여 있는 곳을 보여준다. 매일 지오아이의 기술자들은 이 지역의 위성 지도를 전 세계 선장들에게 이메일로 보낸다. 위성 이미지들은 고깃배의 연료비를 10~15퍼센트나 절약하게 해준다. 요행을 바라며 바다를 돌아다니는 대신 바로 가장 좋은 지점으로 갈 수 있다.

상업 위성 산업은 아직 규모가 크지 않다. 미국에서 지오아이의 경쟁사는 단 하나, 콜로라도 로키 산맥 지역에 본사를 둔 디지털글로브(DigitalGlobe)

뿐이다. 2001년 디지털글로브는 퀵버드(QuickBird) 우주선을 지표 위 450 킬로미터의 궤도로 쏘아올려 매년 7500만 제곱킬로미터의 지역에 대한 이미지 자료를 보낸다.

미국 외에도 몇 개의 이미지 제공 업체들이 있다. 그중 프랑스 회사인 스폿 이미지(Spot Image)는 자사의 포모샛 2호(FORMOSAT-2)가 매일 같은 장소의 사진을 찍을 수 있는 유일한 고해상도 위성이라고 자랑한다. 다른 위성 기업들은 그들의 우주선이 같은 자리로 돌아와 다시 사진을 찍으려면 며칠 기다려야만 한다.

하지만 정부와 기업의 첩보 기술이 중첩되는 것을 보여주는 위성은 미국 기업 지오아이의 최신 위성이다. 민간 부문이 미국 첩보기관들이 가진 위성 기술을 보유하고 있다는 말은 아니다. 기업들은 정부의 최첨단을 달리는 첩보 요원 몇몇이 사용하는 것과 같은 위성을 사용할 것이다.

지오아이는 연방정부의 첩보 위성 운행기관인 국립지리정보국(NGA)이 주도하는 넥스트뷰(NextView) 프로그램에 참여하고 있다. 이 프로그램은 연방정부가 차세대 첩보 위성의 개발비 중 많은 부분을 감당하도록 하려는 목적으로 생겼다. 첩보 위성은 설계하고 제작하고 발사하는 데 수백만 달러가 든다. 넥스트뷰 프로그램하에서 지오아이는 새로운 위성 하나를 개발했고, NGA가 그것을 만드는 데 2억 3700만 달러의 연방 자금을 지원했다. 이 계약은 지오아이가 상업적 고객을 위해서 위성을 사용하는 것도 허용하고 있다.

다음은 지오아이가 2008년 5월 분기에 증권거래위원회(SEC)에 제출한 자료에 담긴 내용이다. "지오아이가 NGA의 위성 사진 찍는 역량의 대략

브로커, 업자, 변호사 그리고 스파이

절반을 이용할 것이며, 나머지는 국제적인 지상국 고객과 시정부들에 대한 판매를 포함한 상업적 판매에 이용하게 될 것이다."[주1]

지오아이는 2008년 8월 하순, 캘리포니아 주 반덴버그 공군기지(Vandenberg Air Force Base)에서 새로운 위성 지오아이 1호(GeoEye-1)를 발사했다. 보잉사의 로켓들이 사용되었고, 제너럴 다이내믹스(General Dynamics)의 기술자들이 위성의 준비 작업을 했다. 지오아이 1호는 CIA와 국방부를 위해 사진을 찍는 데 많은 시간을 보내고, 나머지 시간은 월마트, 상품 거래 업체들, 어부들의 민간 유료 고객 등을 위해 사진을 찍으며 보낸다.

지오아이의 기업 대변인은 ABC 뉴스의 국방부 담당 프로듀서를 지낸 마크 브렌더(Mark Brender)다. 지오아이 본사 회의실에 앉은 그는 디스플레이 스크린에 최초의 첩보 사진을 보여준다. 그것은 1960년 8월 18일, 기밀 첩보 위성 코로나(Corona)가 찍은 해상도 낮은 이미지다. 사진에서는 당시 소련의 극동 연안에 있던 미스 슈미타(Mys Shmidta) 기지의 활주로를 겨우 알아볼 수 있다. 주차장도 보이지만, 그것이 전부다.[주2] 그런데도 이미지는 당시 가히 혁명적이었다. 이제 군 리더들은 적이 무엇을 건설하는지, 어디에 건설하는지를 볼 수 있게 되었다. 이렇게 이미지로 관측된 활동을 종합하여 군 장교들은 소련의 전반적인 전략을 추론할 수 있었다. 브렌더는 다른 이미지들도 보여준다. 오늘날의 상업 위성들은 지상에 걸어다니는 사람들을 한 사람씩 구분해볼 수 있다. 위성은 자동차들을 보고 어느 회사의 무슨 모델인지까지 구분할 수 있다. 대양의 물속 산호들도 볼 수 있다.

브렌더는 말한다. "40년 내지 50년 동안 첩보계는 위성 첩보 능력을 중요한 기밀로 간주했습니다. 이 기술은 미국과 소련의 첩보기관들이 가보처럼 소중히 여기던 것이었지요. 그것은 냉전 시대의 두 라이벌이 서로 서로를 조심스럽게 관찰할 수 있기 위해 개발된 것입니다."

그 당시의 주의는 상호확증파괴(mutually assured destruction)였다고 브렌더는 지적한다. 상대방이 파괴적인 결과를 가져오도록 반격할 수 있음을 알기 때문에 어느 쪽도 먼저 공격하기를 원치 않는다는 것이었다.

이제 그 기술은 기업의 손에 있다. 브렌더는 이렇게 말한다. "이제 우리는 상호확증관찰(mutually assured observation)의 시대로 넘어왔습니다. 정부는 적의 능력을 좀 더 잘 알기 위해 이 기술을 이용했습니다. 그렇다면 기업들이 경쟁사의 능력을 좀 더 잘 알기 위해 이 기술을 이용하지 못할 이유가 없지요."

지오아이는 2011년 네 번째 위성을 쏘아올릴 계획이다. 1999년 발사된 지오아이의 이코노스 위성은 98분마다 지구의 북극에서 남극으로 갔다가 다시 북극으로 돌아간다. "그것은 빨리 움직입니다." 브렌더의 말이다. 한 시간에 2만 7000킬로미터가 넘는 거리다. 다시 말해 1초에 약 6킬로미터를 간다. 위성이 지표면 위 680킬로미터가 넘는 상공의 궤도를 도는 동안 지구 또한 움직이기 때문에 지오아이의 위성들이 한 바퀴를 돌면 위성들은 약간씩 더 동쪽으로 가게 된다. 그 결과 지오아이의 위성들은 3일에 한 번씩 지구의 같은 장소를 볼 수 있다.

지오아이의 가장 중요한 위성 지오아이 1호는 2층 구조로 되어 있다. 궤도를 돌 때 이 위성은 옆으로 기울일 수 있어 어느 방향으로든 약 50도까지 기울어 회전하면서 구체적인 타깃의 사진을 촬영한다. 위성은 하루에 12회 또는 13회 궤도를 돈다. 인공위성 궤도의 하나인 '태양동기궤도(sun-synchronous)'를 유지하므로 매일 지역 시간으로 오전 10시 30분에 해당 지역 위를 지나간다. 한 번 지날 때마다 공간의 서로 다른 두 점에서 같은 타깃을 보고 사진을 찍으므로 3차원 사진을 만들 수 있다.* 그것은 하루에 최대 70만 제곱킬로미터, 1년에 2억 2500만 제곱킬로미터 남짓한 지역의 이미지를 포착할 수 있다. 10년 동안 작동할 것으로 예상하지만, 옵뷰 3호에서 본 것처럼, 반드시 10년을 약속하지는 않는다.

*―― 2008년 9월 톰 클랜시(Tom Clancy)의 생산 회사가 내놓은 비디오 게임 〈혹스(Hawx)〉에서는 전투기들이 세계 도시 위에서 공중전을 벌인다. 이들 도시는 지오아이의 3D 이미지를 이용하여 만들어졌다. 그러므로 브라질 위에서 싸운다면 전투기 아래의 브라질은 실제 이미지다.

궤도를 도는 위성으로부터 사진을 다운로드하기 위해 지오아이는 알래스카의 배로(Barrow), 노르웨이의 트롬쇠(Tromsø) 같이 먼 지역에도 위성 리시버를 갖춘 지상국들을 설치해놓았다. 지오아이는 남극의 트롤 연구소 (Troll research station)에도 무인 지상국을 마련해놓고 있다. 이 점에서 지오아이는 미국 정부보다 더 유리한 위치에 있다. 국제 조약에 따라 군 기관이나 첩보기관은 남극에 지상국을 건설하지 못하도록 되어 있기 때문이다. 하지만 지오아이는 할 수 있다.

첨단의 능력에도 불구하고, 지오아이는 자사의 고객들이 산 이미지들을 어떻게 이용하는지 모른다. 브렌더는 고객들이 추구하는 장소를 말하면, 지오아이는 그저 위성으로 사진을 찍는다고 말한다. 사진을 제공하는 지오아이는 고객이 왜 그 사진을 원하는지, 고객이 누구를 엿보려 하는지 모른다. 지오아이가 갖는 것은 위치뿐이다. 그리고 또 그것만 알면 된다. 고객이 경쟁사를 엿보든, 자사의 자산을 관찰하든 지오아이와는 관련 없는 문제다. 어느 쪽이든 지불받기는 마찬가지이기 때문이다. 지오아이에게는 모든 위치가 똑같다. "그것은 모두 지구 위의 지역이니까요." 브렌더는 어깨를 으쓱하며 말한다.

그는 웨스트버지니아의 노천광을 찍은 위성사진을 가리킨다. 광산 회사는 산꼭대기를 글자 그대로 잘라내고 그 안에서 소중한 석탄을 채굴하고 있다. 광산에서 일이 진척되는 과정을 보여주는 사진은 광산 회사에게 다소 도움이 되겠지만, 회사 경영진은 이미 진척 상황을 알고 있다. 매일 현장으로 가보기 때문이다.

그 사진은 광산 회사의 경쟁사에게 진정 도움이 될 것이라고 브렌더는 말한다. 경쟁사의 중역들은 그 광산에 갈 수 없기 때문이다. "당신이 만약 그 광산 회사의 경쟁사라면, 당신은 광산을 지켜보며 얼마만큼의 진척이 이루어졌는지 알 수 있을 것입니다." 브렌더가 말한다. 경쟁사는 얼마만큼의 석탄이 발견되었는지, 막대한 채굴로 인한 환경적 손실을 회복하는 데 얼마만큼의 비용이 들지, 얼마만큼의 이익이 날지를 알아낼 수 있다. 충분한 지식을 가진 관측자라면, 그 광산 회사가 월스트리트의 분기 수익 예상치를 달성할 수 있을지 아닐지 확실히 알 수 있을 것이다.

지오아이의 고객 중 하나는 시카고에서 동쪽으로 약 40분 거리인 일리노이 주의 이타스카(Itasca)에 있는 직원 30명으로 이루어진 기업 랜워스(Lanworth)다.* 이 회사는 지오아이와 다른 위성사진 제공 업체의 이미지를

브로커, 업자, 변호사 그리고 스파이

이용하여 미국 농무부를 이기고 있다. 어떻게 그렇게 하는지 알려면 우선 상품시장이 정부와 밀접하게 연결되어 있다는 사실을 알아야 한다.

*——— 이타스카는 앨런 핑커턴의 고향, 일리노이 주 던디에서 자동차로 약 30분 거리어 있다.

매주 농무부(USDA)는 콩, 닭, 계란, 양식 메기 등 여러 종류의 농산물 전망에 대한 보고서를 발표한다. 그 보고서들은 가격, 추수 상황, 재고 등 월스트리트에서 상품 선물(commodities futures)의 가격을 계산하는 정보를 자세하게 기술하고 있다. 상품 선물은 간단히 말해, 주어진 상품을 사고파는 계약이다.

1983년 에디 머피(Eddie Murphy)와 댄 애크로이드(Dan Aykroyd)가 주연한 영화 〈대역전(Trading Places)〉에서 클라이맥스는 머피와 애크로이드가 연기한 캐릭터들이 오렌지 주스에 대한 농작물 보고서를 중간에서 가로채 월스트리트의 선물 시장을 장악하려고 시도한 장면이다.*

*——— 실제로 미 농무부는 오렌지 주스에 대해 농작물 보고서를 낸다. 제목은 "오렌지 주스: 세계 시장과 거래(Orange Juice: World Markets and Trade)"다.

거래자들은 실제 농작물에 손끝 하나 대지 않고 하루 종일 선물을 사고 판다. 주식을 거래하는 것과 흡사하게 이 게임은 농작물의 미래 가격을 예상하는 것이다. 가격이 올라갈 거고 생각한다면, 사라. 가격이 내려갈 거라고 생각한다면, 팔아라. 또는 상품도 공매도할 수 있다. 지금 높은 가격에 선물을 팔고, 나중에 가격이 더 낮을 때 다시 사는 것이다. 그리고 그 차액을 챙긴다. 그것은 쉽지 않다. 잘못 추측해서 가격이 올라가면 곤란에 빠지는 것이다.

〈대역전〉에서 애크로이드가 연기한 캐릭터가 이 게임에 대해 설명한다. "한순간 당신은 콩에서 50만 달러를 번다. 하지만 다음 순간 잘못되면 아이들은 대학에 가지 못하고, 당신의 벤틀리(Bentley)는 압류당한다."[주3] 이 영화의 주인공들은 오렌지에 관한 농무부의 농작물 보고서를 일찍 보게된다. 그 정보를 가지고 있는 그들은 시장이 어느 방향으로 움직일지 알아큰돈을 벌기 위해 제스처를 취한다.

실제의 삶에서도 사람들은 이와 비슷한 일을 하려고 한다. 그들 역시 아이들을 대학에 보내고 벤틀리를 사고 싶어 하기 때문이다. 미 농무부의 농작물 보고서는 상품 시장을 오르락내리락 움직이게 하는 핵심 요소이고, 보고서의 내용이 무엇인가를 예측할 수 있는 능력은 유혹적이다. 이제 누구나 위성 기술을 이용할 수 있기 때문에 정부는 작물 수확고를 예측하는데 예전만큼의 우위를 갖고 있지 않다.

랜워스는 위성 자료를 이용하여 다양한 농작물의 전망에 대한 보고서를 작성한다. 랜워스는 밭의 위성사진, 날씨 자료, 그 밖의 미 농무부의 예측가들이 사용하는 정보들을 종합하여 정부가 보고서에서 밝힐 예상을 맞춘다. 그다음 이 회사는 시장의 움직임에 대한 어떤 정보라도 입수하려애쓰는 상품 거래자들에게 예상 보고서를 판다.

랜워스의 공동 창립자 샤일루 버마(Shailu Verma)는 그의 고객들에는 거대농업 기업, 부동산 투자 회사, 헤지펀드, 금융 회사 등이 있다고 말한다. 버

브로커, 업자, 변호사 그리고 스파이

마가 말한다. "우리의 목표는 미 농무부의 보고서를 훔치는 것이 아닙니다. 우리가 잘하면, 우리는 미 농무부보다 조금 더 일찍 농무부와 같은 정보를 창출해낼 것입니다."

보도에 따르면 랜워스는 자사 보고서에 대해 연간 10만 달러를 요구하지만[주4], 그 문서가 제공하는 정보는 상품 시장에서 수백만 달러의 가치가 있다. "우리 고객들은 랜워스가 말하는 것과 시장이 기대하는 것 사이에 차이가 있는지 없는지를 알아내려 합니다. 만약 차이가 있으면, 그것은 돈을 벌 수 있는 기회지요." 버마가 말한다. 그 역시 영화 〈대역전〉의 팬이다. 그는 랜워스의 비즈니스 계획을 '에디 머피 전략'이라고 부른다.

이 전략이 실제 세계에서 어떻게 먹혀드는지 한번 보자.

2008년 6월 랜워스는 미국의 옥수수에 관해 모을 수 있는 자료를 모두 모았다. 그달 옥수수의 생산량이 많은 아이오와 주를 덮친 재난적인 홍수는 2억 달러 이상의 손실을 유발했고, 때문에 그해의 옥수수 수확량에 대한 의문이 제기되었다. 미 농무부의 수확 면적에 관한 연례 보고서는 6월 30일 월요일 오전 8시 30분에 나오기로 되었다.

보고서가 준비되는 동안 6월 중순에 닥친 홍수는 정부의 작업에 차질을 빚었다. 부지런한 농무부의 관료들은 다시 1150명의 농부를 만나 홍수가 작황에 끼칠 영향에 대해 물었다. 하지만 정부가 지루한 작업을 하며 보고서를 준비하는 동안 랜워스의 분석가들은 저 높이 위성이 찍은 이미지들을 열심히 관찰하고 있었다. 랜워스는 비교적 낮은 해상도의 일본, 인도, 미국 정부 위성들을 이용했고, 여기에 높은 해상도로 더 비싼 지오아이와 디지털글로브의 현장 사진을 보충했다.

랜워스가 발견한 사실은 놀라웠다. 홍수에도 불구하고 옥수수 작황은 좋아 보였다. 홍수로 잠긴 일부 지역도 완전히 망친 것은 아니었다. 시장은 옥수수 가격의 상승에 베팅하고 있었지만(거래자들은 홍수 후에 공급이 적어져 가격이 오를 것이라 예상했다), 버마와 그의 팀은 시장보다 더 잘 알고 있었다. 옥수수 가격은 시장의 대부분 거래자들이 추측하는 것만큼 옥수수 공급에 심한 타격을 받지 않았으므로 내려갈 것이었다. 5000부셸의 옥수수를 사는 계약에 옥수수 선물은 약 7.50달러에 거래되었다. 버마와 그의 팀은 그들이 발견한 사실을 고객들에게 알렸고, 이를 들은 고객들은 시장에서 새로운 베팅을 했다.

월요일 아침, 시간표에 따라 미 농무부가 보고서를 내놓았다. 대부분의 거래자들에게는 보도자료의 첫 번째 문장만으로도 충분했다. 농무부의 보도자료는 이러했다. "중서부 지방의 최근 홍수에도 불구하고 농민들은 거의 7900만 에이커의 옥수수를 수확할 것으로 기대하고 있다."주5 가격이 내려가기 시작했다. 정부 보고서는 옥수수 선물 가격이 과대평가되어 있다는 의미였고, 거래자들은 가능한 한 빠르게 선물을 팔아치웠다. 결국 옥수수 선물 가격은 거의 2달러가 떨어졌다. 하지만 버마의 헤지펀드 고객들은 이 가격 하락에서 이익을 보는 위치에 있었다. 그들은 정확히 얼마나 벌어들였는지 버마에게 말하지 않았지만("이 사람들은 아주 비밀스럽습니다." 버마의 말이다), 그러한 가파른 가격 하락은 충분한 양을 베팅했다면 수백만 달러의 가치가 된다.

2008년 랜워스는 승리를 거두었지만, 알고 보니 아이오와는 위성 기술을 이용하기에 최적의 곳은 아니었다. 따지고 보면 아이오와 주는 쉽게 접

브로커, 업자, 변호사 그리고 스파이

근할 수 있는 곳이고, 농무부는 벌써 그곳에서 무슨 일이 벌어지고 있는지 철저한 보고를 하고 있었다. 위성 기술은 미국 외의 지역에 있는 농작물에 대해 알아보기에 가장 편리한 수단이다. 공급이 세계의 상품 선물 가격에 영향을 주지만, 정부가 국내만큼 자세한 사항을 보고하기가 어렵기 때문 이다. 버마가 말한다. "인도의 경우, 문제는 언제나 '정부의 추정치가 얼마나 정확한가'입니다. 정부가 실상과 다른 말을 할 만한 정치적 압력이 있느냐 하는 문제이지요."

위성에서는 지역 관료들이 어떤 압력에 처해 있는가는 문제되지 않는다. 버마는 랜워스가 인도, 중국, 카자흐스탄, 러시아에서 가장 가치 있는 예측을 한다고 말한다.

그리고 지금 랜워스는 다른 부문으로 나아가고 있다. 버마는 보험업계를 도울 방법을 찾고 있다. 그는 위성을 이용하여 중국의 공장들을 엿보기를 희망하는 투자은행들과 여러 차례 회의를 거쳤다. 사진만 상세하다면, 그의 팀은 중국의 공장에서 들고나는 트럭의 숫자를 헤아릴 수 있어 해당 공장의 생산율을 파악할 수 있다. 이러한 생산율은 미국에서의 제품 가격과 세계의 수많은 기업의 주가에 영향을 끼칠 것이다. 버마는 랜워스가 곧 이러한 분석을 판매하게 될 것이라고 예상한다.

하지만 많은 경우 기업들은 해외나 경쟁사들에 눈을 돌리지 않는다. 그들은 자사를 감시한다. 세계 최대의 소매 업체인 월마트를 예로 들어보자. 이 회사는 여러 해 전 지오아이를 고용하여 자사의 할인점들의 사진을 찍었다. 월마트는 어느 할인점들이 잘하고 있는지를 알고 있었지만, 그 할인점들이 왜 잘하는지를 알고자 했다. 무엇이 그 할인점들을 수익성 높게 만들었는가?

지오아이는 그런 할인점이 있는 곳의 사진을 찍어 분석했다.

지오아이는 많은 직원을 군대 및 첩보기관에서 뽑는다. 언제든 지오아이의 복도를 걷다보면 군대에서 전투피해평가(BDA, battle damage assessment)를 훈련받은 베테랑들과 마주칠 수 있다. 폭파된 이라크 군사 시설의 사진을 분석할 때 쓰던 기술을 월마트 주차장 사진을 해석하는 데 쓸 수 있다.

위성 분석가들은 어떤 동네에 어떻게 위치해 있어서 할인점들이 잘되는지 알아보았다. 가구들의 가족 구성은 어떤가? 가장 가까운 고등학교는 얼마나 가까운가? 도로 형태는 어떠한가? 그들은 더 깊이 파고 들어갔다. 주차장에는 트레일러를 위한 자리도 있는가? 문들은 북, 남, 동, 서 어디로나 있는가? 주차장으로 들어가는 입구는 몇 개인가? 주차장에는 나무들이 심어진 곳이 있는가, 아니면 그저 모두 아스팔트만으로 되어 있는가?

자세한 분석에서 월마트는 성공의 템플릿(template, 型板)을 도출했다. 점포가 들어선 동네, 주차장의 구조 등 성공적인 점포들이 공동으로 가지고 있는 것의 목록을 만든 것이다. 그리고 새로운 점포를 낼 때에는 그런 점을 최대한 많이 갖추도록 하는 것이다.

자세하긴 하지만, 이러한 종류의 분석이 그다지 비싸지는 않다.

지오아이의 방대한 아카이브에 들어 있는 이미지는 제곱킬로미터당 7달러에 최소 주문량이 50제곱킬로미터다. 그렇다면 최소 구매가는 350달러가 된다. 정확한 3D 지도 이미지는 제곱킬로미터당 30달러다. 몇 천 달러면 세계의 비교적 큰 지역도 가장 좋은 품질의 이미지로 볼 수 있다. 기업

브로커, 업자, 변호사 그리고 스파이

은 또한 추가로 비용을 내면 자신들이 찾는 이미지를 지오아이의 아카이브에 몇 개월 혹은 무한정 보관할 수도 있다.

　지오아이 위성을 가지고 기업들은 야구장의 홈플레이트 크기만 한 물체를 볼 수 있고, GPS 기술을 가지고 그들은 그 물체의 위치를 3미터 이내로 맞출 수 있다. 이것이 스파이의 꿈이다.

　첩보 위성 기술은 민간의 개인은 이용할 수 없다가 1972년 NASA가 최초의 민간용 원격탐사위성(remote sensing satellite) 랜샛 1호(Landsat-1)를 발사했다. 이 위성이 찍어서 보낸 이미지는 8미터 해상도로 상업적으로 쓰기에 너무 거칠었다. 그 기술은 주로 과학자들과 교사들의 손에 머물렀다.[주6] 일찍부터 미국 정부는 '차별 없는 접근(nondiscriminatory access)'이라는 핵심적인 원칙을 확립했다. 랜샛의 이미지들은 값을 지불하면 누구라도 가질 수 있을 것이었다.[주7]

　1979년 카터 대통령은 랜샛 프로그램의 권한을 NASA에서부터 미국해양대기관리처(NOAA)로 옮기고, NOAA로 하여금 민간 위성 시장을 넓히도록 했다. 하지만 재계는 위성 이미지의 잠재성을 재빨리 인식하지 못하여 의회는 1984년에 다시 행동에 나서 위성 이미지의 민간 이용을 북돋워야 했다. 의원들이 랜샛 프로그램을 통째로 민간의 계약자, RCA사(RCA Corporation)와 휴스 에어크래프트사(Hughes Aircraft Company)의 합작 회사인 EOSAT(Earth Observation Satellite Company)에게 넘겼던 것이다.

　하지만 정부는 예상했던 연방정부 보조금을 주지 않았고, 그래서 합작 회사는 비틀거렸다. 연방의 많은 자금이 이 프로그램에 흘러들지 않았기 때문에 이미지 가격은 하나에 4000달러 이상으로 치솟았다. 학자들과 과학자들이 가격 때문에 시장에서 밀려났고, 주문량도 줄었다. EOSAT는 대충 꿰맞춰진 공공-민간 파트너십으로 다음 여러 해 동안을 힘겹게 걸어나갔다. 이 회사는 의회에 자금을 구걸하러 가야만 했다.

1990년대 초반이 되자 의회와 국방부는 당황하기 시작했다. 프랑스가 2개의 위성을 쏘아올렸고, 랜샛 프로그램보다 더 많은 사진을 팔고 있었기 때문이다. 그리고 1991년 쿠웨이트에서의 걸프전을 치른 국방부는 지상전에서 위성 이미지가 얼마나 도움이 될 수 있는가를 보았다. 국방부 기획자들은 상업 위성 시스템의 활성화가 또 다른 전쟁이 일어날 경우 국가 안보의 자산이 될 수 있음을 깨닫기 시작했다.

1992년 의회가 지상원격탐사정책법(Land Remote Sensing Policy Act)을 들고 나오며 고전하는 랜샛 프로그램을 다시 NASA와 국방부의 소관으로 넘기고, 앞으로 생길 민간의 위성 운행 회사들을 위해 라이선스 절차를 간소하게 줄였다. 이 조치와 냉전의 종식은 위성업계의 비밀스러운 문화를 없애는 데 도움을 주었다. 기업들은 미래의 상업 시장의 크기에 대해 낙관적인 예측을 내놓기 시작했다.

1993년 초반 월드뷰사(WorldView, Inc)가 상업용 지상 관측 위성을 운행할 수 있는 라이선스를 받은 최초의 회사가 되었다. 월드뷰의 후손이 지금도 여전히 성업 중인 디지털글로브이다. 그 이래로 NOAA는 17개의 라이선스를 발급해오고 있다.[주8] 1990년대를 지나면서 컴퓨터 기술의 발달과 브로드밴드 인터넷의 이용 가능으로 위성 이미지에 즉각적으로 접근하고 처리할 수 있는 인력이 많아졌다. 2006년 구글은 구글어스 애플리케이션

브로커, 업자, 변호사 그리고 스파이

을 이용해 인터넷 연결이 되어 있는 세계의 어느 곳으로도 즉각적인 위성 이미지를 보낼 수 있게 했다.

하지만 20년 동안 위성 기술을 민간 부문으로 소개하려고 노력했지만, 정부는 이 기술이 어디까지 갈 수 있느냐의 문제에는 제한을 가하고 있다. 오늘날 디지털글로브나 지오아이 같은 기업은 여러 연방정부의 규제를 받으며 운영되고 있다.[주9] 첫째, 이미지 해상도는 0.5미터 이상이어야 한다. 그것은 미국 군 및 첩보기관들이 아직도 사진의 선명도에서는 우위를 가지고 있다는 의미다. 일각에서는 미국의 군 위성들은 10센티미터 크기의 이미지도 볼 수 있다고 하지만, 실제 능력은 기밀이다.

미국 정부는 또한 미국의 위성 이미지 회사에 대해 '셔터 컨트롤(shutter control)'이라는 것도 유지하고 있다. 이것은 어느 때든 국가 안보를 이유로 연방정부가 세계의 어떤 지역이라도 촬영 금지를 선언할 수 있다는 의미다. 이 조항은 1990년대 중반, 국방 전문가들이 민간이 첨단의 첩보 기술을 손에 넣었을 때의 영향에 대해 우려하기 시작하면서 연방법으로 만들어졌다. 그들은 걸프전에서 미국의 기갑부대들이 이라크군이 예상하던 지점보다 서쪽을 쳤던 노먼 슈워츠코프(Norman Schwartzkopf)의 유명한 '레프트 훅(left hook)' 전략을 생각하고 있었던 것이다. 그러한 상황에서는 기습이 핵심이다. 사담 후세인의 군이 인터넷을 통해 미군의 위치를 위성 이미지로 다운로드할 수 있었다면 어땠겠는가? 그랬다면 슈워츠코프의 군은 재난을 당했을 것이다.

하지만 현실에서 그러한 우려는 기술의 놀라운 속도 때문에 할 필요가 없다. 셔터 컨트롤이 시행되고 난 이후 미국은 아프가니스탄과 이라크에서 두 차례의 전쟁을 치렀다.

2001년 미 국방부가 아프가니스탄에서 탈레반에 대해 벌일 전투를 계획하고 있을 때 기획자들은 상업 위성을 어떻게 해야 할지의 문제와 씨름했다. 만약 셔터 컨트롤을 이용하여 아프가니스탄 지역을 막아버린다면, 그들은 미국 언론에 의해 정보의 자유 위반이라는 이유로 고소당할지도 몰랐다. 국방부는 법정에서 문제를 해결하기보다 아예 아프가니스탄의 상업 위성 이미지들을 통째로 사기로 결정했다.* 지오아이에게는 3개월 동안 찍는 아프가니스탄 지역에 대한 이코노스의 모든 이미지를 의미했다.주10

* —— 위성업계의 일부 사람들은 이 전략을 "돈을 통한 셔터 컨트롤(checkbook shutter control)"이라고 불렀다. 아프가니스탄 지역의 이미지를 금지하는 것과 같은 결과를 성취했기 때문이다.

군대는 이코노스의 사진을 필요로 하지 않았다. 훨씬 더 나은 해상도의 군 자체 위성이 있었기 때문이다. 군대는 그저 그 이미지들이 민간의 손에 들어가지 않기를 바랐던 것이다. 그렇지 않으면 몇 백 달러가 있는 사람은 누구나 탈레반에 대한 지상전 준비 모습을 엿볼 수 있었을 것이다. 아프가니스탄 침투 동안 대중은 아프가니스탄의 이미지를 입수할 수 없었다. 하지만 3개월의 기간이 지난 후, 당시에 찍었던 많은 사진이 대중의 아카이브로 들어왔고, 이제는 상업적으로 구매 가능하다.

1년 6개월이 지난 2003년 초반 미국이 이라크에 대한 전쟁을 계획하고 있을 때 정부는 아프가니스탄에서와는 다른 결정을 내렸다. 당시 이미 미

브로커, 업자, 변호사 그리고 스파이 ▲

국 이외 다른 나라의 위성 기업으로부터 많은 이미지들이 나오고 있다는 사실을 안 미군은 미국의 상업 위성 이미지를 전혀 규제하지 않았다. 지니(《알라딘》에 나오는 램프의 요정)는 이미 병 속에서 나왔던 것이다. 그 시점부터 전 세계 어느 지역을 침공하는 어느 군대라도 적이 값싸고 정확한 위성 이미지를 입수할 수 있다는 사실을 염두에 두어야 했다. 오늘날 컴퓨터가 있는 사람은 누구나 구글 맵스(Google Maps)를 찾아 바그다드 도심의 그린 존(Green Zone: 미군의 특별 경계구역) 사진을 끌어낼 수 있고, 미군이 점령한 그곳의 수영장과 블랙호크 헬리콥터들을 볼 수 있다.*

> *──── 그것은 군대만의 문제가 아니다. 구글의 이미지는 또한 사생활 옹호론자들의 우려를 자아내고 있다. 미국의 어디든지 주소를 넣으면 그곳의 이미지를 볼 수 있을 것이다. 대학 때 사귀었던 남자친구가 당신의 집을 볼 수 있다면 어떻겠는가? 지난해 당신이 직장에서 해고한 그 화난 직원이 당신의 집을 엿본다면 어떤가?

상업 위성 이미지의 대중화에 오랜 시간이 걸리는 동안 민간의 기업은 미국 군 및 첩보기관들의 베테랑들을 채용했다. 그곳에 경험 있는 위성 운행자들이 많기 때문이다. 그러므로 지오아이가 CIA와 연결되어 있는 것은 놀라운 사실이 아니다. 지오아이의 이사회에는 국토 안보를 담당한 선임 첩보 요원이었던 CIA 베테랑 제임스 M. 사이먼 주니어(James M. Simon, Jr)가 있다. 사이먼은 9·11테러 이후 국토안보첩보위원회(Homeland Security Intelligence Council)를 조직하여 지휘했다. CIA에서 일하던 초기 시절에 그는 기술 획득과 예산 감독, 그리고 첩보계를 이루는 14개 기관의 정책 수립을 맡았다. 2003년 그는 정부에서 나와 자신의 첩보 컨설팅 회사를 차렸다.

미국 첩보계와 그렇게 가까운 관계는 세계의 고객을 겁먹게 만들 수 있다. 고객은 미국의 위성 이미지 기업을 이용하면, 미국 첩보기관에 의해 모니터를 받지 않을까 두려워한다.

1994년 이러한 두려움 때문에 일단의 미국 및 이스라엘 기업가와 국방 관계 베테랑들이 아이디어를 하나 냈다. 바로 미국 첩보계의 지배를 받는다는 인식에서 자유로운 국제적인 위성 회사를 세우면 되지 않겠느냐는 것이었다. 전 세계에는 위성 이미지를 사고는 싶지만, CIA가 자신이 무엇을 사는지 알기를 원치 않는 고객들이 많다.

미국적인 냄새를 주지 않기 위해서 이들 기업가는 회사를 케이맨 제도(Cayman Islands)에 세우고 이름을 웨스트 인디언 스페이스(West Indian Space, Ltd)라고 지었다. 2000년 그들은 회사의 공식적인 등록지를 네덜란드령 앤틸리스로 옮겼다. 그해에 또한 회사 이름을 현재의 이름인 이미지샛(ImageSat)으로 바꾸었다.

설립 초기 시절, 이 회사는 세계의 고객들에게 자신들이 미국 정부와 관계없이 사진을 찍는다는 믿음을 주는 데 초점을 맞추었다. 기업과 정부는 그들이 보는 사진을 랭글리의 CIA도 보고 있다는 걱정 없이 공격적으로 엿볼 수 있었다. 이런 취지로 미국 투자자들은 이 회사의 지분을 50퍼센트 넘게 가질 수는 없었다. (미국인이 50퍼센트가 넘는 지분을 가지면 미국인이 전부 소유한 경쟁사들, 즉 지오아이나 디지털글로브와 똑같은 라이선스 규정을 받게 된다)

다음은 법원에 제출한 서류에서 이 회사의 여러 창립자가 미국과 관계없는 비즈니스 계획의 필요성에 대해 쓴 것이다.

　브로커, 업자, 변호사 그리고 스파이

이미지샛의 경쟁사들은 미국 최대의 항공우주 기업과 미국 정부의 지원을 받았(고 아직도 받고 있)다. 이미지샛이 재무적으로 더 튼튼하고 기술적으로 더 노련한 경쟁사에 비해 가지는 주요한 경쟁 우위는 독립적이고 국제적인 회사라는 프로필이다. 이미지샛은 진정으로 독립적인 고해상도 위성 이미지 능력을 전 세계의 정부에게 팔 수 있다. 예를 들면, 미국의 것과 같은 정치적인 동기를 지닌 규제 기관이나 라이선스 부여 기관의 영향으로부터 자유롭다.[주11]

외국의 고객들은 자신들의 지상국에서 이미지샛의 위성을 작동하고, 마음대로 사진을 찍을 수 있고, 그 사진을 이미지샛의 다른 고객들에게 보여주지 않을 수 있었다. 유일한 제약은 이스라엘 정부로부터 왔다. 이미지샛은 이스라엘의 지상국에서 반경 약 4000킬로미터 이내의 국가나 고객에게 팔 수 없으며, 이란·북한·쿠바 같은 '불량국가'에게도 팔 수 없다. 이 서비스를 이용하기 위해 고객들이 줄을 서기 시작했으며, 이미지샛은 베네수엘라·앙골라·중국·타이완·인도 등에게 위성 감시 서비스를 팔았다.

하지만 곧 일부 주주들은 이미지샛의 경영에 환멸을 느꼈다. 이미지샛에 반대하게 된 주주들은 이 회사가 이스라엘 정부의 통제 아래 놓이게 되었다고 느꼈다. 그리고 이스라엘과 미국의 역사적인 관계 때문에 그것은 미국의 첩보계가 이미지샛의 경영에 대한 자세한 내용을 입수할 수 있다는 의미였다. 2007년 7월, 이들은 기업의 불법행위를 주장하며 최대 3억 달러의 손해배상금을 요구하는 소송을 제기했다. 이들은 또 이스라엘 정부의 실질적인 인수가 회사의 비즈니스 전망을 어둡게 한다고 주장했다.

이 소송을 제기한 주주들은 미국 및 이스라엘 사업가들과 케이맨 제도에 등록한 기업들, 스위스, 영국령 버진 제도(British Virgin Islands) 등이었다.

이러한 국제적으로 구성된 원고를 이유로 들고, 대부분의 관련 활동이 이스라엘에서 일어났다는 점을 언급하면서 미국 지방법원 데니스 코트(Denise Cote) 판사는 1년 뒤 관할권 문제로 소송을 기각했다. 그렇더라도 이스라엘 정부가 이미지샛에 영향을 끼칠 수 있다는 주장은 계속해서 세계 여러 나라의 고객에게 겁을 줄 수 있는 요인이었다.

미국 정부가 경영진에 접근할 수 있다고 고객들이 생각한다면, 자신들의 회사를 미국의 회사가 아니라고 선전해봐야 소용없다. 9장에서 보겠지만, 기업 스파이 사업은 세계적이 되었다. 그리고 이 사업에 종사하는 모든 사람이 미국에게 최선의 이익을 마음속에 두고 있는 것은 아니다.

브로커, 업자, 변호사 그리고 스파이

세계 최고의
기업 감시 요원을 만나다

감시 요원들은 기자에게 이야기하는
것을 싫어한다. 자신들의 말이 신원을
드러내지 않도록 모든 조치를 취한다
하더라도 말이다. 닉 아무개는 이 책의
인터뷰에 응한 것이 단지 그의 가장
중요한 고객 중 한 명이 주선했기
때문일 뿐이라고 말한다.

단단한 체격의 전직 영국 특수부대 대원은 자신을 단지 닉*이라고만 소개하고 힐턴 런던 그린 파크(Hilton London Green Park) 호텔, 라운지 바의 호화로운 의자에 앉는다. 닉은 키가 크지 않다. 그저 170센티미터 정도다. 옷도 캐주얼하게 입었다. 검은색 긴 소매 크루넥 셔츠와 짙은색 청바지에다 회색 운동화를 신었다. 그가 한 손을 들며 말한다. "녹음은 안 됩니다. 제 소리는 남길 수 없습니다. 회사 이름도 안 됩니다. 미안합니다."

*——— 이름은 같지만 이 기업 스파이와 딜리전스의 CEO 닉 데이는 다른 사람이다.

닉이 조심스러운 데는 충분한 이유가 있다. 40대 초반으로 짧게 깎은 머리에 이제 흰 머리가 얼핏얼핏 보이기 시작한 그는 런던 최고의, 그러니까 세계 최고의 기업 감시 요원 중 한 명이다. 그는 기업 스파이 전쟁에서

브로커, 업자, 변호사 그리고 스파이

이기기 위해 사람들이 어디까지 갈 수 있는지 알고 있고, 만약 자신의 신분이 밝혀지면 자신의 수입 좋은 경력도 끝날 수 있음을 잘 알고 있다.

오늘날 런던은 서구의 기업 경영진들, 러시아 과두 세력들, 석유로 부유한 중동의 왕자들, 그리고 그들을 수행하는 변호사, 보좌관, 운전사, 보디가드, 짐꾼 들이 모이는 곳이다. 그리고 이 동네, 메이페어(Mayfair)는 아마 기업 스파이 활동의 중심지일 것이다. 메이페어에는 돈이 흐른다. 벤틀리와 BMW가 거리를 누빈다. 수십억 달러 가치의 헤지펀드들이 우아한 타운하우스에 회사를 세운다. 이들 타운하우스에는 영국의 어느 왕과 왕족들이 옛날 그곳에 살았었나를 알려주는 작은 간판이 붙어 있다. 봄과 여름날 저녁에는 동네 술집들의 분위기가 길거리로 풍겨나온다. 값비싼 맞춤 양복을 입은 젊은 변호사와 금융가들이 서로의 성공을 축하하며 축배를 든다. 여기서 버킹엄 궁전도 걸어서 공원을 지나면 곧 도착하는 거리에 있다.

돈이 메이페어에 있기 때문에 스파이들도 모인다. 닉은 조금만 걸으면 세계에서 가장 중요한 여러 첩보 회사에 닿을 수 있는 거리에 앉아 있다. 그중에는 해클루트(Hakluyt)도 있다. 이 회사의 본사인 타운하우스와 작은 황동 명판은 세계적으로 활동하며 높은 보수를 받고 세계적인 인맥을 자랑하는 회사치고 소박하기 그지없다.

감시 요원들은 기자에게 이야기하는 것을 싫어한다. 자신들의 말이 신원을 드러내지 않도록 모든 조치를 취한다 하더라도 말이다. 닉 아무개는 이 책의 인터뷰에 응한 것이 단지 그의 가장 중요한 고객 중 한 명이 주선했기 때문일 뿐이라고 말한다. 이 고객은 세계에서 가장 막강한 기업 경영인을 감시하게 하고 닉에게 3만 달러를 주는 것을 아무렇지도 않게 여기는 고객이다. 이 일은 풍요로운 생활을 보장한다. 런던의 최고 요원은 연간 20만 달러를 벌 수 있다.

"내 동료들이 내가 여기서 당신과 이야기하는 사실을 안다면, 나는 배척당하지는 않겠지만, 그들은 화를 낼 것입니다. 감시 요원이 기자에게 이야기할 이유는 없습니다. 지금까지 한번도 그래본 적이 없습니다. 그래서 좋을 것이 하나도 없으니까요." 닉의 말이다. 아마 그의 동료들이 지금 그를 감시하고 있는 것은 아닌가? "아니요. 감시받고 있지 않습니다." 닉은 담담하게 대답하고는 이렇게 말한다. "나는 여기 한 사람을 데려왔습니다."

이 바에 있는 사람 중 누가 닉의 '사람'이란 말인가? 저쪽 테이블에는 젊은 여자 두 명이 앉아 런던의 지도를 보고 있다. 안경을 끼고 머리가 벗겨진 신사 하나가 늦은 오후의 점심을 먹으며 신문을 보고 있다. 그리고 적갈색 복장을 한 여러 명의 웨이터들이 이리저리 움직인다. 무엇 하나 이상할 것이 없다. 하지만 닉이 안뜰이 내려다보이는 창문에 면한 테이블에 앉자 작업복 차림의 한 남자가 창문에 커다란 시트를 붙여 햇빛도 시야도 가려버렸다. 아마 감시와 관련한 예방조치가 아니었을까? 아니면 그저 일상적인 유지보수 작업일 뿐인가? 어쨌든 닉은 주변 훑기를 마쳤다. 그렇게 상황을 파악하고 난 그는 자신이 어떻게 세계에서 가장 효과적인 기업 스파이 중의 하나가 되었는지, 자신의 인생 이야기를 간략히 설명한다.

닉은 학교를 졸업하자마자 바로 영국 군대에 들어갔다. 그의 상관은 그의 잠재성을 알아보았다. 그는 예리했고, 세부 사항에 주의할 줄 알았으며, 무기도 잘 다루었다. 그의 상관은 그를 특수부대 쪽으로 길을 잡게 했고,

브로커, 업자, 변호사 그리고 스파이 🎩

곧 그는 능숙한 킬러가 되고 무기와 전술을 익히는 훈련을 받았다. 더 중요하게는 상황에 맞게 행동하는 방법도 배웠다. 때로는 죽이지 않는 것, 상황이 폭력적으로 변하기 전에 긴장을 해소시키는 것이 훨씬 좋은 전술이다. 그리고 그것은 일단 총격이 시작되었을 때 총을 잘 다루는 것보다 훨씬 더 미묘한 기술이다.

닉은 자신의 전투 경력을 말하지는 않았지만, "나는 영국 군대에 있었습니다. 우리는 지난 15년에서 20년 사이에 있었던 몇 번의 전투에 참여했을 뿐입니다"라고 말한다. 아마 보스니아, 북아일랜드, 중동을 포함할 가능성이 높다. 닉은 영국에서 '근접 경호(close protection)'라고 하는 보디가드 역할을 자주 배정받았다.

일반적으로 고관을 보호하는 특수부대는 약 60~90센티미터 내에서 앞, 옆, 뒤를 맡아 각각 모니터하는 여러 명의 보디가드를 포함한다. 이들은 텔레비전에서 자주 볼 수 있다. 그들은 대체로 체구가 큰 남자들로 대통령이나 총리 등에게 환호하는 군중 속에서 무표정한 채 감시한다. 그들은 좀처럼 위를 보지 않는다. 그들은 사람들의 손을 본다. 닉은 그들을 "크고 엉덩이에 털이 난 괴물들"이라고 부른다. 하지만 닉은 그렇지 않다. 그는 보통 평상복을 입고 비밀리에 주변 경호를 한다. 군중처럼 입은 그와 그의 비밀 경호팀은 멀리 떨어진 곳에서 군중을 지켜본다.

닉은 재킷 아래에 헤클러 앤드 코흐(Heckler and Koch) MP5 9밀리미터 소형 기관총을 차고 있다. 세계 40개국이 넘는 군대에서 선호하는 가벼운 공랭식 무기다. 개머리판은 겨드랑이에, 총열은 허리 쪽으로 향한 26.8인치의 MP5는 닉의 평상복에서 약간 불거져 보일 뿐이다.

이론적으로 닉이 경호하는 대상을 공격하려는 사람은 경호받는 사람과 그 주위의 눈에 잘 띄는 덩치 큰 보디가드들의 움직임을 볼 것이다. 닉의 비밀 경호팀은 눈에 띄지 않은 채 (공격하려는 사람의 뒤쪽에서) 상황을 살필 수 있다. 그가 말한다.

"그들은 나를 보지 않습니다. 나는 여자 친구와 아이스크림을 먹는 키 작은 놈일 뿐이지요. 적이 수류탄을 꺼내면 그때가 바로 우리가 감시에서 개입으로 옮길 순간이지요. 그것이 이라크나 아프가니스탄이고, 생명이 위험하다고 생각한다면, 우리는 법이 허락하는 한도 내에서 필요한 모든 조치를 다 취합니다." 이라크에서 '법이 허락하는 한도'는 가까운 거리에서 공격자를 총으로 쏘는 것도 포함한다. 기업 환경에서는 아마 공격자의 손을 때리는 정도일 것이다.

1990년대 후반 군에서 제대한 닉은 영국으로 돌아와 민간 부문에서 같은 종류의 '근접 경호' 일을 하려고 했다. 합리적인 선택이었다. "필요한 기술은 모두 갖췄지만, 그런 사람을 필요로 하는 곳은 별로 없었습니다." 닉의 설명이다. 하지만 그는 그 일을 좋아하지 않았다. 그래서 기업 첩보 분야로 눈을 돌려 런던의 수많은 첩보 회사를 알아보았다. 그는 그곳에서 본 것에 놀랐다고 한다. "그들의 감시 능력은 제로였습니다. 그들은 자동차에 앉아 사람들 사진이나 찍고 있었지요."

닉은 시장에 기회가 있음을 보았다. 영국 특수부대 베테랑들이 제공하는 최고의 첩보 서비스를 원하는 수요가 있었다. 그는 기업 첩보 회사들을 위해 프리랜서로 일했고, 필요할 때는 감시 일도 했다. 그는 대기업 고객을 위해 그들이 채용할 사람들을 평가조사하는 일을 했다. 최고위 중역직의

브로커, 업자, 변호사 그리고 스파이 ♣

사람을 채용할 때 기업들은 채용할 사람을 며칠 동안 뒤따라다니며 봐주기를 원한다. 닉은 주말 동안 그러한 사람들을 미행했다. '이 중역에 대해 회사가 알아야 할 어떤 당황스러운 문제는 없는가?' '혹시 남들 몰래 헤로인을 하지 않는가? 매춘부에 약하지는 않은가? 변태 성향이 있는가?' 닉이 할 일은 이런 문제들을 알아내는 것이다. 문제점을 발견할 때도 있지만, 회사들은 보통 채용한다고 한다. 닉은 말한다. "사회에서 일어나는 모든 일을 생각해보십시오. 나는 다 보았습니다. 중역들이 뉴욕 시에서 여장을 한 남성을 자동차에 태우고 가는 것도 봤습니다. 우리가 하는 일은 세계 최대의 리얼리티 TV 쇼입니다."

기업들이 자사가 채용하고자 하는 사람을 감시하는 것이 얼마나 흔한 일인지는 분명히 알 수 없다. 하지만 닉 아무개를 포함하여 이 일에 종사하는 사람들은 엄청난 월급을 받을 중역이나 대중의 머릿속에 자사 브랜드와 연결될 사람들에게 이런 감시는 흔히 일어난다고 말한다. 닉에게 높은 수수료를 지불하는 것은 나쁜 홍보로 수백만 달러를 잃을 일을 미리 방지할 수 있다면 투자할 만한 가치가 있는 것이다. 채용 전 감시가 거의 함정에 가까워 보이는 경우도 있다. 닉은 한 사례를 회상한다. 그는 주중에 골프 게임을 즐기는 한 중역을 따라간 적이 있었다. 닉은 고객에게 그 중역이 골프를 한다는 사실을 알렸고, 그 고객은 그 중역의 휴대폰으로 전화를 걸었다. 인사말을 건넨 다음 고객은 말했다. "그래서 지금은 뭘 하고 계셨습니까?" 수익성 좋은 경력의 새 기회가 걸려 있는 순간 태만해 보이기 싫었던 그 중역은 말했다. "예, 지금 막 회의에 가려고 합니다." 그 고객은 이 사람을 후보에서 제외시켰다. 그가 꺼림칙하게 여겼던 것은 중역이 주중 골프를 즐긴 사실 때문이 아니라(누군들 때로 휴식을 취하지 않으랴?) 미래의 상사에게 거짓말을 했다는 사실이었다. "작은 일에 대해 거짓말을 한다면, 중요한 일에서도 거짓말을 할 것이다." 후에 고객은 닉에게 그렇게 말했다.

곧 닉은 마음이 맞는 감시 전문가들과 네트워크를 형성했다. 그들은 군대에서 감시 기술을 배웠다. "우리들 몇몇이 모여서 말했지요. '우리 이것을 사업으로 만들어야 해.'" 그들은 힘을 모아 회사를 세웠다. 닉은 회사 이름을 밝히지 않으려 했다. 단, 회사 이름은 회사가 무엇을 하는지를 알 수 없는 평범한 이름이라고만 말했다. "그것을 '해리의 초콜릿 공장'이라고 해도 좋고요." 닉은 아리송하게 말했다. 회사는 웹사이트가 없다. 전화번호부에 전화번호도 등재되어 있지 않다. "우리는 아무곳에도 없습니다." 그가 말한다. 하지만 세계의 최고 기업 첩보 회사들은 그가 필요하면 그에게 연락할 전화번호를 안다.

닉은 첩보 회사의 비즈니스 모델의 핵심적인 한 특징을 우연히 알게 되었다. 세계 수백 개의 첩보 회사들은 많은 직원을 두고 있지 않다. 많지 않은 직원들은 기업 고객과 첩보 세계를 연결해주는 일종의 간판 역할을 한다. 첩보 세계란 대부분의 실제 일을 하는 눈에 띄지 않는 '계약업자들'로, 닉의 회사는 감시를 주 임무로 했다. 고객의 프로젝트가 생기면 첩보 회사는 해당 상황에 필요한 전문기술을 가진 하도급업자들의 팀을 모은다. 런던에서의 감시 업무? 계약업자를 찾아라. 언어적인 도움이 필요한가? 계약업자를 찾아라. 법의학적 지식이 필요한가? 계약업자를 찾아라. 회사는 프로젝트별로 팀을 구성하고 관리한다. 닉은 웹사이트를 만들어 사업을 홍보할 필요가 없다. 그에게 돈을 지불하는 첩보 회사는 이미 웹사이트를

브로커, 업자, 변호사 그리고 스파이 🎩

가지고 있기 때문이다. 그와 그의 팀원들의 사진을 웹사이트에 올리는 것도 서비스의 가치를 떨어뜨리는 일이다. "내 얼굴과 내 요원들의 얼굴이 웹상에 올라가면, 우리는 쓸모없는 상품이 됩니다." 그가 말한다.

수입은 좋다. 닉은 그의 회사와 같은 고급 감시 회사는 한 사람당 하루에 1200~1600파운드를 받는데, 거기에 플러스 경비, 플러스 마일리지, 플러스 특수 장비 비용을 요구한다. 런던의 한 중역을 감시하는 데는 하루 1만 5000파운드 이상이 든다. 닉은 첩보 회사가 그의 일에 대해 고객에게 얼마를 요구하는지 모른다고 한다. 하지만 자신이 받는 돈보다 20퍼센트는 더 올려 부를 거라고 생각한다. 그리고 적당하다고 생각한다. 첩보 회사들은 고급 감시 업무를 어떻게 하는지 모른다. 하지만 그들은 그들이 가진 자산(닉의 전화번호)에 대해 비용을 청구한다.

통상적인 중역 감시의 경우, 닉은 중역이 자주 찾는 장소들, 해당 장소에 간 시간들, 해당 장소들에서의 사진, 해당 장소에서 만나는 사람들의 사진을 포함한 상세한 보고서를 작성해 제출한다. 닉의 팀은 또한 녹음 장치로 녹음을 하거나 비밀 요원을 가까이 접근하게 해서 직접 듣는 방법으로 오디오 감시도 한다. 현대의 장비들로 이 일은 거의 모든 곳에서 할 수 있다.

닉은 때로 레이저 마이크를 사용한다. 이것을 이용하면 1킬로미터 떨어진 곳에서도 대화를 녹음할 수 있다. 이 보이지 않는 레이저로 회의가 열리는 방의 유리창을 가리키면 방 안에서 진행되는 대화를 모두 녹음할 수 있다. 단, 녹음하는 사람이 숨은 곳과 회의실 창문의 유리 사이에 직선으로 시야가 확보되어야 한다. 레이저는 너무나 예민하여 이야기가 유리창에 가하는 미세한 진동을 측정하여 그것을 다시 들을 수 있는 소리로 재조합한다.

이 기법의 단점은 창이 이중창 혹은 삼중창일 경우 제대로 작동하지 않거나 아예 작동을 멈춘다는 것이다. 요즈음은 이중창, 삼중창이 점점 늘어나는 추세인데 말이다. 그리고 대화를 엿들어야 할 곳이 고층 빌딩일 경우 앵글을 잡기가 무척 힘들다는 것이다. 길가에서 저 높은 층까지의 각이 너무 크면 레이저 마이크는 무용지물이 된다. 돈을 많이 지불하는 고객의 경우, 이 문제를 해결하는 방법은 길 건너에 있는 같은 높이의 사무실이나 호텔을 빌리는 것이다. 그러면 돈은 많이 들지만, 레이저 마이크로 회의를 녹음할 수 있다.

닉과 그의 팀은 전 세계를 다니며 감시를 수행한다. 때로는 9~10명 되는 팀 전체가 이 대륙에서 저 대륙으로 날아다니며 중요한 회의를 감시하거나 경영진을 미행한다. 그들이 일하는 곳이 속한 국가의 법에 따라 거의 모든 것을 할 수 있다고 닉은 말한다. "우리는 집과 자동차를 도청하고, 자동차에 위치추적기를 달기도 하고, 이메일을 가로채기도 하는 등 무엇이든 합니다." 그들은 들키지 않기 위해 암호화된 통신 장비를 이용한다. "하지만 우리는 법을 어기지 않습니다. 우리는 런던에 법정 변호사를 두고 우리가 활동하는 곳의 법을 반드시 지키려고 합니다. 그렇지 않으면 우리가 수집하는 정보는 우리 고객에게 아무 소용이 없으니까요." 불법으로 수집된 자료는 법정에서 인정하지 않고, 고소에서도 사용할 수 없다. 더구나 닉의 팀이 법을 위반하면, 예를 들어 두 회사 간의 분쟁에서 상대 회사가 약점으로 잡고 이용할 수도 있다.

감시에 요구되는 기술은 드문 편이라 감시업계의 규모도 크지 않다. 닉은 스파이가 들끓는 런던에서조차 한 시점을 기준으로 볼 때 약 20명의 중

브로커, 업자, 변호사 그리고 스파이

역을 미행할 만큼의 감시 인력만 있다고 추정한다. 중역 한 사람을 미행하는데 보통 9~10명의 감시 인력이 필요한 것을 감안하면 런던에서 일하는 감시 인력은 200명보다 적다는 말이 된다. (런던의 또 다른 감시 요원은 그보다 인력이 더 많다고 추정했다. 어느 때이든 중역 100명을 미행할 수 있다고 그녀는 말했다. 그렇다면 런던의 거리에는 1000명 정도의 고급 감시 요원들이 걷고 있다는 의미다) 그러므로 고객들은 때로 대기해야 하며, 바쁠 때는 많은 돈을 주고 미국이나 독일의 팀을 불러들여야 한다.

전문적인 감시가 인력과 비용이 많이 들기는 하지만 그에 비해 언제나 성공하는 것은 아니다. 또는 할리우드 영화처럼 성공률이 높은 것도 아니다. 닉과 그의 팀은 한 중역의 집 앞에서 주말을 꼬박 보낸 적이 있었다. 아마 DVD를 줄기차게 감상하고 있었는지도 모를 그 중역은 한 번도 집 밖으로 나오지 않았다. 또 한 기업 스파이는 자신이 감시팀을 고용하여 한 사람을 감시하게 했던 일을 회상한다. 퇴근하여 집에 돌아와 있는데 밤 10시경에 전화가 걸려왔다. 현장의 감시 요원들이었다. "다림질해 둔 턱시도가 있습니까?" 그들은 물었다. 그는 있다고 했다. "잘됐군요. 그러면 빨리 이 주소로 가보십시오. 그 사람이 갑자기 공식 모임에 갔습니다. 우리 중에는 턱시도를 입고 있는 사람이 없습니다." 그 스파이는 서둘러 알려준 장소로 가서 동료들과 술을 즐기고 있는 그 사람을 발견했다. 그의 턱시도가 감시 작전을 구한 것이었다. 하지만 이야기는 또 그만큼 쉽게 실패로 끝날 수 있었고, 수만 달러의 경비도 날려버릴 수 있었다.

그러한 예측 불가능성은 감시 작전에서 언제든 일어날 수 있다. 그래서 닉은 고객들에게 정보를 입수할 다른 방법이 없을 때에만 감시 서비스를 고려해보라고 권한다. 감시 작전의 매력에 끌린 고객들은 그런 권고에 귀를 기울이지 않는다. 어쨌든 그들은 감시팀을 고용한다. 그리고 고객 자신이 성공적인 작전에 가장 큰 걸림돌이 되기도 한다. 닉은 자신의 전화번호를 알아낸 한 기업 고객과 직접 일하게 된 흔치 않은 경우가 있었는데, 그때 고객이 주말 동안 전화를 46번이나 하여 이런저런 지시를 했다고 한다. "나는 '제발 제가 알아서 처리하게 놔두십시오'라고 말했습니다." 닉의 회상이다. 또 다른 경우, 고객은 감시를 원하지만 그 이유는 밝히려 들질 않았다고 한다. 감시팀은 감시 대상을 따라다녔지만 도대체 그들이 무엇을 눈여겨봐야 하는지를 몰랐다. 때로 사업상의 문제들은 너무나 예민하여 고객은 그것을 감시 요원들과 나누려 하지 않는다. 감시 요원들도 돈을 받고 경쟁사에게 정보를 넘길 수 있기 때문이다. 하지만 감시 이유를 모른다면 감시는 별로 효과적이지 않다. 닉은 이렇게 말한다. "우리는 언제나 목표가 필요합니다. 그래야 무엇이 중요하고 무엇이 중요하지 않은지를 구별할 수 있지요."

종종 고객들은 감시란 그저 누군가를 고용하여 감시하고 싶은 사람을 미행케 하는 것만 의미하는 것으로 생각한다. 하지만 전문가들은 대부분의 사람들이 생각하는 것보다 눈에 띄지 않고 성공적으로 감시하는 것은 훨씬 더 어렵다고 설명한다. 런던 지하철에서 나오는 한 사람을 미행한다고 하자. 감시팀의 한 사람이 그의 뒤를 따르면서 암호화된 무전기를 들고 그가 어느 역에서 내리는지 팀에게 알린다. 감시 대상이 지하에서 지상으로 올라오면 그는 여러 가지 행동 중에 하나를 할 수 있다. 택시를 불러 탈수도 있다. 그러면 감시팀은 오토바이 또는 자동차 감시팀이 그를 따라가

브로커, 업자, 변호사 그리고 스파이 ♠

도록 한다. 또는 감시 대상은 길을 건너 호텔로 들어갈 수도 있다. 그러면 한 요원이 그를 곧 뒤따라가야 감시 대상이 엘리베이터로 또는 화장실로 사라지는 경우를 놓치지 않을 수 있다. 또는 감시 대상은 인도를 걸을 수도 있다. 그러면 유능한 감시팀은 감시 대상이 다음에 다다를 교차로 각각에 요원들을 배치해둔다. 감시 대상이 교차로에 다다르면 감시팀은 자동차를 타고 도보로 걷는 요원들을 태워 감시 대상이 다음에 택시를 타거나 걷거나 이동 방법이 나뉠 수 있는 곳에 내려놓는다. 눈에 띄지 않고 감시 대상을 놓치지도 않고 자동차 사고도 내지 않으면서 그때그때의 상황에 맞추어 이 모든 일을 해내는 데는 기술이 필요하다.

감시팀은 외모도 고려해야 한다. 요원들은 모든 환경에 맞추어야 한다. 할리우드 영화 식으로 철저하게는 아니더라도 다양한 상황에 맞는 옷차림을 해야 한다. 고급 호텔에서 경영자를 미행하고 있다면, 남성에게는 정장에 넥타이, 여성에게는 비즈니스 룩을 의미한다. 하지만 야구장에 갈 때 정장을 입는다면 튀어 보일 것이다. 감시 요원이 가장 원치 않는 것이 사람들의 눈에 띄는 것이다. 한 가지 원칙이 있긴 있다. 덜 차려입는 것이 잘 차려입는 것보다 쉽다는 것이다. 정장 차림의 남성이 넥타이와 재킷을 벗고 '오피스 캐주얼'로 보이는 차림을 하는 것보다 반바지와 티셔츠를 입고 있다가 정장으로 갈아입는 편이 더 어렵다. 빠른 복장 변화도 감시 요원의 임무 중 하나다.

중역 등의 감시 대상이 감시를 의심하거나 그들 자신이 방첩 기법을 익힌 사람이라면, 작전은 그야말로 쥐와 고양이의 게임이 된다. 예를 들어 감시 대상이 런던 지하철에서 빠져나오는 경우를 생각해보자. 중역이 자신이 감시당하고 있다고 생각한다면, 그는 감시 요원이 자신과 같은 기차 칸에 타고 있음을 안다. 하지만 그것이 누구인지는 모른다. 감시 요원들은 감시 대상을 보지 않으면서도 주의를 기울이는 데 능하다. 감시 대상은 감시 요원을 가려내야 한다.

그렇게 할 수 있는 한 가지 방법은 기차가 역으로 들어갈 때 경계하는 것이다. 런던 지하철역에는 출구를 나타내는 'Way Out' 화살표가 있다. 기차가 역에 들어와 속력을 늦추면 감시 대상은 사람들이 그 화살표 방향으로 움직일 것을 알고, 기차 칸의 맨 뒤쪽 문으로 가서 내린다. 그러면 같은 칸에 타고 있던 감시 요원은 감시 대상보다 앞서 걷게 된다.

그러면 감시 요원은 딜레마에 빠진다. 물론 앞에서도 사람을 관찰할 수 있지만, 뒤를 돌아봐야 한다는 의미다. 감시 작전을 실패로 만드는 대부분의 경우가 '미행하는 사람'이 감시 대상 앞에 있을 경우다. 한편, 감시 대상은 앞에 걷는 사람 중에 누가 감시 요원인지를 알아내야 한다.

감시 대상은 플랫폼에 내리면 다른 사람들과 같은 방향으로 걸으면서 에스컬레이터로 향한다. 에스컬레이터에서 사람들은 앞을 본다. 뒤를 보는 경우는 거의 없다. 그들은 대체로 어딘가로 가기 위해 서두르고 있고, 길도 여러 번 와본 적이 있어 익숙하다. 두리번거릴 이유가 없다. 하지만 감시 대상이 에스컬레이터로 갈 때는 두 가지를 알고 있다. 감시 요원이 앞에 있고 이미 에스컬레이터를 탔다면, 요원은 감시 대상이 에스컬레이터에 올라탈 즈음에 뒤를 돌아볼 것이다. 감시 요원은 자신을 드러내고 싶지 않아도 감시 대상이 다른 출구로 가지 않고 그 에스컬레이터를 타는지 확인해야 한다.

감시 요원이 누구인지 드러나면 감시팀은 서둘러 움직여야 한다. 다른 요원을 다른 출구로 보내야 하고, 엘리베이터를 지켜야 하고, 정체가 탄로 난 요원을 대체할 사람을 보내야 한다. 감시 대상은 이번에 감시팀을 따돌리지 못했어도 요원들의 업무를 훨씬 더 어렵게 만든 것이다. 그래서 고급 감시 작전은 하루에 수만 달러가 들기도 한다. 훈련받은 또는 영리한 감시 대상을 미행하는 것은 복잡한 일이다. 여기에는 고도로 훈련된 많은 요원을 필요로 하는데, 이러한 요원은 찾기 어렵기 때문이다.

감시 따돌리기도 닉에게 좋은 사업거리다. 닉은 중역을 감시하려는 기업으로부터도, 중역이 감시당하는 것을 막게 하려는 기업으로부터도 기꺼이 돈을 받는다. 런던의 감시 영역은 좁기 때문에 그는 때로 그가 잘 아는 남녀들, 즉 경쟁사의 요원들과 겨룰 때가 있다. "그 경우 우리의 일은 감시자를 식별해내고 무력화시키는 것입니다." 닉은 말한다. 그는 감시 요원이 할 만한 모든 일을 생각해내고 거리에서 그렇게 하고 있는 사람을 찾아낸다. 건방지게 들릴지 모르지만 닉은 자신이 거의 언제나 작전 중인 경쟁팀을 찾아낸다고 한다. 일반적으로 상대편 감시팀에게 엄중한 경고를 보내는 것으로 충분하다고 그는 말한다. "나는 그들에게 다가가 말합니다. '이봐, 나 지금 장난하는 거 아니야. 저기 내 친구는 당신이 쫓아다니는 것이 지겹다고 한단 말이야.'"

닉은 이러한 경고가 상대방 감시팀에게는 문제를 일으킬 것임을 안다. 그들의 정체가 탄로 났으니까 말이다. 그는 또 상대방 회사가 교체팀을 보낼 것도 안다(닉이라도 그렇게 할 것이다). 하지만 당분간 그의 고객은 감시로부터 자유로워지고 닉은 수수료를 받는다.

이 기업 스파이 대 스파이의 게임은 고객에게는 비용이 높아질 수 있고, 남용의 여지도 많다. 때로 닉의 회사는 다른 회사가 감시해달라고 부탁하고 돈을 지불한 감시 대상에 대해 감시 따돌리기를 해달라는 부탁을 받는다. 이 경우 닉은 자신이 감시하고 있는 장본인임을 밝히지 못한다. 대신 해당 날짜에는 바빠서 일을 해줄 수가 없다고 한다. 하지만 감시업계의 모두가 이러한 이해의 충돌을 피할 만큼 신중하지는 않다. 일부 회사는 한 고객에게서는 감시한다고 수수료를 받고 다른 고객에게서는 같은 사람에 대해 감시 따돌리기를 한다고 수수료를 받는다. 사실, 이들은 자기 자신을 감시하면서 돈을 버는 것이다.

모든 스파이들은 왜 런던을 어슬렁거리고 있을까? 닉은 기업들이 어느 정도까지 가느냐는 관련된 돈의 액수에 따라 달라진다고 말한다. 해당 거래에 더 많은 돈이 걸려 있으면 있을수록 거래 당사자들이 더 많은 노력을 기울인다. 기업들은 감시에 들어가는 엄청난 돈보다 더 엄청난 거래액이 걸려 있을 때 감시 서비스를 이용한다. 한 전문가는 오늘날 세계 어디서든 10억 달러 이상이 걸린 거래에서는 적어도 거래 한쪽 당사자는 감시 요원들을 이용하고 있다고 말한다.

닉은 온갖 종류의 감시를 본다고 말한다. "한번은 은행 1이 은행 2와 협상하고 있을 때 우리를 고용했지요. 하지만 은행 1은 은행 2가 은행 3과 몰래 거래하고 있으면서 은행 3의 가격을 낮추기 위해서 은행 1과 협상하는 흉내를 내고 있다고 생각했습니다. 그래서 우리는 협상 내내 은행 2와 은행 3의 경영진들을 감시했습니다."

오늘날의 많은 비즈니스가 전화와 이메일로(둘 다 쉬운 감시 대상이 아니다) 이루어지고 있지만, 닉은 큰돈이 오가는 거래에서는 아직 사람들이 직접 만나서 해결한다고 확신한다. 사람들이 만날 때면 그는 모든 것을 기록할 준비를 한다. "그것이 군대 경력이 있는 요원의 장점이지요." 그가 말한다. 그 3개 은행의 경우, "우리는 감시 대상의 집이 있는 섬까지 40미터를 헤엄칠 수 있는 요원을 보내 감시하게 했습니다." 섬으로 간 닉의 요원은 그 은행가의 집 바로 바깥 땅에 구멍을 파고 며칠 동안 살면서 집에서 일어나는 온갖 일을 관찰했다. 결국 닉의 팀은 은행 2와 은행 3이 협상을 벌이는 것을 알아내고 고객인 은행 1에게 알렸다.

그러한 스파이 활동이 한 기업에게 수백만 달러를 아낄 수 있게 해준다면, 그 정보를 알아내기 위해 들이는 수만 달러는 정당화될 수 있다고 중역들은 생각한다. 거래의 상대방 은행가가 영국 특수부대 출신이 집 근처에 구덩이를 파고 사는 것에 반대한다면? 어쩌란 말인가? 개인적인 일이 아니고, 모두 비즈니스인데.

감시업계의 모두가 닉 아무개처럼 자신을 드러내기 싫어하는 것은 아니다. 또 다른 영국의 요원 엠마 쇼(Emma Shaw)는 런던에서 고속 기차로 1시간 30분쯤 거리에 있는 서리(Surrey)의 베드타운 올드 워킹의 평범한 사무실 건물에서 일한다. 이 사무실 건물에는 소기업, 회계사, 1인 컨설팅 회사도 입주해 있다. 엠마 쇼의 사무실은 교외의 치과 분위기가 나고, 그녀 역시 비밀 요원처럼 보이지 않는다. 하지만 그것이 포인트다. 베테랑 첩보 요원인 쇼는 젊어 보인다. 그녀는 분홍색 아베크롬비 상의에다 멋스러운 청바지의 캐주얼한 옷차림으로 사무실에 나와 금요일을 보내고 있다. 그녀는 금발에 부분 염색을 했고, 광대뼈가 튀어나와 있으며, 몸매가 탄탄하다. 그녀는 아들의 축구 연습에 가는 젊은 엄마 같다.

하지만 엠마 쇼는 닉 아무개만큼이나 훈련된 전문가다. 단, 서로의 사업 철학은 다르다. 쇼는 감시란 비즈니스의 합법적인 일부이며, 그녀와 같은 감시 요원들은 그림자 뒤로 숨지 말아야 한다고 믿는다. 그녀의 사무실 문에는 간판이 있다. 그녀의 회사 '에서테릭(esoteric)'은 웹사이트(www.esotericltd.com)가 있고, 그녀는 '보안 및 비밀 조사 전문 회사'라는 제목을 달고 서비스를 자세하게 소개하는 매끄러운 홍보물을 나누어준다.

쇼는 이제 관리자라서 실제로 감시를 많이 하지는 않으므로 닉 아무개만큼 자신의 신원이 공공연하게 알려지는 것에 덜 신경 쓴다. 자신을 알리는 것은 경력에 나쁜 영향을 주지 않으며, 적절한 상황에서는 도움이 되기도 한다. 그래도 한 가지 조건은 제시한다. 기업 고객을 위해 그녀가 사용하는 감시 기법에 대해서는 자세하게 이야기하지 않겠다는 것이다. 그 기법들은 오늘날 영국의 첩보부 MI5와 영국의 군대 첩보기관이 사용하는 것과 대동소이하다. 기법들을 너무 자세하게 설명하면 영국 첩보부의 감시망을 빠져나가려 애쓰는 테러리스트들에게 좋은 정보가 되지 않을까 우려해서다.

엠마 쇼는 영국 북부의 해안지역 요크셔에서 태어났고, 열여덟 살에 군대에 들어가 헌병이 되었다. 10대 때 군에 들어간 그녀는 조사의 기본기를 익혔고, 그다음 비밀 작전부로 옮겨 장성들이 군 내부의 마약 문제와 싸우는 것을 도왔다. 그녀는 용의자를 미행하기도 했고, 일반 군인으로 위장하기도 했으며, 경찰이 마약을 밀거래하는 것으로 의심받는 군인들을 조사하는 것도 도왔다. 쇼의 사진은 영국 전역의 신문에 나기도 했다. 하지만 그때

브로커, 업자, 변호사 그리고 스파이

는 군대를 떠난 후였기 때문에 사진이 드러나도 작전에 문제는 없었다.

그다음에는 북아일랜드로 배치되어 1993년과 1994년에는 벨파스트 외곽 주둔군이 있는 곳에서 지냈다. 그곳에서 그녀는 비밀 첩보 업무를 했지만, 그 일에 대해서 자세하게 이야기하지는 않는다. 다만 "당시의 문제들과 관련된" 일이었다고만 말한다. 당시 북아일랜드에 있는 영국군에게 문제는 많았다. 쇼의 일은 신교도와 국교도 사이의 대립이 심한 그곳에서 주로 신교 경찰이던 RUC(Royal Ulster Constabulary)를 지원하는 것이었다.

군대에서 8년을 보내고 난 후 쇼는 MI5에 배치되었다. MI5는 방첩과 국내 안보에 초점을 맞춘다. 쇼는 금요일 오후에 군부대를 떠나 다음 월요일 MI5에 나가 보고를 했다. 그녀는 비밀 작전과 정보 수집일을 했고, 1990년대 말경 MI5를 떠났다. 대부분의 은퇴하는 스파이처럼 쇼도 민간 부문의 매력에 끌렸다. 정부를 떠나 너무 늦기 전에 민간으로의 경력을 전환하고 싶었다. "나는 다른 일을 해보고 싶었습니다. 나가서 두 번째 경력을 시작하고 싶었습니다."

그녀는 곧 민간 회사에서 보안 관리자로 일했고, 오래지 않아 믿을 수 있는 요원을 민간에서 구하려 했다. 그리고 닉 아무개처럼 엠마 쇼도 시장에 군대 수준의 감시 전문 기술이 없음을 알았다. 중역들은 감시 분야의 첨단 지식을 거의 가지고 있지 않았다. 1998년 그녀는 감시 요원을 고용하는 방법에 대해 기업에게 조언해주는 컨설팅 회사를 차렸다. 이 회사가 지금 기업과 첩보 회사들에게 감시 서비스를 제공하는 '에서테릭'으로 발전하게 되었다.

그녀의 회사는 수수료를 받고 중역들을 미행하기도 하고, 비밀이지만 합법적인 비디오 및 오디오 감시도 제공한다. 또 쇼의 직원들은 사무실, 중역의 집, 기업의 제트기와 요트에 설치된 카메라 및 도청 장치를 발견해 없애주는 일도 한다. 에서테릭은 마이크로웨이브 카메라를 장치해 오랜 시간 특정한 곳을 멀리서 관찰하고 모니터할 수 있게 해주기도 한다. 또 차량 추적 서비스도 제공하는데, 영업 사원들이 차량을 가지고 어디를 다니는지 비밀스럽게 알고 싶은 기업에게 편리한 서비스다. 그녀는 자신의 회사가 제공하는 서비스는 모두 합법이라고 자신한다. 그리고 모두 비싸다. 사무실 6개의 카메라나 도청 장치를 없애는 서비스는 4000~5000파운드다. 감시 서비스는 1인당 하루 1000~1500파운드에다 9~10명이 한 팀을 이루어 수행하므로 비용이 높은 편이다.

사무실의 회의 테이블에 앉아 있는 쇼는 스파이라기보다 기업의 홍보 담당 같다. "우리가 하고자 하는 것은 고급 기업에게 우리의 서비스를 제공하는 것입니다." 사실 쇼 자신도 MBA 과정을 다니고 있다.

이곳이 보통 회사와는 다르다는 점을 보여주는 몇 가지 중 하나는 천장에 붙은 흰색의 작은 사다리꼴 상자다. 상자에는 녹색등이 하나 깜박이고 있다. E-룸(E-room)이라고 하는 장치는 쇼의 팀이 설계하고 만들었는데, 방 안의 무선 주파수를 모니터한다. 그리고 승인되지 않은 주파수가 송신되고 있음을 감지하면 경고음을 울린다. E-룸은 또한 지정한 컴퓨터로 이메일을 보낼 수도 있어 컴퓨터 사용자에게 불법 도청이 시도되고 있음을 알린다. 쇼는 방문자가 올 때마다 그 사람이 도청 장치를 가지고 있는지를 알 수 있다. 만약 가지고 있다면 E-룸이 금방 알아내기 때문이다.

쇼는 주로 세계 경제의 추한 면에 파묻혀 하루를 보낸다. 변호사와 기업 고객들을 위해 절도, 사기, 내부자 거래, 계약 위반을 조사하며 보내기 때문이다. 그녀는 또한 고객인 기업을 위해 경쟁 기업에 대한 정보를 알아봐 주기도 한다. 쇼는 기업들이 "직원들이나 회사나 회사의 지적 재산권에 리스크가 있을 때는 언제나" 감시 서비스를 이용한다고 말한다.

쇼의 회사는 큰 연구개발 회사를 위해 일해준 적이 있다. 이 회사는 중역 한 사람이 경쟁사에게 자사의 제품에 대한 자세한 정보를 제공하고 있다고 의심하고 있었다. 에서테릭은 그 감시의 결과를 책자에 이렇게 썼다.

비밀 추적 장치 및 여타의 감시 자원의 사용을 통하여 그 이사가 자신의 미래 고용을 용이하게 하기 위해서 중요한 기밀인 제품 및 고객 정보를 모으고 있음이 확인되었다. 장기적으로 이 이사는 현재 및 과거 고용주와 맞서는 자신의 회사를 차리고 그들의 제품을 자신의 제품으로 팔 계획이었다. 회사의 잠재적 총수입 손실을 수량화하기는 어려우나 이 이사가 성공적으로 제품 및 고객 정보를 빼돌렸다면 회사의 재정적 안정은 확실히 영향을 받았을 것이다.[주1]

또 쇼의 회사는 부동산 개발 회사를 위해 일해준 적도 있다. 여기서는 여러 명의 직원이 최근 한꺼번에 회사를 그만두었다. 사장은 회사를 떠난 직원들이 고객 목록과 고객 정보를 훔쳐갔을 거라고 의심했다. 더구나 그 회사는 이전 직원들이 훔친 정보를 토대로 새로운 회사를 차리려 하고 있다고도 의심했다.

쇼는 팀을 꾸려 6~8주 동안 4명의 퇴직한 직원들을 따라다니며 감시했다. 감시 요원들은 퇴사 직원들을 따라 인쇄소로 갔다. 거기서 그들 중 한 명이 설계도를 복사하고 있었다. 에서테릭의 요원은 이미지를 찍는 장치를 야구모자에 숨기고 복사기로 가서 (모자의 카메라를 가지고) 아무것도 모르는 전직 직원이 열심히 복사하고 있는 설계도의 사진을 찍었다.

다음 몇 주에 걸쳐 스파이들은 전직 직원들이 그들이 임차한 부동산을 개발할 부지를 둘러보고 자신들의 회사에서 일할 사람을 구하고 있다는 사실을 알아냈다. 어느 날 쇼의 감시팀의 한 명은 한 전직 직원을 따라 은행에 가서 역시 카메라가 장착된 모자를 이용, 은행의 계좌 관리인의 사진을 찍었다. 그리고 이 관리인의 책상에 놓인 서류의 사진도 찍어 확대하여 계좌번호, 입출금 내역 등을 알아냈다. "우리는 감시 대상에게 매우 가까이 접근합니다." 은행과 같이 보안에 신경 쓰는 환경에서도 그렇게 한다고 쇼는 말한다. "하지만 모든 환경에서, 모든 은행에서 그러는 것은 아닙니다."

감시 대상이 아직 은행에 있을 때 감시팀의 리더는 고객에게 전화를 걸어 보고했다. "지금 상황이 이러이러합니다. 여기서 특별히 주의를 기울여야 할 일이 있습니까?" 치열한 법정 공방에서는 특정 활동에 대한 법원의 금지 명령 같은 것이 있을 수 있다. 감시팀의 고객은 즉시 행동하여 의심스러운 거래를 막을 수도 있었다. 여기서는 고객이 전직 직원들이 세운 새 회사에 대해 계약 위반을 들며 고소했을 때 쇼의 팀이 모은 자세한 내용이 고객의 변호사에게 매우 중요한 정보가 되었다.

모든 경우 감시 작전은 매우 자세한 일지를 작성한다. 거기에 요원들은 감시가 일어난 날짜와 시간, 주소를 적는다. 하루의 감시가 끝나면 팀원들은 모여서 서로 보고하는 시간을 갖는다. 일지들을 보면서 서로 일치하지

브로커, 업자, 변호사 그리고 스파이

않는 점이 없는지 확인하고, 당시 상황에서 기록하지 못한 세부 사항은 추가한다. 각 요원은 암호 번호로 일지에 서명하고 고객의 소송에서 증인으로 나설 준비를 한다. 법정에서는 보고서에 적힌 활동이 실제로 일어났음을 확인해준다. "고객은 요약된 보고서를 받지만 원한다면 감시 일지 자체의 복사본도 제공할 수 있습니다." 쇼의 말이다.

이런 사례들을 소개하면서 쇼는 자신의 요원들을 부당한 취급을 당한 기업을 돕는 사람들로 묘사한다. 하지만 경쟁사의 중요한 정보를 알아냄으로써 경쟁사에게 위해를 가할 목적인 기업을 도와주기도 한다고 시인하기도 한다. 그러한 경우 감시는 방어적이 아니라 공격적이다. 고객이 시장에서의 자기 자리를 지킬 수 있게 해주는 것이 아니라 경쟁 업체를 공격하는 것이다.

이처럼 별로 고상하지 못한 사업의 측면을 이야기할 때에도 쇼는 위축되지 않았다. 업계 전반으로 볼 때 그녀는 방어적 정보 수집과 공격적 정보 수집의 비율이 50 대 50 정도 된다그 추정했다. 그녀는 말한다. "감시는 일상입니다. 영국에서 우리는 하루 평균 300번은 CCTV에 찍힌다고 생각합니다." 실제로 2002년의 한 보고서는 런던 사람들(세계에서 가장 감시가 많은 도시 중 하나에 사는 사람들)이 매일 50만 대 이상의 CCTV에 의해 감시당한다고 추산했다. 14명당 CCTV 한 대꼴이다.[주2]

더구나 쇼는 경쟁사의 정보를 캐려는 수요가 점점 더 커지고 있다고 말한다. "일부 기업들은 자신들의 경쟁 업체가 무엇을 하고 있는지 알아내고 싶어 합니다. 모두가 그렇긴 하죠. 경쟁사가 무엇을 하고 있는지 알고 싶지 않다고 말하는 사람은 아마 진실하지 못한 겁니다." 쇼는 베테랑 첩보 요원을 이용하여 경쟁사를 엿보는 일에 대해 양심의 거리낌이 없다. 사람들의 사업을 엿보는 것이 불법적이거나 섬뜩하거나 하지는 않느냐는 질문에 그녀는 이렇게 대답한다. "대체적으로 말해서 그렇지 않습니다. 우리는 매우 합법적인 조사를 하니까요."

쇼가 자신에게 부여하는 제한은 범위가 넓지만, 정의할 수 있을 만큼은 좁다. 그녀는 자신의 회사는 불법적인 일은 하지 않는다고 주장한다. "사생활을 침해하거나 불법적인 침입을 하지 않고 공공장소에서 공공연한 행위를 하는 사람을 관찰할 수 있다면, 사람들은 그렇게 하려고 하죠. 하지만 그보다 약간 더 나아가 침입을 하거나 하는 사람들도 있습니다. 하지만 우리는 그런 일에는 관여하지 않습니다."

쇼는 또한 그녀의 팀이 감시 대상의 가족들, 특히 어린이들을 감시하지 않도록 한다. 그리고 감시 대상을 따라가는 과정에서 요원들이 해당 사업 문제와 관련 없는 정보(예를 들어 아내가 있는 집으로 가기 전에 호텔에 들러 애인을 잠깐 만난다든가)를 알게 된다면 그 정보는 기록하지 않거나 고객에게 알리지 않는다고 한다. "그들이 가족과 함께 사적인 공간에 있을 때는 기록하지 않습니다. 집에 있는데 집 안으로 카메라를 들이밀거나 하지는 않습니다. 우리는 정말 그런 일에는 관여하지 않습니다." 그녀는 이렇게 감시에 제한을 두지만 감시업계의 모두가 그러는 것은 아니다.

때로 감시는 사업이 아니라 즐거움을 위해 이용되기도 한다. 여러 명의 정보원들이 이야기하기를, 호화로운 생활을 하는 헤지펀드의 한 중역이 기업 첩보 회사를 이용하여 할리우드 배우에 대한 첩보 작전을 벌인 일이

브로커, 업자, 변호사 그리고 스파이

있다고 한다. 왜 그랬을까? 사람들의 말에 따르면, 이 헤지펀드 중역은 이 배우의 모델 여자 친구에게 반했기 때문이라고 한다.

이 헤지펀드 중역(이름은 밝히지 않기르 한다)의 연적은 막강했기 때문에 그는 가능한 모든 정보가 필요했다. 그의 눈을 사로잡은 이스라엘 모델은 바 라파엘리(Bar Refaeli)였다. 이 세계적인 모델은 〈타이타닉〉과 〈디파티드(The Departed)〉에서 주인공 역할을 한 레오나르도 디카프리오와 데이트를 하고 있었다. 곧, 디카프리오는 기업 스파이들의 표적이 되었다.

〈스포츠 일러스트레이티드(Sports Illustrated)〉에 수영복 몸매를 공개한 이스라엘 모델 바 라파엘리는 1985년 호드 하샤론(Hod HaSharon)에서 태어났다. 그녀는 스타덤에 오른 직후 디카프리오와 데이트를 하기 시작했고, 이 보기 좋은 한 쌍이 손을 잡고 파리의 아름다운 샹젤리제를 따라 걸었을 때 타블로이드 기자들은 자세한 기사를 실었다.

당시 이 헤지펀드 중역 역시 라파엘리에게 관심을 가지기 시작했다. 2005년 후반 아니면 2006년 전반, 이 중역은 라파엘리를 만났고 점심을 같이 먹자고 했다고 바의 어머니이자 매니저인 치피 라파엘리(Tzipi Refaeli)가 회상한다. 치피는 그날 저녁을 온통 그 중역 옆에서 보냈는데 깊은 인상은 받지 않았다고 한다. "그는 별 이렇다 할 점이 없어요." 그녀는 그가 마음이 좁고 물질적인 사람이라고 생각했다. "그가 할 수 있는 일이라곤 사고, 사고, 또 사는 일이었습니다. 그걸 싫다고 말할 사람은 별로 없지요."

(다른 많은 어머니들처럼 이야기의 모든 상세한 정보는 모르는) 그녀의 어머니에 따르면, 바 라파엘리는 그 중역에게 싫다고 말하면서 그저 친구로 지내자고 말했다. 정보원들에 따르면, 중역은 이에 좌절하지 않고 유명 첩보 회사를 고

용하여 디카프리오에 대한 나쁜 정보, 즉 '디카프리오는 나쁜 버릇이 없는가? 이 여자 저 여자와 잠자리를 하지는 않는가?' 등을 캐내 모델과의 사이를 갈라놓으려고 했다.

그 첩보 회사는 2006년 봄 영화 〈블러드 다이아몬드(Blood Diamond)〉를 찍기 위해 남아프리카공화국의 케이프타운에 온 디카프리오를 감시했다. 내부자들의 또 다른 이야기에 따르면, 스파이들은 카리브 해 지역으로 놀러 간 디카프리오가 다른 여자와 있는 사진을 찍으려고 했다. 바 라파엘리 외의 다른 여자 품에 안긴 디카프리오의 사진을 얻어서 언론에 공개하고 또 바에게도 부치려고 했다. 디카프리오의 배신의 증거를 보면 아마 바는 그 중역에게 더 쉽게 끌리지 않을까 하는 생각이었다.

여기서 한 가지 짚고 넘어가야 할 점은 알 만한 위치에 있던 한 스파이가 디카프리오 프로젝트의 존재를 부인했다는 것이다. 어쨌든 그 프로젝트는 만약 있었다고 해도 실패했던 것으로 보인다. 디카프리오와 라파엘리는 데이트를 계속하다가 2009년 봄 헤어졌다. 그 중역은 2년 동안 바 라파엘리에게 계속 이메일을 보냈다. 바의 어머니에 따르면, 바는 그에게 답장을 보내지 않았다. "그녀는 매우 충실합니다." 치피 라파엘리는 말한다. 치피는 바가 한 번도 디카프리오에게 불리한 사진이나 증거를 받아본 적이 없으며, 스파이 팀이 디카프리오에게 관심이 있는지도 몰랐다고 한다. 하지만 그 이야기를 의심하지도 않는다.

"나는 객관적이지 않습니다." 치피는 말한다. 하지만 "그녀는 아름답고, 정말 착한 아가씨지요. 그녀는 예쁘고 친절하고 지적이고 젊고 성공적인 유태인이자 이스라엘 사람입니다. 그런 그녀와 사랑에 빠지기는 아주 쉽지요."

브로커, 업자, 변호사 그리고 스파이

"그들은 다들 약간씩 미친 사람들입니다."

가장 위험스러운 사람들은 언제나 상대편을 위해 일하는 사람들이다. 때로 그들은 우리 편이라고 생각했던 사람들이다. 그들에 대한 방어가 방첩이다. 기업들 역시 자사 직원들의 배신의 징후를 찾고자 부지런히 노력한다. 그 일환으로 그들은 정부 기관에서 일하다 막 민간으로 나온 방첩 전문가들에게 의존한다.

무작위적인 사실의 모음(무작위적인 비밀의 모음조차도)은 그것을 종합하여 현실 세계에 대해 말해주는 바를 이해할 수 없으면 별로 가치가 없다. 베케트 브라운은 마스사를 감시하면서 얻은 수많은 자료를 가지고 이와 같은 문제에 직면했다. 하지만 무엇이 중요하고, 무엇이 중요하지 않은 것인지 어떻게 아는가? 어느 정보가 시장을 움직이고, 경쟁 구도에 영향을 줄 것인가?

민간 첩보 사업의 이러한 분석적인 측면을 전문으로 하는 회사가 보스턴에 본사를 둔 버베이팀 어드바이저리 그룹(Verbatim Advisory Group)이다. 이 회사의 분석가들은 정보를 모아 서로 엮어 정부가 말하는 이른바 '행동 가능한 정보(actionable intelligence)'를 생산해낸다. 이 회사의 이론은 수사관들이 충분한 자료를 모아 논지를 확인한 후 이에 대해 취할 행동을 권유한다는 것이다. 한 소식통이 당신에게 뭔가를 말하는 것으로는 충분하지 않다. 당신은 아는 사람들로부터 그것을 반복해서 들어야 그것에 기초하여 행동할 수 있다.

2006년 9월, 강철을 사들이는 4개 업체가 버베이팀 어드바이저리 그룹의 분석가들로부터 걸려온 전화를 받았다. 분석가들은 구체적인 정보를 노리고 있었다. "아셀라 미탈(Arcelor Mittal) 강철 회사가 지금 무슨 일을 꾸미고 있습니까? 그 회사는 어떤 능력을 가지고 있습니까? 가격 설정 능력은 어떻습니까?" 그해 가을, 인도어 뿌리를 둔 런던의 회사 아셀라 미탈은 이례적으로 높은 강철 가격에 직면했다. 그리고 버베이팀 어드바이저리 그룹의 분석가들은 아셀라 미탈이 이에 대해 어떻게 대응할지 궁금했다.

하지만 강철을 사들이는 4개 업체는 이미 그 답을 알고 있었다. 그들은 매일 아셀라 미탈과 거래하고 있었던 것이다. 소문은 아셀라 미탈이 생산량을 줄여서 가격을 올리기 직전이라는 것이었다. 그렇게 하면 월스트리트도 환영할 것이고, 아셀라 미탈 자사의 주가도 올라갈 것이었다. 9월 하순, 버베이팀 어드바이저리 그룹은 이 정보를 헤지펀드 고객에게 넘겼다. 알고 보니 며칠 후 아셀라 미탈은 클리블랜드의 용광로와 인디애나 주 이스트 시카고(East Chicago)의 용광로 2개를 작동 중지한다고 발표했다. 이 소식 후에 거래량은 전날보다 거의 3배 늘었고, 주가는 주당 1달러가 올라 35.54달러에 마감되었다. 월스트리트에서 이 조치에 대해 미리 안 사람은 상당한 수익을 거두어들였다.

2001년에 설립된 버베이팀 어드바이저리 그룹은 20개 이상의 헤지펀드 고객을 위해 자사 요원들이 할 수 있는 한 최대한으로 많은 고객을 인터뷰함으로써 회사에 대한 정보를 모은다. 조사 기업 대부분은 무슨 일이 벌어지고 있는지 모른다.

버베이팀 어드바이저리 그룹의 기법은 항공모함 드와이트 D. 아이젠하워(USS Dwight D. Eisenhower)에서 첩보 장교를 지낸 매니징 파트너 존 스트렐(John Strehle)이 받은 훈련에 근거한 것이다. 그는 1980년대와 1990년대에 젊은 장교로서 마주했던 도전과 현재 세계의 기업들에 관한 정보를 모으는 일 사이에는 공통점이 많다고 말한다. "정보에 적절하게 우선순위를 매기고, 변화하는 데드라인에 익숙해야 하며, 완전하지 않은 정보를 토대로 하여 결론을 내릴 수 있어야 한다는 점이 같습니다."

버베이팀 어드바이저리 그룹의 팀원들은 분석가들로, 자료들을 꼼꼼하게 살피고 트렌드를 예측해내려는 CIA 요원들과 같다. 예를 들어, 그들은 경제적 자료 및 농작물 자료를 조사하고 제3세계의 다음번 기근과 그에 따른 정치적 불안정을 예측해낸다. 예측은 스파이의 가장 소중한 기술 중 하나다. 정확한 예측을 위해 스트렐은 똑똑하고 사교성 있는 사람들을 고용하고 고용한 후에는 트렌드를 이끌어내는 기법을 훈련시킨다.

샌프란시스코에 본사를 둔 소프트웨어 제조 업체 세일즈포스닷컴(Salesforce.com)은 '고객관계 관리(customer relationship management)' 컴퓨터 프로그램을 제작해 영업 인력들이 자신들의 계좌와 인맥을 관리할 수 있게 돕는다. 한 헤지펀드 고객이 버베이팀 어드바이저리 그룹에게 세일즈포스닷컴의 분기 수익을 예측해달라고 부탁했다. 2006년 세일즈포스닷컴은 새로운 소프트웨어 제품을 출시했는데, 언론에서는 그리 큰 호응을 얻지 못했다. 월스트리트는 분기 수익이 좋지 않을 거라는 데 베팅했다.

하지만 버베이팀 어드바이저리 그룹은 이 고객 저 고객을 찾아 그들이

브로커, 업자, 변호사 그리고 스파이

해당 분기에 얼마만큼을 구입했는지를 알아보고 그 정보를 전에 조사한 자료와 비교했다. 버베이팀 어드바이저리 그룹의 팀은 체계적으로 접근했고, 많은 지역의 크고 작은 고객에게 전화를 걸었다. 그들은 기업에서 세일즈포스닷컴 소프트웨어의 구매를 담당하는 직원들과 이야기를 했다. 일부 기업 첩보 회사들과는 달리 버베이팀 어드바이저리 그룹은 속임수를 쓰지 않는다고 한다. 이 회사의 분석가들은 정보원들에게 자신들이 누구이며, 무엇을 하고 있는지를 이야기한다고 한다.

버베이팀 어드바이저리 그룹은 인터뷰에 대해 돈을 지급하지는 않지만, 세일즈포스닷컴의 고객들은 어쨌든 인터뷰에 응했다. 때로는 버베이팀의 분석가들이 고객보다 세일즈포스닷컴에서 돌아가고 있는 일을 더 많이 알고 있어 고객들이 소중한 정보를 얻어가기도 한다. "다음에는 어떤 새로운 제품이 나오죠? 우리는 받지 못한 할인 서비스를 다른 고객들은 받고 있나요?" 대신 인터뷰를 실시하는 분석가들은 구체적인 질문을 한다. "당신 회사에서 세일즈포스닷컴 소프트웨어를 쓰고 있는 사람은 몇 명입니까? 세일즈포스닷컴의 경쟁사 중 당신에게 접근해온 회사가 있습니까? 그들은 무엇을 제의했습니까? 세일즈포스닷컴의 직원은 당신에게 어떤 할인 서비스를 제의했습니까?"

그 결과는 놀라웠다. 고객들은 월스트리트가 생각하는 것보다 세일즈포스닷컴을 더 좋아했다. 버베이팀 어드바이저리 그룹은 분기가 끝나기 몇 주 전에 고객에게 보고서를 건넷다. 그 헤지펀드의 관리자들은 종합적인 결과와 각 질문에 대한 대답, 세일즈포스닷컴 고객들의 이름과 전화번호(헤지펀드에 알려도 좋다고 동의한 고객들의 이름과 전화번호)를 보았다. 세일즈포스닷컴은 예상 외로 높은 수익을 보고했고, 버베이팀의 고객인 그 헤지펀드는 분기 실적을 발표할 때 좋은 위치에 있었다.

스파이들은 종종 성공적인 첩보 작전의 90퍼센트는 공개된 정보, 즉 신문에 났거나 정부 자료에 있거나 전화 한두 통으로 쉽게 입수할 수 있는 정보 덕분이라고 말한다. 기업 스파이들도 이 사실을 알고 있다. 그들은 가장 좋은 자료는 공적인 정보와 사적인 정보 그 중간 어디쯤에 존재한다는 사실을 안다.

2005년 11월 15일 오후, 야후닷컴(Yahoo.com)에서 채팅하던 단타 매매자들은 정보를 얻기 위해 허둥거렸다. 그들은 석면 소송에 휘말린 시카고의 건축 자재 회사 USG사의 거래가 왜 그렇게 활발한지 이유를 알 수 없었다. 거래량은 보통 다른 날보다 2배였고, 주가도 2.12달러가 오른 61.55달러에 마감했다. 하지만 그러한 움직임을 촉발할 주요 뉴스가 없는 듯 보였다.

단타 매매자들은 무슨 일이 일어나고 있는지 알아내기 위해 곤혹스러운 메시지들을 주고받았다. "나는 최근의 변화를 이해 못하겠다. 시장 주도 세력이 나를 골탕먹이려고 하는가?" 개인 투자자들이 USG 주식에 대한 정보와 의견을 교환하는 야후 파이낸스(Yahoo! Finance)가 있는데, 게시판에 에틸렌오리온(ethelyne_orion)이라는 이름의 거래자가 쓴 내용이다.

에틸렌오리온과 야후 게시판을 자주 찾는 사람들이 몰랐던 사실은 당시 상원 다수당 원내총무인 테네시 주의 빌 프리스트(Bill Frist, 공화당)가 예산위원회의 걱정을 무시하고 USG 같은 회사들의 석면 부담을 덜어주는 1400억 달러 자금을 조성하는 법안을 강행하기로 결정했던 것이다.[주1] 석면 소송으로 영향을 받는 기업의 주식을 사고파는 많지 않은 거래자들 사이에서 그것은 엄청난 뉴스였고, 이 작은 사회에서는 어떤 뉴스라도 시장을 움직일 수 있었다. 프리스트는 11월 16일에 그 결정을 발표할 예정이었지만, 뉴스는 잘 알려지지 않은 통로, '정치 첩보'를 전문으로 하는 일단의 회사를 통해 월스트리트의 핵심 거래자들에게 빠르게 전해졌다.

'정치 첩보'를 전문으로 하는 이 업계는 1970년대 초반 몇몇 작은 회사에서 시작되었다. 하지만 지금은 정보에 굶주린 헤지펀드들이 많은 전직 로비스트와 저널리스트들을 고용하여 프리스트의 결정과 같은 정보를 찾으려 하기 때문에 더욱더 치열해지고 있다. "헤지펀드들이 하는 일은 시장의 비효율성을 찾는 것입니다." 여러 기업의 보고서들을 사는 헤지펀드 매니저가 말한다. "그리고 워싱턴은 세계에서 (시장) 비효율성을 가장 잘 만드는 곳이지요."

로비스트와는 달리 정치 첩보 회사들은 그들의 고객이나 연간 총수입을 공개해야 할 필요가 없기 때문에 매우 조용한 업계의 규모는 잘 알려져 있지 않다. 한 베테랑은 6개 기업 이상이 존재하며 연간 3000만 달러 내지 4000만 달러를 끌어들이고 있다고 추산한다. 이 업계는 의회를 넘어 연방 정부의 모든 측면에까지 뻗어 있다. "우리는 금융 시장 전반, 업계, 기업에 영향을 끼치는 공공 정책(거시경제, 연방정부, 예산, 무역, 통화)을 분석합니다." 워싱턴 어낼리시스(Washington Analysis)의 창립자 레슬리 알퍼스타인(Leslie Alperstein)의 말이다. 석면에 대한 프리스트의 결정 같은 뉴스가 흘러나온 것은 환영할 만하지만, 알퍼스타인은 자신의 사업은 주로 트렌드를 설명하는 것이라고 한다. "(인기 정보만) 취급한다면, 나는 포토맥에서 살 수 없을 겁니다." 메릴랜드 주의 물가가 비싼 교외 지역을 언급하며 그가 하는 말이다. "(인기 정보는) 자주 생기지 않습니다."

그래도 일부 의원들을 괴롭힐 만큼은 자주 생기는 것 같다. USG 주가가 오르고 며칠 지난 다음, 워싱턴 주 하원의원 브라이언 베어드(Brian Baird, 민주당)는 하원윤리위원회에게 보좌관들을 위한 지침을 만들라고 요청했다. 베어드는 이렇게 말했다. "직접적인 뇌물의 가능성이 엄청나게 큽니다." 그는 정보 전달이 내부자 거래에 "매우 가깝다"고 우려한다.

하지만 윤리 전문가들은 아무도 현재의 규칙을 어기고 있지 않다고 말한다. 국회의사당의 보좌관과 정부 직원들은 기밀 자료를 이용하여 개인적인 이윤을 추구할 수 없고, 기밀이거나 고용자가 기밀로 간주하는 정보를 타인과 공유할 수 없다. 하지만 그러한 느슨한 지침 속에서 정치 첩보는 투자자들이 실사를 수행할 수 있는 또 하나의 합법적인 방법이다. 첩보 요원들은 의사결정이 공공연하게 내려지는 의회를 오픈 소스(대중의 누구라도 입수할 수 있는 정보)라고 간주한다.

이론적으로 에틸렌오리온과 다른 단타 매매자들은 프리스트의 사무실에 전화를 걸어 보좌관에게 무슨 일이 진행 중이냐고 물을 수 있다. 하지만 물론 현실에서는 그렇지 않다. 상원 다수당 원내총무의 사무실에서 정보를 얻으려고 시도하는 개인 투자자는 정보를 얻기보다 음성 메시지만 남기고 답을 받지 못할 가능성이 훨씬 크다. 전 프리스트의 보좌관, 의회에 인맥이 있는 베테랑 저널리스트처럼 훈련된 내부자라야 워싱턴의 오픈 소스를 입수할 수 있다. 그들은 이런 식으로 묻는다. "헤이, 친구 오늘은 무슨 일이 있는가?"

에틸렌오리온과 다른 단타 매매자들은 정보를 얻을 가능성이 없고, 그것을 세계의 민첩한 참가자들이 눈치채지 않을 리 없었다. 그들의 제품 가치가 오를수록 정치 첩보 회사들 자신이 좋은 공격 목표가 되고 있었다. 알퍼스타인은 2005년 7월, 워싱턴 어낼리시스를 중국의 신화 파이낸스(Xinhua Finance)에 팔았다. 신화 파이낸스는 중국 정부가 좌우하는 신화통신이 일부분을 소유하고 있다. 신화 파이낸스는 2005년 여름 유노칼(Unocal)을 인수하려는 셰브론(Chevron)과 중국의 CNOOC 사이의 입찰 전쟁이 정점에 달했을 때 알려지지 않은 액수를 주고 워싱턴 어낼리시스를 손에 넣었다. 셰브론이 CNOOC를 이기고 거래를 따냈다. 이는 중국이 워싱턴 정가의 생활을 완전히 이해하지 못하고 있음을 보여주었다.

아마 그래서 중국이 워싱턴 어낼리시스에 관심을 두었는지도 모르겠다. 수년 전 외국 정부들은 대사관과 스파이들을 이용하여 미국 정계와 재계의 최신 정보를 입수했다. 오늘날에는 민간 회사를 고용해서 할 수 있다.

가장 위험스러운 사람은 언제나 상대편을 위해 일하는 사람이 아닐 수 있다. 때로 그들은 우리 편이라고 생각했던 사람들이다. 그들에 대한 방어가 방첩이다. 기업 역시 자사 직원들의 배신의 징후를 찾는 데 부지런하다. 그렇게 하기 위해 그들은 정부기관에서 일하다 막 민간으로 나온 방첩 전문가들에게 의존한다.

여러 해 전, 의사 에릭 쇼(Eric Shaw)는 워싱턴 DC의 사무실에서 대규모 석유 회사의 한 걱정스러운 고객으로부터 전화를 받았다. 이 회사의 한 불안한 중역이 동료들에게 자신의 AK-47 돌격용 자동소총에 대해 불길한 말들을 하고 다닌다는 것이다. 그 사람의 아내는 암으로 죽어가고 있었고, 그는 폭음에 주먹싸움을 하고 다녔다. 그래서 고객은 걱정이었다. 분명 이 사람의 정신 건강이 폭발 직전인 것으로 보였기 때문이다. 고객은 임상 심리학자이자 CIA의 심리 프로파일링 베테랑으로 지금은 민간 사립 탐정 회사 스트로즈 프리드버그(Stroz Friedberg)에 컨설팅을 해주고 있는 쇼에게 도움을 청했다. 쇼는 기업에게 내부적인 위협이 되는 것들, 예를 들어 기밀 누설자, 불만을 가진 직원들, 폭력 성향을 드러내기 직전의 직원들을 찾아내는 데 전문이다. 이런 일을 하는 그는 그가 연구하는 사람들과는 대조적으로 아주 침착하다. "그들은 다들 약간씩 미친 사람들입니다." 그의 말이다. "그들이 완전히 미치면 기업에서는 나에게 전화를 합니다." 쇼의 일은 기업에서의 방첩 활동이라 할 수 있다. 기업을 향해 오는 위협을 감지하고 막는다.

쇼는 이 사람이 어떤 타입의 위험스러운 인물인지 알아내기 위해 세부 사항을 물었다. 첩보가 그렇듯, 위협을 감지하는 핵심은 정보라고 쇼는 말한다. 위협에는 수십 가지가 있으며, 각각은 서로 다른 대응을 요구한다. 너무 일찍 행동하거나 너무 적은 정보를 토대로 행동하면 상황은 통제에서 벗어날 수 있다. 이 불안정한 중역의 동료들과 이야기하고 관련 보고서를 검토한 후에 쇼는 이 사람이 일시적인 위기를 맞고 있다고 결론 내렸다. 적절하게 처리하면 그는 장기적인 위협은 되지 않을 것이었다. 쇼가 이 석유 회사에 해준 조언은 직관에 반하는 것으로 보였다. 그는 그 회사에게 그 사람을 해고시키지도 말고 경찰에 신고하지도 말라고 했다. 대신 그 사람의 상사가 그에게 회사가 지원해주는 치료 과정을 마치고 다시 회사로 복귀하라고 말하라고 조언했다.

그렇게 해서 위기는 지나갔고, 그 중역은 다시 일하게 되었다. 회사나 직원들에게 아무런 피해가 없었다. 그리고 그 사람은 곧 노조에 새로운 일자리를 얻었다. 경영진에게는 별로 좋은 일이 아니었으나 그 사람이 건강하게 화를 표출할 수 있는 방법이었다. 그 사람을 해고했더라면 일어났을지 모를 폭력적인 사건보다 훨씬 좋은 결과였다. 쇼는 대부분의 회사들이 내부 위협을 원만하게 해결하지 못하며, 작은 문제에 서투르게 대응했다가 더 큰 피해를 입기도 한다고 말한다. 경영진이 문제를 포착하고 조치를 실행하여 직원을 징계하거나 해고하면 더 큰 일이 벌어지기도 한다.

의사 마리사 란다조(Marisa Randazzo)는 암살자, 스토커, 학교 총기 난사자에 관한 전문가다. 그녀는 미국 비밀경호국 국가위협평가센터(National Threat Assessment Center)의 최고 연구자이자 심리학자로 10년을 지내면서 잠재적 살인자들의 정교한 프로파일을 만들어냈다. 오늘날 그녀는 네바다 주 리노 외곽의 스팍스(Sparks)에 본사를 둔 회사 스레트 어세스먼트 리소스 인터내셔널(Threat Assessment Resources International)을 이끌고 있다. 이 회사는 기업들이 내부의 위협으로부터 자사를 보호할 수 있도록 위협평가 훈련 패키지를 제공하고 있다. 훈련은 중역에게 직장 총기 난사 및 내부 파괴 행위의 사례 연구를 설명하고, 직장에서의 위협평가의 기본 원칙을 알게 하며, 위기 대응 기술을 익힐 수 있는 모의 비상 훈련 실시를 포함하고 있다.

쇼와 란다조는 위험스러운 내부 인물들이 가지고 있는 여러 핵심적인 특징들을 설명한다. 그들 중 다수는 정신과 문제, 알코올 중독, 높은 불안감 등의 의학적 문제가 있다. 또 일부는 극단적인 인물들이다. 예를 들어

극도로 수줍어하거나 동료들이 옆에서 불편함을 느낄 정도의 사무실 괴짜들이다. 문제를 일으키는 많은 사람들은 큰 사건 이전에 이미 작은 규칙 위반의 전례를 가지고 있다. 기술이나 인사 문제에서 규칙을 위반했을 수 있다. 다수의 위험한 내부 인물들이 큰 손해를 끼치기 전에 이미 인사부서의 레이더 스크린에 잡혀 있는 경우가 많다. 그리고 심각한 경우 중 약 3분의 1은 그 사람이 무엇을 계획하고 있는지 먼저 알고 있는 사람들이다.

이 패턴에 맞는 사람들도 언제나 문제를 일으키지는 않는다. 그들은 수년 동안 문제없이 일할 수 있다. 이러한 성격을 가진 사람들이 심리학자들이 말하는 이른바 '걱정스러운 행동들'을 보이기 시작하는 것은 인생에서 문제에 부딪힐 때다. 그들은 개인적으로 또는 직업적으로 실망스러운 일을 당할 수 있다. 좌천된다든지 배우자가 사망한다든지 새로운 근무지로 발령이 나든지 하면 위험한 행동을 촉발할 수 있다. 이러한 행동이 시작되면 얼마나 큰 사건을 일으킬지 정확히 알 수 있는 방법은 없다.

그렇기 때문에 쇼나 란다조 같은 첩보 전문가의 서비스가 중요하다. 일찍 문제를 해결하는 편이 사건 후 결과를 정리하는 것보다 훨씬 비용이 적게 든다.

브로커, 업자, 변호사 그리고 스파이

11

이 나라는 위대한가,
그렇지 않은가

오늘날의 기업 첩보 산업은 거의 모든
나라에서 행해지고 있으며 전 세계에
고객을 두고 있다. 과거 정치적인
적들이 민간에서 서로 긴밀하게
협력하기도 하고, 과거 동맹이었던
사이가 치열한 경쟁관계로 변하기도
한다.

2008년 4월, 10여 명의 변호사와 투자은행가들이 스파이의 강의를 듣기 위해 맨해튼 웨스트 43번가 프린스턴 클럽 3층의 작은 방에 머핀과 커피를 놓고 모였다.

그들은 CIA와 가까운 관계의 1년 된 기업 첩보 회사 버래서티 월드와이드(Veracity Worldwide)가 후원하는 브리핑을 위해 모였다. 방에 모인 사람들은 미국 최고의 투자은행을 대표하긴 했지만, 뉴욕증권거래소나 나스닥 주식시장과 관련 있는 일 때문에 거기 있는 것이 아니었다. 그들은 지구의 저편, 일본의 도쿄증권거래소와 한국 부산에 있는 한국거래소(Korea Exchange)에 대해 걱정하고 있었다.

이 미국 기업의 대표들은 도쿄 주식시장에서 동해만 건너면 있는 예측 불가능한 공산 정권인 북한에서 무슨 일이 일어나고 있는지 알고 싶어 했다. 북한의 통치자 김정일은 북한 경제가 붕괴하고 기근이 북한 주민들을 끈질기게 괴롭히는 가운데 점점 더 변덕스럽게 행동하고 있었다. 북한의 핵무기 추구는 공공연한 비밀이었다. 북한에 대한 김정일의 지배가 얼마나 안정적인지는 아무도 모른다.

서구 사업가들에게 그러한 상황은 그저 흥미로운 정치 문제가 아니다. 중요한 사업상의 우려였다. 북한 정부의 붕괴나 갑작스러운 핵실험, 그리고 대규모 기근은 지역을 불안정하게 하고 일본 및 한국주식거래소에서 자본이 이탈하도록 할 수 있었다. 노련한 은행가라면 그래도 누구보다 먼저 자신의 돈을 빼낼 것이다. 아니면 더 낮게는 정치적 재난에서 이익을 내리라 기대하며 일본 및 한국거래소가 하락할 것이라는 데 베팅할 것이다.

그날 아침 브리핑에 참가한 사람들은 모두 미국인이었지만, 그들의 사업적·첩보적 관심은 전 세계에 걸쳐 있었다. 이러한 다국적인 사고방식은 민간의 첩보 사업에서도 점점 더 표준이 되고 있었다. 오늘날의 기업 첩보 산업은 거의 모든 나라에서 행해지고 있으며, 전 세계에 고객을 두고 있다. 과거 정치적인 적들이 민간에서 서로 긴밀하게 협력하기도 하고, 과거 동맹이었던 사이가 치열한 경쟁관계로 변하기도 한다. 스파이에게 늘 그렇지만 여기서 윤리적 문제는 어디에 진정한 충성심을 두어야 하느냐에 있다. 국가에? 회사에? 아니면 수수료를 지불하는 고객에게?

세계 6개의 기업 첩보 회사들의 이야기는 첩보가 어떻게 점점 더 세계 경제와 관련을 맺고 있는지를 보여준다.

- 버래서티: 뉴욕에서의 브리핑 주최. 전 세계 고객을 대상으로 사업을 전개한다.

- TD 인터내셔널(TD International): 몇 명의 CIA 베테랑들이 워싱턴 DC에 세운 첩보 회사. 두바이의 왕자를 위해 일한 적이 있다.
- 요한 베노르(Johann Benöhr): 베를린의 사립 탐정. 엄격한 정부 규제와 독일 국민들의 스파이 활동에 대한 불안 문제를 다룬다.
- 해클루트(Hakluyt): 런던 소재. 한번은 석유 회사를 위해 독일 스파이를 고용하여 그린피스에 침투시켰다.
- 해밀턴 트레이딩 그룹(Hamilton Trading Group): 작은 컨설팅 회사. 전 CIA 요원과 러시아 푸틴 정부와 문제가 있던 전직 KGB 요원이 세웠다.
- 트라이던트 그룹(Trident Group): 버지니아 주 소재. 역시 러시아와 관련이 있는데, 전 소련군 첩보 요원이 세웠다. 미국 대기업과 로펌을 위해 일한다.

여섯 경우 모두 수사관의 활동은 전 대륙에 걸쳐 있다. 그런데 충성스러운 공산주의자에다 소련 사회에서 성공한 사람이 자본주의 대기업을 위한 일을 진정으로 포용할 수 있을까? 아니면 전직 CIA 요원처럼 한때 자신의 조국을 위해 봉사했던 애국적인 스파이가 상속으로 억만장자가 된 사람을 위해 일하는 것은 또 어떻게 생각할까? 그러한 질문은 반드시 이해의 충돌을 수반하지는 않지만, 가치의 충돌은 수반할 수 있다. 세계 경제 속에서 일하는 스파이는 자신이 누구인가와 자신이 누구를 위해 일하는가 사이에 단절을 느끼는가? 이 질문이 중요하기는 한 것인가?

첩보업계에서 일하는 대부분의 사람들이 가진 공통점 중 하나는 그들이 민간의 스파이가 되려는 목적을 가지고 경력을 시작하지는 않았다는 것이다. 이들이 정부에서 경력을 시작할 때는 대부분이 국제적인 기업 첩보 산업이 있다는 사실도 몰랐다. 그들은 군인이나 스파이 또는 외교관이 되고 싶어 했다. 하지만 어찌어찌해서 민간의 스파이가 된 것이다.

그것이 버래서티를 세운 스티븐 폭스(Steven Fox)의 이야기이기도 하다. 폭스는 서른아홉 살이다. 매끄럽게 넘긴 머리에다 매부리코, 저음의 목소리를 가진 그는 할리우드 버전의 1920년대 사교계 인물처럼 보인다. 첩보업계의 잡지 〈인텔리전스 온라인〉은 폭스를 CIA 작전본부의 베테랑이라고 소개한다. 그리고 한때 그가 민간 부문에서 이용했던 약력은 그를 '미국 첩보계에서 대테러리즘' 일을 했다고 묘사하고 있지만, 그는 CIA에 몸담은 적이 없다. 그는 자신이 국무부의 베테랑이라고 말하며, 2000년대 초 닷컴 붐이 일 때 잠깐 인터넷 회사를 운영한 적이 있다고 한다. 그렇지만 민간에서 그는 주위에 CIA 출신을 많이 두고 있다.

진짜일 수도 있고, 가짜일 수도 있는 폭스의 배경에 대한 묘사는 이렇다. 그는 맨해튼에서 태어났으며 프랑스어를 할 줄 알고 1991년 프린스턴대학을 졸업했다. 국무부에 일자리를 얻고 곧 뉴욕 사회에서 멀리 떨어진 중앙아프리카 부룬디의 수도 부줌부라까지 가게 된다.

탕가니카 호수 연안의 그레이트 리프트 밸리(Great Rift Valley)를 따라 위치한 부줌부라는 1962년 부룬디가 독립한 이래로 다수인 후투족과 부룬디를 지배하는 소수의 투치족 사이의 끔찍한 전쟁터가 되어오고 있다. 이 부족 간의 다툼은 1994년 부룬디 바로 북쪽 르완다에서 종족 학살로까지 악화되었다.

1996년 후투족과 투치족은 다시 서로를 학살하고 있었다. 15만 명 이상의 부룬디 사람들이 이미 사망한 상태였다. 투치의 낙하산 부대원들이 중요한 정부기관과 수도의 TV 방송국, 그리고 라디오 방송국을 점거하자 부룬디의 후투족 대통령 실베스터 은티반퉁가니아(Sylvester Ntibantunganya)는 자신이 권좌에 오래 머무를 수 없음을 알았다. 부룬디는 평화로운 정권 교체의 역사가 별로 없었다. 은티반퉁가니아의 두 전임자 모두 암살당했다. 똑같은 운명을 피하기 위해 은티반퉁가니아는 미국 대사관을 찾아가 당시 젊은 국무부 관리였던 스티븐 폭스의 품으로 찾아들었다.

미국은 은티반퉁가니아에게 피신처를 제공하는 데 동의했고, 폭스는 그를 미국 시설에서 안전하게 밖으로 빼낼 수 있는 방법을 찾아야 했다. 11개월 동안 폭스는 이 전직 대통령의 새로운 삶에 필요한 물자들을 준비했다. 그는 어디에서 살아야 하나? 어떻게 그를 안전하게 피신시킬 수 있을까? 미국 대사는 새로 들어선 군사 정권에게 은티반퉁가니아가 미국의 보호를 떠나도 기소당하지 않을 것이라는 약속을 얻었다. 그리고 더 중요하게는 새 투치 정권이 은티반퉁가니아의 안전을 보장했다.

이 보장을 얻고 나니 폭스가 할 일은 작은 일들이었다. 폭스는 현지 하이네켄 맥주 회사가 소유한 집을 발견했고, 자동차도 마련했다. 그는 은티반퉁가니아와 함께 안전 문제를 의논하여 30명의 전직 관리와 후투족 사람들을 쓰기로 결정했다. 하지만 이 전직 대통령은 그의 새 집으로 들어가기를 주저했는데, 정부가 제공하기로 동의한 가구들을 좋아하지 않았기 때문이다. 폭스는 서둘러 대사관의 가구 중 적당한 것을 골랐고 워싱턴의 승인을 얻어 새 집으로 옮겼다.

브로커, 업자, 변호사 그리고 스파이

폭스와 은티반퉁가니아는 긴 시간을 함께 보냈다. 작은 집에서 지내야 하는 전직 대통령에게는 주의 깊은 말동무가 있다는 것이 기뻤을 것이다. 수개월을 지내면서 그는 폭스에게 커피 산업이 돌아가는 이야기에서부터 부룬디의 정치에 이르기까지 중앙아프리카에 대한 지식을 전해주었다.

이 사건은 성공적이었다. 은티반퉁가니아는 미국 대사관에서 하이네켄이 쓰던 집으로 옮겼다. 그는 죽지 않았고, 망명 생활을 새롭게 시작했다. 1999년 그는 프랑스어로 회고록을 썼는데, 제목은 『부룬디 국민들을 위한 민주주의(A Democracy for All Burundians)』였다.

폭스도 부룬디에서의 근무 후에 파리의 미 대사관으로 옮겼다. 파리는 미국 외교관들이 언제나 좋아하는 곳이었지만, 폭스는 그곳이 갑갑하게 느껴졌다. 또한 거기서 할 일도 별로 없었다. 곧 그는 프랑스 퐁텐블로에 있는 명성 있는 인시아드(INSEAD) MBA에 지원해서 들어갔다. 파리 남쪽으로 자동차를 타고 1시간 좀 안 되는 거리의 퐁텐블로에는 프랑스 왕들이 짓고 나폴레옹이 살았던 유명한 퐁텐블로 저택이 있다. 1999년 폭스는 그곳에서 40개국에서 온 학생들을 포함한 300명으로 된 학급에 속해 1년을 보냈다. 그곳에서 만난 사람들이 오늘날 그가 비즈니스 관계로 맺은 유럽의 중요한 사람들을 이루고 있다. 당시는 몰랐지만 그의 이러한 해외 경험은 국제 금융 컨설팅 세계에서 탁월한 이력을 만들어준 바탕이 되었다.

폭스는 잠깐 정부일을 떠나 인터넷 신생 업체를 세웠지만, 9 · 11테러 후 다시 정부로 돌아가기로 결심했다. 그때에도 정부에서 일할 때의 특권이 유효한 상태였기 때문에 다시 정부로 돌아가기에 비교적 수월했다. 그는 국무부에서 이스라엘–팔레스타인 문제와 대테러리즘 일을 했다. 2003년 폭스는 내전이 끝난 알제리로 가 미국 대사관의 정치 및 경제 부문을 맡았다. 거기서 그는 두 명의 보디가드를 데리고 특수 강철판을 덧댄 셰비 서버번(Chevy Suburban)을 타고 북아프리카 국가를 돌아보았다.

하지만 곧 폭스는 다시 정부를 떠났다. 이번에는 딜리전스의 뉴욕 사무소에서 일하며 민간 첩보 사업에 대해 배웠다. 그리고 2007년 딜리전스의 또 다른 베테랑, 말쑥한 찰스 가넷(Charles Garnett, 영국 군대의 베테랑)과 함께 버래서티를 세웠다. 버래서티는 딜리전스와 비슷하겠지만, 새로운 접근 방식을 시도할 것이었다. 그들은 전통적인 수사 업무 대신 고급 신흥시장을 대상으로 실사를 했다. 폭스는 창업 자금을 제공한 투자자를 찾았는데, 그 이름은 밝히지 않았다.

폭스는 국제 스파이들과 기업의 중역들을 찾아 버래서티의 이사회로 끌어들이기 시작했다. 그는 곧 두 명의 유명한 사람을 끌어들였다. 그중 한 명은 1999년부터 2004년까지 영국 SIS(Secret Intelligence Service)를 이끈 리처드 디어러브 경(Sir Richard Dearlove)이었다. SIS는 영국에서 보통 MI6라고 불리며, MI6의 우두머리는 영국 최고의 스파이다. 디어러브는 영국의 기사이며, 보통 외무부 관리와 외교관들에게 내려지는 세인트 마이클 앤드 세인트 조지 훈장을 받았다. 폭스는 또한 미국인 스튜어트 아이젠스타트(Stuart Eizenstat)도 끌어들였다. 로펌 코빙턴 앤드 벌링(Covington and Burling)의 공동 경영자 아이젠스타트는 국제 무역 및 금융 부문을 이끌고 있으며, 국제 기업 세계의 상층부와 인맥을 맺고 있었다. 아이젠스타트는 클린턴 내각에서 재무부 부장관을 지냈고, 국제 협약 중에서 교토의정서의 협상을 도왔다.

그리고 폭스는 첩보 베테랑도 고용하기 시작했다. 전직 CIA 첩보 분석가 조시 마이크셀(Josh Mikesell)이 공동 경영자가 되었다. 선임 자문으로는 CIA에서 근동(近東) 부문을 이끈 프랭크 앤더슨(Frank Anderson), CIA에서 유럽 부문을 이끈 멜 갬블(Mel Gamble), 국가안전보장회의(National Security Council)의 중동 문제 선임 이사를 지낸 CIA 베테랑 플린트 레버렛(Flynt Leverett), 또 다른 CIA 베테랑 아트 브라운(Art Brown)을 끌어들였다.

이러한 인맥으로 인해 폭스는 뉴욕에서 버래서티의 북한 브리핑을 하게 되었다. 여타의 사업과 마찬가지로 기업 첩보 회사들도 새로운 고객을 만들어야 했다. 하지만 제품과 제품을 만들어내는 기법이 비밀일 때에는 고객 창출이 어려울 수 있다. 종종 비결은 잠재 고객들에게 자신의 회사가 무엇을 할 수 있는지 살짝 엿보게만 해주는 것이다. 그리고 무대 뒤에서 펼쳐지는 스파이 기술에 대한 이야기로 감탄을 자아내는 것이다.

청중이 베이글을 먹고 커피를 마시는 동안 폭스는 유명 로펌 화이트 앤드 케이스(White and Case), 두 투자은행 모건 스탠리(Morgan Stanley), 크레디트 스위스(Credit Suisse), 그리고 두 개의 사모펀드 회사에서 온 손님들을 맞았다. 오늘 아침 주로 관심을 끈 사람은 아트 브라운이었다. 아트 브라운은 2005년 CIA를 은퇴했고, 폭스는 그를 아시아 문제에 관한 선임 자문으로 채용했다. 총알 모양으로 벗겨진 머리에 안경을 쓴 브라운은 할리우드가 묘사하는 CIA 요원처럼 보였다. 그의 경력은 인상적이었다. CIA에서 25년을 지내는 동안 브라운은 20년 이상을 아시아에서 살았고, 아시아 세 국가의 수도에서 지부장을 지냈으며, CIA 비밀 서비스의 아시아 부문을 총괄하는 자리에까지 올랐다. 그는 미국 대통령을 직접 만나 아시아 문제에 관해 조언했으며, 의회의 비공개 회의에서 아시아의 국가 안보와 경제 및 지역 안정성에 대해 증언했다.

브라운은 프린스턴 클럽의 테이블 맨 윗자리에 앉아서 자신이 대통령과 상원의원들에게 주었던 것과 똑같은 통찰을 이번에는 버래서티에 돈을 지불한 고객들(그리고 잠재 고객들)에게 들려주고 있었다. 그의 옆에는 전직 주한 미국 대사를 지낸 스티븐 보스워스(Stephen Bosworth)가 앉아 있었다. 오늘날 보스워스는 터프츠대학 플레처 스쿨(Fletcher School of Law and Diplomacy)의 학과장으로 있으며, 버래서티 월드와이드의 자문위원회 위원이다.

브라운과 보스워스 두 사람은 북한에 관한 짧은 프레젠테이션을 했다. 의전에 따라 보스워스가 먼저 발표했다. 그는 은행가와 변호사들에게 경고하기를, 북한은 자국의 핵무기 프로그램에 대해 서방과의 오랜 회담에서 곧 거래를 끌어낼 수 있을 것으로 생각한다고 했다. 그는 또한 북한이 외부 세계와 외교를 하는 데는 두 가지 목표가 있다고 했다. 하나는 미 국무부의 테러 지원 국가 명단에서 북한을 제외시키는 것과 다른 하나는 적성국 교역법(Trading with the Enemy Act)에 의한 경제 제재를 없애는 것이었다. 적성국 교역법은 미국 기업들이 적으로 지정된 국가와 거래하는 것을 제한하고 있다.*

* ─── 이 브리핑이 있고 두 달 후 북한은 두 번째 소원을 이루었다. 부시 행정부는 북한을 적성국 목록에서 제외시켰다. 그로써 쿠바만이 적성국 교역법의 적용을 받는 유일한 나라가 되었다.

그다음, 브라운이 미국과 북한 간의 관계에 대한 다소 논란의 여지가 있는 비전을 설명했다. 그때까지 미국은 북한의 핵무기 개발을 방지하는 데 초점을 맞추고 있었지만, 브라운은 북한이 이미 핵무기를 가지고 있거나 아니면 핵무기를 만드는 것은 시간문제일 뿐이라고 말했다. 그는 핵무기 개발을 막는 미국의 정책은 의미가 없다고 말했다. 대신 미국은 핵무기를 가진 북한을 용인해야 한다고 주장했다. "나는 우리가 이 점에 있어서는 포기해야 한다고 생각합니다." 그는 말했다. 그리고 강의실에 모인 청중을 위해 브라운은 그러한 미국의 정책 변화가 서울의 주식시장에 충격을 주지는 않을 것이라고 말했다. 서울의 주식시장은 이미 북한이 핵폭탄을 개발한다는 기대를 주가에 반영하고 있을지도 모른다는 것이었다.*

*───── 브라운으 말이 맞았다. 2009년 5월 북한은 히로시마에 투하된 원자폭탄만큼이나 강력한 폭탄을 터뜨렸다.

청중은 보스워스와 브라운 두 사람에게 질문을 퍼부었다. 중국과 북한 간의 관계는 어떻습니까? (보스워스: 우리가 생각하는 만큼 가깝지는 않습니다) 북한의 지도자들은 서로 어떻습니까? (브라운: 김정일은 미친 사람이 아니지만, 외부의 누구도 북한 정권이 어떻게 움직이는지 정확히 모릅-니다) 소비재 회색시장의 규모는 얼마나 큽니까? (브라운: 회색시장이 합법적인 시장보다 더 큽니다) 제재가 해제되면 어떨까요? (브라운: 북한은 해산물과 광물 등 세계에서 무역할 품목들이 많습니다)

강의실을 떠날 때 이 사업가들은 힘이 났다. 일부는 아직도 아침을 우물거리고 있었다. 그들은 거기 온 목적을 이루었다. 사업 정보를 입수했고, 스파이의 이야기들을 들은 것이다. 이제 그들과 그 회의를 주최한 주최자들은 그들이 알아낸 정보로부터 돈을 벌려고 할 것이다.

이러한 종류의 사업은 세계 어느 곳에서나 벌어지고 있다. 그러나 독일에서의 기업 첩보 사업은 특별히 더 신중해야 한다.

어느 따뜻한 가을 오후, 베를린에서 요한 베노르는 경치 좋은 자갈 깔린 광장, 겐다르멘마르크트(Gendarmenmarkt)를 내려다보는 샨라힘칸 카페에서 라테를 홀짝이며 줄담배를 피우고 있다. 그는 그곳에 기자에게 독일에서 기업 첩보 요원으로 사는 삶에 대해 이야기해주기 위해 앉아 있다. 그는 런던에서 일한 경력 때문에 거의 흠 없는 영어를 구사한다. 말끔히 밀어버린 머리에다 듬성듬성 자란 수염, 매끈한 양복을 입은 베노르는 배우 빈 디젤(Vin Diesel)을 닮았다.

이 도시에서는 냉전 시대 스파이 활동의 중심지였다는 사실을 곳곳에서 엿볼 수 있다. 샨라힘칸 카페에서 조금만 걸으면 동독과 서방의 군대가 베를린 장벽에 뚫은 몇 군데 통로 중 하나에서 마주했던 찰리 검문소(Checkpoint Charlie)에 닿는다. 장벽은 사라진 지 오래되었고, 베노르는 과거 동독이었던 곳으로 몇 블록 들어와 서 있지만 동독이었음을 말해주는 표시는 찾아볼 수 없다. 근처의 도로 프리드리히슈트라세는 이제 최신 유행의 쇼핑가가 되어 고급 브랜드들과 BMW 미니 대리점이 있다. 도시는 바뀌었고, 도시의 스파이들도 바뀌었다. 베노르는 과거의 스파이들과는 달리 국가가 아니라 기업을 위해 정보를 모으고 있다.

최근 몇 년 동안 독일은 기업 스파이 활동과 뇌물 스캔들로 얼룩져 있다. 2005년과 2006년, 도이치 텔레콤은 스파이 회사를 고용하여 자사를 취재한 저널리스트들과 자사의 감독위원회 위원들의 통화 기록을 입수했다. 도이치 텔레콤이 함께 일했던 회사 중 하나는 런던에 본사를 둔 첩보 회사

컨트롤 리스크 그룹(Control Risks Group)의 독일 사무소였다. 컨트롤 리스크 그룹은 또다시 한때 독일의 비밀경찰 슈타지(Stasi)를 위해 일한 정보원들이 경영하는 회사 데사(Desa)를 고용하여 도이치 텔레콤의 일을 맡겼다. 2008년 5월 독일의 연방범죄수사국(Federal Office of Criminal Investigation)의 수사관들이 컨트롤 리스크 그룹 사무실을 방문하기로 결정했을 때 그들은 멀리 갈 필요가 없었다. 그 민간 첩보 회사 사무실은 연방 수사관들이 있던 곳과 같은 베를린의 사무실 건물에 있었던 것이다.[주1] 독일의 스파이 사건들은 그 외에도 많다. 2008년 소매 업체 리들(Lidl)과 슐레커(Schlecker)도 자사 직원들을 감시하고 있었음이 드러났다.[주2]

스캔들 분위기 때문에 베노르는 그가 속한 산업에 대해 이야기하기가 어렵다고 했다. 현재 그는 일과 일 사이에 잠깐 쉬고 있는 중이라고 한다. 그는 구체적인 사건에 대해 이야기해달라는 요청을 거부하고, 수사 업무는 다소 지겹다고 말했다. "제임스 본드 같은 일은 아주 적고, 도서관 사서 같은 일은 많지요."

베노르는 첩보 학교를 다니지 않았다. 그는 변호사이자 MBA다. 그는 프랑크푸르트에 있는 미국 첩보 회사 크롤의 본사에서 기업 첩보 경력을 쌓기 시작했다. 그곳에서 그는 기업 첩보 활동에 관해서라면, 독일이 크롤의 미국인 및 영국인 동료들이 기대하는 것과는 다른 곳임을 배웠다. 우선 대부분의 법정 기록, 심지어 평범한 민사 사건에 대한 것이라도 비공개다. 그래서 다른 유럽 국가에서보다 실사 조사가 훨씬 어렵다. 만약 한 중역에 대한 일반적인 배경 조사를 한다면 미국에서는 관련 정보를 모으는 데 몇 초면 충분하고, 컴퓨터를 가지고 있으면 누구나 할 수 있다. 그러나 독일에서는 훨씬 오래 걸린다. 그 중역이 고소를 당한 적이 있는지, 파산한 적이 있는지, 아니면 체포된 적이 있는지 알아보려면, 그저 온라인 데이터베이스만 뒤져서는 안 된다. 오랫동안 유지해온 비즈니스 및 법적 인맥을 이용해야만 한다. 독일에서는 인맥이 모든 것이다.

문화적으로도 독일은 다른 서방의 민주국가보다 수사하기가 어려운 곳이다. 독일은 경찰국가하에서의 삶에 대한 최근의 기억을 가지고 있기 때문이다. 사람들은 첩보, 정보원, 비밀 파일의 냄새가 나는 것이라면 무엇이든 피하고 싶어 한다. "독일의 역사 때문에 첩보에 관한 것이라면 사람들은 매우 예민해집니다." 베노르의 말이다. 첩보원이 조사를 하기 위해 한 중역의 이전 동료에게 전화하는 것은 다른 나라에서는 표준적인 배경 조사의 일부일지 몰라도 독일에서는 종종 무거운 침묵으로 답하거나 아니면 전화를 끊어버린다. 이 때문에 독일에서의 기업 조사는 다른 곳보다 비용이 훨씬 많이 든다.

그 결과 독일에서의 첩보 사업은 금융 회사가 지배하고 있다. "그들은 자금이 많으니까요. 큰 거래가 있을 때는 거기에 걸려 있는 것이 많고, 그래서 그들은 모든 돈을 씁니다. 제대로 하려면 비싸지는 거지요." 베노르의 말이다.

아이러니하게도 미국 재계의 두 트렌드가 독일의 기업 첩보 시장을 돌아가게 하고 있다. 하나는 증권거래위원회(SEC)의 점점 더해가는 공격성이고, 다른 하나는 미국 기업 또는 그들의 외국 자회사가 해외에서 뇌물 사건에 관여하지 말도록 금하고 있는 해외부정거래방지법(FCPA, Foreign Corrupt Practices Act)하에서의 기소 증가다.

브로커, 업자, 변호사 그리고 스파이

"1999년까지 독일 기업들은 해외에서 지불한 뇌물에 대해 세금을 공제받을 수 있었습니다." 베노르가 말한다. 독일의 경영자들은 "무엇이 범죄 행위인가에 대해 미국과는 다른 사고방식을 가지고 있습니다." 이제 수많은 다국적 기업들이 미국의 해외부정거래방지법의 적용을 받고 있어 뇌물 문제가 있던 기업들은 점점 더 내부 조사를 철저히 하고 있다. 또한 독일 기업들의 지분을 가진 미국인 사모펀드 투자자들은 독일인 직원들이 환경, 관세 또는 다른 규제들을 완화시키기 위해 뇌물을 사용하지 않도록 철저히 단속해야 할 필요도 있다. 기업들은 뇌물 사건에서 어떤 일이 일어났는지, 회사가 불법적인 일에 관여했는지를 알기 위해 베노르와 같은 첩보원들을 불러들인다. 베노르와 같은 수사관들은 다음과 같이 기본적인 질문을 한다. "누가 아는가? 상위 경영진이 관련되어 있는가? 이것은 일회성 사건인가? 이것은 평상시 사업을 하는 방식인가?" 베노르는 이렇게 말한다. "당신은 특별히 철저해야 합니다. 당신이 할 일은 당신이 이것을 정말 조사했고, 관련된 모든 사람이 더는 회사에 남아 있지 않도록 하는 것입니다."

독일에서 기업 첩보업을 할 때 주의해야 할 점이 또 하나 있다. 미국의 사모펀드 회사들은 많은 독일 회사들을 소유하고 있어서 그러한 독일 기업들은 미국 증권거래위원회의 공개 규정을 따라야 한다. 공개의 부담은 다른 곳보다 미국에서 더 무겁고, 미국 투자자들은 그들이 독일 기업의 지분을 살 때 철저하게 조사하기를 바란다. "투자자는 자신이 유독성 폐기물을 사고 있지나 않은지 확실히 하고 싶어 합니다."

폭스와 베노르는 자신들이 종사하는 업계에 대해 기자에게 열린 마음으로 설명하지만, 세계 첩보업계의 모든 사람이 자신의 일에 대해 기꺼이 이야기하려고 하지는 않는다. 빠르게 성장하는 도시 국가 두바이의 통치자이자 아랍에미리트의 총리인 셰이크 무하마드 빈 라시드 알 막툼(Sheikh Mohammed Bin Rashid Al Maktoum)을 예로 들어보자. 그의 재산은 약 180억 달러이고, 순종 말과 낙타 경주를 좋아하며, 세계 최대의 요트로 길이가 160미터나 되는 반짝이는 흰색의 '두바이(Dubai)'를 소유하고 있다. 셰이크 모(Sheikh Mo)라고 불리는 그는 워싱턴에 CIA 베테랑들로 이루어진 첩보 회사를 가지고 있다.

이 사실은 미국 정부 문서들에 파묻혀 언론이나 대중에게 알려져 있지 않다. 이 사실이 널리 알려진다면 논란이 일어날 것이다. 2006년 두바이 포츠 월드(Dubai Ports World)라는 회사가 여섯 개의 미국 항구들을 관리하고 있는 회사를 사려고 시도했을 때 미국에서는 한바탕 소동이 일어났다. 주류 언론과 블로그, 정계에서도 비난이 일었다. 어떻게 아랍에미리트(9·11 테러리스트 중 몇 명이 관련을 맺고 있던 국가)의 회사가 미국의 해운 인프라에 접근하려고 한단 말인가? 공화당 하원의원 수 마이릭(Sue Myrick)은 "절대 안 됩니다!"라는 어구가 적힌 격노에 찬 편지를 조지 W. 부시 대통령에게 보냈다. 마이릭과 같은 정치인들이 셰이크 모가 민간 부문에서 구할 수 있는 가장 뛰어난 CIA 인재 몇 명을 고용하고 있다는 사실을 알면 과연 기뻐할까?

이들 전직 CIA 요원들이 두바이의 통치자에게 무슨 서비스를 제공하고 있는지는 분명하지 않지만, 그를 위해 그들이 하는 일은 연방의 공개 규정에 따라 종이로 된 기록을 남기고 있다. 이 문서는 찾기 어렵지만, 이 미스터리에서 유일한 단서다. CIA 베테랑들은 말을 하지 않고, 아랍에미리트의 대사관은 이 문제에 관한 요청에 대답하지 않고 있다.

이 사건은 특히 흥미로운데, 많은 민간 첩보 회사들이 고용되는 방법을 보여주고 있기 때문이다. 전반적인 첩보 산업은 변호사-의뢰인 특권을 영리하게 적용하고 비공개 계약을 적극적으로 사용하며 얽히고설키는 고용 관계를 이용함으로써 대중이 모르게 가려져 있다.

미국 기업이 미국 이외의 다른 국가를 위하여 미국 정부에 로비하려 할 때에는 법무부의 외국대리인등록부서(Foreign Agents Registration Unit)에 문서를 제출해야 한다. 이 부서에 권한을 준 법은 1938년에 통과되었고, 미국에서 활동하는 나치 동조자들이 로비하는 것을 어렵게 하기 위해서 만들어졌다. 그 이래로 법무부는 워싱턴의 이 작은 시설에서 등록 문서들을 모으고 있다.

이 부서의 사무실은 백악관에서 뉴욕 가를 따라 한 블록 정도 가면 있는 평범한 건물 1층에 있다. 초인종을 누르면 잠시 후 문이 열리고 방문자는 오래된 문서와 책들로 넘쳐나는 문서 보관실로 안내된다. 오래돼 보이는 세 대의 컴퓨터가 있어 누구든 전자 파일을 검색할 수 있다. 언제나 워싱턴의 유명 로펌에서 일하는 젊은 준법률가들이 컴퓨터 앞에서 현재 진행 중인 소송 건을 지원하기 위해 자세한 문서를 찾고 있다.

이들이 찾고 있는 문서들은 일반적으로 외국 정부를 위해 일하는 미국 기업들이 서명한 계약서 사본 등이다. 거기에는 미국 기업들이 만난 미국인 관리들의 이름과 만난 날짜와 시간 등이 자세하게 기록되어 있다.

공개 문서를 찾아보니, 정부가 소유한 두바이 홀딩(Dubai Holding, 두바이는 군주제이므로 셰이크 무하마드 빈 라시드 알 막툼 소유)은 미국의 로펌 DLA 파이퍼(DLA Piper)를 고용했다. DLA 파이퍼는 다시 홍보 회사 레빅 스트러티직 커뮤니

케이션스(Levick Strategic Communications)를 고용했다. 그리고 이 홍보 회사는 다시 워싱턴 DC에 본사를 두고 많은 CIA 베테랑을 고용하고 있는 민간 첩보 회사 TD 인터내셔널(TDI)를 고용했다.

TDI의 창립자는 윌리엄 그린(William Green)으로, 이 회사의 웹사이트는 그를 '다자간 문제를 전문으로 한 전직 미국 외교관'이라고 묘사하고 있다. 여러 소식통에 의하면 그는 전직 CIA 요원이다. 이 회사의 공동 경영자인 론 슬림프(Ron Slimp)는 '전직 미국 외교관이자 무역 협상가'라고 묘사되어 있다. 이 사람은 한때 동료에게 보내는 이메일에서 자신을 '전직 스파이'라고 묘사한 적도 있다.*

*—— 슬림프는 엔론이 2001년 후반 붕괴하기 전에 엔론의 런던 사무소에서 일한 적이 있다. 2001년 10월 16일(9·11 직후이자 엔론이 파산 신청을 하기 3개월 전이다), 슬림프는 새로운 일자리를 찾으면서 휴스턴의 엔론에 있는 동료에게 이메일을 보냈다. "나는 현재 상황이 어떻게 돌아가고 있는지와 전직 스파이/대역폭 거래자가 어디에 있어야 하는지에 관한 어떠한 의견이라도 고맙게 듣겠네."

레빅 스트러티직 커뮤니케이션스와의 계약에 따르면, TDI와 TDI에 있는 전직 스파이 및 외교관들은 착수금으로 4만 달러를 받은 후 한 달에 2만 5000달러씩 받을 것을 요구했다. 여기에 관련한 회사 중 한 회사가 제출한 서류에 따르면, 두바이의 팀은 '보스 프로젝트(Project Voss)'라고 암호명이 붙은 일을 하고 있었다. 이 일은 문서 공유 체계와 두바이의 고객을 위한 홍보 수단이 될 웹사이트 구축과 관련된 일이었다.

이러한 노력(변호사, 웹마스터, 스파이)은 모두 플로리다 주 남부에서 셰이크

브로커, 업자, 변호사 그리고 스파이 🎩

모가 집단 소송을 당하는 일을 피하기 위함이었다. 고소장은 2006년 9월 7일에 제출되었다. 고소장에서 일단의 부모들은 자신들의 아들이 납치되어 아랍에미리트에서 낙타 기수로 강제 노동을 하고 있다고 주장했다.

낙타 경주는 수백 년 동안 아라티아의 베두인 사막에서 인기를 누리고 있다. 20세기에 이 지역에서 석유가 생산되자 이 스포츠에 더 많은 돈이 몰리고 경쟁도 더 치열해졌다. 아랍 국가의 왕자들도 이 경기에 모이는 돈과 영예를 노렸다. 왕자들은 몸무게가 얼마 나가지 않는 작은 소년들이 이 경주에서 최고의 기수가 된다는 점을 알았다. 이 사실과 석유로부터의 돈이 맞물려 낙타 경주 산업에서 일할 어린이들의 시장이 형성되었다. 세 살부터 청소년기의 소년들이 낙타 경주에서 일했다.

하지만 어두운 측면도 있었으니, 고소장은 이 소년들이 운동선수로서가 아닌 노예로서 임금을 지불받고 있다고 주장했다.

이 고소장은 남아시아와 아프리카에서부터 수천 명의 어린 소년들을 납치해 아랍에미리트와 다른 아랍 국가들에 팔아 아라비아 반도의 열기 속에서 낙타 기수, 낙타 훈련자, 낙타 돌보는 사람으로 노예 생활을 하게 만든 개인들에 대한 시정을 요구합니다. 두 살밖에 안 되는 어린 소년들을 부모의 품에서 빼앗아 외국의 땅에 팔아 가혹한 감시 아래 낙타 경주에 이용하고 있습니다.

이것은 셰이크 모를 당황케 했다. 억만장자조차도 당황할 만큼의 큰돈이 요구되었다. 고소장은 원고들이 요구한 금액을 구체적으로 밝히지는 않았지만, 보상적 손해배상(compensatory damages), 징벌적 손해배상(punitive damages), 소송비용 모두를 요구했다. 원고들의 수도 소년들과 그들의 부모를 포함하여 무척 많았다.

이것은 수만 명의 가난한 제3국가 부모들이 노예가 된, 아니면 일부의 경우에는 죽은 아들의 이미지를 불러일으키며 세계에서 가장 부유한 사람 중 한 명을 고소하는 것을 의미했다. 변호하기 어려운 사건이었다. 셰이크 모를 위해 일하는 미국인들은 배상금을 줄이기 위해 노력했다.

TDI가 관여하게 된 것은 TDI의 중역들이 셰이크 모가 처한 상황을 이익을 낼 수 있는 기회로 판단했기 때문일 수 있다. 경쟁적인 첩보 산업이 그런 것이다. 그보다 중요한 또 다른 이유도 있을 수 있다. 미국의 입장에서 이 소송은 지극히 민감한 것이다. 아랍에미리트는 미국과 알카에다의 대립에서 미국의 중요한 우방이고, 페르시아 만과 오만 만을 가르는 전략적 요지인 호르무즈 해협에 국경을 면하고 있다. 약 34킬로미터 넓이의 이 해협은 세계 석유의 40퍼센트가 운반되는 유일한 통로다. 대형 선박들이 석유를 싣고 이 해협을 건너 인도양과 그 밖의 세계로 간다. 이 해협 건너에는 미국에게 적대적인 이란이 있다. 미군은 아랍에미리트를 이라크와 두 불안정한 국가(에티오피아와 소말리아)가 자리한 아프리카의 뿔(Horn of Africa) 지역에서의 작전을 시작하는 기점으로 이용해왔다.

미국 정부와 CIA에게 셰이크 모는 그저 요트를 좋아하는 값비싼 취향을 지닌 억만장자가 아니다. 그는 미국 경제를 재난에서 구하고 미군을 패배에서부터 구할 세계에서 몇 안 되는 사람 중 하나일지 모른다. CIA는 낙타 기수 사건에서 그를 도울 동기가 있었던 것이다. 하지만 TDI의 관련이

브로커, 업자, 변호사 그리고 스파이 🎩

CIA의 승인하에 이루어졌는지는 확실하지 않다. 공개 문서에는 자세한 동기가 없었고, TDI는 여러 번의 인터뷰 요청에 응하기를 거부했다.

민간 첩보업계에서 질문하여 답을 듣지 못하는 것은 흔히 부딪히는 문제다. 때로 진실을 알기란 불가능하다.

대중의 눈에서 떨어져 있는 또 다른 회사는 런던의 기업 스파이 활동의 정점에 서 있는 해클루트 앤드사(Hakluyt and Company)다. 이 첩보 회사는 세계 기업들의 엘리트와 다국적 기업의 CEO, 그리고 이사회 이사들을 상대로 하는 전문적 기업이다. 해클루트는 과거 영국의 신사들이 은쟁반에 날라온 차를 마시며 세계의 일을 논하던 그 이미지처럼 멋진 상류층의 이미지를 가꾸어오고 있다. 이 회사에는 이전에 구르카(Gurkha)* 병사였던 집사가 있어서 찾아오는 방문객을 맞아들이고, 회의는 때로 벽난로 가에서 진행된다.

*—— 구르카들은 1800년대 이래로 영국군들과 함께 싸워온 강인한 네팔의 병사들을 말한다.

1995년 마이크 레이놀즈(Mike Reynolds)와 크리스토퍼 제임스(Christopher James)(둘 다 영국 첩보기관 MI6의 베테랑)는 힘을 합해 해클루트를 세웠다. 레이놀즈는 냉전기에 베를린에서 영국 첩보 요원으로 일했고, 제임스는 영국 특수부대 베테랑 및 첩보기관의 요원이었다. 제임스(한 친구는 그를 "건강하고 다정하고 친절하다"고 묘사한다)는 1990년대 중반 런던의 칵테일파티들을 돌며 회사 창립을 도와줄 인맥을 쌓았다. 그는 이미 기업 세계에서의 경험이 많았다. MI6의 스파이로서 제임스는 영국 기업들과 연락하는 부문을 이끌었다. 그리고 이제 그의 인맥은 더욱 넓어질 참이었다. 한 칵테일파티에서 그는 당시 세계적인 은행 HSBC 홀딩의 그룹 회장이자 런던 금융지구 더 시티(the City)의 기둥인 윌리엄 퍼브스 경(Sir William Purves)을 소개받았다.

퍼브스의 인맥을 이용하여 제임스는 첩보업계에서 중요한 거의 모든 사람들을 알게 되었고, 유명 기업 중역들로 이루어진 자문위원회인 해클루트 재단(Hakluyt Foundation)을 세웠다. 시간이 지나면서 해클루트 재단은 은퇴한 영국 재계 경영자들이 거쳐가는 곳으로 알려졌다. 해클루트 재단은 곧 이언 플레밍(Ian Fleming)이 만들어낸 캐릭터 제임스 본드의 모델이라고 여겨지는 피츠로이 맥린 경(Sir Fitzroy Maclean)*, 노동당 당수 존 스미스(John Smith)와 결혼한 스미스 남작부인(Baroness Smith) 등의 권위자들을 포함하게 되었다. 재단에서는 또한 셸(Shell)의 회장을 지냈던 피터 홀름스 경(Sir Peter Holmes)도 있었다. 이러한 인물을 가진 해클루트는 수십 개 다국적 기업들의 이사회와 연락할 수 있었다. 이 모두가 사업에 좋은 조건이었다.

*───── 제2차 세계대전 동안 맥린은 낙하산을 타고 유고슬라비아의 적진으로 뛰어들어 윈스턴 처칠의 명령을 수행했다. 그것은 티토(Tito)의 공산주의 지지자들과 연락하고 '누가 독일인들을 가장 많이 죽이고 있는지, 어떻게 하면 그들을 도와 더 많은 독일인들을 죽일 수 있는지'를 알아내는 것이었다. 1996년 맥린이 사망하고 수년이 지나 던코넬의 레이디 베로니카 맥린(Lady Veronica Maclean of Dunconnel)은 (에든버러의 신문) 〈더 스카츠먼(The Scotsman)〉에 실린 기사에서 맥린이 스파이였다는 사실을 부인했다. 하지만 그가 제임스 본드의 영감이 되었다는 소문은 반겼다고 시인했다. 그녀는 말했다. "우리는 언제나 어디에 가든 보드카를 가지고 다녔는데 그것은 정말 본드 같았다."

회사의 이름을 짓기 위해 제임스와 레이놀즈는 영국사를 연구하여 16세기 후반과 17세기 초반에 항해와 탐험을 전문으로 한 작가 리처드 해클루트(Richard Hakluyt)의 이름을 선택했다. 해클루트는 그저 온화한 학자가 아니었다. 그는 똑똑한 사업가, 설득력 있는 정부 로비스트, 대담한 비밀 스파이였다. 오늘날 국제적으로 활동하는 기업 스파이들에게 완벽한 롤 모델이었다.

탐험가 월터 롤리 경(Sir Walter Raleigh)에 고용된 해클루트는 미국에서 얻은 영광과 부에 대한 선전문을 작성하여 여왕 엘리자베스 1세가 롤리 경의 미국 탐험을 지원해주기를 바랐다. 영국 대사의 비서로 파리에서 일할 때 해클루트는 비밀리에 신세계(New World)에서의 프랑스와 스페인의 활동과 그들의 의도와 능력에 대한 정보를 수집하라는 부탁을 받았다. 이 모든 일에서 그는 후원자들에 의해 괜찮은 보상을 받아 1616년 사망할 당시에는 약간의 재물을 모았다.

오늘날 해클루트 앤드사의 웹사이트(www.hakluyt.co.uk)에는 다른 기업들의 웹사이트에서 보이는 전통적인 마케팅 문구가 하나도 없다. 그저 회사의 로고와 연락처 정보가 있을 뿐이다. 이 회사의 비밀스럽고 고급스러운 이미지에도 불구하고 경영진은 다른 기업처럼 고객을 유치하기 위해 애써야 한다.

2001년 여름, 크리스토퍼 제임스는 비즈니스 제안을 가지고 엔론(당시 미국의 주요 기업 중 하나)에 접근하는 흔치 않은 실수를 저지른다. 제임스의 노력은 몇 가지 점에서 해클루트에게 당황스러웠다. 첫째, 인맥 좋은 스파이가 엔론이 파산하기 몇 개월 전이라는 사실도 몰랐다는 것이다. 둘째, 해클루트가 접근한 인물 제프 스킬링(Jeff Skilling)은 기업의 나쁜 행위를 대표하는 상징이 되기 직전이었다. 당시 스킬링은 엔론을 떠나기 몇 주 전이었다. 그리고 가장 당황스러운 점은 해클루트의 이러한 노력이 미국연방에너지규제위원회가 1999년부터 2002년까지 엔론의 내부 이메일 20만 통을 공개했을 때 대중에게 알려졌다는 것이었다.

그 많은 메일 중에 2001년 7월 8일, 해클루트의 크리스토퍼 제임스가 엔론의 제프 스킬링에게 보내는 편지가 있었다. 몇 달 전 두 사람은 당시 거대 엔지니어링 회사 플라워 코퍼레이션(Flour Corporation)*의 CEO이자 석유업계에서 오랫동안 중역을 지낸 필 캐롤(Phil Carroll)에 의해 서로 소개를 받았다. 캐롤은 완벽한 인맥이었다. 그는 셸 오일(Shell Oil)의 CEO를 지냈고, 휴스턴에서 엔론의 회장 켄 레이(Ken Lay)와 같은 아파트에 살고 있었다. 캐롤, 레이, 그들의 아내들은 정기적으로 만나 함께 식사를 했고, 사업보다는 사교적인 이야기를 나누었다. 이제 제임스가 레이의 사람인 스킬링을 따르면서 엔론을 고객으로 만들고자 했던 것이다.

*───── 캐롤의 플라워 코퍼레이션은 이후 이라크 재건 계약으로 미국 정부로부터 수십 억 달러를 받는다. 2003년 캐롤은 전후 미국의 이라크 석유업계 재건 노력을 이끄는 책임을 맡았다. 이라크에서 그는 미국 정부의 신보수주의자들과 미국 석유 기업들 사이에 벌어진 이라크 석유업계를 어떻게 할 것이냐의 대립 속에 놓여졌다. 캐롤은 석유 기업들의 편을 들었다. 2005년 그는 BBC에 이렇게 말했다. "많은 신보수주의자들은 시장과 민주주의, 이것, 저것에 대해 어떤 이데올로기적인 믿음을 가지고 있는 사람들이다. 국제 석유 기업들은 하나같이 매우 실제적인 상업 조직이다. 그들에게는 이념이 없다."

친애하는 스킬링 씨,

당신의 사무실에서 해클루트의 서비스를 요약해달라는 부탁을 받았습니

다. 저는 이 점을 말씀드리고 싶습니다. 해클루트는 당신이 생각하는 대로
입니다. 해클루트는 기업의 중역들이 마음대로 할 수 있는 첩보 네트워크를
제공합니다.

······우리는 전술적인 문제는 부서장들과 의논하지만, (어떤 이유에서든) 자신
의 첩보 조직을 가지고 싶어 하는 CEO들과 개인적으로 거래를 하는 데서
가장 보람을 느낍니다. 4월에 필 캐롤이 당신에게 우리에 대해 썼던 것도 이
때문이었습니다. 우리는 결정이나 행동을 하게 하는 사람들이나 사건을 봅
니다. 우리의 일은 모두 추적 불가능합니다.^{주3}

그 일은 비밀리에 진행되었다. 떠들썩하게 몇 년 동안 법적인 조사가 진
행되면서 이메일이 공개되기 전까지는 말이다.

또 다른 이메일에서 제임스는 스킬링에게 해클루트는 이미 엔론을 위해
기본적인 일을 했으며 엔론의 더 큰 스파이 업무를 맡고 싶어 한다고 말했
다. 엔론은 전직 CIA 요원들과 인맥이 있었으며, 이들을 이용하기를 두려
워하지 않았다. 엔론은 이미 런던에서 활동하는 미국 CIA 베테랑들을 유
럽 발전소들을 정찰하는 비행에 이용하고 있었기 때문에 제임스는 이미
엔론의 스파이에 관한 관심 정도를 알고 있었을지도 모른다.

해클루트는 이미 세계 경제의 난폭한 고객이라는 평판을 쌓아가고 있
었다. 그해 초 런던의 〈선데이 타임스(Sunday Times)〉는 당황스러운 기사를
보도했다. 해클루트가 독일 요원을 고용하여 환경단체 그린피스를 염탐
하게 했다는 것이다. 그 계획은 스파이 소설의 모든 특징을 가지고 있었지
만, 실제로 일어난 일이었다. 그리고 스파이는 영국과 여왕을 위해 악의 제

국과 맞선 것이 아니라 석유 회사인 셸과 BP(British Petroleum)를 위해 환경
운동가들과 싸웠다.

〈선데이 타임스〉는 자세한 이야기를 실었다. 1996년 해클루트의 공동
창립자 마이크 레이놀즈는 독일 스파이 만프레트 슐리켄리더(Manfred
Schlickenrieder)를 고용했다. 어깨까지 오는 머리에 흠잡을 데 없는 자유주의
적 성향을 가진 슐리켄리더는 환경단체에 침투하기 알맞은 요원이었다.
그는 한때 독일 공산당원이었고, 마르크스주의 서적을 탐독했다. 슐리켄
리더는 뮌헨에 다큐멘터리 영화 회사 그루페 2(Gruppe 2)를 가지고 있었고,
그의 영화는 유럽 운동가들 사이에서 좌파단체에 동조하는 작품으로 잘
알려져 있었다. 그는 독일의 좌파 테러단체 적군파(Red Army Faction)에 대한
다큐멘터리를 수년 째 만들어오고 있었다. 분명 좌파 정치인 중 아무도 왜
슐리켄리더가 다큐멘터리를 마무리해서 TV에 방송하지 않는지에 대해
묻지 않은 것 같다.

슐리켄리더는 자신의 서비스에 대해 많은 돈을 청구했다. 1997년 6월
해클루트에게 보내는 송장에서 그는 '그린피스 연구조사'라는 명목으로
6000파운드 이상을 요구했다. 그 돈은 그의 생활수준을 올려주었다. 슐리
켄리더는 공산주의자 운동가 중에서는 드물게 BMW를 몰고 다녔다.

당시 석유 회사들은 독일 정유소들에서 일어난 소이탄 공격에 대해 염
려하고 있었다. 그들은 좌파 운동가들이 그 배후에 있지 않나 의심했다. 그
들은 또한 셰틀랜드 제도(Shetland Islands)에 있는 BP의 스테나 디(Stena Dee)
석유 굴착 장치에 대한 그린피스의 항의에 대해서도 걱정하고 있었다. 레
이놀즈는 슐리켄리더에게 석유 회사들이 소송을 걸면 그린피스가 이에 어

떻게 대응하려고 준비 중인지를 알아내라고 했다. 해클루트는 또한 그린 피스가 기업들을 상대로 정교하그 당황스러운 항의를 벌일 때 종종 사용하는 배인 '그린피스'가 어디에 있는지도 알아내라고 했다.

해클루트는 슐리켄리더에게 『이방인』의 작가 '카뮈'를 암호명으로 부여했다. 다큐멘터리 영화 제작자로 위장한 슐리켄리더는 환경단체와 자유주의 운동가들에게 접근해 가능한 한 많은 정보를 알아내려 했다.

그린피스는 속았다. 이 일이 알려지고 나서 독일 그린피스 대변인은 〈선데이 타임스〉 기자에게 이렇게 말했다. "그놈이 솜씨가 있었다는 점은 인정하겠습니다. 그는 기후 변화 문제와 BP의 책임에 초점을 맞춘 우리의 북극 프런티어 계획에 대한 정보를 알았습니다. BP는 모든 것을 알고 있었습니다. 우리의 항의에 놀라지 않았지요." 그리고 덧붙였다. "만프레트는 계속 촬영을 하고 인터뷰를 했습니다. 우리는 아무것도 몰랐던 것입니다."

정말 놀라운 일이다. 하지만 슐리켄리더의 비밀은 한 가지 더 있다. BP와 셸을 위해 일하는 해클루트에게서 돈을 받고 스파이 활동을 하던 슐리켄리더는 그러는 동안에도 독일 정부를 위해서도 일하고 있었다. 슐리켄리더는 독일의 CIA에 해당하는 BND를 위해 일했고, BND는 한 달에 경비로 3000파운드 이상을 지불했다고 〈선데이 타임스〉가 밝혔다.

그러므로 기업의 스파이는 정부의 스파이였고, 그는 동시에 양쪽에서부터 돈을 받았다. 정부의 첩보 활동과 기업의 스파이 활동이 겹치는 예를 잘 보여준다.

국제적인 기업 첩보업계에서 양쪽을 위해 일하면 수익이 좋을 수 있다. 하지만 위험스럽기도 하다.

잘 알려지지 않은 경우가 있는데, 미국 CIA 베테랑과 전직 소련의 KGB 요원 사이의 협력은 결국 KGB 요원(푸틴 통치하에서 적들을 만들었다)이 사라지는 것으로 끝을 맺기도 했다. 그에게 어떤 일이 일어났는지, 오늘날 그가 살았는지 죽었는지는 확실히 알 수 없다. 그의 동업자인 CIA 베테랑 역시 아직도 이 미스터리를 풀기 위해 노력 중이다.

현재 잭 플래트(Jack Platt)는 워싱턴 교외, 버지니아 주의 그레이트 폴스(Great Falls)에 있는 작은 집에서 산다. 냉전기에 그는 CIA 요원으로서 KGB 내에서 미국에 정보를 흘려줄 스파이를 찾고 있었다. 그는 1970년대와 1980년대에 워싱턴 DC 주재 소련 대사관에서 일하던 KGB 요원 겐나디 바실렌코(Gennady Vasilenko)를 포섭하려고 노력하며 많은 시간을 보냈다. 물론 바실렌코 또한 플래트를 포섭하려고 노력했다.

플래트가 말하길 두 사람 모두 성공하지는 못했다. 하지만 둘은 많은 시간을 함께 보냈고, 친해졌다. 함께 총도 쏘고, 낚시도 하고, 워싱턴에서 열린 할렘 글로브트로터스(Harlem Globetrotters)의 농구 경기도 관람했다.

1980년 그들은 함께 일할 수 있는 방법을 찾았다. 바실렌코는 수년 후 〈애틀랜타 저널 컨스티튜션(Atlanta Journal Constitution)〉과의 인터뷰에서 이 일을 회상했다. 그해 올림픽이 모스크바에서 열렸고, 소련은 테러리즘 가능성을 우려하고 있었다. 미국은 소련의 아프가니스탄 침공에 항의하며 올림픽을 보이콧했다. 하지만 그렇더라도 CIA는 러시아가 필요로 하는 가치 있는 첩보를 가지고 있었다. 즉, 세계가 쫓고 있는 사람 중 한 명인 '카를로스 더 자칼(Carlos the Jackal)'이라는 국제 테러리스트의 구하기 힘든 사진을 가지고 있었다. 그것은 올림픽을 보호하려고 노력하는 러시아 요원들에게는 엄청나게 중요한 첩보였다. 플래트는 상관의 허락을 얻고 그의 러시아 친구인 바실렌코에게 사진의 사본을 건넸다.

소련 시절에는 KGB가 CIA 요원을 친구로 두는 것이 경력에 좋지 않았다. 두 사람의 우정이 무르익고 있을 때, 두 사람은 몰랐지만 부패한 FBI 요원인 로버트 한센(Robert Hanssen),*이 러시아 접선자들에게 내부 정보를 흘리고 있었다. 그 정보 중 하나에 겐나디 바실렌코라는 이름이었다. 한센은 바실렌코가 미국을 위해 스파이 노릇을 하고 있는 줄로 생각했다. CIA 문서에서 암호명 '글레이징(Glazing)'과 바실렌코를 연관지은 내용을 보았기 때문이다.

*——— 한센은 20년 이상 소련을 위해 스파이 활동을 벌였다. 그의 체포 이야기는 2007년 영화 〈브리치(Breach)〉로 만들어졌다.

1988년경 드디어 사건이 일어났다. 한센의 배신을 모르는 바실렌코는 흔한 회의라고 생각한 행사에 참석하기 위해 쿠바로 갔다. 그러나 하바나의 아파트 베란다에 서자 두 사람이 그를 습격해왔다. "그들은 그를 죽도록 팼습니다." 플래트는 회상한다. 바실렌코는 모스크바에 있는 KGB의 레포르토포(Lefortovo) 감옥으로 보내졌고, 거기서 반역자 혐의를 받는다. 그는 사형 집행을 기다렸다. 하지만 그가 플래트에게 어떤 증거를 건넸다는 증거가 없었고, 그래서 소련은 6개월 후 그를 석방했다. 플래트의 말에 따르면 그가 어떤 증거도 넘기지 않았기 때문이었다. 플래트는 자랑스러운 기색을 띠며 말한다. "그는 말로써 그곳을 빠져나온 것입니다."

냉전이 끝나자 플래트는 오랜 친구 바실렌코와 다시 연락을 했다. 바실렌코는 하바나에서의 체포 이래로 KGB에서 해고당하고 어려움을 겪고 있었다. 둘은 함께 사업을 시작했다. 이번에는 모스크바에서 사업을 하고 싶어 하는 서방 기업들을 위해 스파이 활동을 하는 것이었다. 1990년대 중반 보리스 옐친하의 러시아는 민영화를 서두르고 있었고, 기업들은 정보가 필요했다. "상황은 어떤가? 누구와 거래를 해야 하나? 최고의 거래는 어디에 있나?" 두 전직 스파이들은 세계적인 범죄자들을 조사하는 것부터 잠재 비즈니스 파트너들의 배경 조사를 하는 것까지 여러 서비스를 제공하며 수익을 냈다.

사업은 잘되는 듯하다가 최근 바실렌코는 푸틴 정부와 마찰을 빚게 되었다. 현재 러시아 정치권은 전직 KGB 요원들이 장악하고 있다. 사실 블라디미르 푸틴 자신이 2005년 러시아 스파이들의 모임에서 이야기한 것처럼, 그가 러시아의 대통령일 때 "전직 KGB 요원이라는 것은 없었다."[주4] 다수의 전직 KGB 요원들은 소련이 붕괴했을 때 붉은색 KGB 신분증을 버리지 않았다. 오늘날까지도 그들은 신분증을 보이면서 러시아 사회에서 속도위반 딱지를 피하고 경력 기회를 제공받는 등 온갖 종류의 특권을 누린다. 막강한 힘을 가진 전직 KGB 요원들은 바실렌코가 미국을 위해 일한 비밀 스파이였다는 생각을 결코 버리지 않았다. "내가 그를 포섭하지 않았다는 사실을 절대로 믿지 않는 사람들이 있습니다." 플래트의 말이다. 바실렌코는 러시아에서 체포되어 감옥으로 보내졌다. 지금도 그는 감옥에 수감 중에 있다. 플래트는 다시 한 번 이것이 오해 때문이라고 말한다. "그들이 뭐라 해도 그는 미국의 스파이가 아닙니다. 그는 그저 권력 다툼에 희생된 것뿐입니다."

브로커, 업자, 변호사 그리고 스파이

그래서 플래트는 자신의 회사 해밀턴 트레이딩 그룹(Hamilton Trading Group)에서 중요한 동료를 잃어버렸다. 오늘날 플래트는 주로 기업 고객, 로펌, 금융 회사, 헤지펀드를 위해 일한다. 대체로 업무는 비즈니스 거래에서 상대방이 어떤 사람인지를 알아내는 일이다. 회사 소유주는 누구인가? 그들은 누구를 아는가? 이것을 플래트는 러시아식 은유인 크리샤(krysha, '지붕'이라는 뜻)를 이용해서 설명한다. 옛날 러시아 첩보기관들은 그것을 스파이 작전을 숨기기 위한 변명을 뜻하는 슬랭으로 사용했다. 오늘날 러시아 마피아는 다른 식으로, 즉 '대부', 보다 넓게는 '보호'를 뜻하는 단어로 사용한다. 그러므로 크리샤는 사업가를 보호하는 경호원들의 네트워크 또는 마피아에 보호 명목의 돈을 지불한 기업을 말한다. 플래트는 자신은 누가 어떤 기업에게 크리샤를 제공하는지, 누가 뒤를 봐주는지, 누구와 연줄이 닿아 있는지를 알아내는 일을 한다고 한다.

경우에 따라 이 서비스는 언제나 비싼 것은 아니다. 해밀턴 트레이딩 그룹의 수사관 같은 기업 수사관들은 시간당 적게는 75달러의 경비를 받을 수도 있다. 여기에 어려운 일에 대한 할증금이 있을 수 있다. 물론 그들도 로펌들이 로펌의 고객들에게는 시간당 125달러까지 청구하고 그 차액을 챙긴다는 사실을 안다. 플래트는 자신의 회사와 자신의 회사와 비슷한 회사들은 대개 로펌을 위해 일하고, 로펌은 다시 기업 고객을 위해 일한다고 설명한다. 그렇게 해서 많은 조사 업무들이 변호사-의뢰인 특권 뒤에 숨겨지고, 거래 상대방에게 일을 한 회사는 밝혀지지 않는다.

하지만 언제나 누설(재계의 로버트 한센 같은 사람들)이 있고, 플래트와 같은 베테랑 스파이는 너무나 잘 알고 있다. "누구에게 보고서를 보낼 때 맨 위에 항상 '기밀'이라고 쓰지만 결국 아무런 의미가 없습니다." 플래트는 말한다.

플래트는 바실렌코가 사라진 일에 대해 이야기하기를 꺼려했다. 그는 이야기를 하면 바실렌코가 감옥에서 풀려날 가능성에 좋지 않은 영향을 끼칠 수 있다고 말하지만, 푸틴 같은 KGB 베테랑들의 감독하에 돌아가는 러시아 정부에 대해 우려를 표한다. 플래트가 무시하는 듯한 어조로 말한다. "이들 전직 비밀경찰들은 경제가 무엇인지 전혀 모릅니다." 그것이 결국에는 러시아 사람들에게 재난이 될 것이라고 플래트는 믿는다. 그리고 푸틴이 다스리는 정부가 있는 한 플래트는 자신의 오랜 친구이자 동업자를 다시 볼 수 없을지도 모른다는 사실을 안다.

러시아 기업 첩보 회사에 대한 모든 이야기가 어두운 결말을 가진 것은 아니다. 그 한 예가 소련 군대 첩보 요원으로 있다가 냉전이 끝나면서 미국으로 옮겨온 유리 코시킨(Yuri Koshkin)의 이야기다. 현재 마흔아홉 살인 그는 예전 국방부 적들에게서 그리 멀지 않은 버지니아 주 로슬린(Rosslyn)에 작은 첩보 회사 트라이던트 그룹(Trident Group)을 운영하고 있다.주5

2007년 5월 26일, 트라이던트 그룹을 위해 일하는 러시아 요원이 디즈니의 〈캐리비안의 해적: 세상의 끝에서〉를 상영하는 모스크바의 한 극장에 슬쩍 들어갔다. 그는 야간 투시경을 쓰고 극장을 훑으면서 목표물을 포착했다. 이것은 냉전 시대 스파이 시나리오가 아니었다. 요원은 전직 러시아 경찰로, 그는 영화를 불법 복제하는 해적을 찾고 있었다. 인터넷에서는 이 흥행대작 영화의 복제판 하나가 디즈니에게 수백만 달러를 잃게 할 수 있었다. 디즈니는 해적판을 만드는 해적을 가능한 한 빨리 잡길 원했다.

그 범인은 영사기 기술자였다. 영사실에서 나오는 빛줄기가 그의 범죄를 말해주었다. "이봐요. 여기서 뭐하고 있는 거요?" 요원이 영사실에 불쑥 들어서자 놀란 기술자는 그를 올려다보며 입막음을 위해 1000달러의 뇌물을 건넸다. 요원은 뇌물을 거절하고 모스크바 도심에 있는 트라이던트 그룹의 24시간 작전실로 무전을 쳤다. 이 작전실은 전직 KGB 요원과 소련군 첩보 베테랑, 그리고 전직 경찰 등이 지키고 있었다.

1996년에 세워진 트라이던트 그룹은 디즈니 같은 미국 기업들이 러시아 시장에서 잘해나갈 수 있도록 돕는 일을 전문으로 한다. 트라이던트 그룹은 디즈니에게 요원이 받지 않은 뇌물 1000달러를 이야기했고, 디즈니는 그 요원에게 뇌물을 거절한 데 대해 1000달러 보너스를 허락했다. 이것은 성공적인 비밀 작전으로, 기업들이 전 세계 신흥 시장을 잘 헤쳐나가도록 스파이들이 돕는 세계 경제의 전형적인 모습이다. 이것은 기업의 역사보다 수익을 우선으로 하는 급박함이 잘 나타난 예다. 월트 디즈니 자신도 열렬한 반공주의자로서 1947년, 악명 높은 하원의 반미활동조사위원회 앞에서 만화영화제작자협회(Screen Animators Guild)가 공산주의자들에 의해 장악되었다고 증언한 바 있다. 그런데 오늘날 디즈니사는 소련의 마르크스주의자로 교육받은 사람이 세운 회사를 고용해 일하고 있는 것이다. 이들 일부 마르크스주의자는 미국에 대한 스파이 활동을 하며 경력의 전성기를 보냈을 텐데 말이다. 전직 CIA의 법무 자문위원이었던 로버트 M. 맥나마라 주니어(Robert M. McNamara, Jr)는 "이곳은 위대한 나라인가, 아닌가?"라고 말했다.

유리 코시킨은 그의 묘사를 빌리면 1958년 모스크바의 '전형적인 러시아 지식 계급의 집안'에서 태어났다. 1975년 그는 소련 국방부 군 기관

(Military Institute of the Soviet Ministry of Defense)에 들어간다. 그는 적군(赤軍)의 첩보 요원이 되기 위해 영어와 캄보디아어를 배웠다. 코시킨의 회상이다. "캄보디아어는 지루합니다. 하지만 어느 언어를 공부할지 선택할 여지가 없었으니까요. 군대니까요." 1980년 졸업 후 코시킨은 아프리카 탄자니아의 군사 자문으로 일했다.

페레스트로이카의 도래로 코시킨은 관례적인 25년간의 군복무를 끝마치기 전에 군을 떠날 수 있었다. 1989년 민간인이 된 그는 모스크바에 있는 미국의 다큐멘터리 영화사에서 일했다. 그 후 샌프란시스코에 있는 홍보 회사로 일자리를 옮겼는데, 여기서 그가 말하는 미국 사업가와 러시아 사업가의 차이를 처음으로 포착했다. 그는 말한다. "사업을 위해 러시아로 가는 많은 기업들이 자신들이 누구를 대하게 되는지를 모른 채 간다는 사실을 알았습니다. 그들은 좋은 사람과 나쁜 사람을 구분할 줄 몰랐습니다."

트라이던트 그룹은 케네스 다트(Kenneth Dart)를 위해 일한 적이 있었다. 케네스 다트는 그의 가족이 운영하는 스티로폼 컵 회사인 다트 컨테이너 코퍼레이션(Dart Container Corporation)에서 나오는 부를 이어받을 상속자이자 미국 투자가였다. 1990년대 후반의 여러 해를 다트는 러시아 거대 석유 회사 유코스(Yukos)와 싸우고 있었다. 다트가 지분을 가지고 있는 유코스 자회사들의 주식의 실질적인 가치 하락 문제 때문이었다. 싸움은 비밀리에 합의를 봄으로써 끝이 났다.

그 싸움은 러시아에서는 물리적으로 위험스러운 싸움이었다. 코시킨은 다트와 일할 때 트라이던트가 너무나 많은 위협을 받아 트라이던트의 한 직원은 1999년 두 회사가 합의를 보았을 때 가족들을 모스크바에서 빼내

브로커, 업자, 변호사 그리고 스파이

려고 준비 중이었다고 말한다. 러시아의 과두 세력 중 한 명이자 유코스의 창립자 미하일 코도르콥스키(Mikhail Khodorkovsky)는 나중에 러시아 정부와 마찰을 빚어 지금 세금 문제로 8년간의 징역형을 살고 있다.

오늘날 트라이던트는 15명의 직원을 두고 있다. 그중에는 미하일 고르바초프, 보리스 옐친, 로널드 레이건 등 세계의 지도자들의 안전을 책임지는 러시아인들을 돕는 KGB 베테랑 블라디미르 주젤로(Vladimir Joujelo), 전직 KGB 요원 알렉산더 트리포노프(Alexander Trifonov), 군 첩보를 전문으로 하는 퇴역 러시아 육군 대령 알렉산더 비노그라도프(Alexander Vinogradov)를 포함한다. thespyshobilledme.com을 위해 기업 첩보에 관한 글을 쓰는 래일린 힐하우스(Raelynn Hillhouse)는 이렇게 말한다. "그들은 일은 잘하지만, 대신 많은 돈을 청구합니다. 러시아는 무법천지의 서부 개척시대와 같습니다. 그런 환경에 경험 있는 사람을 고용할 수 있다면 편리하지요."

코시킨은 트라이던트 그룹의 고객에 대한 이야기는 하지 않으려 했다. 트라이던트 그룹이 받는 수수료나 연간 총수입도 밝히려 하지 않았지만, 괜찮은 돈벌이를 하는 듯 보인다. 그는 버지니아 주의 그레이트 폴스에 있는 전직 AOL 중역 밥 피트먼(Bob Pittman)의 집을 샀고, 맨해튼의 어퍼 이스트 사이드에 아파트도 가지고 있다.

포토맥 강 상류, 버지니아 주 알링턴에 있는 코시킨의 사무실에서는 강 건너 조지타운에 있는 러시아 대사관의 하얀 벽이 바라다보인다. 그는 말한다. "때로 나는 여기 앉아서 인생의 우연에 대해 생각해봅니다. 우리는 미국이 첫째가는 적이라고 훈련받았습니다."

코시킨의 옛날 적이 이제는 그의 첫째가는 고객이 되었다.

에필로그

이제 공개되어야 할 때다

　나는 조지타운으로 들어가는 포토맥 강 케이 브리지(Key Bridge)에서 몇 블록 떨어진 버지니아 주 로슬린의 스타벅스에서 커피를 마시면서 처음 유리 코시킨을 만났다. 그는 매력적인 인물이었고, 나는 다양한 주제가 오가는 대화를 재미있게 즐겼다. 우리의 만남으로 나는 코시킨이 속해왔고, 또 지금도 속해 있는 업계가 사회에 끼치는 영향에 대해 생각해보게 되었다.

　워싱턴 DC는 언제나 스파이들을 위한 특별한 표적이 되어왔다. 아마 최초의 스파이는 이 미국의 수도가 1790년 7월 16일에 만들어지고 나서 곧 들어왔을 것이다. 스파이들의 이야기는 서사시적이고, 때로는 기묘하고, 종종 비극적이었다. 이곳은 바로 남북전쟁 때 앨런 핑커턴이 남부의 스파이 '레벨 로즈' 그린하우('Rebel Rose' Greenhow)를 추격했던 도시다. 또한 냉전기에는 CIA가 새로운 심문법을 개발하기 위해 암페타민, 수면제, LSD 실험을 했고, 그것을 앨런 덜레스(Allen Dulles)가 감독했던 도시이기도 하다.^{주1} 이곳은 또한 베테랑 FBI 요원 로버트 한센이 러시아인들을 위해 미국을 배반했고, 젊은 FBI 요원 에릭 오닐(Eric O'Neill)이 그를 잡은 곳이기도 하다.

오늘날 전 세계 첩보기관들은 요원들을 워싱턴 DC로 보내 미국 정부로부터 비밀을 알아내려고 노력한다. 스파이 활동은 워싱턴 DC에서는 지극히 생활의 일부가 되어 있어 바비큐 파티에서 한 이웃이 "정부를 위해 일한다"고 말하면 대부분의 사람들은 더는 캐묻지 않는다.

하지만 스타벅스의 작은 테이블에 앉아 라테를 마시고 있는 나는 문득 민간 부문에 있는 코시킨과 그의 스파이 동료들이 워싱턴에서 뭔가 새로운 것을 대표한다는 생각이 들었다. 그들은 냉전 시대의 스파이 문화를 글로벌 경제에 확장시키고 있으니까. 좋든 나쁘든 앨런 덜레스와 그의 KGB 라이벌의 후예들은 간판을 내걸고 서비스를 전 세계 고객들에게 팔고 있다.

그래서 워싱턴은 세계 민간 첩보 산업의 중심이다. 첩보 회사 딜리전스는 한때 본사를 여기에 두었고, 오늘날에는 백악관에서 두 블록 떨어진 곳에 사무소를 유지하고 있다. 백악관의 다른 쪽으로 세 블록 떨어진 곳에는 TD 인터내셔널의 본사가 있다. 거기서 여러 첩보 베테랑들은 그 회사가 말하는 '전략적 조언과 리스크 관리' 컨설팅 서비스를 제공한다. 크롤의 사무소는 조지타운 바로 외곽에 있다. 거기에서 조금만 걸으면 테리 렌즈너가 이끄는 인베스티거티브 그룹 인터내셔널의 사무소가 있다. 테리 렌즈너는 모니카 르윈스키 스캔들이 불거지면서 빌 클린턴의 개인 수사관 역할을 했다. 그 밖에도 이그제큐티브 액션(Executive Action), 페어팩스 그룹 (Fairfax Group), 코퍼레이트 리스크 인터내셔널(Corporate Risk International) 등이 이 지역에 본사를 두고 리스크 관리, 수사, 첩보 서비스를 제공하고 있다. 코시킨의 트라이던트 그룹 사무실은 버지니아 주 로슬린에 있다.

버지니아 북쪽으로 자동차를 타고 15분을 가면 토털 인텔리전스 솔루션(Total Intelligence Solutions)이 평범한 사무실에서 '글로벌 퓨전 센터(global fusion center, 데이터 수집소)'를 운영하고 있다. 2008년 나는 그곳을 그 회사의 사장이었던 매슈 드보스트(Matthew Devost)와 함께 둘러보았다. 잘난 체하지 않는 드보스트는 그날 푸른색 폴로셔츠와 카키색 바지를 입고 있었다. 드보스트는 첩보 세계에서 새로운 존재다. 그는 전 경력을 정부가 아닌 민간 부문에서 보낸 사람이기 때문이다. 그의 경력은 민간 부문의 첩보 사업이 진화의 다음 단계에 도달했음을 보여주는 신호다. 민간 첩보 사업은 이제 신입에서부터 중역에 이르기까지 첩보 전문가를 키우고 있는 것이다.

드보스트는 2006년 레바논에서 극적인 첩보 작전을 행했다고 한다. 토털 인텔리전스 솔루션은 그해 이스라엘과 헤즈볼라 과격주의자들 사이의 34일간 전쟁 동안 정신없이 일했다. 기업 고객의 직원들이 레바논에 갇혀 빠져나오질 못했던 것이다. 드보스트와 그의 동료들은 실시간 위성 이미지와 현장의 정보원들을 이용하여 어떤 다리가 폭파되었고, 어디에 탈출 경로를 막는 치열한 전투가 벌어지고 있는지를 알아냈다. 그것은 CIA 요원들이 전쟁터에 고립된 미국인들을 구출하는 일과도 같았다. 하지만 완전히 민간 부문 첩보 작전이었고, 정부는 관여하지 않았다.

그러한 조직적이고 공식적인 첩보 회사 아래 단계에는 개인으로 움직이는 요원과 작은 회사들이 있다. 이들 첩보원은 사안별로 돈을 가진 누구에게나 고용되어 며칠 또는 몇 시간의 일을 한다. 그들은 다양한 배경을 가졌

브로커, 업자, 변호사 그리고 스파이 🎩

다. 나는 전직 FBI 요원, 전직 SEC 수사관, 전직 부정 폭로 기자들을 만나 보았다. 2009년 3월, 내가 존경해 마지않는 두 기자인 〈월스트리트 저널〉의 글렌 심슨(Glenn Simpson)과 수 슈미트(Sue Schmidt)가 사직을 발표했다. 그들은 심슨이 말하는 '약간의 공익적인 업무와 약간의 컨설팅'을 할 회사 SNS 글로벌(SNS Global, LLC)을 차렸다.[주2] 두 사람 모두 부정 폭로 분야에서는 잘 알려져 있다. 슈미트는 부패한 로비스트 잭 에이브러모프의 이야기를 터뜨려 퓰리처상을 받았고, 심슨은 돈 세탁, 금융 범죄, 테러리스트 자금 지원 및 각종 기업의 부정을 조사하며 경력을 쌓았다. 이제 그들의 기술은 민간 시장에서 판매되고 있다. 정보 우위의 추구는 계속된다.

하지만 이러한 추구는 어디에서 멈추나? 우리는 기술이 한때 개인적인 정보라고 생각했던 것과 공적인 정보라고 생각했던 것 사이의 선을 점점 더 애매하게 만드는 시대에 살고 있다. 그래서 우리는 우리 자신과 우리 사회 사이의 경계선에 대해 생각하는 방식을 힘겹게 바꾸고 있다. 예를 들어 영국에서는 구글 스트리트 뷰(Google Street View)의 도입이 한바탕 논란을 불러일으켰다. 구글은 자사의 지도 제작 소프트웨어를 위해 카메라를 장착한 자동차들을 거리로 보내 사진을 찍는다. 하지만 많은 사람들은 구글 스트리트 뷰가 곤란한 상황을 찍을 수 있다고 두려워한다. 밴드 오아시스(Oasis)의 록 스타 리엄 갤러거(Liam Gallagher)는 사진 속 노천카페에서 술을 마시고 있는 사람이 자신이 아니라고 부인해야 했다.[주3] 기술의 사생활 침해적 성격은 우리 사회가 악인과 피해자를 구분하기 어렵게 하고 있다. 미국에서는 뉴저지 주의 열네 살 소녀가 자신의 누드 사진을 소셜 네트워킹 사이트인 마이스페이스닷컴(MySpace.com)에 올린 후 아동 포르노 혐의를 받았다.

이러한 기술의 발전은 사생활 보호라는 측면에서 우려를 낳고 있다. 그리고 민간 첩보업의 폭발적인 성장은 민간 첩보와 정부 첩보 사이에 100년 동안 이어져온 힘의 균형에서 새로운 트렌드를 나타낸다. 점점 더 세분화되는 지정학적 환경에서 힘의 균형은 정부에서부터 기업과 개인에게 넘어오고 있다. 기업과 개인은 과거 정부보다 더 많은 첩보 및 정보 수집 능력을 가지고 있다.

이제 다음은 무엇일까?

나는 워싱턴 DC의 국제스파이박물관(International Spy Museum)을 책임지고 있는 은퇴한 CIA 요원 피터 어네스트(Peter Earnest)에게 물어보았다. 어네스트는 기업 첩보업을 세계화와 정보에 대한 점점 더 커지는 요구로 인해 생긴 자연스러운 현상이라고 분석했다. 그는 앞으로 첩보업은 더욱더 효과적이 될 것이라고 말한다. "스파이 활동은 변하지 않는다. 전술은 인간 역사에서 여전히 그대로다. 하지만 기술이 점점 더 나아지고 있다."

세계 최고의 기업 스파이들을 만나고 그들이 공개를 원치 않는 이야기들을 공개하고 첩보업의 역사를 연구한 후에도 나는 여전히 이 모든 것이 사회를 위해 긍정적인 방향으로 흘러가고 있는 것인지에 대해 여전히 혼란스럽다. 저널리스트로서 나는 정보 수집의 중요성을 굳게 믿고 있다. 그리고 언론의 자유라는 근본주의자적인 믿음을 가지고 있다. 하지만 나와 또 나와 같은 기자들이 기업 스파이들과 다른 점은 우리는 우리가 보도하는 정보가 최대한 많은 대중에게 영향을 끼치기를 원한다는 것이다. 스파이들은 그 반대다. 그들은 자신들이 거두어들인 정보가 단지 소수의 많은

브로커, 업자, 변호사 그리고 스파이 ♣

돈을 지불하는 대중에게만 건네지기를 원한다.

나는 스파이들의 그런 태도가 사회에 언제나 좋지만은 않다고 생각한다. 그래서 한 가지 제안을 하겠다. 첩보 회사는 좀 더 공개적이 되어야 한다. 그래서 시민들이 그들이 하는 일이 건설적인지, 파괴적인지를 감시할 수 있어야 한다.

그렇게 할 수 있는 길이 한 가지 있다. 오늘날 미국의 로비스트들은 의회에 등록을 해야 하며, 그들이 얼마를 받고, 고객은 누구이며, 무엇을 성취하려 하는지를 공개한다. 1990년대 중반 이들 규제가 처음 실시되었을 때 워싱턴의 로비스트들은 강력히 반발했다. 하지만 그러한 규제들은 로비 사업을 투명하게 만드는 데 도움을 주었고, 언론과 대중이 로비 회사들이 너무 많은 해를 입히기 전에 문제들을 짚어내기 쉽게 해주고 있다.

로비 공개 규정을 본뜬 스파이 등록제는 SEC가 주관할 수 있을 것이다. SEC는 이미 매년 상장기업으로부터 수백만 쪽에 달하는 공개 문서들을 받고 있지 않은가? 자유시장은 마찰이 없을 때 가장 잘 돌아가는데, 경제에서 마찰을 일으키는 큰 원인은 잘못된 정보다. 투자자와 기업 리더들이 상황의 진실을 알아 시장의 혼란을 없앨 수 있으면 자신감이 높아지고, 거래가 빨라지고, 가격이 너무 높거나 낮아지지 않게 하는 데 도움을 줄 것이다.

이제 첩보 회사는 공개되어야 할 때다.

감사의 말

내 모든 것이 시작된 곳, 내 아내 모린에게 먼저 감사를 표한다. 그리고 내 아이들 데클란과 이블린. 아이들의 호기심과 지성은 이번 세대가 지난 세대보다 더 나음을 내게 확신시켜준다.

부모님 론 제이버스와 아일린 제이버스는 내 어린 시절 필라델피아의 집에서 매일 저녁 식탁 앞에서 버릇없는 질문을 할 수 있도록 허용해주셨다. 아직도 내가 아는 최고의 저널리스트이신 아버지는 이 원고의 매 버전을 모두 읽어주시고 진부한 표현이나 반복되는 말을 지적해주셨다. 눈치 챘을지 모르겠지만, 그래도 몇몇은 아직 남아 있다. 내 형제 퀸 제이버스는 진정한 역사학자이고, 나는 이 책에서 역사학자 흉내를 낸 데 대해 그에게 사과를 구해야 할지도 모르겠다.

직업적으로는 〈폴리티코(Politico)〉 팀에게 감사를 드린다. 특히 짐 밴드 헤이, 존 해리스, 크레이크 고든, 이 책을 쓸 집을 빌려준 진 커밍스에게 감사드린다. 그들은 가장 훌륭한 뉴스 기관들의 생존마저도 불확실한 시대에 새로운 종류의 인터넷 저널리즘을 만들어내고 있다. 그들이 창출하고 있는 저널리즘은 새롭고 흥미롭지만, 이 프로젝트에 접근하는 그들의 가치관은 오래되고 선한 것이다.

〈비즈니스 위크〉에서 일할 때 나는 정보와 경제 사이의 결합에 대해 조사를 수행했다. 전직 편집장 스티브 애들러는 조사 보도를 위한 중요한 공간을 마련해주었으며 기자들이 흥미로워하는 기사들을 심층적으로 파고들 수 있게 시간을 허락해주었다. 시간은 저널리스트가 가지는 드물고 중요한 선물이다. 〈비즈니스 위크〉의 폴 바렛은 명석하고 까다로운 사람으로, 내 소재와 나 자신에 대해 끊임없이 도전하도록 동기를 부여해주었다. 좋은 이야기를 보면 그것이 좋은 것임을 알아보는 동료였던 돈 코페키 역시 이 책을 쓰던 초반에 나를 북돋워주었다.

CNBC의 옛 상사들, 즉 〈월스트리트 저널〉의 앨런 머레이, 지금은 CNN에 있는 글로리아 보거는 나를 TV 기자로 만들기 위해 영웅적인 노력을 했다. 그들의 노력을 인정한다. 두 사람은 상사로서 해야 할 일 이상을 해주었고, 내가 CNBC를 떠난 후에도 많은 도움을 주었다. 두 사람을 친구라 부를 수 있어 자랑스럽다. 나의 에이전트 라피 사갈린은 진정한 신사이고, 하퍼콜린스의 편집자 벤 로넨은 즐겁게 함께 일했다.

이 책을 쓰면서 많은 정보원들의 도움을 받았다. 또한 시간을 내주어 대체로 미스터리에 쌓인 업계를 설명해준 사람들에게 감사를 드린다.

비밀을 간직한 사람은 비밀을 말하는 사람과 솔직하게 이야기하는 경우가 드물다. 많은 사람들이 그리 해주어 기쁘고 고맙다.

참고문헌

❶장_ 암호명 유카

주1.   유카 프로젝트는 저자가 2007년 2월 26일 〈비즈니스 위크〉의 "Spies, Lies and KPMG"에서 처음으로 자세히 설명했다. 온라인 www.businessweek.com/magazine/content/07_09/b4023070.htm에서도 볼 수 있다.

주2.   버트의 약력은 International Institute for Strategic Studies의 웹사이트 www.iiss.org/about-us/regional-offices/washington/board-of-directors/ambassador-richard-burt에서도 볼 수 있다.

주3.   에리트레아와 바버 그리피스 앤드 로저스의 계약은 미 법무부 Foreign Agents Registration Act Registration Unit Public Office의 파일에 있다. 온라인 www.fara.gov/docs/5430-Exhibit-AB-20060203-22.pdf에서도 볼 수 있다.

주4.   그 소송은 미국 컬럼비아 특별구 지방법원에 번호 1:05-cv-02204-PLF-AK로 접수되었다. 2006년 1월 26일 공개되었다.

❷장_ 기업형 스파이의 선구자 앨런 핑커턴

주1.   "Tapping the Wires for Stock Operations", 〈새크라멘토 데일리 유니온〉,

1864년 8월 12일자.

주2.   홈스테드에 관한 핑커턴 증언 전문은 온라인 www.explorepahistory. com/~expa/cms/pbfiles/Project1/Scheme40/ExplorePAHistory-a0j7g3-a_707.doc에서 볼 수 있다.

❸장_ 우리는 돈을 보고 일한다

주1.   John F. Fox, "The Birth of the Federal Bureau of Investigation," Federal Bureau of Investigation Office of Public/Congressional Affairs, 2003년 7 월. FBI의 공식적인 역사는 온라인 www.fbi.gov/libref/historic/history/artspies/artspies.htm#_ftn8에서 볼 수 있다.

주2.   Sam Dash, The Eavesdroppers(New York: Da Capo, 1959), p. 86.

주3.   Edward V. Long, The Intruders: The Invasion of Privacy by Government and Industry(New York: Praeger, 1967), p. 193.

주4.   "Two Men Are Seized in Wiretap Case, a Third Gives Up," 〈뉴욕 타임스〉, 1955년 2월 20일자, p. 1.

주5.   Long, The Intruders, p. 195.

주6.   특허번호 2,699,054. 문서는 온라인 www.pat2pdf.org/patents/patz699054. pdf에서 볼 수 있다.

주7.   "Anticipating the 21st Century: Competition Policy in the New High Tech Global Marketplace," Federal Trade Commission Staff의 보고서, 1996년 5 월. 온라인 www.ftc.gov/opp/global/report/gc_vl.pdf에서 볼 수 있다.

주8.   "Broady Outburst Marks Testimony," 〈뉴욕 타임스〉 1955년 12월 7일자, p. 23.

주9.   "Broady Sentenced to 2-4 Years; Judge Hits 'Dirty' Wiretapping," 〈뉴욕 타임스〉 1956년 1월 14일자, p. 38.

주10.   Patricia Holt, The Bug in the Martini Olive: And Other True Cases from the Files of Hal Lipset, Private Eye(Boston: Little, Brown, 1991), p. 11.

주11.   미국 상원 법사위원회 Subcommittee on Administrative Practice and Procedure 청문회 기록. 89대 의회. 제1세션. 1965년 2월 18일. p. 14.

주12.   Holt, The Bug in the Martini Olive, p. 69.

주13.   Ibid., p. 79.

주14.   Ibid., p. 154.

주15.   "Disappearing Witnesses," 〈타임〉 1977년 9월 12일자.

주16.   Edith Evans Asbury, "DeCarlo Witness Describes Fears: Zelmanowitz Tells of Talks with Defense Lawyer," 〈뉴욕 타임스〉, 1970년 1월 22일자.

❹장_ 정교하고 견고한 첩보제국의 건설

주1.   George O'Toole, The Private Sector: Rent-a-Cops, Private Spies, and the Police-Industrial Complex(New York: Norton, 1978), p. 40.

주2.   Jim Hougan, Spooks: The Haunting of America - The Private Use of Secret Agents(New York: Morrow, 1978), p. 332.

주3.   Robert Maheu & Richard Hack, Next to Hughes: Behind the Power and Tragic Downfall of Howard Hughes by His Closest Advisor(New York: HarperCollins, 1992), p. 115.

주4.   Ibid., p. 122.

주5.   OH-6A Cayuse의 역사는 온라인 http://www.boeing.com/history/mdc/ cayuse.htm에서 볼 수 있다.

주6.   United States Senate Select Committee to Study Governmental Operations with Respect to Intelligence Activities 앞에서 Robert A. Maheu가 한 증언의 공개 기록. 1975년 7월 29일 오전 10:50, p. 28.

주7.   Maheu & Hack, Next To Hughes, p. 2.

주8.   "Statements by Hughes and Two Publishers in Autobiography Controversy," 〈뉴욕 타임스〉 1972년 1월 10일자, p. 23.

주9.   "The ITT Affair," 〈타임〉, 1972년 3월. 디타 비어드 스캔들에 관한 자세한 요약은 온라인 www.time.com/time/magazine/article/0,9171,903331-2,00. html에서 볼 수 있다. 보다 깊이 있는 이야기는 Senate Watergate Report, p. 206에서 볼 수 있다. 이것은 온라인 http://books.google.com/ books?id=x7nMs-JwAikC&pg=PA206&lpg=PA206&dq=dita+beard+aff air&source=web&ots=-leJC8aX3C&sig=06FakbStYMUIUT- fNsY01LnPTOE&hl=en&sa=X&oi=book_result&resnum=1&ct=result# PPA208,M1에서 볼 수 있다.

주10. 　Jack Anderson, Peace, War, and Politics: An Eyewitness Account(New York: Macmillan, 2000), p. 230.

주11. 　J. Anthony Lukas, "The Hughes Connection: What Were the Watergate Burglars Looking For?" 〈뉴욕 타임스〉, 1976년 1월 4일자.

❺장_ 악한 퇴치자, 크롤

주1. 　Arthur Meier Schlesinger, Robert Kennedy and His Times(New York: Houghton Mifflin Harcourt, 2002), p. 585.

주2. 　Charles D. Ellis & James R. Vertin, Wall Street People: True Stories of Today's Masters and Moguls(New York: Wiley, 2001), p. 136.

주3. 　Jon Nordheimer, "Financier Avoids Jail in Deal to Aid Homeless," 〈뉴욕 타임스〉 1988년 2월 13일자.

주4. 　Fred R. Bleakley, "Wall Street's Private Eye," 〈뉴욕 타임스〉 1985년 3월 4일자.

주5. 　Daniel Pedersen, Ruth Marshall & Jane Whitmore, "On Saddam's Money Trail," 〈뉴스위크〉 1991년 4월 8일자.

주6. 　Celestine Bohlen, "U. S. Company to Help Russia Track Billions," 〈뉴욕 타임스〉 1992년 3월 3일.

주7. 　L. J. Davis, "International Gumshoe," 〈뉴욕 타임스〉 1992년 8월 30일자.

주8. 　Christopher Byron, "High Spy: Jules Kroll's Modern Gumshoes Are on a Roll," 〈뉴욕 타임스〉 1991년 5월 13일자.

주9. 　Bryan Burrough, "Pirate of the Caribbean," 〈배니티 페어〉 2009년 7월.

주10. 　"How Kroll Signed Off on $7 Billion Fraud," 〈인텔리전스 온라인〉 2009년 7월 15일자.

❻장_ 네슬레와 마스의 초콜릿 전쟁

주1. 　"Nestlé S. A. to Acquire Spillers Petfoods," 브베, 1998년 2월 4일. 보도자료. 온라인 www.Nestlé.com/MediaCenter/PressReleases/AllPressReleases/SpllersPetfoods4Feb98.htm에서 볼 수 있다.

주2.   "Suggestions for Nestlé's Public Relations Response" 저자가 입수했다.

주3.   Neil A. Lewis, "Giants in Candy Waging Battle over a Tiny Toy," 〈뉴욕 타임스〉 1997년 9월 28일자.

주4.   "Nestlé Announces Plans to Voluntarily Withdraw Nestlé Magic," 〈비즈니스 와이어〉 1997년 10월 1일.

주5.   "International Briefs: Nestlé to Buy Spillers from Dalgety," 〈뉴욕 타임스〉 1998년 2월 5일자.

주6.   로비 비용 대 할당금 수익 비율은 2007년 9월 17일 〈비즈니스 위크〉에 저자가 쓴 "Inside the Hidden World of Earmarks"에서 처음 계산되었다. 온라인 www.businessweek.com/magazine/content/07_38/b4050059. htm?campagn_id=rss_daily에서 볼 수 있다.

주7.   Roald Dahl, Charlie and the Chocolate Factory(New York: Puffin, 1964), p. 19.

주8.   James Ridgeway, "Exclusive: Cops and Former Secret Service Agents Ram Black Ops on Green Groups," 〈마더 존스〉 2008년 4월 11일자. 온라인 www.motherjones.com/new/feature/2008/04/firm-spied-on-environmental-groups.html에서 볼 수 있다.

주9.   "There's Something about Mary: Unmasking a Gun Lobby Mole," 〈마더 존스〉 2008년 7월 30일자. 온라인 www.motherjones.com/news/feature/2008/07/mary-mcfate-sapone-gun-lobby-nra-spy.html에서 볼 수 있다.

주10.   "Swiss Campaign Group Says Food Giant Nestlé Hired Spy against It," 연합통신, 2008년 6월 20일. 온라인 www.iht.com/articles/ap/2008/06/20/business/EU-FIN-Switzerland-Nestle-Activists-Infiltrated.php에서 볼 수 있다.

❼장_ 전술행동평가(TBA)를 개발하다

주1.   UTStarcom의 전화 내용과 BIA의 분석은 BIA가 고객을 위해 만든 기밀 보고서의 기록이다: "UTStarcom(UTSI: $8.54) Q2 Earnings Call 2005년 8월 2일 Rating: Medium-High Level of Concern."

주2.   UTStarcom의 보도자료는 회사 웹사이트 http://investorrelations.utstar. com/releasedetail.cfm?ReleaseID=175772에 있다.

주3.   UTStarcom의 주가 움직임은 온라인 http://finance.yahoo.com/q/hp?s=UT SI&a=07&b=1&c=2005&d=10&e=1&f=2005&g=d에서 볼 수 있다.

주4.   BIA의 활동에 대한 자세한 내용은 행사에 참석한 참가자들과 그 행사를 잘 아는 위치의 사람들의 공식 및 비공식적 이야기에서 수집했다. BIA는 이 책을 위한 조사에서 어떠한 의견도 내놓지 않았다. 직원들의 배경 정보는 저자가 입수한 BIA 문서와 그 회사를 잘 아는 사람들의 이야기를 근거로 했다.

주5.   TBA 방법에 대한 설명은 훈련받은 사람들과 훈련받는 사람들의 인터뷰를 토대로 했다. 또한 BIA가 만든 훈련 자료를 저자가 입수한 것을 토대로 했다.

주6.   BIA 설립에 대한 설명은 그 회사의 전직 CEO Don Carlson의 공식적 회상과 BIA를 잘 아는 다른 사람들의 비공식적 이야기에서 수집했다.

주7.   BIA의 자사에 대한 설명은 고객들에게 나누어준 훈련 자료에 포함되어 있었다. "Elicitation Skills: Increasing the Flow of Information." 저자가 그 자료를 입수했다.

주8.   그 기사는 2006년 6월 26일에 발표되었다. 온라인 http://online.barrons. com/article/SB115110330795289453.html에서 볼 수 있다.

주9.   사우스웨스트 어닝 콜 기록은 Thompson StreetEvents가 만들어낸 것으로 제목은 'LUV-Q2 2005 Southwest Airlines Earnings Conference Call'이다.

주10.   사우스웨스트의 2005년 연례보고서는 SEC의 웹사이트 www.sec.gov/ Archives/edgar/data/92380/000095013406001553/d32370e10vk.htm에서 볼 수 있다.

주11.   Cascade 본사의 이미지는 구글 맵스의 http://maps.google.com/maps?f=q& hl=en&geocode=&q=2365+Carillon+Point,+Kirkland,+Washington&sll=3 7.0625,-95.677068&sspn=64.497063,108.984375&ie=UTF8&ll=47.65735 9,-122.206625&spn=0.003418,0.006652&t=h&z=17&iwloc=addr에서 볼 수 있다.

주12.   Cascade Investment LLC에 관한 정보는 SEC의 웹사이트 www.sec.gov/ Archives/edgar/data/1052192/000104746908001369/a2182606z13f-hr. txt에서 볼 수 있다.

주13.   GS 데이터는 U. S. Office of Personnel Management의 웹사이트 http:// opm.gov/oca/08tables/pdf/gs.pdf에서 볼 수 있다.

주14.   BIA의 문서 "Strategic Information Collection for Investors"를 저자가 입수
         했다.

❽장_ 에디 머피 전략

주1.   GeoEye가 SEC에 제출한 2008년 5월 10-Q 파일은 온라인 http://www.sec.
        gov/Archives/edgar/data/1040570/000095013308001863/
        w57751e10vq.htm에서 볼 수 있다.

주2.   National Reconnaissance Office 웹사이트 www.nro.gov/corona/
        corona2.jpg에는 최초의 첩보 위성 사진의 사본이 있다.

주3.   〈대역전〉의 인용문은 www.imdb.com/title/tt0086465/quotes에서 볼 수 있다.

주4.   10만 달러는 Ben Paynter, "Feeding the Masses: Data In, Crop Predictions
        Out," 〈Wired〉 2008년 6월 23일에서 보도되었다. 온라인 www.wired.com/
        science/discoveries/magazine/16-07/pb_feeding에서 볼 수 있다.

주5.   보도자료는 USDA 웹사이트 www.nass.usda.gov/Newsroom/
        printable/06_30_08.pdf?printable=true&contentidonly=true&contentid=
        2008/06/0171.xml에서 볼 수 있다. 2008년 6월 30일의 에이커 보고서는
        http://usda.mannlib.cornell.edu/usda/current/Acre/Acre-06-30-2008.
        pdf에서 볼 수 있다.

주6.   미국 상업 위성 이미지의 역사는 1999년 Carnegie Endowment 회의에서 Ann
        M. Florini & Yahya A. Dehqanzada가 준비한 문서 "No More Secrets?
        Policy Implications of Commercial Remote Sensing Satellites"에 잘 설명되
        어 있다. 온라인 https://www.policyarchive.org/bitstream/
        handle/10207/6465/satellite.pdf?sequence=1에서 볼 수 있다.

주7.   Joanne Irene Gabrynowicz, "The Perils of Landsat from Grassroots to
        Globalization: A Comprehensive Review of U. S. Remote Sensing Law
        with a Few Thoughts for the Future," 〈Chicago Journal of International
        Law〉 (2005년 여름): 45.

주8.   완전한 목록은 NOAA 웹사이트 http://www.licensing.noaa.gov/licensees.
        html에 있다.

주9.   NOAA는 웹사이트에 위성 규정들이 나와 있다. http://www.licensing.noaa.

gov/faq.html.

주10.   아프가니스탄에서 미국 위성의 활동에 대한 BBC의 보도 "U. S. Buys Afghan Image Rights"는 2001년 10월 17일에 있었다. 온라인 http://news.bbc. co.uk/1/hi/sci/tech/1604425.stm에서 볼 수 있다.

주11.   Wilson et al. v. ImageSat International N. V. et al., CASE 1:07-cv-06176-DLC-DFE, 2007년 7월 2일.

❾장_ 세계 최고의 기업 감시 요원을 만나다

주1.   "Esoteric: A Specialist Security and Covert Investigations Company," 기업 마케팅 브로셔.

주2.   Michael McCahill & Clive Norris, "CCTV in London, Centre for Criminology and Criminal Justice, University of Hull, 2002. 온라인 www. urbaneye.net/results/ue_wp6.pdf에서 볼 수 있다.

❿장_ "그들은 다들 약간씩 미친 사람들입니다."

주1.   상원의원 프리스트의 결정이 월스트리트 거래자들에게 새어나간 것은 저자에 의해 처음으로 밝혀졌다. "Washington Whispers to Wall Street," 〈비즈니스 위크〉 2005년 12월 26일자. 온라인 www.businessweek.com/magazine/content/05_52/b3965061.htm에서 볼 수 있다.

⓫장_ 이 나라는 위대한가, 그렇지 않은가

주1.   "German Corporate Spying Scandal Widens," Spiegel Online International, 2008년 6월 9일. 온라인 www.spiegel.de/international/business/0,1518,558510,00.html에서 볼 수 있다.

주2.   "Germany's Corporate Spying Scandal," Time.com, 2008년 5월 27일. 온라인 www.time.com/time/business/article/0,8599,1809679,00.html?xid=feed-cnn-topics에서 볼 수 있다.

주3.   해클루트와 엔론 사이의 이메일은 온라인 www.enronexplorer.com에서 볼 수 있다.

주4.   Owen Matthews & Anna Nemtsova, "A Chill in the Moscow Air," 〈뉴스위크〉 2006년 2월 6일자. 온라인 www.newsweek.com/id/57048에서 볼 수 있다.

주5.   저자가 트라이던트 그룹을 처음 묘사한 것은 2007년 8월 13일 "I Spy-for Capitalism," 〈비즈니스 위크〉에서였다. 온라인 www.businessweek.com/magazine/content/07_33/b4046052.htm에서 볼 수 있다.

에필로그

주1.   Tim Weiner, Legacy of Ashes: The History of the CIA(Garden City, N. Y.: Doubleday, 2007), p. 65.

주2.   Michael Calderone, "Two WSJ Reporters Launch New Company," Politico.com, 2009년 3월 23일. 온라인 http://www.politico.com/blogs/michaelcalderones/0309/WSJ_reporters_start_company.html?showall에 블로그가 있다.

주3.   "Rock Star: That's Not Me Drinking on Google," CNN.com, 2009년 3월 28일.

브로커, 업자, 변호사 그리고 스파이

1판 1쇄 인쇄 2010년 7월 15일
1판 1쇄 발행 2010년 7월 19일

발행인 김기중
주간 신선영
편집 김수정, 이남숙
펴낸곳 도서출판 더숲
주소 서울시 마포구 서교동 479-8 남궁빌딩 4층 (121-839)
전화 02-3141-8301
팩스 02-3141-8303
이메일 thesouppub@naver.com
출판신고 2009년 3월 30일 제313-2009-62호

ISBN 978-89-94418-14-8 (13320)

BROKER
TRADER
LAWYER
S P Y